Ursula Haupt, 1939 in Köln geboren, arbeitete von 1960 bis 1962 als Lehrerin und von 1962 bis 1975 als Sonderpädagogin und Psychologin an Schulen für körperbehinderte Kinder. Als Universitätsprofessorin für Körperbehindertenpädagogik war sie ab 1975 zuerst an der Erziehungswissenschaftlichen Hochschule Rheinland-Pfalz, dann an der Universität Mainz tätig, ab 1993 an der Universität Koblenz-Landau. Im Jahr 2004 wurde sie emeritiert, 2009 beendete sie ihre Lehrtätigkeit. Insgesamt veröffentlichte sie 160 Publikationen, unter anderem: »Körperbehinderte Kinder verstehen lernen – auf dem Weg zu einer anderen Diagnostik und Förderung« (2003), »Leben ist Jetzt – Spiritualität in der Zusammenarbeit mit körperbehinderten Kindern« (2001), »Wie Lernen beginnt. Grundlagen der Entwicklung und Förderung sehr schwer behinderter Kinder« (2006), »Brennpunkte der Körperbehindertenpädagogik« (zusammen mit Marion Wieczorek, 2007).

Ursula Haupt

Behindert und gefördert

Kinder mit Körperbehinderungen in unserer Gesellschaft

Allitera Verlag

Weitere Informationen über den Verlag und sein Programm unter:
www.allitera.de

Mai 2011
Allitera Verlag
Ein Verlag der Buch&media GmbH, München
© 2011 Buch&media GmbH, München
Umschlaggestaltung: Kay Fretwurst, Freienbrink
Printed in Germany · ISBN 978-3-86906-166-5

Inhalt

Vorwort 7

1. Entwicklung im sozialen Kontext 11
2. Bewegungsstörungen bei Kindern in Beispielen 20
2.1 Zerebrale Bewegungsstörungen 20
2.2 Dystrophin-Erkrankungen: Duchenne-Muskeldystrophie (DMD),
    Becker-Muskeldystrophie (BMD) 37
2.3 Spina bifida und Hydrozephalus 46

3. Leben in einer ambivalenten Gesellschaft 62
3.1 Einstellungen und Verhalten gegenüber Menschen mit Behinderungen ... 62
3.2 Einstellungen von Kindern 67
3.3 Einstellungen von Menschen in helfenden und pädagogischen Berufen ... 70
3.4 Möglichkeiten der Veränderung sozialer Reaktionen 73

4. Ethische Fragen 75
4.1 Lebensrecht und Menschenwürde 75
4.2 Konflikte am Lebensbeginn 83
4.3 Leben an der Grenze 101
    4.3.1 Frühgeborene Kinder 102
    4.3.2 Leben im Wachkoma 107

5. Eltern und Kinder 119
5.1 Familie in Zeiten gesellschaftlicher Veränderungen 119
5.2 Familien mit behinderten Kindern: Belastungen, Kompetenzen
    und Ressourcen 124
5.3 Auseinandersetzung mit der körperlichen Beeinträchtigung des Kindes ... 133
5.4 Eltern und Fachkräfte im Bemühen um die Förderung 150
5.5 Geschwister in der Familie 166
5.6 Großeltern, Eltern und Kinder 176

6. Frühe Förderung und Bildung körperbehinderter Kinder 180
6.1 Frühe Förderung im Kontext der Lebenswelt von Kind und
    Familie 180
    6.1.1 Die Anfänge 180
    6.1.2 Erfahrungen und neue Erkenntnisse 183
    6.1.3 Konzepte und Institutionen 187
6.2 Bildung als Entwicklungsnotwendigkeit von Anfang an 192
6.3 Ausblick: die Frühförderstelle als Bildungshaus für kleine Kinder
    und ihre Familien 195
6.4 Die Kindertagesstätte als Entwicklungsraum und Bildungsstätte ... 197
    6.4.1 Aktuelle Entwicklungen in der Arbeit der Kindertagesstätten . 197
    6.4.2 Erfahrungen mit der Integration behinderter Kinder in
          Kindertagesstätten 206
    6.4.3 Die wohnortnahe integrative Kindertagesstätte als Entwick-
          lungsraum und Bildungsstätte auch für Kinder mit körperlichen
          Beeinträchtigungen 212

7. Lernen in sozialer und kultureller Teilhabe – der Weg durch die Schule 220
7.1 Anfänge und frühe Zielsetzungen der schulischen Förderung 220
7.2 Körperbehinderte Kinder in allgemeinen Schulen 222
7.3 Die Schule für körperbehinderte Kinder als lernende Schule 225
7.4 Verstärktes Bemühen um Integration und gesellschaftliche Teilhabe 247
7.5 Inklusion als Menschenrecht – die UN-Konvention und der
    Wunsch nach Umgestaltung von Schule und Gesellschaft 255
7.6 Auf dem Weg zur inklusiven Schule 264
7.7 Und die Kinder mit schwersten Behinderungen? 267

8. Entwicklung und Förderung körperbehinderter Kinder im Spannungsfeld gegenläufiger gesellschaftlicher Tendenzen 272
8.1 Identität, Eigensein und Fremdbestimmung 272
8.2 Norm- und Leistungsorientierung und die Notwendigkeit
    umfassender Neuausrichtung 277

Literatur 286

Vorwort

Ein Kind mit einer Behinderung ist vor allem ein Kind, und nicht vor allem behindert.
 Eine Behinderung allein bestimmt nicht seine Entwicklung, auch nicht sein genetischer Code – sondern das gesamte dynamische Beziehungsgeflecht der komplexen Vernetzung der jeweils gegebenen Einflussfaktoren: der physischen, familialen, sozialen, wirtschaftlichen, gesellschaftlichen, politischen, kulturellen, medizinischen, therapeutischen, pädagogischen – um nur einige zu benennen.

Ein Kind mit einer Behinderung ist vor allem ein Kind, und nicht vor allem behindert.
 Kann diese Sichtweise durch die verbreitete Tendenz der De-Kategorisierung erreicht werden?
 Sicher kann der Verzicht auf festlegende Benennungen und Zuordnungen Offenheit für das, was hier und jetzt in aktuellen Situationen und Begegnungen geschieht, fördern.
 Aber im Alltag, auch im pädagogischen Alltag, zeichnet sich die Tendenz ab, es als Wert anzusehen, wenn Behinderungen nicht mehr benannt werden.
 Was bedeutet das eigentlich?
 Entsteht eine Behinderung durch die Benennung?
 Und wird sie ohne sie weniger bedeutsam, oder verschwindet sie gar?
 Eine Körperbehinderung oder eine chronische Krankheit sind keine sozialen Zuschreibungen. Die liegen aber vor, wenn bestimmte organische Schädigungen mit vorgefassten Meinungen verbunden werden, wie z. B. »hirngeschädigte Kinder sind nicht intelligent« oder »Kinder mit Spina bifida haben Wahrnehmungsstörungen und wenig mathematisches Verständnis«.
 Generalisierte vorgefasste Meinungen behindern betroffene Kinder zusätzlich, da sie Lern- und Teilhabemöglichkeiten verstellen. Das individuelle Kind mit seinen Möglichkeiten in seinem soziokulturellen Kontext wird dabei nicht gesehen. Vorgefasste Meinungen wirken sich als Wahrnehmungsschablonen aus, die den Blick verstellen.
 Wenn es pädagogisch oder gesellschaftlich unerwünscht ist, Körperbehinderungen, Krankheiten, Schädigungen wie z. B. zerebrale Bewegungsstörungen, Hirnschädigung, Querschnittslähmung, Hydrozephalus, Epilepsie mit ihren

individuellen Auswirkungen zu benennen, dann ist das Risiko hoch, dass Handlungs- und Entwicklungserschwerungen, die von Betroffenen erlebt werden, im Umfeld bagatellisiert werden. Dann heißt es vielleicht bei einem Kind mit zerebralen Bewegungsstörungen, es sei ja nur ungeschickt und »das sind ja viele Grundschüler heute.« Auf diese Weise werden die realen, organisch bedingten Schwierigkeiten von Kindern aus der gemeinsamen gesellschaftlichen Verantwortung herausgenommen. Sie werden personalisiert, denn »bei Ungeschicklichkeit muss ein Kind nur üben, üben, üben, dann wird das schon«.

Wie können Verstehen, Empathie, Mitgefühl und Hilfsbereitschaft entstehen, wenn »eigentlich nichts oder nichts Bedeutsames, das einen Namen verdiente« besteht? Solche Qualitäten haben dann keinen Raum mehr.
 Und das kann ja nicht die gleichfalls angestrebte Wertschätzung von Vielfalt sein.
 Das entspricht sehr viel mehr der Irrelevanzregel der Soziologie (vgl. Cloerkes 2007, 123), nach der Interaktionen mit Behinderten so verlaufen sollen, als gebe es die Behinderung nicht.
 Die Versuchung ist dann sehr groß, notwendige zusätzliche Ressourcen für die Bildung von Kindern mit Behinderungen einzusparen, da ja »nichts Besonderes« vorliegt.
 Das ist gleichzeitig die Verweigerung, sich dem Kind, dem Menschen, der mit Behinderung oder Krankheit lebt, in seiner realen Existenz zuzuwenden, sich akzeptierend anzunähern und mit ihm gemeinsam Leben zu gestalten – auf der Basis der Anerkennung seines Soseins. Das mag schwer fallen, denn sein Sosein erfüllt nicht gängige Normwerte und Standards. Aber die gehen als statistische Werte ohnehin an der »Einmaligkeit des Personseins eines jeden Menschen«, wie es in der Philosophie spätestens seit Thomas von Aquin heißt, vorbei.
 Lebendiges Leben hat unendlich viele Schwingungen, Formen, Bewegungen, Begegnungs- und Gestaltungsmöglichkeiten. Die Vielfalt macht es reich. Jede einseitige Betonung, jede Außerachtlassung der komplexen Zusammenhänge und wechselseitigen Einflussfaktoren verzerrt die Wahrnehmung der Situation und die sich daraus ergebenden Folgerungen. Sie führt zu weiteren – dann sozial bedingten – Erschwernissen für Betroffene und verringert Teilhabemöglichkeiten.

Das ist nur ein Inhaltsbereich in den aktuellen Diskussionen um Zukunftsperspektiven der Förderung körperbehinderter und kranker Kinder. Da die Zusammenhänge sehr komplex sind, brauchen sie Aufschlüsselungen, die sehr unterschiedliche Aspekte mit einbeziehen.

Darum geht es mir in diesem Buch. An ausgewählten Themen möchte ich aufzeigen, welche Einstellungen, Möglichkeiten und Arbeitsweisen körperbehinderten und kranken Kindern nach heutigem Wissen in ihrer Entwicklung und Bildung behilflich sind, und welche sie behindern.

Denn die Spannungen zwischen unterstützenden Möglichkeiten und behindernden Gegebenheiten werden größer.

Das zeigt sich z. B. bei folgenden Inhalten.

Einerseits bestehen starke gesellschaftliche Tendenzen, die Geburt behinderter Kinder nach pränataler Diagnostik durch Schwangerschaftsabbruch zu verhindern. Andererseits haben Kinder mit Behinderung einen Rechtsanspruch auf volle Teilhabe an allen gesellschaftlichen Prozessen einschließlich des gemeinsamen Besuches von Kindertagesstätte und Schule mit nicht behinderten Kindern und auf individuelle Unterstützung.

Kinder sollen in Bildungseinrichtungen individuell gefördert werden mit Bewertung ihrer Vielfalt als Bereicherung. Aber gleichzeitig werden Leistungsanforderungen und Prüfungen standardisiert und vereinheitlicht.

Die Förderung der Kinder findet von Anfang an statt zwischen den Polen von Funktionstraining, Fremdbestimmung und Lernzielorientierung einerseits und komplexer Entwicklungsunterstützung, Selbstbestimmung in sozialer Integration und Kindzentrierung andererseits.

Die Vielfalt der Fördermöglichkeiten und Förderorte für Kinder mit Behinderungen mit Wahlrecht der Eltern steht der Diskussion um die »eine Schule für alle Kinder« gegenüber.

Mit dem vorliegenden Buch verbinde ich die Hoffnung, dass für behinderte Kinder und ihre Familien mehr Akzeptanz, Teilhabe und Mitgestaltung möglich wird, und dass Wege, die die Kinder zusätzlich behindern, überdacht und aufgegeben werden.

Mir ist bewusst, wie widerständig die Ambivalenzen in Bezug auf Leben mit Behinderungen und Krankheiten in der Gesellschaft und ihren Mitgliedern sind.

Dennoch für Akzeptanz, für Integration in jedem Einzelnen und im Zusammenleben der Menschen zu arbeiten, ermutigen mich vor allem die Kinder, Jugendlichen und Erwachsenen mit Behinderungen, denen es gelungen ist, einen authentischen Weg trotz Widerständen und schwierigen Umständen zu finden und zu gehen – und auch die Fachkräfte, die sich nicht davon abbringen lassen, sie dabei zu begleiten.

Meine Überlegungen zu den bearbeiteten Themenbereichen in diesem Buch wurden unterstützt und bereichert durch mitgeteilte Erfahrungen und Widersprüche von Kolleginnen und Kollegen aus Praxis, Weiterbildung, Ausbildung und Wissenschaft, durch Gespräche mit Eltern, durch die Zusammenarbeit mit Selbsthilfegruppen Betroffener, und durch die Teilhabe an Entwicklungen körperbehinderter und chronisch kranker Kinder, die viele Förder- und Spielsituationen, bildnerische Gestaltungen und Gespräche einschließt.

Mein besonderer Dank gilt Frau Dr. Marion Wieczorek, Universität Landau, für die anregenden Fachgespräche zu zentralen Anliegen der Körperbehindertenpädagogik.

Dieses Buch ist geschrieben für alle, die Kindern mit Körperbehinderungen oder Krankheiten begegnen, sie unterstützen, mit ihnen gemeinsam Leben, Lernen und Entwicklung gestalten, und für Menschen, die sich für ihre gleichberechtigte Akzeptanz und Mitgestaltung in unserer gemeinsamen Lebenswelt einsetzen.

Landau, im Frühjahr 2011   Ursula Haupt

1. Entwicklung im sozialen Kontext

Die menschliche Entwicklung vollzieht sich von Anfang an im sozialen Kontext. Ohne ihn ist sie nicht möglich. Vielfältige dynamische Prozesse zwischen Kind, personaler Mitwelt und sächlicher Umwelt sind Mitgestalter jeder Entwicklung.

Das Kind ist Akteur seiner Entwicklung. Seine Eigenaktivität ist Motor seiner Entwicklung (vgl. Schlack 2007, 36f.). Largo (1995, 16) spricht vom inneren Drang des Kindes, sich zu entwickeln, sich Fähigkeiten und Wissen anzueignen. Das Kind ist von Anfang an aktiv in Interaktion mit Mitwelt und Umwelt. Es nimmt Umweltreize selektiv auf. Mit Hilfe seiner genetischen Ausstattung nimmt es Einfluss auf seine Entwicklung. Und gleichzeitig sind die vielfältigen Interaktionen und Lebensumstände mitentscheidend dafür, welche genetisch angelegten Möglichkeiten zum Tragen kommen (vgl. Bauer 2008).

Die Interaktionen von Kind und Bezugspersonen in der frühen Kindheit sind intensive Austauschprozesse, in denen alle aktiv werden. Das Kind beeinflusst durch sein Dasein, sein Sosein, sein Verhalten, sein Erleben und seine Erfahrungen Eltern, Geschwister und weitere Menschen in seiner Nähe. Die Eltern gestalten die Beziehung auf vielfältige Weise mit. Sie sorgen für sein leibliches Wohl, zeigen ihm ihre Zuneigung im Körperkontakt und in der Weise, wie sie mit ihm sprechen. Sie beziehen es in ihr Leben mit ein. Sie pflegen es, spielen mit ihm und ermöglichen Erfahrungen mit Nahem und Fernem, Vertrautem und Unbekanntem.

So sind die Beziehungserfahrungen mit all ihren Ausdrucksformen in der frühen Zeit das Medium, in dem sich Entwicklung in allen Bereichen vollzieht.

Die Erfahrung von positiver Resonanz, von feinfühligen Reaktionen auf die kindlichen Bedürfnisse ist dabei von besonderer Bedeutung für alle Entwicklungsbereiche, nicht nur für die Entwicklung von Emotionalität, Bezogenheit und sozialer Kompetenz beim Kind. Alle Entwicklungsbereiche sind sowohl untereinander als auch in Austauschprozessen mit Mitwelt und Umwelt vernetzt (vgl. Haupt 2006).

Die erlebte Beziehungsqualität ist bedeutsam für den Wunsch des Kindes, alles zu erkunden und Erfahrungen zu machen. Bewegung und Teilhabe an der gemeinsamen Lebenswelt gehören zusammen. Wahrnehmungen geschehen in diesem Kontext. Eigene Erfahrungen gewinnen subjektive Bedeutsamkeit in der Sicherheit stabiler Beziehungen. Sie sind auch für die sprachliche Kommunikation grundlegend. Der Austausch mit Bezugspersonen bei Erkundungen in der realen Lebenswelt erleichtert die kognitive Entwicklung. Spielen, Malen, Gestalten entwickeln sich als symbolischer Ausdruck von Erleben und Erfahrung. Diese Möglichkeiten sind grundlegend für alles weitere Lernen.

Abb. 1: Alle Entwicklungsbereiche sind von Anfang an vernetzt

Lernen in Bezogenheit und Partizipation an der realen Lebenswelt von früher Zeit an erleichtern die spätere eigenaktive Lebensgestaltung im sozialen Kontext.

Die Vernetzungen, Einflussfaktoren und Kommunikationsprozesse sind dabei sehr umfassend (vgl. Haupt 2003, 28). Im Zentrum stehen Lebensenergie und Entwicklungsdynamik eines Kindes, die in Kompetenzen wie Bewegung, Befindlichkeit, Ausdrucksverhalten, Kognition etc. Form annehmen. Dies geschieht komplex in Eigenaktivität des Kindes und im lebhaften Austausch mit seiner Mitwelt und Erfahrungswelt. Sie ist ihrerseits vernetzt und eingebunden in Lebensformen, Traditionen, Zeitgeschehen, wirtschaftliche und politische Gegebenheiten, wissenschaftliche Befunde, Meinungen, Weltanschauungen, Erfahrungen. Die unendliche Fülle von Verbindungen ist dynamisch. Alles ist in Bewegung und Veränderung. Die Einflussfaktoren fördern sich untereinander, behindern sich, stoßen sich gegenseitig an. Lebensprozesse sind komplex, verknüpft, kreativ. Was auf die Entwicklung des Kindes zutrifft, gilt auch für alle Menschen in seinem Umfeld und darüber hinaus.

Petermann et al. (2004, 333) zeigen an einem Beispiel in Abb. 2 das Zusammenwirken von Einflussfaktoren auf eine Mutter-Kind-Interaktion.

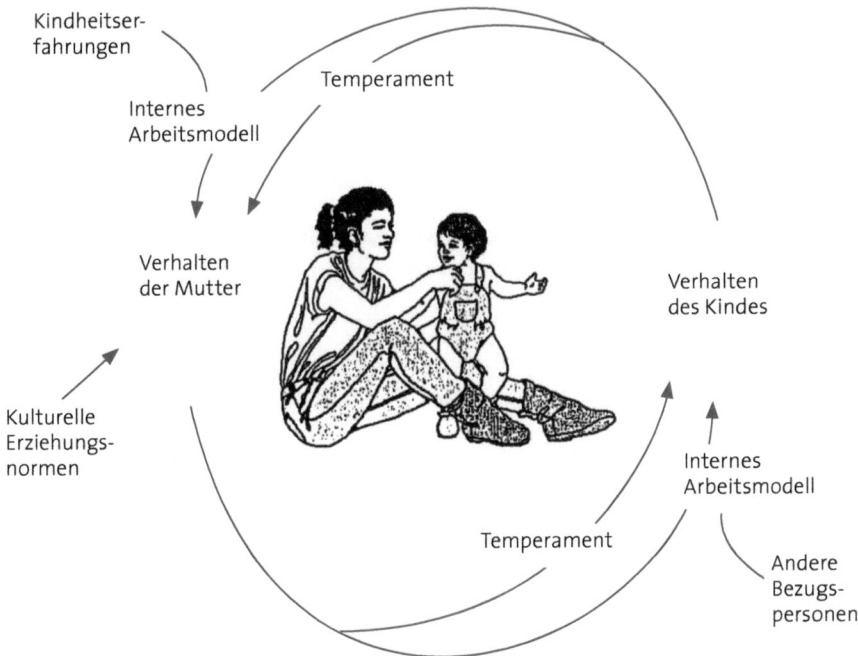

Abb. 2: Einflussfaktoren auf eine Mutter-Kind-Interaktion

Damit ein Kind sich gut entwickeln kann, braucht es hinreichend gute Beziehungs- und Lebenserfahrungen. Niemand hat nur positive Erfahrungen. Sind die Erfahrungen aber immer wieder zu schwierig, ist die Entwicklung gefährdet. Forschungsergebnisse aus den Entwicklungswissenschaften zeigen Bedingungen, die zu Risiken für die kindliche Entwicklung werden können. Sie benennen aber auch Schutzfaktoren, die Risiken mildern und Resilienz unterstützen. Unter Resilienz verstehen Petermann et al. (2004, 344) »die Fähigkeit eines Kindes, relativ unbeschadet mit den Folgen beispielsweise belastender Lebensumstände umgehen und Bewältigungskompetenzen entwickeln zu können«. Als besonders günstig wird angesehen, wenn bei einem Kind hinreichend Schutzfaktoren gegeben sind, ehe Entwicklungsrisiken auftreten.

Andererseits ist auch erwiesen, dass Auswirkungen traumatischer Erfahrungen gemildert werden können, wenn betroffene Kinder danach sehr achtsame und liebevolle Beziehungen erleben können. »Die Erforschung der effektivsten Behandlungsformen zur Unterstützung von kindlichen Trauma-Opfern lässt sich tatsächlich genau so zusammenfassen: Was am besten wirkt, ist alles, was die Qualität und die Anzahl der Beziehungen im Leben des Kindes erhöht« (Perry 2006, 108).

Als risikoreiche Gegebenheiten gelten heute übereinstimmend für die ersten Lebensjahre (vgl. Petermann et al. 2004, 327f.):
- Komplikationen vor, während oder nach der Geburt wie z. B. Frühgeburt, sehr niedriges Geburtsgewicht, Sauerstoffmangel; Fehl- oder Mangelernährung der Mutter; Drogenabhängigkeit der Mutter
- sehr schwieriges Temperament des Kindes; schwere Behinderung oder Krankheit
- ungünstiges Pflegeverhalten der Mutter
- psychische Störungen der Eltern; anhaltende Konflikte in der Familie; Gewalt und Misshandlung in der Familie
- Elternschaft vor dem 15. Lebensjahr
- niedriger sozioökonomischer Status.

Als risikomildernd nennen Petermann et al. (2004, 344) und Dornes (2001, 104) vor allem:
- kindbezogene Faktoren wie weibliches Geschlecht; erstgeborenes Kind; überdurchschnittliche Intelligenz; spezielle Talente
- Resilienzfaktoren wie positives Sozialverhalten; hohe Sprachfertigkeit; Selbstwirksamkeitsüberzeugung; positives Selbstwertgefühl; aktives Bewältigungsverhalten; Fähigkeit, sich zu distanzieren; Selbsthilfefertigkeiten
- Schutzfaktoren innerhalb der Familie wie stabile emotionale Beziehung zu einem nahen Menschen, unterstützendes Erziehungsklima; familiärer Zusammenhalt; Modelle positiven Bewältigungsverhaltens
- Schutzfaktoren innerhalb des sozialen Umfelds wie soziale Unterstützung; positive Freundschaftsbeziehungen; positive Kontakte zu Gleichaltrigen; gute Schulerfahrungen.

Largo (in Petermann et al.2000, 143f.) macht darauf aufmerksam, dass die Auswirkungen von Geburtskomplikationen überschätzt werden. Entwicklungsbehinderungen werden nach seinen Untersuchungen eher durch intrauterine Geschehnisse verursacht. Er stellt fest, dass die Schwangerschaftsdauer sehr bedeutsam ist für die spätere neurologische und kognitive Entwicklung. Die Ursache dafür liegt in der Unreife fetaler Organsysteme bei zu früher Geburt und der damit gegebenen Empfindlichkeit gegenüber schädigenden Einflüssen.

Für die postnatale Entwicklung ist der sozioökonomische Status der Eltern von besonderer Bedeutung. Er korreliert hoch mit den sprachlichen und kognitiven Fähigkeiten der Kinder. Bei den psychosozialen Risikofaktoren verweist Largo besonders auf den Verlust bedeutsamer Beziehungen, z. B. bei Trennung der Eltern oder Tod eines Elternteils. Arbeitslosigkeit oder Krankheit gehören ebenfalls zu den Risikofaktoren. Largo weist auch auf die möglichen Auswirkungen langer Krankenhausaufenthalte beim Kind hin.

So spielt der soziale Kontext mit seinen unterschiedlichen förderlichen und erschwerenden Einflüssen eine sehr bedeutsame Rolle für die persönliche, individuelle Entwicklung eines Menschen in allen Bereichen. Das trifft natürlich auch auf Menschen zu, die mit einer Körperbehinderung oder chronischen Krankheit leben. Es gibt Situationen, in denen gesellschaftliche Gegebenheiten bzw. Verhaltensweisen im sozialen Raum für ein Kind zu einem Entwicklungsrisiko mit Behinderungsfolgen werden können, z. B. durch einen Verkehrsunfall, durch die Nähe des Wohnortes zu einem Atomkraftwerk (KiKK-Studie 2008), durch ein Frühgeburtsrisiko bei großem Stress der Mutter am Arbeitsplatz. In jedem Fall hängen aber Auswirkungen der körperlichen Beeinträchtigung oder Schädigung für die Lebensgestaltung vom sozialen Kontext ab, mit zusätzlichen Entwicklungsrisiken und Schutzfaktoren.

Es ist notwendig, sich damit auseinanderzusetzen, da in diesen Zusammenhängen grundsätzlich auch Chancen bestehen, gesellschaftliche Gegebenheiten zu hinterfragen und ggf. auf Veränderungen hinzuwirken. Vor allem aber sind Kenntnis und Verstehen der Wirkprozesse bedeutsam für die Begegnung mit Betroffenen, für die gemeinsame Lebensgestaltung und Zusammenarbeit.

Die Weltgesundheitsorganisation (WHO) hat 2001 in der Internationalen Klassifikation der Funktionsfähigkeit, Behinderung und Gesundheit (ICF – International Classification of Functioning, Disability, and Health) sowohl die individuellen Gegebenheiten als auch die Kontextfaktoren und gesellschaftlichen Aspekte betont. 2006 erfolgte die Veröffentlichung der ICF-Version für Kinder und Jugendliche (ICF-CY) der WHO mit dem Ziel, eine interdisziplinär einheitliche Sprache für die komplexen Gegebenheiten bei Kindern mit Entwicklungsproblemen zu ermöglichen (vgl. Häußler 2007, 174).

Die ICF spricht in einem ersten Teil von Körperfunktionen und Strukturen, von Aktivitäten und von Partizipation. Dabei sind folgende Bereiche ausdrücklich gemeint: Teilhabe an der persönlichen Pflege, an Mobilität, an Informationsaustausch, an sozialen Beziehungen, an den Bereichen Ausbildung, Arbeit, Freizeit und Spiritualität, am wirtschaftlichen Leben, am staatsbürgerlichen und gemeinschaftlichen Leben.

Einschränkungen von Körperfunktionen und Strukturen können beispielsweise entstehen im Zusammenhang mit: Querschnittslähmungen; Schädel-Hirn-Traumata; Unfallfolgen; Gliedmaßenfehlbildungen; schweren rheumatischen Erkrankungen; Hirnschädigungen (s. Kap. 2.1); Muskelerkrankungen (s. Kap. 2.2); Spina bifida (s. Kap. 2.3); Hydrozephalus (s. Kap. 2.3); Kleinwuchs; Poliomyelitis (Spinale Kinderlähmung); Osteogenesis imperfecta (angeborene Knochenbrüchigkeit); Arthrogryposis multiplex congenita (angeborene Gelenkversteifungen); Mukoviszidose (Zystische Fibrose; angeborene Stoffwechselstörung); Leukodystrophie (fortschreitende Erkrankung des Zentralnervensystems); Krebserkrankungen; schweren Organfehlbildungen und Organerkrankungen.

Nach der WHO-Definition bedeutet eine körperliche Schädigung nicht per se eine Behinderung. Der Begriff der Behinderung bezieht sich nach dieser Definition auf eine körperliche Schädigung, die mit Einschränkungen der Aktivität eines betroffenen Menschen und mit Beeinträchtigung der sozialen Teilhabe verbunden ist. Abb. 3 (Leyendecker 2005, 19) zeigt die WHO-Definition schematisch (vgl. auch Kraus de Camargo 2009, 64).

Im Teil 2 der ICF-Klassifikation kommt zum Ausdruck, dass sowohl personenbezogene als auch mit- und umweltbezogene Komponenten die individuelle Ausprägung einer Behinderung bestimmen.

Dies ist im Verstehen der Lebenssituation eines betroffenen Kindes und für die Zusammenarbeit mit ihm von großer Bedeutung.

Wenn man z. B. früher oft annahm, Wahrnehmungsstörungen und Erfahrungsmangel gehörten zu einer Fehlbildung wie Spina bifida, muss man sich heute ernsthaft mit der Frage auseinandersetzen, ob ein betroffenes Kind von frühester Kindheit an hinreichend Gelegenheit, Hilfen und Hilfsmittel hatte, um in ganz realen Lebenssituationen genügend eigene Erfahrungen und Erkundungen machen zu können. Nicht die Spina bifida verursacht den möglichen Erfahrungsmangel, sondern ein fehlendes entwicklungsgemäßes Erfahrungsangebot. Und das entspräche nach der WHO-Definition einer Beeinträchtigung der Teilhabe, die so nicht hingenommen werden kann.

Entwicklung im sozialen Kontext

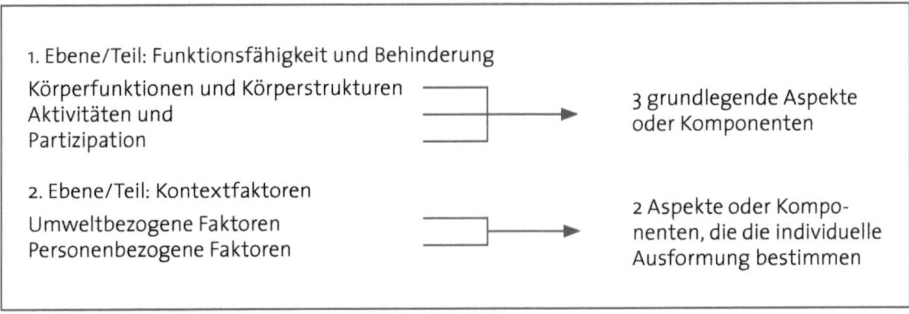

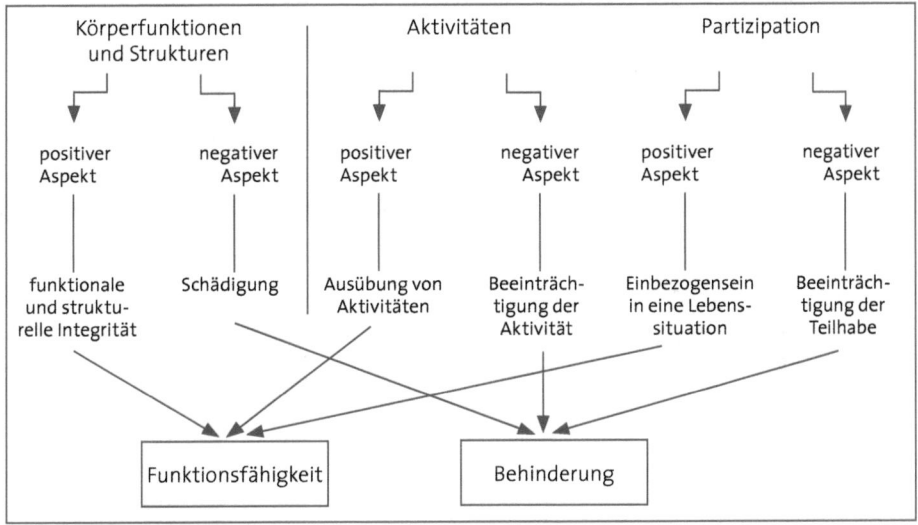

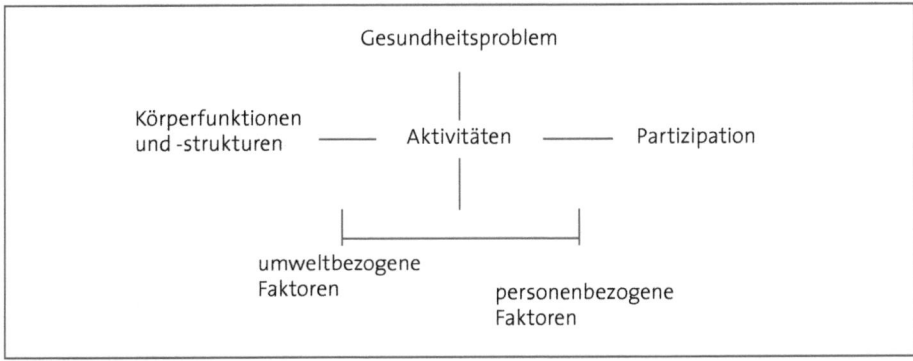

Abb. 3: Systematik der ICF der WHO (International Classification of Functioning, Disabilities, and Health)

In Abb. 3 sind jeweils Kompetenz und Schädigung/Beeinträchtigung nebeneinander gestellt. Das ist ein wichtiger Hinweis darauf, dass jedes Kind gleich mit welcher Schädigung oder Beeinträchtigung auch lebensbedeutsame Kompetenzen hat.

Unter Bezug auf die WHO-Definition lässt sich feststellen:

Eine Körperbehinderung liegt dann bei einem Menschen mit einer Schädigung bzw. Beeinträchtigung des Bewegungssystems oder einer chronischen Krankheit vor, wenn seine Handlungs- und Partizipationsmöglichkeiten nicht nur durch die Schädigung oder Krankheit selbst, sondern auch durch gesellschaftlich bedingte Gegebenheiten dauerhaft eingeschränkt sind und die Selbstverwirklichung in sozialer Integration erschwert ist.

Das ist heute die Situation der meisten Betroffenen.

Inwieweit aus einer Bewegungsstörung oder einer schweren chronischen Krankheit eine Behinderung im Sinne der WHO-Definition entsteht, hängt von einer Vielzahl von Entwicklungsbedingungen der Kinder ab. Die Risikofaktoren, die in wissenschaftlichen Untersuchungen gefunden wurden, begünstigen die Entwicklungen von Behinderungen. Die Schutzfaktoren erleichtern die Selbstverwirklichung in sozialer Integration.

Nach heutigem Wissen werden folgende Gegebenheiten für die Entwicklung eines Kindes mit einer dauerhaften körperlichen Beeinträchtigung angesehen (vgl. auch Leyendecker 2006, 21f.): männliches Geschlecht (Jungen sind häufiger von Schädigungen betroffen als Mädchen); früher Eintritt der Schädigung; Hirnschädigung; gesichtsnahe Fehlbildung oder Entstellung; leichtere Schädigung (diese Kinder stehen härter in der Konkurrenz zu nicht behinderten Kindern); schwere Mehrfachbehinderung; Vielzahl medizinischer und klinischer Maßnahmen; Nachlassen der Kraft; Verlust von Kompetenzen; erschwerte Kommunikation; niedrigere Intelligenz; eher negative Selbstwertschätzung; hohes Ausmaß an Fremdbestimmung; erschwerte Akzeptanz der Körperschädigung oder der chronischen Krankheit.

Risikofaktoren im sozialen Umfeld sind: unzureichende Ressourcen (z. B. Armut); negative Erfahrungen mit dem eigenen Körper (z. B. bei Behandlungen); stark wechselnde soziale Beziehungen; inkonstante Erziehungsbedingungen; eingeschränkte oder unangenehme Erfahrungswelt; anpassungsbetonte Erziehung; Förderung von Unselbstständigkeit; defizitorientierte oder stark leistungsorientierte Förderung; erlebte Ablehnung; Verweigerung von Hilfe; ablehnende Einstellungen oder Vorurteile; Isolation; Verweigerung von Partizipation; unüberwindbare menschliche und architektonische Barrieren; fehlende Hilfsmittel; nicht gelingender Umgang mit Verschiedenheit in Bildungsinstitutionen und Gesellschaft.

Dem steht eine Vielzahl von erleichternden Entwicklungsbedingungen und Schutzfaktoren gegenüber.

Kindbezogene Schutzfaktoren sind: weibliches Geschlecht; später eintretende, nicht progrediente Schädigung oder Krankheit; keine Hirnschädigung; schwerere Schädigung mit Rollstuhlabhängigkeit (Kinder im Rollstuhl erleben mehr Schutz und Hilfe als Kinder mit weniger deutlich sichtbaren Beeinträchtigungen); wenig körperliche Beschwerden; gute Entwicklungsfortschritte; Erwerb neuer Kompetenzen; gute Kommunikationsmöglichkeiten; durchschnittliche oder überdurchschnittliche Intelligenz; positive Selbstwertschätzung; Vertrauen in die eigenen Möglichkeiten; mehr selbstbestimmtes Leben; Realisierung eigener Ideen und Möglichkeiten; gelingende Integration vorliegender Beeinträchtigung in das Selbstkonzept.

Zu den Schutzfaktoren im sozialen Umfeld gehören: ausreichende oder gute Ressourcen; positive Körpererfahrungen; emotional ausgeglichene und anregende soziale Beziehungen; Konstanz, Verlässlichkeit der Erziehungsbedingungen; interessante, einladende Erfahrungswelt; kind- und entwicklungsentsprechendes Erzieherverhalten; Unterstützung der kindlichen Autonomie; angemessene Aufgaben und Anforderungen; kind- und entwicklungsgemäße Förderung; erlebte Akzeptanz, Wertschätzung; Verfügbarkeit notwendiger Hilfen und Hilfsmittel; gelingender Umgang mit Verschiedenheit in Bildungsinstitutionen und Gesellschaft.

Im nächsten Kapitel werden beispielhaft körperliche Beeinträchtigungen mit ihren möglichen Auswirkungen dargestellt.

Ausgangspunkt ist dabei jeweils – entsprechend der WHO-Klassifikation – die körperliche Situation. Es wird orientierend Bezug genommen auf Aktivitäten und Partizipation mit personenbezogenen und mit- bzw. umweltbezogenen Faktoren.

2. Bewegungsstörungen bei Kindern in Beispielen

2.1 Zerebrale Bewegungsstörungen

Zerebrale Bewegungsstörungen (Synonyme: Infantile Cerebralparese bzw. Infantile Zerebralparese; ICP bzw. IZP; Little Krankheit) sind nach Schlack (1994, 186): »Folgen einer nicht progredienten Hirnschädigung, die in der Zeit zwischen der frühen Schwangerschaft und dem 3. Lebensjahr eingetreten sind.« Betroffen sind etwa zwei bis drei von 1000 Kindern.

Zerebrale Bewegungsstörungen sind keine Lähmungen. Es sind Bewegungsstörungen, die von der jeweiligen Körperhaltung (Kopfhaltung, Position im Raum), der ausgeführten Aktion und der aktuellen psychischen Situation abhängig sind.

Ferrari (1998, 15) betont, dass die IZP »eine bleibende, aber nicht unveränderbare Haltungs- und Bewegungsstörung infolge einer prä-, peri- oder postnatalen zerebralen Funktionsstörung ist. Sie ist eingetreten, bevor das Gehirn seine Reifung und Entwicklung abgeschlossen hat. Die Hirnschädigung selbst verändert sich nicht, aber die Anforderungen der Umwelt an das Nervensystem werden immer komplexer, was zu einer Zunahme der Behinderung führt.« So kann sich das klinische Bild im Verlauf der Entwicklung ändern. Die frühere Auffassung, dass Schädigungen umschriebener Hirnabschnitte (pyramidale, extrapyramidale und zerebelläre Schädigungen) zu bestimmten, typischen Ausprägungen der Störung führen, wurde seit den 60er-Jahren verlassen zugunsten der Sichtweise einer Störung des komplexen zerebralen Funktionssystems (vgl. Huffmann 1968).

Ferrari (1998, 28) sieht in der Bewegungsstörung im positiven Sinn den Versuch des hirngeschädigten Kindes, den steigenden Ansprüchen im Entwicklungsverlauf gerecht zu werden. An anderer Stelle (1998, 48) schreibt er: »Für das Zentralnervensystem des Kindes sind die veränderten Bewegungsabläufe keine organische, systemische oder strukturelle Störung, sondern eine andersartige Aktions- und Organisationsweise eines Systems, das ständig nach neuen Lösungen für innere Bedürfnisse sucht, um sie den äußeren Anforderungen der Umwelt anzupassen.« Dabei ist die funktionelle Organisation des Kindes in seiner Interaktion mit der Umwelt nicht nur von der motorischen Störung, sondern auch von Kognition, Wahrnehmung und Motivation abhängig (a. a. O. 13).

Zerebrale Bewegungsstörungen können unterschiedliche Ursachen haben. Pränatal gehören eine Mangelernährung und eine Plazentainsuffizienz ebenso zu den Risiken wie Infektionskrankheiten der Mutter, zum Beispiel Röteln oder Toxoplasmose. Während der Geburt können Sauerstoffmangel oder Blutungen im Gehirn zu Schädigungen führen. Besonders gefährdet sind in dieser Hinsicht sehr früh frühgeborene Kinder. Postnatal können Bewegungsstörungen durch Hirnblutungen, durch entzündliche Erkrankungen des Gehirns oder durch ein Schädel-Hirn-Trauma entstehen.

In seltenen Fällen verursachen genetisch bedingte, fortschreitende Stoffwechselstörungen (z. B. Leukodystrophie; Sanfilippo-Syndrom) eine ähnliche Symptomatik wie zerebrale Bewegungsstörungen – allerdings mit progredientem Verlauf.

Schwere Schädel-Hirn-Traumata, die nach dem dritten Lebensjahr eintreten, können ebenfalls Ursachen für zerebrale Bewegungsstörungen sein. Es besteht aber ein wichtiger Unterschied zu den Störungen die prä-, peri- oder postnatal auftreten. Nach dem dritten Lebensjahr verfügt das Gehirn über eine Fülle von Bewegungsmustern für die wichtigsten Bewegungsabläufe in der Alltagsgestaltung. Durch ein schweres Schädel-Hirn-Trauma sind sie vielleicht zunächst nicht abrufbar und von Bewegungsstörungen überlagert. Oft können die grundlegenden Bewegungsmuster aber wieder erlernt werden. Dabei spielen die im Gehirn gespeicherten ursprünglichen Bewegungserfahrungen von vor dem Unfall eine bedeutsame Rolle. Dies gilt analog auch für Sprache und Sprachverständnis. Auch sie können nach einem schweren Schädel-Hirn-Trauma zunächst nicht verfügbar sein (Aphasie) und müssen durch Übung wieder erworben werden.

Nach ihren Erscheinungsformen werden zerebrale Bewegungsstörungen eingeteilt in:
- spastische Syndrome: Hemiplegien (linksseitig oder rechtsseitig);
  Diplegien (beinbetont)
  Tetraplegien (oft asymmetrisch; der ganze Körper ist betroffen);
- dyskinetische Syndrome: Tetraplegien ohne oder mit geringer Spastizität (Athetose; Choreoathetose);
- ataktische Syndrome: meist Tetraplegien;
- Mischformen aus den genannten Syndromen;
- Hypotoniesyndrome: Bewegungsstörungen mit konstant sehr niedriger Muskelspannung kommen vor allem im Säuglings- und Kleinkindalter vor. Sie verändern sich meist im Laufe der Entwicklung, sodass sich schon früh ein anderes Syndrom oder eine Mischform der zerebralen Bewegungsstörung herausbildet.

Die Spastizität ist die häufigste Erscheinungsform. Sie ist charakterisiert durch eine zu hohe Muskelspannung (Hypertonie). Diese Spannung ist zusätzlich abhängig von körperlicher, emotionaler und kognitiver Anspannung. Das heißt: erhöhte Anstrengung, Stress, Konfliktsituationen können die Muskelspannung weiter ansteigen lassen. Die hohe Muskelspannung hat zur Folge, dass Bewegungen mühsam sind und nur ein geringes Ausmaß haben. Da alle an einer Aktivität beteiligten Muskelgruppen hoch angespannt sind (Agonisten, Antagonisten, Synergisten), sind Gelenkversteifungen (Kontrakturen) möglich.

Abhängig von Kopf- und Körperhaltung treten bei schwerer betroffenen Kindern reflektorisch Haltungen auf, die Aktionen gegen die Schwerkraft erschweren oder verhindern (s. Abb. 4; Zeichnungen von Inkpen in Finnie 1974, 80).

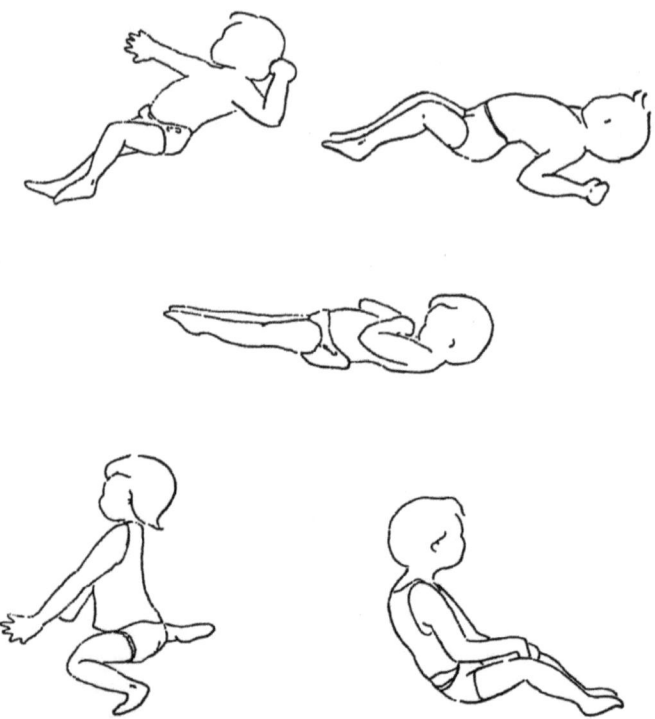

Abb. 4: Bei Kindern mit zerebralen Bewegungsstörungen können Haltungen auftreten, die aktive Bewegungen erschweren oder verhindern.

Das ist z. B. der Fall, wenn bei einem Kind in Rückenlage Streckung mit hohem Muskeltonus im ganzen Körper auftritt und in Bauchlage Beugung. Das behindert die eigenaktive Aufrichtung.

Ebenso störend ist es für ein Kind, wenn sich in Vierfüßlerhaltung bei Kopfstreckung die Beine ohne sein willentliches Zutun mit Hypertonus anbeugen, die Arme aber strecken oder wenn sich bei Kopfbeugung die Arme stark anbeugen und sich gleichzeitig die Beine strecken. Auch dieses Kind hat ohne Hilfe Schwierigkeiten mit der Aufrichtung.

Ein anderes Bewegungsmuster stört das so wichtige Greifen und Erkunden. Kopfdrehung bewirkt bei betroffenen Kindern die hypertone Streckung auf der Körperseite, zu der das Gesicht gewandt ist und Beugung auf der Hinterhauptsseite. Das Kind kann sehen, was es greifen möchte, kann aber nicht zufassen und den Arm anbeugen, solange der Kopf zur Seite gedreht ist.

Es treten auch sogenannte assoziierte Reaktionen auf. Sie bewirken, dass sich die Muskelspannung auch in Bereichen des Körpers erhöht, die an der gewollten Bewegung nicht beteiligt sind. Sie sind beobachtbar, wenn sich bei einem Kind beim Versuch zu sprechen z. B. die Adduktorenspastizität der Beine erhöht. (Adduktoren sind die Muskeln an der Innenseite der Oberschenkel mit deren Hilfe die Beine so aufeinander zu bewegt werden, dass die Knie sich berühren oder dass die Beine gekreuzt werden.)

Assoziierte Reaktionen treten besonders deutlich auf bei stärkerer willentlicher Anstrengung und bei hohen Anforderungen an Bewegungspräzision, -koordination und -tempo. Sie sind Zeichen dafür, dass die sensomotorischen Grundlagen für die beabsichtigten Bewegungsabläufe noch unzureichend sind. Um sie nicht immer wieder durch bestimmte Handlungen zu provozieren, ist es erforderlich, mit den Kindern herauszufinden, wie der Bewegungsablauf vereinfacht werden kann. Vielleicht sind Hilfsmittel oder eine andere Aufgabenstellung angezeigt. In jedem Fall erleichtert die Rücknahme des Arbeitstempos den Ablauf.

Die Spastizität ist oft besonders stark in Beckengürtel und Beinen. Bei Kindern mit Tetraplegien kommen – da die Spastizität dann im ganzen Körper auftritt – Schwierigkeiten bei der Nahrungsaufnahme und bei der Entwicklung des Sprechens vor. Artikulationsstörungen durch die zu hohe Muskelspannung im Bereich von Schultergürtel, Hals und Gesicht werden als Dysarthie oder Anarthrie bezeichnet. Bei der Dysarthrie werden einzelne Laute falsch gebildet, durch andere ersetzt oder gar nicht gesprochen. Eine Anarthrie bedeutet, dass dem Kind die Kommunikation mit Hilfe gesprochener Sprache wegen des Schweregrades der motorischen Sprechstörung nicht möglich ist. Das Sprachverständnis kann trotzdem altersentsprechend entwickelt sein. Bei schwer mehrfach behinderten Kindern mit motorischen, kommunikativen und kognitiven Entwicklungspoblemen sind aber Sprachentwicklungsverzögerungen oder eingeschränktes Sprachverständnis möglich.

Das dyskinetische Syndrom ist durch schwankende Muskelspannung gekennzeichnet: von zu niedrigem bis normalem, von normalem bis zu hohem oder von zu niedrigem bis zu hohem Tonus. So kommt es zu nicht willentlich steuerbaren, großen, ausfahrenden Bewegungen.

Körperhaltungen wie z. B. Sitzen können ohne Hilfen kaum beibehalten werden. Gelenkversteifungen kommen nur bei Mischformen mit Spastizität vor. Das dyskinetische Syndrom tritt meist als Tetraplegie auf und ist im Bereich von Schultergürtel, Armen, Hals und Gesicht am stärksten ausgeprägt. Dadurch haben viele betroffene Kinder Schwierigkeiten mit der Artikulation (Dysarthrie). Wenn ein Kind mit Athetose sprechen möchte, kann es sein, dass sich die Bewegungen der Arme und Hände sowie der Gesichtsmuskulatur sehr verstärken, ohne dass das Kind es beeinflussen könnte. Liegt ein dyskinetisches Syndrom mit einem höheren Muskeltonus vor, kann es auch zu Schwierigkeiten mit der Stimmgebung (Dysphonie) kommen. Dann hört sich das Sprechen gepresst an.

Bei einer Reihe von Kindern mit dyskinetischem Syndrom ist die Muskelspannung im (gegebenenfalls unterstützten) Stehen am ausgeglichensten. Dann sind Handlungsabläufe leichter koordinierbar.

Das ataktische Syndrom betrifft eine relativ kleine Kindergruppe. Dazu können auch Kinder mit Bewegungsstörungen nach schwerem Schädel-Hirn-Trauma gehören. Hier ist die Muskelspannung niedrig und schwankend. Manchmal entwickelt sich ein ataktisches Syndrom aus einem anfänglich bestehenden Hypotoniesyndrom. Das Bewegungsausmaß bei der Ataxie ist vergleichbar mit dem nicht behinderter Kinder. Die Bewegungsabläufe wirken etwas verlangsamt. Die Bewegungskoordination ist vor allem in der Feinmotorik erschwert. Bei manchen Kindern fällt ein ataktisches Syndrom überhaupt erst bei feinmotorischen Anforderungen auf wie Malen, Schreiben, Knöpfen, Kneten, Basteln etc. Schultergürtel und Beckengürtel sind meist ähnlich betroffen. Assoziierte Reaktionen werden in zittrigen, fahrigen Bewegungen sichtbar. Feinabstufungen von Bewegungen und Gleichgewichtsreaktionen fallen schwer. Durch die niedrige, schwankende Muskelspannung wirkt das Sprechen eher monoton, mitunter auch dysrhythmisch. Oft sprechen die Kinder relativ langsam, manche auch dysarthrisch.

Einige Kinder mit ataktischem Syndrom fallen durch ein geringes Risikobewusstsein auf. Diese Schwierigkeit kann in Zusammenhang mit Störungen der Sensibilität stehen. Diese Kinder brauchen bei ihren Erkundungen und Unternehmungen durchgehende Begleitung durch einen Erwachsenen, da sie sehr gefährdet sind, sich zu verletzen.

Schwere Hirnschädigungen oder Hirnerkrankungen können zur Ausbildung eines Hydrozephalus (Störung des Gehirnwasserkreislaufs) führen.

Auch Symptome aus dem epileptischen Formenkreis kommen vor (zu Hydrozephalus und Epilepsie siehe Kap. 2.3).

Zerebrale Bewegungsstörungen kommen in allen Schweregraden vor.

Nicht wenige Kinder haben relativ leichte Bewegungs- und Koordinationsstörungen ohne größere Auswirkungen auf die Entwicklung der Selbständigkeit.

Bei extrem ausgeprägten Störungen bleiben die Kinder rollstuhl- und pflegeabhängig. Sie sind für alle alltäglichen Verrichtungen auf persönliche Hilfen angewiesen.

Gemeinsam ist allen, dass stärkere willentliche Anstrengungen, intensives Bemühen um präzise Bewegungs- und Handlungsabläufe, körperlicher oder emotionaler Stress die jeweils vorliegenden Bewegungsprobleme verstärken. Beim Kind mit einem spastischen Syndrom erhöht sich die Muskelspannung noch und schränkt die Beweglichkeit weiter ein. Im Laufe von Jahren kann das z. B. zu chronischen Schmerzzuständen führen und damit zur erheblichen Verschlechterung der Lebensqualität mit Einschränkung der Partizipationsmöglichkeiten.

Das Kind mit einem dyskinetischen Syndrom hat unter Stress verstärkte Schwankungen in der Muskelspannung und entsprechend noch ausfahrendere und unkoordiniertere Bewegungsabläufe.

Beim ataktischen Syndrom werden die Bewegungen fahriger, zittriger und Gleichgewichtsreaktionen schwieriger. Zerebrale Bewegungsstörungen wirken sich auch auf die Grafomotorik aus (Abb. 5–8).

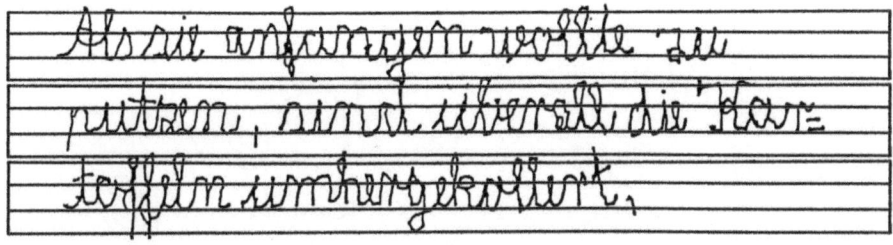

Abb. 5: Zerebrale Bewegungsstörungen wirken sich auch auf die Grafomotorik aus.

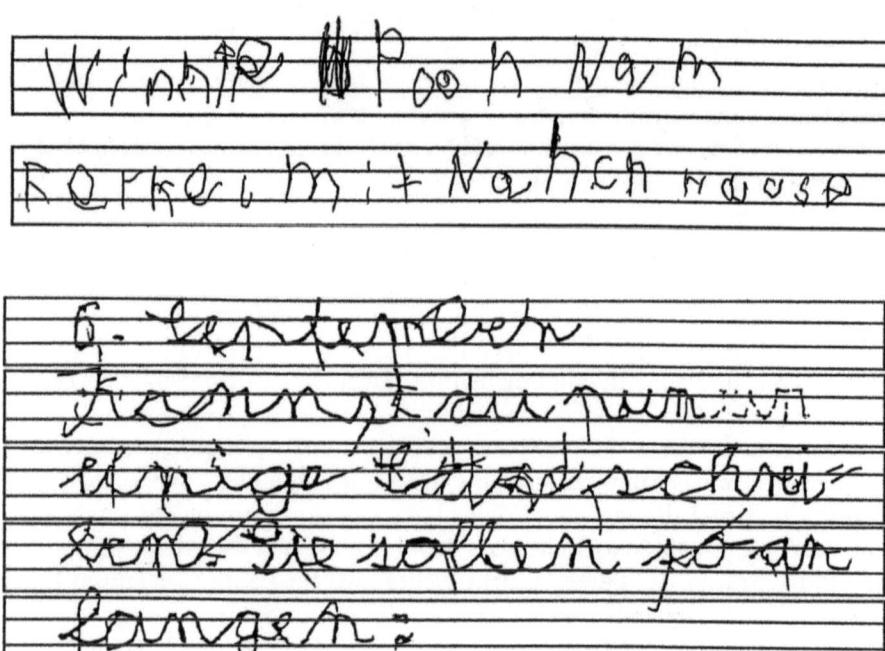

Abb. 5: Zerebrale Bewegungsstörungen wirken sich auch auf die Grafomotorik aus.

Abb. 6: Timo und Tim sind Freunde.

Zerebrale Bewegungsstörungen

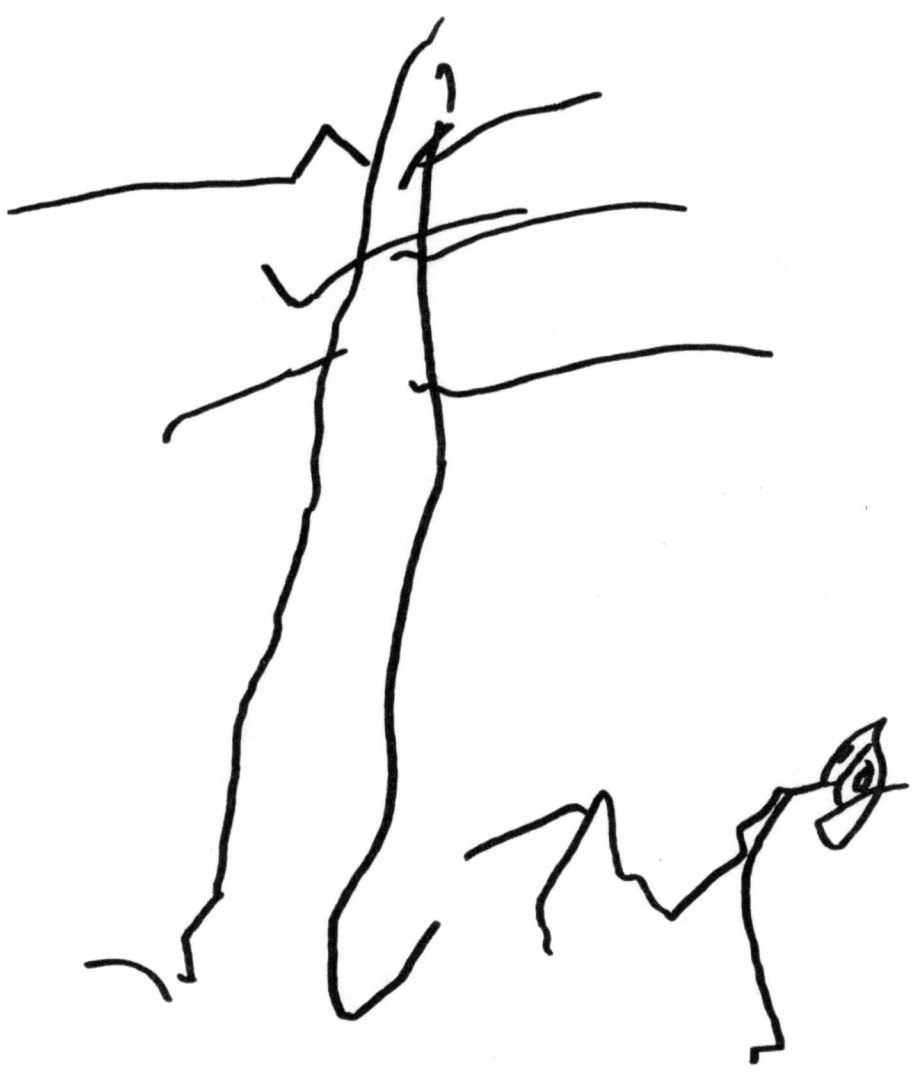

Abb. 7: Kreativität bei erschwerter Grafomotorik: Baum im Herbst mit Panther.

Abb. 8: Mein Vater, der ICE-Chef, mit Dienstmütze.

Bei Kindern mit zerebralen Bewegungsstörungen kommen Wahrnehmungsbeeinträchtigungen, insbesondere des Sehens, vor. Störungen der Wahrnehmungsentwicklung (Aufnahme, Verarbeitung, Wiedergabe) sind bei betroffenen Kindern möglich. Es spricht aber manches dafür, dass sie seltener sind als allgemein angenommen und in Befunden angegeben sind (vgl. Haupt 2003, 96f.).

Die Entwicklung der Intelligenz ist nicht abhängig vom Schweregrad der Bewegungsstörung. Entscheidend sind folgende Gegebenheiten. Da sind einmal die individuellen Möglichkeiten, über die das Gehirn für seine Entwicklung verfügt. Sie hängen auch von Art und Ausmaß der Hirnschädigung ab. Die Beziehungserfahrungen, die das Kind machen konnte, sind entscheidend für das Interesse des Kindes an Mitwelt und Umwelt. Dazu kommen die Möglichkeiten, die es hat, an der realen Lebenswelt in Bezogenheit und mit Hilfe seiner Bezugspersonen teilzuhaben, sie zu erkunden und mitzugestalten.

Eindrucksvolle autobiografische Zeugnisse für anspruchsvolle Bildungswege und Lebensgestaltungen von Menschen mit sehr schweren zerebralen Bewegungsstörungen und motorisch bedingter Sprechunfähigkeit finden sich zum Beispiel bei Brown (1982); Nolan (1989); Crossley und McDonald (1990); Lemmler und Gemmel (2005).

Die Intelligenzdiagnostik bei Kindern mit zerebralen Bewegungsstörungen stellt besondere Anforderungen an Psychologen und Sonderpädagogen. Denn auch in diesem Bereich gilt, dass Kinder wegen vorliegender Schädigungen, Krankheiten oder Behinderungen nicht benachteiligt werden dürfen. Benachteiligungen entstehen aber gerade bei der Intelligenzdiagnostik sehr schnell, wenn die Testauswahl nicht genau auf die motorischen Kompetenzen der Kinder abgestimmt ist. Zu beachten sind grafomotorische Schwierigkeiten, Probleme beim sprachlichen Ausdruck, Verlangsamungen und die erhöhte Stressempfindlichkeit. Werden diese schädigungsbedingten Erschwerungen von Aufgabenlösungen nicht beachtet, erreichen die Kinder nur niedrige Punktwerte, die aber nicht auf mangelnde Intelligenz zurückgeführt werden können. Selbstverständlich müssen Testanweisungen und Standardisierungen beachtet werden. Benachteiligungen können aber je nach individuellen Gegebenheiten durch Tests, die sprachfrei, zeitfrei oder motorikfrei standardisiert sind, vermieden werden. Gerade in der Diagnostik dieser Kinder besteht eine besondere Verantwortung der Untersucher, Kinder nicht durch unpassende Aufgaben zu benachteilige und dadurch weiter zu schädigen oder auf ihrem Bildungsweg zu behindern. Dies ist ein noch immer aktuelles Problem in einer nicht zu unterschätzenden Größenordnung (vgl. Haupt 2003).

Die Beziehungserfahrungen von Kindern mit zerebralen Bewegungsstörungen können erschwert sein, wenn sich die Bewegungsstörung stärker auf das verbale und nonverbale Ausdrucksverhalten auswirkt. Das kann Kinder und Erwachsene in ihrem Umfeld irritieren. Sie müssen in Kontakten und Interaktionen mit dem Kind bewusst verstehen lernen, was es ausdrücken möchte, wenn es sich auf seine Weise bewegt. Gelingt das nicht, erlebt das Kind zu wenig Empathie. Das kann zum Erleben von Ausgrenzung führen (vgl. Bauer 2005). Eltern, Erzieher, Lehrer, Ärzte, Therapeuten und Pflegekräfte sind hier besonders herausgefordert.

Zu berücksichtigen ist auch, dass zerebrale Bewegungsstörungen durch traumatische Einwirkungen, die eine Hirnschädigung zur Folge haben, entstehen. Durch neurobiologische und neurophysiologische Forschungen konnte gezeigt werden, dass ein Trauma bleibende Folgen im Gedächtnisspeicher des Gehirns haben kann. Das bedeutet eine erhöhte Empfindlichkeit in Alltagssituationen, sogar dann, wenn scheinbar nichts Gefährliches vorhanden ist. Sehr frühe Traumatisierungen können besonders nachhaltige Spuren hinterlassen. Als Spätfolgen von Traumen sind nach Bauer möglich (2002, 212): Angstsymptome, Schreckensbilder, Beeinträchtigungen von Stimmung, Konzentration und Gedächtnisleistungen. Es wurde aber schon darauf hingewiesen, dass die seelischen Auswirkungen eines Traumas auch davon abhängen, welche Beziehungsqualität durch nahestehende Menschen und Pflegekräfte nach dem Trauma vom Kind erlebt werden kann. Angemessene, einfühlsame Zuwendung, achtsame Pflege, Angenommensein, Schutz, erleichtern dem Kind die Situation. Alleinsein, Angstreaktionen von Bezugspersonen, Vorwürfe, Aggressionen, Abwendung, Nichtbeachtung von Grundbedürfnissen verstärken das Erleben des Traumas und seiner Auswirkungen.

Zerebrale Bewegungsstörungen als bleibende, aber nicht unveränderbare Haltungs- und Bewegungsstörungen erfordern fortlaufend begleitende Therapien, unter denen die Physiotherapie eine besondere Rolle spielt. Es ist bedeutsam, wenn Ergotherapie, Logopädie und weitere Therapien nach denselben Grundprinzipien mit dem Kind gestaltet werden. Ziele der Therapien sind nach Ferrari (1998, IX, 28) kompensatorische Hilfen, die dem Kind ermöglichen, seine Ressourcen zu nutzen. »Es muss dem Kind geholfen werden«, sich auf seine Weise »zu verwirklichen, ohne dass ihm die Nachahmung von unerreichbaren Bewegungsmustern aufgezwungen wird.« »Die Achtung, Bewahrung und Stärkung der natürlichen Autonomie des Kindes und seiner Familie bilden Grundvoraussetzungen diagnostischen und therapeutischen Handelns überhaupt. Das Bemühen, die Ressourcen des Kindes und seiner Familie systematisch zu erkennen, zu erschließen und zu erweitern, kennzeichnet wesentlich den [...] Behandlungsprozess« (Qualitätskommission 2007). Entsprechend wurden früher favorisierte Therapieziele wie Normalität, Normalisierung der Muskelspannung, Hemmung pathologischer reflektorischer Bewegungsmuster und die verbindliche Orientierung an der Normalentwicklung im kleinschrittigen, fremdbestimmten Übungsprozess weitgehend aufgegeben.

Es bestehen mehrere unterschiedliche therapeutische Schulen zum Beispiel nach Bobath, Vojta, Petö, Doman, Kozijavkin – um einige zu nennen. Ihre Arbeitsweisen können hier nicht dargestellt werden (vgl. dazu Schlack 1994, 185f.). Als Beispiel sei aber das Bobath-Konzept genannt, in dem die Neuorientierung der Bewegungsbehandlung ausdrücklich im Mittelpunkt steht.

In diesem Konzept (Viebrock und Forst 2008) wird die Bewegungserleichterung (Fazilitation) in der bezogenen Zusammenarbeit von Krankengymnastin und Kind so gesehen: »Eine vom Kind aus intendierte oder begonnene Aktivität wird durch« körperliche Unterstützung »der Therapeutin [...] erleichtert. Wenn die Therapeutin keine Intention des Kindes erkennen kann, versucht sie« im Kontakt »zu einer Interaktion zu kommen.« Ihr Ziel ist, dem Kind dabei behilflich zu sein, »aktiv seine sensomotorische Kontrolle zu verändern und anzupassen, damit es ihm möglich wird, seine Kompetenzen im Alltagshandeln zu entdecken, zu nutzen und weiterzuentwickeln für die Auseinandersetzung mit sich selbst, seiner gegenständlichen Umwelt und für die soziale Interaktion« (Grafmüller-Hell, 2008, 41).

Unterstützt wird das aktive Bemühen des Kindes gegebenenfalls durch Hilfsmittel für Bewegungen, Kommunikation und alltägliche Verrichtungen. Nach Schlack (in Holtz 1997, 11) darf ein Hilfsmittel die Möglichkeit der Eigenaktivität des Kindes nicht einschränken, sondern soll sie erweitern. Es muss in einem sinnvollen Zusammenhang zur Behandlung stehen und den Bedürfnissen des Kindes (seinen Kontakt- und Interaktionswünschen, seinen Fähigkeiten, seinem Wohlbefinden) gerecht werden. Und schließlich ist es unerlässlich, dass auch die Eltern praktisch und psychisch damit zurechtkommen.

Es werden also in der Bewegungstherapie nicht Funktionen geübt sondern komplexe Entwicklungsprozesse unterstützt. Dabei gilt nach Schlack (2003), dass die therapeutische Beziehung vermutlich bedeutsamer ist als die therapeutische Methode. Weiterhin gilt auch (nach Schäfer 2005, 18), dass man Kompetenzen nicht fördern kann, indem man sie übt, sondern dass sie vielfältige Gelegenheiten brauchen, in denen sie sich immer wieder neu bilden können.

Diese neue Ausrichtung stützt sich auf die Auswertung langjähriger Behandlungserfahrungen und auf Ergebnisse der Entwicklungs- und Neurowissenschaften. Sie stellt Weichen für die Weiterentwicklung und Neustrukturierung von Therapien. Solche Neuorientierungen und Umstellungen sind wegweisend, aber keineswegs überall realisiert. Entwicklungen sind immer Prozesse in der Zeit. Sie stoßen nicht selten auf Widerstände durch Denk- und Handlungsweisen sowie Organisationsstrukturen. Sie stehen unter Umständen lange nebeneinander oder in einer Spannungsbeziehung bis sich Neues allmählich durchsetzt, unterstützt durch entsprechende Veränderungen in Ausbildungen, Praxisanleitungen und Weiterbildungen. Auch Träger von Institutionen und ihre Geldgeber müssen solche Veränderungen mit vollziehen. Betroffene selbst und ihre Angehörigen sind Teil dieser Prozesse.

Erwähnt seien auch andere therapeutische Interventionen, die vor allem bei spastischen Syndromen mit tonusreduzierenden Medikamenten erprobt werden. Manche Kinder erfahren zum Beispiel Erleichterung bei schmerzlich verspannter Muskulatur durch Botulinumtoxin. Diese Substanz wird gespritzt. Die dadurch mögliche lokale Tonusreduzierung hält jeweils etwa drei Monate an. Unerwünschte Nebenwirkungen treten dann auf, wenn die Substanz sich auch auf benachbarte Muskeln auswirkt. So erfordert die Behandlung hinreichende Erfahrung des behandelnden Arztes.

Das gilt noch in erhöhtem Maße bei der Anwendung von Baclofen, das zur Verminderung der Spastizität im ganzen Körper eingesetzt wird. Hier ist die präzise Dosierung im Einzelfall ausschlaggebend. Eine Reihe von unerwünschten Nebenwirkungen ist möglich, u. a. Schläfrigkeit und Übelkeit (Onmeda 2008).

Medikamentöse Therapien können das eigene Bewegungslernen des Kindes mit bewegungstherapeutischer Begleitung nicht ersetzen. Erleichternde Wirkungen von Medikamenten bleiben bei zerebralen Bewegungsstörungen an die Einnahme gebunden.

Im Zusammenhang mit zerebralen Bewegungsstörungen können für betroffene Kinder spezifische Lernprozesse erforderlich werden, für deren aktive Bewältigung sie verständnisvolle persönliche Hilfen und Akzeptanz in entsprechenden sozialen Kontexten brauchen.

Es ist von sehr großer Bedeutung, dass sie Bewegungsabläufe lernen und Hilfsmittel einsetzen, die ihre Handlungsfähigkeit und die gesellschaftliche Teilhabe erleichtern. Die Bewegungserfahrungen der Menschen in ihrer Umgebung und auch ihrer Behandler, Pädagogen und Therapeuten sind anders als ihre eigenen. Daraus ergibt sich, dass sie in besonders hohem Maße darauf angewiesen sind, ihr eigenes Körpergefühl und ihre eigenen Körpersignale beachten zu lernen, um nicht Anleitungen zu übernehmen, die für sie nicht passen und sie möglicherweise in größere Schwierigkeiten bringen. Sie brauchen Ermutigung, Tonusveränderungen zu beachten, auch Zeitbedarf,

Pausenbedarf, Stresssignale und alles, was Stress mindert. So können sie auch die Problematik verstehen lernen, die Wettbewerbsbedingungen bei ihnen auslösen.

Es ist nicht leicht, damit umzugehen, dass die eigenen Körperreaktionen und Bewegungsabläufe so unterschiedlich und unvorhersehbar (vor allem bei dyskinetischen und ataktischen Syndromen) auftreten und manche nicht zum gewünschten Ziel führen. Wo immer Anpassung an nicht behinderte Kinder erwartet wird, ist es schwer, Aktivitäten auf genuin eigene Weise auszuführen und erforderlichenfalls um Hilfe zu bitten. Aber beides gehört zusammen im Lernprozess: die eigenen Möglichkeiten zu nutzen und um Hilfe zu bitten. Für manche Kinder ist es ein langer Weg, den nicht zu gewinnenden Kampf gegen die Bewegungsstörung aufzugeben, und ihre eigene Weise zu sein wertzuschätzen. Dieser Lernprozess ist nur in einem sozialen Kontext möglich, in dem das Kind zugewandte Akzeptanz und Wertschätzung auf unterschiedliche Weise immer wieder erleben kann.

Vielfältige soziale und kommunikative Lernprozesse sind für nicht wenige Kinder mit zerebralen Bewegungsstörungen erforderlich. Motorisch erschwertes Ausdrucksverhalten verlangt immer wieder kreativen Einsatz bei der Verständigung mit anderen Menschen. Und das sind bei diesen Kinder sehr viele – von klein an. Denn sie werden immer wieder herausgefordert, nicht nur mit nahen Menschen und in Kindergruppen, sondern auch mit unterschiedlichen therapeutischen und pädagogischen Fachkräften zu kooperieren, die sich ihrerseits auf die individuellen Kompetenzen und Schwierigkeiten der Kinder erst einstellen müssen. Spätestens im Schulalter wird es erforderlich, dass sie Mitschüler, Pädagogen, Helfer bei Hilfeleistungen anleiten müssen, zumal wenn diese unerfahren im Umgang mit bewegungsgestörten Kindern sind. Es ist nicht einfach, Zusammenarbeit zu lernen, ohne die auch notwendige Selbstbestimmung aufzugeben. Vor allem Kinder mit beeinträchtigtem Ausdrucksverhalten müssen im Lauf der Zeit lernen, mit den Beziehungsunsicherheiten und Vorurteilen anderer Menschen umzugehen, ohne an Selbstgefühl zu verlieren oder sich durch Interaktionsspannungen entmutigen zu lassen.

Auf ihrem Bildungsweg brauchen sie Unterstützung dabei, die für sie bestmöglichen Arbeits- und Lernstrategien herauszufinden und geeignete Hilfsmittel einzusetzen. Damit eine faire Arbeitssituation und Benotung in der Schule möglich werden, brauchen viele Kinder mit zerebralen Bewegungsstörungen Nachteilausgleiche. Sie können bestehende Schwierigkeiten mildern oder überbrücken, z. B. Verlangsamungen von motorischen Abläufen, grafomotorische Schwierigkeiten, Mühen mündlicher Mitteilungen, Stressreaktionen, starke Ermüdung durch vermehrte Anstrengung, Assistenzbedarf.

Eine Studie zur Lebensqualität von 8- bis 12-jährigen Kindern mit zerebralen Bewegungsstörungen in Europa (Dickinson et al. 2007, 217f.) ergab Hinweise, wie die Kinder ihre Situation selbst erleben. Sie wurde mit mehr als 800 Kindern, die über sich selbst Auskunft geben konnten (61 Prozent der Gesamtpopulation), per Fragebogen (KIDSCREEN) durchgeführt. 39 Prozent der Kinder nahmen nicht teil, da sie aufgrund von Mehrfachbehinderungen nicht selbst über ihr Erleben berichten konnten. Die befragten Kinder der Studie waren überwiegend nicht sehr schwerbehindert. 86 Prozent konnten allein gehen. 95 Prozent konnten sich mit gesprochener Sprache verständigen. Allerdings berichteten 54 Prozent über Schmerzen. 71 Prozent besuchten die allgemeine Schule.

Für etwa die Hälfte der befragten Kinder ergab die statistische Auswertung keine signifikanten Unterschiede zu den nicht behinderten Kindern in den Bereichen: seelisches Wohlbefinden, Selbstwahrnehmung, soziale Unterstützung, Schulumgebung, finanzielle Möglichkeiten und soziale Akzeptanz. Die Autoren der Studie gehen davon aus, dass diese Kinder ihre seit der Geburt bestehende Beeinträchtigung nicht als aktuelle Störung oder Krankheit wahrnehmen.

Kinder, die über Schmerzen berichteten (54 Prozent), gaben insgesamt eine beeinträchtigte Lebensqualität an (niedriges Signifikanzniveau). Kinder, die zugleich eine kognitive Entwicklungsbeeinträchtigung aufweisen (28 Prozent), gaben eine eingeschränkte Lebensqualität in den Bereichen Gefühle, Stimmungen und Autonomie an.

Insgesamt zeigt auch diese Studie die starke Abhängigkeit der Lebensqualität von sozialen und Umweltfaktoren, davon, wie Familie, Freunde, Schule und die Umgebung mit den Kindern umgehen.

Eine kleine Gruppe von Kindern mit zerebralen Bewegungsstörungen ist extrem schwerbehindert. Bei ihnen haben schwerste frühe Traumatisierungen und schwerste Verletzungen im Zentralnervensystem (z. B. Schädel-Hirn-Trauma durch Unfall) zu extremen Behinderungen von Entwicklungs- und Selbstgestaltungsmöglickeiten in allen Bereichen geführt. Betroffene Kinder sind auf einfühlsame, zugewandte Beziehungen und Hilfen für die meisten Lebensvollzüge angewiesen. Es kann für sie sehr schwer sein, gut koordinierte Bewegungsabläufe für die Atmung, die Nahrungsaufnahme und die Verdauung zu entwickeln und einen stabilen Wach- und Schlafrhythmus zu finden. Manche von ihnen verfügen über feine Ausdruckszeichen für Kontaktaufnahme und –beantwortung, die von nahen Bezugspersonen verstanden werden können. Viele haben große Schwierigkeiten, ihre Hände gezielt einzusetzen, um etwas zu erkunden oder zu bewirken. Lautsprachliche Kommunikation ist kaum möglich. Die Kinder sind für ihre Pflege, für Erkundungen und Erfahrungen in unserer gemeinsamen Lebenswelt auch im Schulalter auf verlässliche Beziehungen und sensible Hilfen immer wieder angewiesen. Der Entwicklungsstand dieser Kinder bleibt deutlich hinter der Alterserwartung zurück. Eine entwicklungsangemessene Förderung und entsprechender Unterricht erleichtern aber die jedem Kind mögliche Entwicklung.

Das betrifft u. a. auch Kinder mit anhaltendem Wachkoma z. B. nach Ertrinkungsunfällen. Durch die Erfahrungen in der Zusammenarbeit mit schwerst geschädigten Menschen im apallischen Syndrom (vgl. Zieger 1997 und 2004; Haupt 2006) ist bekannt, dass es trotz aller Schwierigkeiten sehr grundlegende Kompetenzen gibt, die auch bei schwerster Traumatisierung und sogar bis zum Tod erhalten bleiben. Das sind vor allem: emotionale Empfindungsfähigkeit; elementare Wahrnehmung mit den Schwerpunkten Fühlen, Schmerzempfinden, Hören; körperhaftes Gedächtnis; einfache Bewegungsabläufe; elementares Sprachverständnis; elementare kognitive Prozesse. Diese Kompetenzen entstehen intrauterin und befähigen den Menschen lebenslang, Informationen aufzunehmen, zu verarbeiten und in Austauschprozessen zur Umgebung zu stehen. Es sind überlebenswichtige Fähigkeiten, die beachtet werden wollen, und die Basis sind für Kommunikation und Partizipation. Deutlich werden sie über Körperreaktionen wie Tonusveränderungen, Änderungen im Atemrhythmus, der Herzschlagfrequenz. Eine angemessene Einbeziehung betroffener Kinder in die Lebenswelt ihrer Bezugspersonen ist nicht nur möglich, sondern lebensbedeutsam und für mögliche Entwicklungen unerlässlich (vgl. Wieczorek 2002 und 2006; Haupt 2006).

Prognosen über künftige Entwicklungen sind bei sehr schwerbehinderten Kindern nicht möglich. Ob sie ein Leben führen werden, das durch zunehmende Mitgestaltung und eigene Möglichkeiten in Austausch und Beziehung mit anderen Menschen gekennzeichnet ist, oder ob ihre Lebenskraft verhalten bleibt oder zu Ende geht, hängt von vielen Gegebenheiten ab: von Art, Ausprägung und Verlauf der Behinderung oder Erkrankung, von den Möglichkeiten und der Qualität der medizinischen Behandlung, von der Qualität der möglichen Unterstützung der vitalen Funktionen und der gesamten Entwicklung, von der erlebten Beziehungs- und Lebensqualität, von der Unterstützung der Selbstgestaltungskräfte des Kindes, seiner Interessen und Entwicklungsimpulse, und nicht zuletzt von der Lebensqualität der Bezugspersonen.

Die extreme Behinderung bedeutet eine erhebliche Gefährdung der Kinder. Die AOK (2008) berichtet von einer stark verkürzten Lebenserwartung bei 40 Prozent der schwerstbehinderten Kinder.

Eine wesentliche Aufgabe der langfristig notwendigen krankengymnastischen Begleitung dieser Kinder sind Hilfen, die das körperliche Wohlbefinden erleichtern oder ermöglichen. Die Sicherheit einer zugewandten Beziehung kann Spannung und Unruhe vermindern. Durch vorsichtige Bewegungen und gute Lagerungen können Atmung, Nahrungsaufnahme, Verdauung und Schlaf des Kindes positiv beeinflusst werden. Ermüdung und Abwehrreaktionen werden sorgfältig beachtet, Interessen, Ausdruckszeichen und Aktivitäten im Lebenskontext unterstützt (vgl. Ebert 1998, 78f.). Ferrari beschreibt die Aufgaben der therapeutischen und pädagogischen Begleitung schwerstbehinderter Kinder so (1998, 317): »Entscheidend ist es, eine Beziehung zu ihnen aufzubauen, die weder Herrschaft noch Passivität bedeutet. Sie erleichtert es, Bedürfnisse des Kindes zu verstehen und sein verschlüsseltes Verhalten zu entziffern.« Die Begleitung »respektiert seinen Einsatz für den Aufbau von Anpassungsreaktionen und lässt ihm dafür Zeit«. Es gehört auch dazu, die Begrenztheit der Kompetenzen, die das Kind für die Mitgestaltung seines Lebens einsetzen kann, zu akzeptieren.

Weniger ausgeprägte zerebrale Bewegungsstörungen treten nach frühkindlichen Hirnschädigungen anfänglich nicht deutlich in Erscheinung. Mitunter wird eine zentrale Tonusstörung diagnostiziert, ohne dass klar ist, ob diese mit der Zeit abklingt oder sich zu einer zerebralen Bewegungsstörung entwickelt. Das stellt sich erst bei zunehmender motorischer Aktivität im Verlauf der Bewegungsentwicklung heraus. Das bedeutet für die Eltern sehr oft, dass über längere Zeit die Unsicherheit besteht, ob ihr Kind eine Bewegungsstörung hat. Diese Unsicherheit löst meist ein stärker beobachtendes Elternverhalten aus mit der Hoffnung auf eine gute Entwicklung und der Befürchtung einer entstehenden und dann dauerhaften Bewegungseinschränkung. Dazu kann die quälende Frage kommen, ob irgendein eigenes Verhalten der Mutter in der Schwangerschaft für das Kind ein Entwicklungsrisiko bedeutet hat. Eine solche Frage kann auch auftauchen, wenn es objektiv keinen Grund dafür gibt. So ist die frühe Phase durch eine Reihe von Irritationen gekennzeichnet und erschwert ein unbefangenes Zusammensein mit dem Kind. Die Belastung der Eltern kann sehr hoch werden, wenn sie von Pädagogen, Psychologen, Therapeuten schon früh angeleitet werden, besondere Aufgaben für die Entwicklungsförderung ihres Kindes zu übernehmen und damit eine erweiterte Mitverantwortung für die Entwicklung des Kindes.

Die anfängliche Unsicherheit in Bezug auf eine Entwicklungsprognose lässt sich nicht durch Konsultationen mehrerer Ärzte und Förderzentren auflösen. Verlässliche Prognosen sind anfänglich oft nicht möglich.

Bei sehr schweren frühkindlichen Hirnschädigungen bestehen von Anfang an große Entwicklungsprobleme beim Kind, oft verbunden mit der Sorge, ob das Kind überhaupt überleben kann. Lange Klinikaufenthalte zum Beispiel bei sehr früh Frühgeborenen können erforderlich werden und lösen immer wieder Ängste bei den Eltern aus. Besondere Problembereiche können Atmung und Ernährung sein. Die notwendige Pflege ist aufwendig und fordert den Eltern vieles ab.

Das heißt aber nicht, dass die Elternschaft mit einem hirngeschädigten und bewegungsgestörten Kind nicht auch mit Freude und vielen bereichernden Erfahrungen erlebt wird (vgl. Kap. 5.3).

2.2 Dystrophin-Erkrankungen: Duchenne-Muskeldystrophie (DMD), Becker-Muskeldystrophie (BMD)

Die Dystrophin-Erkrankungen betreffen fast ausschließlich Jungen. Sie werden X-chromosomal – rezessiv vererbt. Die Duchenne- und die Becker- Muskeldystrophie beruhen auf Strukturanomalien des Dystrophingens auf dem kurzen Arm des X-Chromosoms (Xp21). Dystrophin ist ein Eiweiß, das für die Stabilität der Umhüllungswand (Zellmembran) von Muskelzellen gebraucht wird. Es reguliert auch die Kalziumkonzentration in den Muskelzellen. Durch den Mangel bzw. das Fehlen von Dystrophin bei der Duchenne-Muskeldystrophie erhöht sich die Durchlässigkeit der Muskelzellmembran. So kann zusätzliches Kalzium in die Muskelfasern eindringen. Das führt zu Zellschädigungen und zum Faseruntergang (Dystrophie). Außerdem tritt durch den Muskelzellmembrandefekt das Enzym Kreatinkinase (CK) aus, das für die Energieversorgung der Muskelzellen eine wichtige Rolle spielt. Es fehlt dann in der Muskulatur.

Viele Jungen mit Duchenne-Muskeldystrophie weisen eine verzögerte statomotorische Entwicklung auf mit verspätetem Laufenlernen und häufigem Hinfallen. Bei anderen beginnt der Verlust motorischer Kompetenzen etwa zwischen dem 2. und 5. Lebensjahr nach zunächst unauffälliger Säuglings- und Kleinkindzeit. Die Muskelschwäche durch die Erkrankung beginnt im Beckengürtel und an den Oberschenkeln und wird zunehmend in weiteren Muskelgruppen deutlich. Beuge- und Streckmuskeln sind unterschiedlich betroffen. Es entwickeln sich ein Zehenspitzengang mit Verkürzung der Achillessehnen und eine Lordose der Wirbelsäule mit Hervortreten des Bauches. Aufrichten aus dem Sitzen oder Liegen fällt zunehmend schwer. Beim Aufstehen aus Rückenlage drehen sich betroffene Jungen in den Vierfüßlerstand, bewegen die Arme und Hände immer weiter auf die Beine zu und stützen sich beim Aufrichten mit den Händen immer höher an den Beinen ab bis sie stehen (Gowers-Zeichen Abb. 9 aus Bleck und Nigel 1975). Verdickungen an den Waden fallen auf. Sie sind bedingt durch den Abbau von Muskelsubstanz

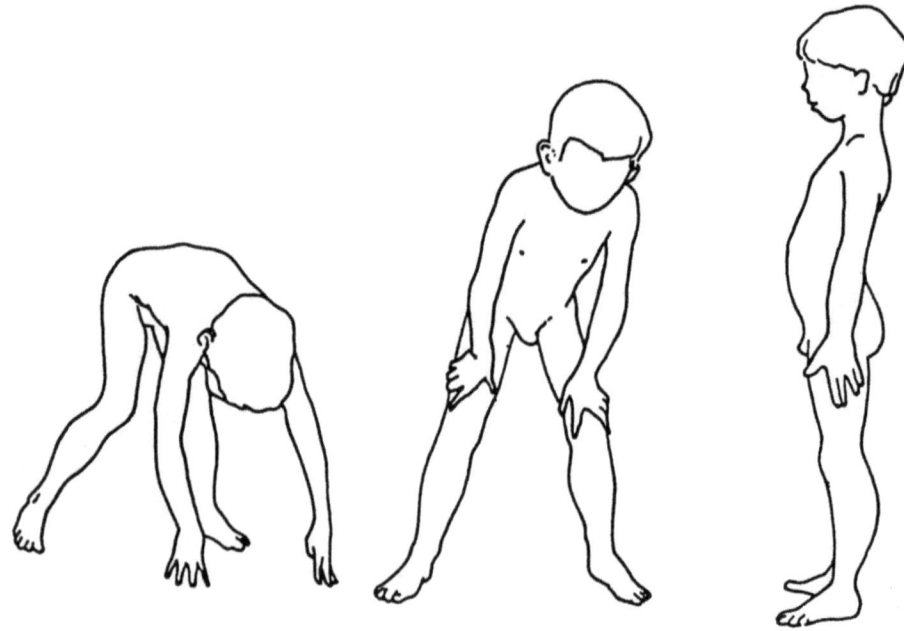

Abb. 9: Gowers-Zeichen

und den Ersatz durch fett- und bindegewebige Substanz. Verdickungen treten zunehmend auch in anderen Körperbereichen auf, zum Beispiel am Rumpf und im Gesicht. Auch Verdickungen der Zunge sind möglich. Später wird die fett- und bindegewebige Substanz abgebaut. Als Folge werden die Betroffenen dann sehr schmal. Mit zunehmender Dystrophie nehmen Gelenkversteifungen (Kontrakturen) zu: Spitzfußstellung, Kontrakturen der Knie, der Hüfte, der Wirbelsäule, des Schultergürtels und der Arme.

Auch der Herzmuskel ist häufig vom Krankheitsprozess betroffen. Meist kommt es aber nicht zu subjektiven Herzbeschwerden.

Zu beachten ist, dass bei Operationen besondere Narkosemittel verwendet werden müssen, damit es nicht zu einer Hyperthermie (Überwärmung des Körpers), zur weiteren Schwächung der Muskulatur oder zu Herzrhythmusstörungen kommt.

Das Fortschreiten der Erkrankung kann zeitweise schnell gehen. Es sind aber auch längere Stillstände möglich.

Der Verlust der Gehfähigkeit tritt etwa um das 10. Lebensjahr ein. Dann ist der Elektrorollstuhl ein notwendiges Hilfsmittel. Schon in der Grundschulzeit ist der Gebrauch eines Laptops eine wichtige Erleichterung für betroffene Jungen.

Mit etwa 10 bis 12 Jahren wird die nächtliche Gabe von Sauerstoff zur Unterstützung der Lungenfunktion notwendig; später auch tagsüber.

Die Lebenserwartung beträgt heute oft mehr als 30 Jahre (vgl. Daut 2010, 231). Todesfälle im Schulalter sind dank verbesserter Behandlungsmöglichkeiten äußerst selten geworden. Todesursache ist meist eine nicht mehr beherrschbare Ateminsuffizienz (z. B. durch häufige, zunehmend therapieresistente Lungenentzündungen) oder ein Herzversagen.

Von der Duchenne-Muskeldystrophie ist etwa einer von 3500 Jungen betroffen.

In etwa zwei Drittel der Fälle liegt bei der Mutter des Jungen eine Strukturanomalie des Dystrophin-Gens auf dem kurzen Arm des X-Chromosoms vor. Dann ist die Mutter Trägerin der Vererbung (Konduktorin). Überträgerinnen können ihren Gendefekt durch ihr zweites, gesundes X-Chromosom weitgehend ausgleichen. Sie entwickeln deshalb in der Regel keine oder nur geringfügige Zeichen einer Muskelerkrankung. Überträgerinnen einer Dystrophin-Erkrankung können an Funktionsstörungen des Herzens erkranken. Daher werden regelmäßige kardiologische Untersuchungen angeraten.

Da Jungen nur ein X-Chromosom haben, können sie die Strukturanomalie des Dystrophin-Gens nicht ausgleichen.

Bei der Hälfte der Überträgerinnen ist ein männlicher Verwandter muskelkrank.

In etwa einem Drittel der Fälle wird eine Spontanmutation des X-Chromosoms in der Eizelle der Mutter angenommen. In diesen Fällen ist die Mutter nicht Überträgerin im Sinne der Genetik.

Die X-chromosomal-rezessive Vererbung bei den Dystrophin-Erkrankungen ist in Abb. 10 schematisch dargestellt (Dechesne et al. 1981, 129).

Ist die Mutter Trägerin der Vererbung, wird im statistischen Mittel jeweils einer von zwei Söhnen krank sein. Jeweils eine von zwei Töchtern ist Trägerin der Vererbung. Die Söhne eines Erkrankten sind nicht mit der Krankheit belastet, weil sie vom Vater das Y-Chromosom erhalten, das die Anlage nicht trägt. Die Töchter eines DMD- oder BMD-Kranken sind Überträgerinnen, weil sie von ihrem Vater das X-Chromosom mit der Strukturveränderung des Dystrophingens bekommen haben.

Die Diagnose einer Dystrophin-Erkrankung kann auf unterschiedliche Weise gestellt werden.

Pränatal ist mit Hilfe von Gentechniken ab der 10. Schwangerschaftswoche

Bewegungsstörungen bei Kindern in Beispielen

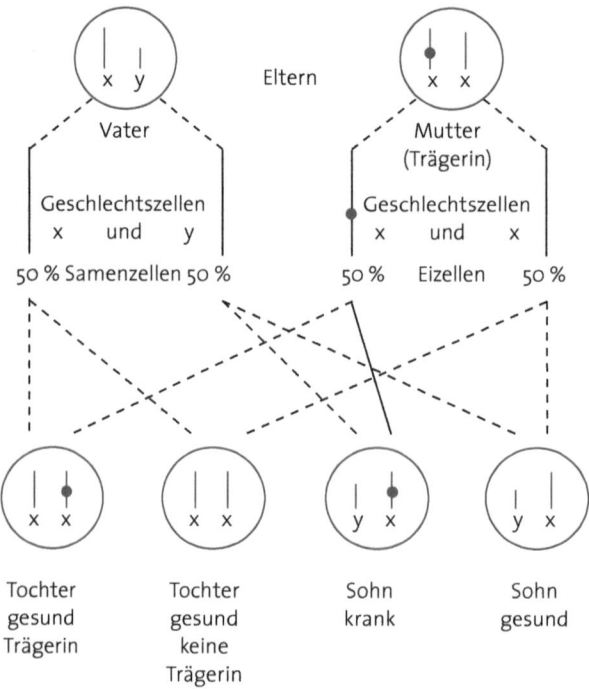

Abb. 10: X-chromosomal-rezessive Vererbung bei Dystrophin-Krankheiten

mit hoher Sicherheit der Nachweis oder Ausschluss einer Dystrophin-Erkrankung möglich (Korinthenberg, Reitter 2009). Die Entnahme von Zellen beim ungeborenen Kind durch invasive Verfahren wie die Chorionzottenbiopsie ist aber mit Risiken für das Kind verbunden.

Postnatal wird bei Verdacht das Blutserum des Kindes auf Kreatinkinase untersucht. Ein stark erhöhter Wert legt den Verdacht auf die Erkrankung nahe. Diese Untersuchung muss aber wiederholt werden, da ein erhöhter CK-Wert auch andere Ursachen haben kann. Weitere Verfahren sind zur Abklärung erforderlich. Dazu gehören: Blutuntersuchungen mit Screening auf Strukturanomalien des Dystrophin-Gens; DNA-Analyse; Untersuchung von Muskelfasern; Magnetresonanztomographie (MRT) um zu prüfen, ob lokale oder Veränderungen in der gesamten Muskulatur vorliegen; Verhalten der Muskulatur; Elektromyographie (EMG); Untersuchung des Herzens mit Elektrokardiogramm (EKG).

Möglichkeiten einer Heilung der Dystrophin-Ekrankungen gibt es trotz intensiver Forschungsbemühungen bisher nicht.

Die Einnahme von Dystrophin ist unwirksam. Injiziertes Dystrophin kann die Barriere der Muskelzellmembran nicht überwinden. Es kann daher nicht in den Muskelzellen wirksam werden. Bei oraler Einnahme wird Dystrophin im Verdauungstrakt abgebaut und kommt ebenfalls der Muskulatur nicht zugute.

Klinische Versuche mit Kortisonpräparaten oder anderen Substanzen haben gezeigt, dass es in manchen Fällen gelingt, die Progredienz bei DMD um etwa zwei Jahre aufzuhalten. Solche Medikamente sind aber zum Teil mit schweren unerwünschten Nebenwirkungen verbunden.

Versuche mit Myoblastentransfer (Einschleusung von Bildungszellen für das Muskelgewebe z. B. mit Hilfe von präparierten Bakterien oder Viren) waren im Ergebnis unbefriedigend und wurden aufgegeben.

»Zur Zeit beschäftigt sich die gentherapeutische Forschung vor allem mit der Genübertragung in geeigneten Viren oder Stammzellen, mit der Modifizierung des patienteneigenen Gens [...] und mit Verstärkung von anderen Genen, die eventuell das Fehlen des Dystrophins ausgleichen könnten (z. B. Utrophin)« (Korinthenberg, Reitter 2009). Dabei muss für jeden Patienten ein eigenes Präparat hergestellt werden, da die Strukturanomalien bei den meisten Betroffenen unterschiedlich sind. Nur eine genau passende Modifikation kann die Dystrophin-Produktion ermöglichen. Nach Tierexperimenten und ersten Studien bei Menschen besteht Hoffnung darauf, dass aus diesen Bemühungen im Lauf der kommenden Jahre eine ursächliche Therapie der Dystrophin-Erkrankungen entwickelt werden kann (nach Korinthenberg, Reitter 2009; Scheuerbrand 2009). Scheuerbrand spricht von einer begründeten Hoffnung, die Dystrophin-Produktion durch Ausschalten der Strukturanomalien am Dystrophin-Gen (Exon skipping) soweit zu ermöglichen, dass die DMD sich in ihrer Erscheinungsform und im Verlauf der milderen Form der BMD angleicht.

Die derzeit mögliche Behandlung der DMD stützt sich auf folgende Grundsätze und Erfahrungswerte.

Betroffene Jungen brauchen eine vitaminreiche und eiweißreiche Kost.

Eine sehr sorgfältige ärztliche Behandlung ist unerlässlich. Dazu gehören regelmäßige Kontrolluntersuchungen einschließlich der Überprüfung der Herz- und Lungentätigkeit. Alle Erkältungsinfekte und vor allem Entzündungen der Lunge bedürfen sehr guter Behandlung mit geeigneten Medikamenten.

In der Krankengymnastik geht es um Übung mit schonender Behandlung der Muskulatur, da dystrophe Muskulatur sehr empfindlich ist gegen Überdehnungen. Hilfsmittelberatung und -anpassung spielen eine große Rolle, um den Jungen altersentsprechende Aktivitäten und Partizipationsmöglichkeiten zu erleichtern. Ab etwa 10 bis 12 Jahren gehören nächtliche Sauerstoffgaben zum Behandlungsstandard. Später werden sie auch tagsüber erforderlich. Der zusätzliche Sauerstoff ist von entscheidender Bedeutung für die Lungenfunktion und das Gesamtbefinden Betroffener.

Bei beginnenden Spitzfußkontrakturen kann die Verlängerung der Achillessehnen manchen Jungen helfen, länger steh- und gehfähig zu bleiben. Gipse und Schienen zur Vermeidung von Kontrakturen haben sich meist nicht bewährt. Bei starker Skolioseneigung (seitliche Krümmung der Wirbelsäule) wird unter Umständen eine operative Wirbelsäulenversteifung durchgeführt. Die auch dadurch reduzierte Beweglichkeit Betroffener wird in Kauf genommen.

Bei der Becker-Muskeldystrophie liegen ebenfalls Strukturveränderungen des Dystrophin-Gens vor. Sie sind aber geringgradiger ausgeprägt als bei der DMD. Daher kann Dystrophin gebildet werden, wenn auch in unzureichendem Ausmaß. So verläuft die BMD analog zur DMD. Sie ist aber deutlich langsamer progredient. Es sind weniger Jungen betroffen als bei der DMD. Es kommt etwa ein BMD-Kranker auf 10 DMD-Kranke. Erste Symptome bei der BMD treten etwa zwischen dem 12. und 25. Lebensjahr auf. Die Gehfähigkeit bleibt meist bis ins mittlere Erwachsenenalter erhalten oder darüber hinaus. Es gibt aber sehr große Unterschiede im klinischen Verlauf bei BMD-Betroffenen aufgrund unterschiedlicher Ausprägungen der Strukturanomalien des Dystrophin-Gens.

Jungen mit DMD verfügen überwiegend über eine durchschnittliche oder überdurchschnittliche Intelligenz. In der Fachliteratur wird auch von vorkommenden Intelligenzminderungen berichtet. Mortier (1980, 673) spricht in diesem Zusammenhang von etwa einem Drittel Betroffener mit einer »leichten, nicht zunehmenden und von der körperlichen Behinderung unabhängigen Minderungen der intellektuellen Kapazität«.

Einige Forscher wie z. B. Grimm und Kress (1997), Hinton et al. (1998; 2001) referieren u. a. die Hypothese, dass kognitive Minderleistungen bei DMD-betroffenen Jungen mit einem Dystrophinmangel im Gehirn zusammenhängen könnten. Diese Hypothese ist nicht bewiesen, zumal die Funktion von Dystrophin im Gehirn nicht geklärt ist. Gegen diese Hypothese sprechen z. B. Untersuchungsergebnisse, die Hinton mit ihrer Arbeitsgruppe selbst an rund 100 Betroffenen erhoben hat. Sie berichtet als Hauptschwierigkeit der Jungen, komplexe verbale Informationen aufzunehmen und zu verstehen. Sie sagt aber auch, dass die meisten verbalen Fähigkeiten der Jungen altersentsprechend sind und dass die beobachteten Schwierigkeiten bei den meisten Jungen vorübergehender Natur sind. Der Dystrophinmangel besteht aber weiter.

In einer eigenen Untersuchung (Haupt 1997) wurde der vorübergehende

Charakter bestimmter Schwierigkeiten ebenfalls deutlich. Die Eltern von 182 schulpflichtigen Jungen mit DMD gaben an, dass 58 Prozent von ihnen im Alter von 8 bis 9 Jahren anhaltende Schwierigkeiten im Deutschunterricht hatten. Im Alter von 10 bis 11 Jahren waren es aber nur noch 26 Prozent.

Eine nicht unwichtige Überlegung zur Frage der Intelligenz bei DMD wurde bisher in der Fachliteratur nicht thematisiert. Immer wieder taucht die Angabe von etwa 30 Prozent kognitiv weniger leistungsfähigen Jungen auf.

Intelligenzleistungen im Kindesalter werden mit Intelligenztests gemessen. Intelligenztests sind so konstruiert und standardisiert, dass in einer im Sinne der Statistik repräsentativen Stichprobe immer 25 Prozent der Kinder unterdurchschnittliche, 50 Prozent durchschnittliche und 25 Prozent überdurchschnittliche Ergebnisse aufweisen. Unter diesem Aspekt ist zu erwarten, dass auch in der DMD-Gruppe Minderleistungen vorkommen, und zwar unabhängig von der Erkrankung.

Außerdem ist zu beachten, dass mehr als 60 Prozent (Haupt 1997) der Jungen mit DMD mehr Zeit zum Arbeiten brauchen als nicht behinderte Kinder. Die meisten Intelligenztests haben aber Aufgabengruppen mit Zeitbegrenzungen. Schneller arbeitende Kinder erreichen dabei höhere Punktzahlen – eine eindeutige Benachteiligung von Kindern mit behinderungsbedingten motorischen Einschränkungen.

In Phasen, in denen die Jungen deutliche Verschlechterungen ihrer Beweglichkeit erleben, wie zum Beispiel die zunehmende Einschränkung der Gehfähigkeit zu Beginn und im Verlauf des Grundschulalters, haben manche von ihnen eine geringere Motivation, Konzentration und Ausdauer, Aufgaben zu lösen, die sie mit ihrer Lebenswelt und ihrer notvollen persönlichen Lebenssituation nicht in Verbindung bringen können.

In langjähriger klinisch-psychologischer Tätigkeit wurden mir etliche Jungen mit DMD mit der Bitte um Beratung vorgestellt, die aufgrund von Testergebnissen als lern- oder geistig behindert galten, tatsächlich aber über eine völlig normale Intelligenz verfügten. Ungeeignete Testverfahren, erschwerte Konzentration und Anstrengungsbereitschaft in Phasen krisenhafter Zuspitzungen in Zusammenhang mit der Progredienz der Erkrankung, negative Erwartungen aufgrund schlechter Schulleistungen und geringes Selbstwertbewusstsein können den Eindruck von erschwerter kognitiver Entwicklung erwecken. Ursachen dafür liegen bei den Kindern aber eher in Phasen psychischer Verstimmung durch den erlebten fortwährenden Verlust von Kompetenzen und die zeitweise schmerzlich-ängstigende Auseinandersetzung mit der begrenzten Lebenserwartung. Es ist keine Frage, dass sich dieses Erleben auch im Ausdrucksverhalten niederschlägt. Manche Betroffene äußern sich verbal nur sehr karg oder lustlos, wenn es ihnen psychisch schlecht geht. Mit anderen Ausdrucksmitteln wie Malen und Zeichnen können sich Kinder oft sehr viel klarer mitteilen, wenn sie verständnisvolle Unterstützung und Begleitung haben (Abb. 11; vgl. auch Haupt 1990 und 2003).

Abb. 11: Verzweifelter Kampf mit dem Drachen

Es ist unbestritten, dass kognitive Kompetenzen auch vom genetischen Code abhängen. Aber nie ausschließlich. Die Zusammenhänge von genetischen Einflüssen und Lebensumständen sind äußerst komplex (vgl. Bauer 2008). Gene beeinflussen Kompetenzen und Lebensumstände. Diese wiederum haben bestimmte Genexpressionen zur Folge. Die bisherigen Forschungsergebnisse sind kein überzeugender Nachweis eines ursächlichen Zusammenhangs zwischen Veränderungen des Dystrophin-Gens und kognitiven bzw. sprachlichen Kompetenzen bei Jungen mit DMD. Selbst hohe Korrelationen (vgl. Felisari et al. 2000) zwischen bestimmten Genveränderungen und beobachteten sprachlichen Kompetenzen Betroffener sind kein Beweis für einen Ursache-Wirkungs-Zusammenhang. Sie dokumentieren häufiges gleichzeitiges Vorkommen. Welche anderen Gegebenheiten dabei eine Rolle spielen, bleibt offen. Es ist sicher noch viel Forschung unter Einbeziehung weiterer Faktoren, die mit Ausdrucksverhalten und psychischer Befindlichkeit zusammenhängen, erforderlich, um die sehr komplexen Zusammenhänge aufzuschlüsseln.

Jungen mit DMD gehen unterschiedlich mit ihrer Lebenssituation um. Die Mehrzahl ist eher leistungsbezogen und setzt die vorhandene Kraft bevorzugt für Lernen und Bildung ein. Die Jungen nehmen ihren Weg durch die allgemeinen Schulen, nicht wenige auch durch Realschule und Gymnasium, machen Abitur und studieren. Ihre Eltern unterstützen sie dabei sehr. Bei zunehmenden schulischen, an Motorik gebundenen Anforderungen, brauchen die Schüler Nachteilsausgleiche wie zusätzliche Pausen, Zeitzugaben bei schriftlichen Arbeiten, elektronisches Gerät wie Laptop oder sprachgesteuerte Computer mit guter Software z. B. für Gleichungen, Geometrie, Trigonometrie etc. und persönliche Assistenz. Hilfen für die Pflege müssen gewährleistet sein. Rollstuhlabhängige Betroffene können z. B. nicht ohne Erwachsenenhilfe die Toilette benutzen, später auch nicht mehr alleine essen oder trinken. Entsprechende Hilfen und Assistenz sind natürlich auch in der Zeit nach der Schule mit Berufsausbildung, Studium, Berufsausübung erforderlich.

Nicht wenige Jungen reagieren in der Zeit, in der sie die Gehfähigkeit verlieren, sehr betroffen. Es ist außerordentlich schwer, die Hoffnung auf Erhalt der Gehfähigkeit aufzugeben und damit konfrontiert zu sein, dass ein Wiedererwerb verlorener Kompetenzen nicht möglich ist. In dieser Phase, die meist in die Grundschulzeit fällt, können Lustlosigkeit und Desinteresse an Lerninhalten und Schularbeiten auftreten. Resignative Züge sind beobachtbar. Das schulische Problemfach ist in dieser Zeit vorübergehend Deutsch mit Lesen und Aufschreiben von Texten. Eher depressive Äußerungen: »Da habe ich doch nichts mehr von«, »Es gibt doch kein Später« können abwechseln mit aggressiven Verhaltensweisen: Mitschüler angreifen, starke Schimpfwörter benutzen, spucken. Erleben Schüler, die in dieser Weise verstimmt sind, Verständnis, Bezogenheit, Gesprächsbereitschaft mit Angeboten zusätzlicher Ausdrucksmöglichkeiten (z. B. in Bewegung, Malen, Zeichnen), gelingt es ihnen besser, diese notvolle Zeit durchzustehen und sich wieder ihren vorhandenen Möglichkeiten zuzuwenden. Nach Verlust der Gehfähigkeit und der Akzeptanz des Elektrorollstuhls ist fast immer eine Zunahme an Lernmotivation, Anstrengungsbereitschaft und Kooperation zu beobachten.

Weitere Zeiten der verstärkten Auseinandersetzung mit der eigenen Lebenssituation sind Pubertät und Jugendalter mit den Fragen nach Freundschaft, Partnerschaft, Sexualität, Beruf und Zukunftsgestaltung. Auch in dieser Zeit wird das Angebot bezogener Beratung sehr bedeutsam in der Weise, in der der jeweils Betroffene es gut akzeptieren kann. In jedem Fall sind auch Kontakte und Begegnungen mit gleich oder ähnlich Betroffenen für die Entwicklung von Identität, Verstehen der eigenen Lebenssituation, Gestaltung der eigenen Möglichkeiten der Partizipation bedeutsam.

Für Eltern ist es eine äußerst schwierige Situation, ein Kind mit einer nicht heilbaren, fortschreitenden Erkrankung zu haben. Für die Mutter ist es besonders belastend, da sie unter Umständen die Trägerin der Vererbung ist – meist ohne es zunächst zu wissen.

Raupach (2001) nennt in Anlehnung an Miller Ereignisse und Zeiten, die für Eltern mit besonderen Konflikten verbunden sind: die Mitteilung der Diagnose, die Wahl der Schulart und Schule, der Verlust der Gehfähigkeit, Belastungen durch Behandlungen und operative Eingriffe, die Adoleszenz und die Spätphase der Erkrankung.

Dazu kommt noch die Belastung mit der wachsenden Pflegebedürftigkeit des Jungen, die üblichen Erfahrungen mit zunehmender Verselbstständigung völlig zuwiderläuft.

Eltern kranker und behinderter Kinder brauchen Verständnis und Situationen, in denen sie aussprechen können, was sie belastet oder gar quält. Tatsächlich erleben Eltern aber auch, dass sie mit Vorwürfen konfrontiert werden, sie hätten der Gesellschaft behinderte Kinder zugemutet anstatt dafür zu sorgen, dass solche Kinder nicht geboren werden.

2.3 Spina bifida und Hydrozephalus

Eine Spina bifida entsteht, wenn sich beim Embryo die Neuralrinne zwischen dem 19. und 27. Entwicklungstag nicht vollständig zum Neuralrohr schließt. Diese Störung kann an allen Wirbelsäulenabschnitten auftreten und unterschiedlich viele Wirbelsäulensegmente umfassen. Kinder mit besonders schweren Formen der Fehlbildung (vollständige Wirbelsäulenspalte) oder fehlender Anlage des Großhirns (Anenzephalie) sind nicht längerfristig lebensfähig (vgl. Ermert 1996; Theile et al. 2009). Mit der Spaltbildung (Spina bifida) können unterschiedliche Veränderungen des Gehirns (Enzephalon), des Rückenmarks (Myelon) und der Rückenmarkshäute (Meningen) auftreten (Abb. 12) nach Gerlach und Jensen 1969, 312f.).

Je nach Höhe der Fehlbildung im Bereich des Rückenmarks kommt es zu unterschiedlichen Auswirkungen mit unvollständigen oder vollständigen motorischen und sensiblen Lähmungen der Beine und der Schließmuskeln von Blase und Darm. Fehlbildungen im unteren (lumbalen und sakralen) Bereich der Wirbelsäule haben weniger gravierende Auswirkungen als Schädigungen im oberen (zervikalen und thorakalen) Bereich. Außerdem ist das Ausmaß auftretender Beeinträchtigungen abhängig davon, wie viele Segmente betroffen sind.

Spina bifida und Hydrozephalus

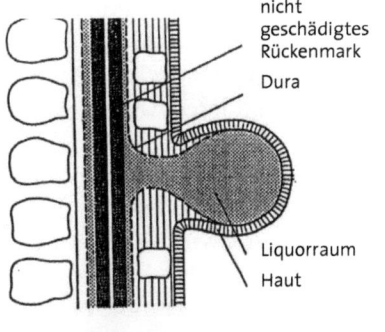

– Meningozele: Vorwölbung der Rückenmarkshäute durch den Wirbelspalt mit Ansammlung von Liquor (Flüssigkeit, die Gehirn und Rückenmark umgibt)

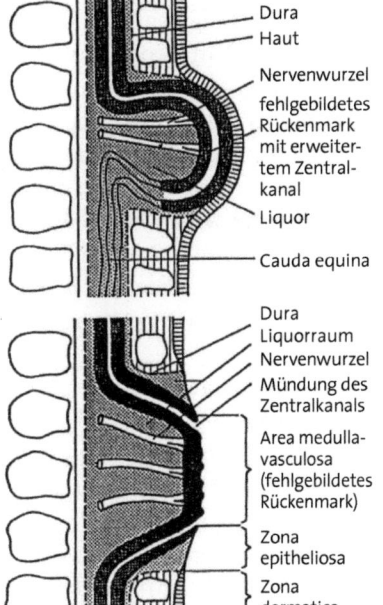

– Meningomyelozele: Vorwölbung von Rückenmarkshäuten und Rückenmark entweder freiliegend oder mit Haut überdeckt und mit Liquoransammlung

– Myelozele: Vorwölbung von freiliegendem Rückenmark. Diese Form wird von manchen Autoren der Meningomyelozele zugeordnet und nicht als eigene Form dargestellt.

Abb. 12: Ausprägungen der Spina bifida

In Mitteleuropa wird ein Neuralrohrdefekt bei etwa ein bis zwei von 1000 Neugeborenen beobachtet. Spina bifida tritt regional in unterschiedlicher Häufung auf. In England, Schottland, Wales und Irland gibt es besonders viele betroffene Kinder, an der Westküste der USA und Finnland besonders wenige.

Insgesamt sind Spaltbildungen im unteren Bereich der Wirbelsäule deutlich häufiger als im Bereich von Hals- und Brustwirbelsäule (Theile et al. 2009).

47

Die Ursachen der Entstehung von Spina bifida und anderen Fehlbildungen von Gehirn und Rückenmark sind noch nicht in allen Faktoren bekannt. Die Tatsache familiärer Häufungen von Neuralrohrdefekten legt genetische Ursachen nahe. Es werden aber auch zusätzliche Risikofaktoren anderer Art diskutiert (Theile et al. 2009; Ermert 2009).

Gut begründet ist die Annahme, dass ein Mangel an Folsäure (lebenswichtiges Vitamin der B-Gruppe) die Verschlussstörung der Wirbelsäule zur Folge hat. Vermutet wird eine Chromosomenveränderung mit Auswirkungen auf das Enzym, das für den Aufbau von Folsäure notwendig ist. Man hat herausgefunden, dass sowohl in der väterlichen als auch in der mütterlichen Familie Neuralrohrfehlbildungen gleich oft vorkommen. Das spricht für genetische Besonderheiten bei beiden Eltern, die eine Spina bifida beim Kind zur Folge haben können.

Nimmt die Mutter vor Beginn der Schwangerschaft und in den ersten acht Wochen täglich 0,4 mg Folsäure ein, sinkt die Häufigkeit des Auftretens von Spina bifida um 60 bis 70 Prozent. Müttern, die bereits ein Kind mit einer Fehlbildung des Neuralrohrs geboren haben und Müttern, die selbst eine Spina bifida haben, wird täglich die 10-fache Dosis (d. h. 4 mg Folsäure) empfohlen (Ermert 2009). Die Wiederholungswahrscheinlichkeit des Auftretens von Spina bifida beträgt bei selbst erkrankten Frauen etwa 4 Prozent; bei Geschwistern von Spina bifida-Betroffenen etwa 3 Prozent. Sind zwei Geschwister in der Familie betroffen, erhöht sich das Risiko auf 5 Prozent. Für Vettern und Kusinen beträgt es noch 0,5 Prozent (Ermert 2009; Theile et al. 2009).

Folsäuremangel kann auch bei bestimmten Erkrankungen auftreten wie z. B. Anämie, chronischen Darmerkrankungen, anhaltender Mangelernährung. Manche Medikamente hemmen die Folsäureproduktion. Dazu gehören z. B. einige Antikonzeptiva, Antikonvulsiva, Barbiturate und Medikamente, die nach Krebsbehandlungen verschrieben werden (Ermert 2009).

Nach Theile et al. (2009, 30) sind nicht alle Verschlussstörungen des Neuralrohrs durch einen Mangel an Folsäure erklärbar. Einige Proteine und Gene werden untersucht, die in Zusammenhang mit Verschlussstörungen des Neuralrohrs stehen könnten. So wurden bei einigen Betroffenen krankheitsspezifische Mutationen im VANGL-Gen gefunden. Dieser Befund hat bisher nicht zu therapeutischen Konsequenzen geführt. So ist die Prävention mit Folsäure von größter Bedeutung. Allerdings erhalten bislang nur etwa 20 Prozent der Schwangeren im richtigen Zeitraum Folsäure in der richtigen Dosierung (a. a. O. 2009, 30).

Eine Spina bifida führt in den leichtesten Fällen nicht zu neurologischen Symptomen.

In den schwersten Fällen treten Rückenmarkshäute, Liquor und Rückenmark durch den Wirbelbogendefekt nach außen. Das Rückenmark kann fehlgebildet und geschädigt sein. Vielleicht besteht eine offene Verbindung zum Wirbelkanal. Es bestehen dann unterhalb der Fehlbildung vollständige sensible und motorische Lähmungen mit Blasen- und Mastdarmlähmung, Lähmung der Beine und Rollstuhlabhängigkeit. Bei vollständiger sensibler Lähmung können Berührung, Temperatur, passive Bewegung und Schmerz in den betroffenen Körperteilen nicht wahrgenommen werden. Bei vollständigen motorischen Lähmungen sind aktive Bewegungen betroffener Gliedmaßen nicht möglich. In weniger schweren Fällen kommt es zu unvollständigen sensiblen und motorischen Lähmungen. Das heißt, Sensibilität und Bewegungsfähigkeit sind eingeschränkt vorhanden. Dann kann häufiger eine Gehfähigkeit, meist nach individueller Versorgung mit Hilfsmitteln, erreicht werden.

Sensible Lähmungen im Bereich des Beckens oder der Fersen haben leicht Druckstellen (Dekubiti) zur Folge. Es kommt auch eher zu mechanischen oder thermischen Verletzungen wie Verbrühung (z. B. durch zu warmes Badewasser), Verbrennung (z. B. an Heizkörpern oder an Laptops, die auf den Beinen gehalten werden), Erfrierung, weil die Haut empfindlicher ist und weil die Schutzreflexe nicht ausgelöst werden.

Eine vollständige Lähmung der Beine kann eine erhöhte Knochenbrüchigkeit zur Folge haben. Das heißt, dass schon ein leichter Stoß zu einem Beinbruch führen kann. Wegen der sensiblen Lähmung tritt dabei kein Schmerz auf, meist aber eine Schwellung mit einer höheren Temperatur als die Umgebung. Besonderer Schutz der Haut ist beim Anlegen von Schienen- oder Gipsverbänden erforderlich, um Druckstellen zu verhindern.

Fehlstellungen der Füße kommen etwa bei der Hälfte der betroffenen Kinder vor.

Vor allem in Zeiten besonders intensiven Wachstums (etwa bis zum 4. Lebensjahr oder um das 10. Lebensjahr herum) kann es zu einer Zunahme der neurologischen Störungen bei Spina bifida kommen: zum Beispiel Veränderungen bei der Entleerung des Harnblase oder des Darms, Veränderungen der Muskelspannung in den Beinen, Missempfindungen, Schmerzen, Verstärkung der Lähmung. Ursache für die Verschlechterung ist dann meist ein Tethered Cord (fixiertes Rückenmark). Es entsteht im Lauf der Entwicklung, wenn Verwachsungen z. B. durch Narbengewebe im Bereich der ersten Wirbelsäulenoperation zum Verschluss der Zele die natürliche Verlagerung der unteren Spitze des Rückenmarks vom 3. bis 4. Lendenwirbelkörper in den ersten bis zweiten Lendenwirbel verhindern.

Durch die Fehlbildung der Wirbelsäule ist ihre Statik beeinträchtigt. Es entstehen leichter Fehlstellungen wie seitliche Verbiegungen (Skoliosen), Rundrücken (Kyphosen), Einziehungen (Lordosen) und Drehungen (Torsionen). Solche Veränderungen können sich durch ein Tethered Cord verstärken.

Bei den schweren Formen der Spina bifida ist das Längenwachstum beeinträchtigt.

Störungen der Entleerung von Harnblase und Darm mit Inkontinenz liegen bei rund 80 Prozent der Kinder vor.

Verhindern neurologische Störungen die vollständige Entleerung der Harnblase, entsteht ein Rückstau von Harn (Reflux), der die Nieren durch Druckschädigungen und Infektionen gefährdet.

Weiterhin abhängig von der Höhe der Fehlbildung im Rücken sind sensible und motorische Störungen im Genitalbereich (Ermert 2009).

Bei rund 80 Prozent der Kinder mit Spina bifida wird ein Hydrozephalus festgestellt, eine vermehrte Ansammlung von Liquor im Gehirn.

Gehirn und Rückenmark sind von einer Flüssigkeit (Liquor cerebrospinalis) umgeben (Abb. 13; Ermert 2009). Sie schützt das Zentralnervensystem bei Erschütterungen und erleichtert eine gewisse Beweglichkeit dieser lebensnotwendigen Strukturen. Liquor wird im Gehirn hauptsächlich in den beiden seitlichen Gehirnkammern (Seitenventrikeln) gebildet, die als I. und II. Ventrikel bezeichnet werden. Die beiden Seitenventrikel haben an ihrer Unterseite je eine Öffnung, durch die der Liquor in den III. Vetrikel fließt. Dann gelangt er durch einen Verbindungskanal (Aquädukt) in den IV. Ventrikel. Durch kleine Öffnungen wird er in den äußeren Liquorraum geleitet, der Gehirn und

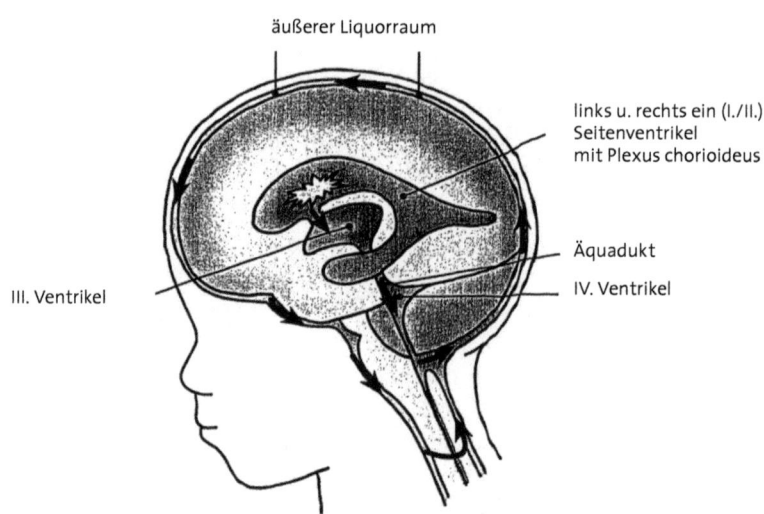

Abb. 13: Gehirn und Liquorräume

Rückenmark umgibt, und in die venöse Blutbahn abgeleitet. Täglich wird bei Erwachsenen ungefähr 0,5 Liter Liquor neu gebildet und wieder in die Blutbahn aufgenommen. Ist der Abfluss von Liquor erschwert, kommt es zu vermehrter Ansammlung im Gehirn. Die Ventrikel können erweitert sein, aber auch normal weit oder zu eng (Schlitzventrikel).

Eine häufige Ursache dafür ist die Arnold-Chiari-Fehlbildung. Sie entsteht aus bisher ungeklärter Ursache zu Beginn der Schwangerschaft. Bei der Entwicklung des kindlichen Gehirns verlagern sich Teile des Kleinhirns und des verlängerten Rückenmarks normalerweise in den Schädel. Bleibt dies ganz oder teilweise aus, verbleiben Teile des verlängerten Rückenmarks und/oder des Kleinhirns im Bereich des großen Hinterhauptslochs oder unterhalb im Wirbelkanal der Halswirbelsäule. Die Kleinhirnanteile engen den Wirbelkanal ein. Dadurch kann es bei etwa 20 Prozent der Kinder zu Atemstörungen mit Tagesmüdigkeit kommen, weiterhin zur Veränderung von Reflexen und zur Behinderung des Liquorabflusses mit Veränderungen des IV. Ventrikels (vgl. Ermert 2009). Störungen der Feinmotorik von Armen und Händen im Sinne einer Ataxie sind ebenfalls beobachtbar. Sie werden in Handschrift und Zeichnungen der Kinder sehr deutlich (Abb. 14).

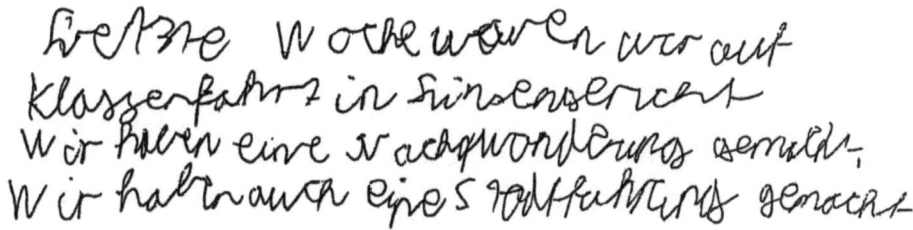

Abb. 14: Grafomotorische Schwierigkeiten bei Hydrozephalus

Eine andere Ursache für die Behinderung der Liquorpassage ist die Dandy-Walker-Fehlbildung zwischen dem III. und IV. Ventrikel.

Grundsätzlich können auch Entzündungen oder Hirnblutungen, wie sie bei sehr früh Frühgeborenen oder nach Schädel-Hirn-Trauma auftreten, den Liquor-Kreislauf so beeinträchtigen, dass es zu einem Missverhältnis zwischen Bildung und Ableitung von Liquor kommt.

Bei Überdruck besteht die Gefahr einer Hirnschädigung mit Beeinträchtigungen von Entwicklungen und Funktionen. Die Sprachentwicklung kann betroffen sein. Motorische Schwierigkeiten sind möglich z. B. bei Handbewegungen beim Schreiben, Werken, Musizieren bis hin zu ausgeprägten zerebralen Bewegungsstörungen. Die gesamte Entwicklung kann verlangsamt sein. Auffälliges Verhalten ist möglich. Anhaltend zu hoher Druck auf den Augennerv schädigt die Sehfähigkeit bis zur Erblindung.

Bei etwa 10 bis 15 Prozent (Ermert 1996; Haupt 1997) der Kinder liegt eine Epilepsie vor. Auch bei guter Einstellung mit Medikamenten kann es zu kurzdauernden Störungen von Bewusstsein, Wahrnehmung und gerade ausgeführter Aktivität kommen. Ihre Dauer beträgt einige Sekunden. Echte Absencen sind selten. Sie entstehen durch eine auffällige Hirnaktivität, sichtbar im Hirnstrombild (EEG). Absencen können nicht willentlich beeinflusst werden. Ob eine beobachtete Auffälligkeit auf eine Absence zurückgeht, muss durch eine spezielle Untersuchung abgeklärt werden, da auch andere Ursachen für solches Verhalten möglich sind. Epileptische Anfälle sind bei guter Medikamenteneinstellung seltene Ereignisse. Sie können mit unwillkürlichem Steifwerden oder ruckartigen Bewegungen einhergehen, mit Missempfindungen, Störungen des Bewusstseins sowie dem vorübergehenden Verlust der Blasen- und Darmkontrolle. Stabile Seitenlage ist dann wichtig und Lockerung der Kleidung. Die Anfallsdauer beträgt meist nicht länger als 30 Sekunden bis 5 Minuten. Bei einem längeren Anfall ist die Hinzuziehung eines Notarztes dringend erforderlich, da bei einer Anfallsdauer von 15 oder mehr Minuten Lebensgefahr besteht (zum Verhalten bei einem epileptischen Anfall s. Ermert 2009). Einzelne kurze Anfälle beeinträchtigen die Leistungsfähigkeit des Gehirns nicht. Anfallsgefährdete Kinder brauchen bei Aktivitäten, bei denen sie sich verletzen oder gefährden können, begleitende Beaufsichtigung (das sind z. B. Sport, Schwimmen, Tauchen, Klettern, physikalisch-chemische Experimente, Hantieren mit Feuer oder Maschinen, im Straßenverkehr). Regelmäßige Einnahme verordneter Medikamente, ärztliche Kontrolluntersuchungen und gute Absprachen mit den Eltern sind unabdingbar.

Verschlussstörungen der Wirbelsäule können pränatal mit verschiedenen Methoden diagnostiziert werden.
Möglich ist die Alpha-Fetoprotein (AFP)-Bestimmung im mütterlichen Blut, wenn genau bekannt ist, wann die Schwangerschaft eingetreten ist, da sich der normale Wert für AFP im Verlauf der Schwangerschaft verändert. Diese Methode ist unsicher, da nur bei 80 Prozent der Betroffenen ein erhöhter AFP-Spiegel vorliegt, und weil es auch bei normaler Schwangerschaft zu

Erhöhungen kommen kann (Ermert 2009). Mit Hilfe einer Fruchtwasseruntersuchung sind weitere Abklärungen möglich. Die AFP-Bestimmung im Fruchtwasser ist ab der 16. bis 17. Schwangerschaftswoche aussagekräftig bei offenen Spaltbildungen. Die Bestimmung der Acetylcholinesterase (ACHE) hat hohe Aussagekraft. Mit kindlichen Zellen aus dem Fruchtwasser erfolgt eine Chromosomenanalyse. Eine Fruchtwasseruntersuchung (Amniozentese) ist allerdings mit Risiken für das Kind verbunden. In etwa 0,5 bis 1 Prozent der Fälle kommt es zu Beeinträchtigungen der Schwangerschaft bis hin zum Absterben des Kindes (Theile 1994).

In jedem Fall können Ultraschalluntersuchungen mit hochauflösenden Geräten wichtige Hinweise geben. So werden z. B. Kinder mit diagnostizierten Neuralrohrfehlbildungen in der 38. Schwangerschaftswoche durch Kaiserschnitt entbunden. Dadurch wird der Druck auf die Zele und damit eine mögliche weitere Schädigung des Nervengewebes vermieden.

Die Behandlungsmöglichkeiten für Kinder mit Spina bifida und Hydrozephalus werden immer weiter entwickelt. Vor rund 50 Jahren war es noch so, dass etwa 80 Prozent der Kinder früh verstarben. Heute kann man mehr als 80 Prozent erfolgreich behandeln, auch wenn lebenslang sorgfältige Behandlung notwendig bleibt.

Es werden sogar pränatale Operationen zum Verschluss des Neuralrohrs versucht, in der Hoffnung, dass auftretende Auswirkungen der Schädigung verringert oder gar verhindert werden können.

In den USA arbeiten Chirurgen an der Möglichkeit, die Zele in einer Operation bei offenem Uterus der Mutter zu schließen. Diese Operation ist noch mit hohen Risiken behaftet, vor allem mit häufiger Frühgeburtlichkeit und den wieder damit verbundenen Schwierigkeiten für die Kinder. Komplikationen gibt es auch bei den Müttern: unvorhergesehene Blutungen, Infektionen, vorzeitiger Blasensprung.

In der Universitätsklinik Bonn geht Koch einen anderen Weg. Er operiert endoskopisch, sodass die Kinder während der Operation im Uterus verbleiben. Es sind erst relativ wenige Kinder so versorgt worden. Aber auch bei seinen Bemühungen gibt es noch nicht lösbare Probleme. Von bisher 15 pränatal endoskopisch operierten Kindern verstarben drei. Bei drei weiteren war die Operation nicht erfolgreich. Neun Kinder konnten nach der Geburt die Beine besser bewegen als nicht pränatal operierte Kinder. Auch bei den von Koch operierten Kindern kam es zu Frühgeburten (vgl. Lutterotti 2008; Eltern 2008; Jahn 2008).

Noch ist offen, welche der aufgetretenen Komplikationen bei Kindern und Müttern beherrschbar werden. Wichtige ethische Fragen konnten bisher nicht ausreichend geklärt werden. Zudem liegen weder aus Deutschland noch aus USA bisher Langzeitergebnisse dieser Operationen vor. So kann noch nicht beurteilt werden, ob die fetale operative Behandlung zu einer allgemein empfehlenswerten Behandlungsmethode bei Spina bifida führen kann (vgl. Ermert 2009).

Beginnt die Behandlung des Kindes nach der Geburt, ist es wichtig, nach der Entbindung zuerst den Körperkontakt der Mutter und des Vaters zum Kind zu unterstützen, um die Beziehungen zum Kind zu stärken. Die chirurgische Erstversorgung des Kindes hat nach heutiger Auffassung in den meisten Fällen bis zu 48 Stunden Zeit.

Zunächst erfolgt die neurochirurgische Operation mit Verschluss der Zele am Rücken. Bei etwa 80 Prozent der Kinder ist außerdem eine Operation zur Liquorableitung erforderlich, um eine Ansammlung von Liquor mit Erweiterung der Hirninnenräume und entsprechender Drucksteigerung zu verhindern. Die heute mögliche sehr frühe Behandlung hat die Entwicklungsprognose und die Lebensqualität der Kinder wesentlich verbessert.

Die Liquorableitung erfolgt über dünne Kunststoffröhrchen, die zu einem System (Shunt) zusammengefügt sind: einem zentralen (Ventrikel-)Katheter, einem Ventil (meist) mit Antisogschutz und einem peripheren Katheter. Liquor kann über die Blutbahn in den rechten Herzvorhof abgeleitet werden (ventrikulo-atriale Drainage). Häufiger wird allerdings die Ableitung in den Bauchraum vorgenommen (ventrikulo-peritoneale Drainage). Der zentrale Katheter wird in einen Seitenventrikel gelegt. Er leitet den Liquor bis zum Ventil, das nach der Operation (häufig) unter der Haut hinter dem Ohr ertastet werden kann. Das Ventil reguliert den Druck, mit dem Liquor aus den Ventrikeln abfließt. Der Antisogzusatz verhindert bei der Bauchableitung den zu schnellen Abfluss von Liquor. Dadurch kann eine Überdrainage und die damit verbundene zu starke Verengung der Hirninnenräume (Schlitzventrikel) vermieden werden. Das ist für die Kinder von großer Bedeutung. Denn ein Schlitzventrikelsyndrom mit seinen unterschiedlichen Formen ist eine wesentliche Ursache für wechselnde Beschwerden und damit verbundene Lernstörungen.

Am unteren Ende des Ventils ist der periphere Katheter befestigt. Er wird bei der Liquorableitung in die Bauchhöhle unter der Haut seitlich am Hals geführt, dann an der Brustseite entlang etwa bis zum mittleren Bauchbereich. Eine Narbe kennzeichnet später die Stelle, an der der Katheter in die Bauchhöhle eintritt (vgl. Ermert 2009). Das Bauchfell nimmt den Liquor auf und führt ihn dem venösen Kreislauf zu.

Bei einigen Kindern gelingt es, den Liquorabfluss durch eine operative Öffnung am Boden des III. Ventrikels zu normalisieren.

Im Verlauf der Entwicklung kann es zu Störungen der Shuntfunktion kommen, z. B. durch Verstopfen des zentralen Katheters (z. B. bei Schlitzventrikeln), durch Infektionen im Bereich des Shunts oder durch Beschädigung des Katheters infolge Sturz oder Stoß. Regelmäßige ärztliche Kontrollen mit Prüfung des gesamten Shunts sind notwendig, damit Betroffene ein möglichst normales Leben führen können.

Führen akute Störungen der Liquordrainage zu Überdruck in den Ventrikeln und im Gehirn, treten Symptome auf, die umgehend die Verständigung mit den Eltern und ärztliches Eingreifen erfordern. Dazu gehören: Übelkeit, Erbrechen, Kopfschmerzen, Sehstörungen, Gleichgewichtsstörungen, Schwindel u. U. auch Bewusstseinstrübungen und Krampfanfälle.

Verändert sich der Druck in den Ventrikeln und im Gehirn schleichend, kommt es zu Leistungsabfall in der Schule, zu Ungeduld, Unruhe, verstärkter Konzentrationsschwäche, verringerter Merkfähigkeit, ausgeprägter Müdigkeit, Verschlechterung feinmotorischer Leistungen wie Greifen, Schreiben, Artikulation.

Mit den Eltern ist bei Aufnahme in eine Bildungsinstitution zu klären, was in einem Notfall zu tun ist, wie sie erreichbar sind und in welche Klinik ein ggf. gerufener Notarzt das Kind einweisen sollte. Shuntversagen erfordert u. U. eine umgehende neurochirurgische Operation mit Austausch von Teilen der Liquorabeitung oder des ganzen Shunts.

Manche Kinder haben gelernt, was ihnen hilft, wenn sie z. B. Probleme durch eine Überdrainage haben. Sie sind darauf angewiesen, dass sie die Hilfen, die mit dem Arzt individuell abgesprochen sind, zuverlässig erhalten. So kann es für sie wichtig sein, regelmäßig zu trinken – auch während des Unterrichts – oder sich bei auftretenden Beschwerden hinzulegen.

Fehlstellungen der Hüftgelenke, der Beine oder Füße werden früh mit Krankengymnastik behandelt. Eine zusätzliche operative Behandlung ist in manchen Fällen angezeigt. Die individuelle Versorgung mit Hilfsmitteln erleichtert die für die Gesamtentwicklung wichtige Stehfähigkeit. Bei inkompletter sensibler und motorischer Lähmung der Beine kann häufig auch Gehfähigkeit mit Hilfsmitteln erreicht werden. Es ist aber möglich, dass sie in der Phase des Pubertäts-Längenwachstums erschwert wird oder wieder verloren geht. Ursache kann ein Tethered Cord sein. Aber auch Veränderungen der Körperproportionen durch das Längenwachstum können Bewegungserschwerungen zur Folge haben, zumal Schultergürtel und Arme oft gut ausgeprägt sind und der Beckengürtel durch die Lähmungen eher schmächtig bleibt.

Verstärkt ein Tethered Cord die vorliegenden neurologischen Störungen, wird eine weitere Operation zur Lösung der Verwachsungen erforderlich. Krauß

(2003, 4) schreibt, dass durch diese Operation bei 90 Prozent der Patienten Schmerzen verringert werden und bei 60 Prozent die vorher neu entstandenen Lähmungen und Sensibilitätsstörungen zurückgehen. Bei 30 Prozent bessert sich auch die Skoliose.

Bei drohendem Verlust der Sitzfähigkeit durch eine ausgeprägte Skoliose mit Fehlbelastung von Wirbelsäule und Becken wird eine operative Aufrichtung der Wirbelsäule erforderlich. In schweren Fällen wird die Wirbelsäule durch Versteifung stabilisiert. Die Einschränkung der Beweglichkeit durch die Fixierung wird dann in Kauf genommen. Die Indikation für diese belastende Operation muss sehr sorgfältig geklärt werden. Daran sind Fachärzte verschiedener Disziplinen beteiligt: Pädiater, Neurologen, Orthopäden, Neurochirurgen, Urologen, Radiologen. Bei der Frage nach dem Zeitpunkt für die Operation sind auch psychologische Fragen zu klären wie die Befindlichkeit des Kindes, die psychische Belastbarkeit, Ängste des Kindes vor Krankenhausaufenthalt und Immobilität, aktuelle Fähigkeit und Bereitschaft zu kooperieren.
    Eine intensive bewegungstherapeutische Vorbereitung und Nachbehandlung mit Hilfsmittelüberprüfung und ggf. -veränderungen sind unerlässlich.

Je nach individueller Situation werden Blasenentleerungsstörungen mit Inkontinenzhilfen, Blasentraining, dem Einsatz von Kathetern o. ä. behandelt.
    Werden die Nieren durch ständig rückgestauten Restharn und aufsteigenden Infektionen gefährdet, kann bei Kindern im Schulalter ein künstlicher Blasenausgang erforderlich werden. Möglich ist ein harnableitendes Kolonkonduit (nasses Nabelstoma). Urin wird dabei über ein stillgelegtes Stück Dickdarm durch eine Öffnung nach außen (Stoma) in einen Beutel abgeleitet. Er ist an einer Haut-Klebeplatte befestigt. So kann Urin ständig abfließen. Der Beutel wird nach einmaligem Gebrauch ersetzt. Er ist unter geeigneter Kleidung nicht sichtbar.
    Bei Jugendlichen und Erwachsenen, die ihre Pflege verantwortlich und selbstständig übernehmen können, kann die Ableitung über ein trockenes Nabelstoma (Pouch) erfolgen. Für den Mainz Pouch wird eine Ersatzblase aus stillgelegten Teilen von Dick- und Dünndarm gebildet. Die Harnleiter werden so in den Pouch gelegt, dass der Rückfluss in die Nieren erschwert ist. Der Pouch wird durch eine Öffnung im Nabel (Stoma) mittels Katheter entleert. Urin kann zwischen den Katheterentleerungen nicht austreten (Ermert 2009).

Als Hilfe bei Darmentleerungsstörungen werden vor allem diätetische Maßnahmen empfohlen. Stuhltraining kann hilfreich sein. Einläufe sind manchmal nicht zu umgehen.

Die bewegungstherapeutische Behandlung kann die sensiblen und motorischen Lähmungen bei Kindern mit Spina bifida nicht abschwächen oder rückgängig machen. So geht es in Krankengymnastik und Ergotherapie vor allem darum, die Kinder in der Entwicklung ihrer vorhandenen Möglichkeiten zu unterstützen und ihre Teilhabe am Leben in der Familie, in Kindergruppen, in der Schule, im allgemeinen Lebenskontext zu erleichtern. Ausgangspunkte sind jeweils die eigenen Entwicklungsimpulse des Kindes, sich zu bewegen, zu erkunden, auszuprobieren, zu erfahren, zu spielen, Räume zu erobern, zu lernen, zu gestalten. Persönliche Hilfen und Hilfsmittel werden da gegeben, wo sie die eigene Entwicklung des Kindes unterstützen. Für Aly (2002, 30) steht die Frage in der Bewegungstherapie im Vordergrund, was ein Kind mit seinen eigenen motorischen Möglichkeiten aus eigener Kraft erreichen kann, und welche Hilfen es zu welcher Zeit braucht. Von Bedeutung ist nach ihrer Erfahrung dabei die Kompensation des häufig vorkommenden Ungleichgewichts von Beuge- und Streckmuskeln durch Hilfsmittel. Aly beschreibt die therapeutische Aufgabe bei Kindern mit Spina bifida so (2002, 31):

»Der Therapeut bietet dem Kind einen besonders geeigneten Rahmen an, innerhalb dem das Kind motiviert und gefordert ist, sich weiter zu entwickeln – mit seiner Behinderung. Die Bewegungsaktionen führt das Kind selbstständig aus, der Therapeut begleitet und gibt Sicherheit.« Erreichte Entwicklungsschritte werden unterstützt und sich anbahnende begleitet.

Kurse für Mobilitäts- und Rollstuhltraining haben dazu vom Schulalter an eine große Bedeutung (s. ASBH 2002). Es gibt inzwischen auch viele Sportarten, die für Rollstuhlfahrer mit Querschnittslähmungen möglich und empfehlenswert sind wie z. B. Schwimmen, Tauchen, Reiten, Bogenschießen, Tanzen, Basketball, Handbike, Rollstuhltennis, Kanufahren, Monoskifahren, Rodeln.

Die Mehrzahl der Kinder, bei denen eine Spina bifida vorliegt, verfügt über eine durchschnittliche oder hohe Intelligenz. Mehrfachbehinderungen mit Beeinträchtigungen der kognitiven Entwicklung kommen auch vor. In der Fachliteratur (vgl. Friedrich 1996; Zurmöhle u. a. 1999; Voss und Lohmann in Michael u. a. 1998) wird diskutiert, dass die Ergebnisse von Intelligenztests bei diesen Kindern insgesamt unter dem Durchschnitt der Altersnorm liegen. Es ist wichtig, diese Aussage genauer anzuschauen und sie nicht ungeprüft als Tatsache zu übernehmen. Zwei Dinge fallen auf. Einmal handelt es sich bei den untersuchten Kindern oft um Kinder, die wegen besonderer Problemlagen in einer Spezialambulanz, einem Kinderneurologischen Zentrum oder in einer Schule für körperbehinderte Kinder vorgestellt wurden. Das bedeutet, dass vermutlich eher Kinder mit deutlicheren Schwierigkeiten in der Entwicklung in diesen Untersuchungen berücksichtigt wurden. Für einen gültigen Durchschnittswert von Testergebnissen müssten aber auch die Kinder in Untersuchungen einbezogen werden, deren Entwicklung wenig problematisch ist.

Eine weitere Gegebenheit beeinflusst die gefundenen Ergebnisse. Bei den berichteten Untersuchungen liegt das durchschnittliche Ergebnis für Aufgaben aus dem Bereich sprachgebundener Intelligenz höher als das Ergebnis für nicht sprachgebundene Leistungen. Bei nicht sprachgebundenen Aufgaben müssen Kinder z. B. auch zeichnen, Zeichen in Kästchen eintragen, Teile zu vorgegebenen Figuren ordnen etc. Wenn Kinder sehr schnell arbeiten, erhalten sie für richtige Lösungen zusätzliche Punkte. Nun haben nicht wenige Kinder mit Spina bifida und Hydrozephalus Schwierigkeiten mit der feinmotorischen Koordination von Handbewegungen. Sie arbeiten deshalb langsamer, wenn die Anforderungen an das Handgeschick steigen. Sie haben Mühe beim Zeichnen, Schreiben, Zusammenlegen von Einzelteilen etc. Diese motorische Störung benachteiligt betroffene Kinder bei entsprechenden Aufgaben. In der Diagnostik körperbehinderter Kinder sind aber nur solche Aufgaben fair und nur solche Lösungen als intelligente Leistungen interpretierbar, deren Mitteilung nicht durch Bewegungsprobleme beeinträchtigt ist. Es ist unsinnig, die Auswirkungen neurologisch bedingter Bewegungsstörungen als Probleme der kognitiven Entwicklung zu interpretieren.

Manche vermeintlichen Defizite bei Kindern mit Bewegungsstörungen sind Ergebnisse ungeeigneter Tests. Die Beweislast, dass sie vielleicht mehr können, wird den Kindern zugeschoben und gleichzeitig durch die Skepsis der Pädagogen und anderen Fachkräfte sehr erschwert.

Bei einer Befragung, die Eltern von 172 Kindern mit Spina bifida mit einbezog (Haupt 1995) zeigte es sich, dass etwa 60 Prozent der Kinder allgemeine Schulen besuchten. Heute ist der Prozentsatz vermutlich höher, da insgesamt die Zahl Kinder mit Behinderungen, die integriert beschult werden, zunimmt.

Allerdings wurde in der Befragung auch deutlich, dass die älteren Kinder häufiger anhaltende Probleme in einzelnen Unterrichtsfächern hatten. Im Alter von 6 bis 7 Jahren waren es 37 Prozent und mit 10 bis 11 Jahren 70 Prozent der Kinder. Dabei waren Schwierigkeiten im Mathematikunterricht häufiger als Probleme im Deutschunterricht. Dennoch kann die häufig vertretene Annahme, dass eine Mathematikschwäche zur Spina bifida gehört, als widerlegt gelten. Denn für die Mädchen wurden Schwierigkeiten mit der Mathematik im Alter von 10 bis 11 Jahren bei 69 Prozent, bei den Jungen aber nur bei 35 Prozent berichtet. Dieser Häufigkeitsunterschied ist statistisch signifikant. Die Mathematikschwäche ist also nicht der Neuralrohrfehlbildung zuzuordnen. Denn diese weist keinen geschlechtsspezifischen Unterschied auf.

Dass die schulischen Schwierigkeiten bei älteren Schülern häufiger vorkommen, ist Anlass zu der Frage, inwieweit Kinder mit Beeinträchtigungen und Behinderungen in unserem Schulsystem wirklich eine gute und individuelle Förderung erhalten und ob genügend persönliche und sächliche Hilfen von den Schulträgern und Lehrkäften zur Verfügung gestellt werden. Nachteilausgleiche (vgl. ASBH 2008) sind unabdingbar, damit den Bildungsbedürfnissen der Kinder wirklich entsprochen wird (70 Prozent der Kinder arbeiten verlangsamt; etwa 15 Prozent haben Störungen in der Feinmotorik der Hände; altersabhängig brauchen bis zu 80 Prozent der Kinder Hilfe auf der Toilette; 53 Prozent brauchen andere persönliche Hilfen).

Die emotional-soziale Entwicklung der Kinder ist von vielen Faktoren abhängig. Wesentlich ist, dass die Eltern genügend Unterstützung in schwierigen Situationen mit dem Kind erfahren, damit ihre Kraft für eine positive Beziehungsgestaltung erhalten bleibt. Die Kinder brauchen bei den vielen medizinisch notwendigen Maßnahmen zugewandte Begleitung, um Untersuchungen, Schmerzen, Immobilisierungen in Bezogenheit und nicht in Isolation und Verlassenheit zu erleben. So können auch die psychischen Auswirkungen von traumatischen, lebensbedrohenden Erfahrungen wie schwerwiegenden Komplikationen mit dem Ventilsystem oder bei Nierenversagen gemildert werden. Es kommt auch darauf an, dass bewegungstherapeutische Behandlungen von den Kindern als gute Körper- und gute Beziehungserfahrungen erlebt werden können, durch die sie an Aktivität und Partizipationsmöglichkeiten gewinnen. Ausschlaggebend ist darüber hinaus, dass der Alltag der Kinder nicht überwiegend fremdbestimmt ist durch Maßnahmen, Trainings, Therapien. Sie brauchen Zeit, über die sie frei verfügen können, Zeit für gemeinsam gestaltetes Familienleben, Zeit für freies – nicht mit Lernzielen verbundenes – Spielen und für Kontakte sowohl zu ähnlich oder gleich behinderten als auch zu nicht behinderten Kindern. In Phasen der Auseinandersetzung mit der eigenen Lebenssituation, mit krankheitsbedingten Einschränkungen und Ängsten bezüglich notwendiger Maßnahmen oder auch der Zukunftsgestaltung ist zugewandte Begleitung durch Familienmitglieder oder weitere selbstgewählte Vertrauenspersonen eine wichtige Hilfe.

Kinder, die die notwendigen förderlichen Entwicklungsbedingungen erleben, entwickeln trotz ihrer körperlichen Beeinträchtigungen positive Einstellungen zu sich selbst, zu anderen Menschen und zum Leben überhaupt (Abb. 15).

Spina bifida wird heute immer häufiger pränatal diagnostiziert. So haben die meisten Eltern von Kindern mit Spina bifida, denen wir heute begegnen, schon vor der Geburt ihr Kind mit der Behinderung akzeptiert. Sie bekommen Zeit, das Kind nach der Entbindung im Körperkontakt willkommen zu heißen, ehe die chirurgische Erstversorgung beginnt. Das sind sehr gute Vorraussetzungen für eine dauerhaft positive Eltern-Kind-Beziehung. Sie äußert sich auch im aktiven Bemühen um eine gute Entwicklung des Kindes ohne die Erwartung, dass die Schädigung geheilt werden kann.

Und doch kennen die Eltern die Angst vor schwerwiegenden Komplikationen. Manche mussten schon die Erfahrung mit lebensbedrohlichen Situationen beim Kind machen. Das ist eine große psychische Belastung. Auch die physische Belastung ist nicht zu unterschätzen, wenn schwierige Pflege des Kindes anliegt, Arztbesuche, Therapien anstehen und vielleicht auch Geschwister die Zuwendung der Eltern brauchen.

Den Eltern kommt heute entgegen, dass Mutter oder Vater bei Krankenhausaufenthalten meist mit aufgenommen werden können. Vielerorts ist die Frühförderung familienorientierter als früher und verlangt von den Eltern nicht den ständigen Einsatz als Kotherapeuten. Es ist sehr erleichternd, wenn Eltern sozial gut in Familie, Nachbarschaft und Gemeinde eingebunden sind.

Viele betroffene Eltern erleben auch sozial sehr schwierige Situationen, wenn ihnen Vorhaltungen wegen der Behinderung des Kindes gemacht werden oder wenn ihnen Unverständnis dafür entgegengebracht wird, dass sie sich pränatal für das Leben ihres Kindes entschieden haben.

Spina bifida und Hydrozephalus

Abb. 15: Zukunftstraum eines 11-jährigen Jungen mit Spina bifida und Hydrozephalus: Mein Auto

3. Leben in einer ambivalenten Gesellschaft

3.1 Einstellungen und Verhalten gegenüber Menschen mit Behinderungen

Noch bis in die 60er-Jahre des vorigen Jahrhunderts konnten Kinder mit schweren zerebralen Bewegungsstörungen ganz vom Schulbesuch ausgeschlossen werden, wenn sie nicht in der Lage waren, sich mit gesprochener Sprache zu verständigen – auch bei nachgewiesen hoher Intelligenz.

Auch heute ist es noch nicht selbstverständlich, dass ein so behinderter und kompetenter Schüler ein Gymnasium besuchen kann – trotz der heute möglichen persönlichen Assistenz und leistungsstarker elektronischer Hilfsmittel.

Mütter von sichtbar körperbehinderten Kleinkindern berichten, dass sie auf der Straße auf ihr Kind angesprochen wurden. Unbekannte Passanten konfrontierten sie mit dem Vorwurf: »Was muten Sie der Gesellschaft zu? So etwas ist doch heute nicht mehr nötig!«

Abwertungen und Benachteiligungen einerseits und gesetzlich verankerte Hilfen und Schutz andererseits gehören zu den Erfahrungen, die Menschen mit Behinderungen in unserer Gesellschaft häufig machen.

So ist im Grundgesetz der Bundesrepublik Deutschland Artikel 3, Absatz 3 ausdrücklich das Verbot der Benachteiligung behinderter Menschen ausgesprochen. Das Sozialgesetzbuch IX sichert wichtige Rechte und Hilfen für Menschen mit Behinderungen.

Die UN-Konvention über die Rechte behinderter Menschen geht noch erheblich weiter. International trat sie 2008 in Kraft. In Deutschland wurde sie 2009 ohne Einschränkungen ratifiziert. Die UN-Konvention schreibt die vollständige und wirksame Teilhabe und Inklusion in der Gesellschaft für Menschen mit Behinderungen fest. Dabei geht es um die rechtliche Gleichstellung (Teilhabe), die sozial-ethische, die politische Anerkennung und Wertschätzung (Inklusion). Sie schließt Forderungen ein nach gleichberechtigtem Zugang zum allgemeinen Bildungssystem, nach gleichberechtigtem Zugang zum allgemeinen Arbeitsmarkt, nach Möglichkeiten der Teilhabe am kulturellen Leben und gleichberechtigter Mitwirkung in der Politik. Dabei gehören individuelle Autonomie und soziale Zugehörigkeit unauflöslich zusammen (vgl. Lindmeier 2009, 4f.).

Die Lebensrealität Betroffener ist weitgehend anders. Abwertungen und Benachteiligungen sind für Kinder, Jugendliche und Erwachsene alltägliche Erfahrungen. Das Phänomen der Doppelgesichtigkeit und Ambivalenz Menschen mit Behinderungen gegenüber ist immer wieder soziologisch und sozialpsychologisch untersucht worden.

Einstellungen und soziale Reaktionen erschließen sich nicht leicht. Einstellungen können nicht direkt beobachtet werden. Bei Aussagen zu Bildmaterial und bei Befragungen sind Reaktionen möglich, in denen sozial erwünschte Sichtweisen zum Ausdruck kommen oder Antworten ohne entsprechende persönliche Erfahrungen.

Die Untersuchungen zu sozialen Reaktionen auf Menschen mit Beeinträchtigungen fußen häufig auf Verhaltensweisen in Laborsituationen. Untersuchungsergebnisse sind daher kritisch zu sehen. Sie sind allenfalls Näherungswerte und bilden Realsituationen nur begrenzt ab.

Ihre Bedeutung besteht vor allem darin, nach Möglichkeiten zu suchen, wie Einstellungen und Verhaltensweisen beschrieben und verstanden werden können. Ziel ist es, Ansatzpunkte zu gewinnen, die es erleichtern, abwertendes oder benachteiligendes Verhalten so zu verändern, dass Menschen mit Behinderungen ohne Hindernisse und Barrieren an allen gesellschaftlichen Prozessen teilhaben können.

Bei Einstellungen sind die dominierenden Wertvorstellungen unserer Gesellschaft wichtige Bezugspunkte. Dazu gehören: Leistungsfähigkeit, Gesundheit, Wettbewerbsfähigkeit, ästhetisches, jugendliches Aussehen, Intelligenz, »Vollverhandlungsfähigkeit« (Cloerkes 2007, 103), Normalität.

Mattner (2001, 14) versteht Normalität als das »uneingeschränkte Funktionieren im jeweiligen Sozial- beziehungsweise Gesellschaftssystem. Mit diesem Normalitätsbegriff ist eine Normalitäts-Anspruchshaltung verknüpft, mit der normal genannt wird, was die Bedeutung von wünschenswert hat und die Forderung nach Normalität beinhaltet«.

Schädigungen und Beeinträchtigungen können dazu führen, dass betroffene Menschen von den gesellschaftlichen Erwartungen abweichen. Solche Abweichungen haben oft ungünstige Reaktionen und negative Bewertungen zur Folge. Sie reduzieren soziale Teilhabechancen. Bewertungen von Behinderungen und von betroffenen Menschen sind interkulturell unterschiedlich (Cloerkes 2007, 102). Sie hängen von der jeweiligen Werte- und Normenstruktur ab. Allerdings sind »bei schwersten Behinderungen universell ungünstige Reaktionstendenzen zu beobachten« (Cloerkes 2009, 211).

Einstellungen gegenüber Menschen mit Behinderungen haben drei wesentliche Komponenten: kognitive, affektive und konative. Das Wissen über Behinderungen und Behinderte spielt eine Rolle mit den dazugehörenden Vorstellungen, Überzeugungen und Bewertungen (kognitive Komponente). Kern sozialer Einstellungen ist die Gefühlskomponente mit positiven oder negativen Gefühlen und subjektiven Bewertungen gegenüber Betroffenen (affektive Komponente). Zur Handlungskomponente gehören Verhaltensweisen und Handlungstendenzen (konative Komponente).

Einstellungen werden beeinflusst durch die Art der Behinderung. Dabei spielen die Sichtbarkeit der Schädigung eine Rolle sowie gesellschaftlich hoch bewertete Funktionsleistungen, z. B. Mobilität, Flexibilität, Intelligenz, Kontakt- und Kommunikationsfähigkeit. Ein höherer Bildungsgrad, ein hoher sozioökonomischer Status, viel Faktenwissen und Kontakt mit Betroffenen bewirken nicht unbedingt eine positive Haltung zu Menschen mit Behinderungen. Die vorliegenden Untersuchungsergebnisse sprechen dafür, dass Einstellungen eher starre Haltungen sind. Als Ursache dafür wird vor allem die Verletzung soziokultureller Standards oder Werte angenommen.

Jansen (1972) führte zwei Forschungsvorhaben zur Thematik der gesellschaftlichen Einstellungen zu Menschen mit Körperbehinderungen durch. Zunächst wurden 160 Personen anhand von Leitfragen interviewt. Dabei ergab sich, dass die wichtigsten Einstellungssyndrome gegenüber Körperbehinderten negativ sind. Ablehnung – auch in scharfer Form –, deutliches Unbehagen oder Verneinung der realen Schwierigkeiten körperbehinderter Menschen prägen die Meinung der Befragten. Es wird auch Mitleid geäußert.

Die genannten Einstellungen beziehen sich sowohl auf Kinder als auch auf Jugendliche und Erwachsene (vgl. Jansen 1972, 137).

Die anschließende, von einem Institut für Meinungsforschung durchgeführte repräsentative Umfrage machte folgende Einstellungen deutlich. Das vorherrschende Bild vom Menschen mit einer Körperbehinderung ist gekennzeichnet durch »unangenehmes äußeres Erscheinungsbild, gesellschaftliche Isolation, Störungen im Persönlichkeitsbereich [...] Leiden. [...] Beziehungen zu Betroffenen werden umso stärker abgelehnt, je höher das Engagement ist, das eine solche Beziehung erfordert.« Notwendige Hilfen sollen vom Staat und bestimmten Institutionen geleistet werden (a. a. O. 138).

Cloerkes (2007, 106) fasst die neueren Untersuchungen zu Menschen mit Behinderungen unter Berufung auf Wocken so zusammen: »Sie zeigen weder krasse Behindertenfeindlichkeit noch Anzeichen für eine gewachsene Behindertenfreundlichkeit, sondern Ambivalenz als vorherrschendes Merkmal.«

Untersucht wurden auch häufige Reaktionsformen bei Begegnungen mit behinderten Menschen. Beschrieben wurden: Anstarren, Ansprechen, abwertende Äußerungen, Witze, Spott, Hänseln, Ärgern, Aggressivität in unterschiedlicher Intensität. Es kommen weiterhin vor: Äußerungen von Mitleid, aufgedrängte Hilfe, Bevorzugung unpersönlicher Hilfe, Scheinakzeptanz. Cloerkes fasst zusammen: Festzuhalten bleibt, dass »echtes Engagement für behinderte Menschen ohne implizite Abwertung, Entlohnung oder Dankbarkeitserwartungen vergleichsweise selten« vorkommt (a. a. O. 107).

Auffällige Behinderungen und Entstellungen können bei Nichtbehinderten psychophysiologische Reaktionen auslösen wie Angstgefühle, affektive Erregung, Unbehagen. Daraus resultieren innere Spannungen, Verhaltensunsicherheit, Ambivalenzempfindungen und Vermeidungstendenzen. Diese Reaktionen entziehen sich weitgehend der rationalen Kontrolle.

Cloerkes macht darauf aufmerksam, dass Einstellungen und reale Verhaltensweisen in Begegnungssituationen nur wenig übereinstimmen (2007, 113). Die gesellschaftlich erwünschte Haltung zu kranken und behinderten Menschen ist positiv und nicht negativ. »Die Normen in Bezug auf behinderte Menschen sind also widersprüchlich: Ein ganz entscheidendes Faktum, denn die Haltung des einzelnen Nichtbehinderten wie Behinderten wird durch den normativen Konflikt bestimmt, der daraus resultiert, dass ihm auf der einen Seite per Sozialisation negative Einstellungen vermittelt wurden, während gleichzeitig auf der anderen Seite dieselbe Gesellschaft ein offenes ›Ausleben‹ solcher überwiegend affektiver Tendenzen missbilligt. Eine derartige Konstellation erzeugt unweigerlich Ambivalenzgefühle, Verhaltensunsicherheit und Schuldangst, verstärkt über Reaktionsbildung die ohnehin problematische Beziehung zum Behinderten und verewigt sie in einem verhängnisvollen Kreislauf« (a. a. O. 119).

Soziale Reaktionen auf behinderte Menschen entstehen im Verlauf der Entwicklung und Sozialisation. Sehr junge Kinder im Alter bis zu etwa drei bis vier Jahren reagieren meist unbefangen und interessiert, auch in der Begegnung mit behinderten Menschen. Später dann wird das Wertsystem der Gesellschaft übernommen mit der Hochschätzung von Leistungsfähigkeit, Intelligenz, körperlicher Integrität, ästhetischem Äußeren. Mit der Internalisierung dieser Werte beginnt die Bedrohung der individuellen und gesellschaftlichen Stabilität durch Abweichungen von diesen Normvorgaben.

Dazu ein Beispiel. Die fünfjährige Tochter einer Krankengymnastin schaut ihr in der Praxis bei der Arbeit zu. Als diese ein Kind mit einer schweren zerebralen Bewegungsstörung behandelt, fragt das kleine Mädchen ganz erschrocken: »Mama, wer hat das Kind so kaputt gemacht?«

Etwa im Alter von acht Jahren ist die Übernahme gesellschaftlicher Einstellungen gegenüber Menschen mit Behinderungen nachweisbar.

Bei Kindern können sogenannte originäre Reaktionen beobachtet werden, die ursprünglich, spontan und affektiv sind, ausgelöst durch die wahrgenommen Abweichungen. Originäre Reaktionen bei Kindern führen meist nicht zu einer Ablehnung des behinderten Menschen. Auftretende unklare Beunruhigung kann aber zu Aggression führen. Sie zeigt die Störung eines Gleichgewichtszustands an.

Im weiteren Verlauf der Sozialisation kommt es zu sogenannten überformten Reaktionen als Ausweg aus dem Konflikt zwischen affektiver Abwehr und sozial vorgeschriebener Akzeptanz mit Anpassung an die offiziellen Standards der Gesellschaft. Es kann sich eine Scheinakzeptanz ausbilden mit unterschwelliger Ablehnung, aber auch mit Distanz schaffendem Mitleid. Die Ambivalenz wird noch verstärkt durch die sogenannte Irrelevanzregel. Sie besagt, dass Interaktionen so verlaufen sollen, als gäbe es die Behinderung gar nicht. »Originäre Reaktion und offiziell erwünschte Reaktion sind kaum miteinander zu vereinbaren. Die Normen sind widersprüchlich. Der Konflikt zwischen der einmal angelegten affektiven Ablehnung und dem gesellschaftlichen Verbot gerade dieser Reaktion muss verarbeitet werden. Alle Möglichkeiten, insbesondere die überformten Reaktionen, laufen darauf hinaus, dass behinderte Menschen in der Regel auf Ablehnung stoßen« (Cloerkes 2007, 123).

Die Folgen von Abwertungen, Diskriminierungen und Ablehnungen können für betroffene Menschen erheblich sein. »Ein Mensch, der sich ständig« solchen Reaktionen »ausgesetzt sieht, ist in seiner Persönlichkeitsentwicklung, in seiner Selbstvergewisserung im Umgang mit anderen Menschen, oder, einen heute weit verbreiteten Ausdruck aufgreifend, in seiner Identitätsfindung [...] gefährdet« (Thimm 1994, 61). Es bleibt ihm, um Teilhabe am Leben der nichtbehinderten Menschen zu erreichen, unter Umständen nur die »Anpassung um jeden Preis [...]. Das Behinderungsmerkmal so unauffällig wie möglich machen, verschweigen, verstecken, überspielen, damit wir anderen, Nichtbehinderten, es nicht zur Kenntnis nehmen müssen: das beschädigt die Identität des behinderten Mitmenschen« (a. a. O. 63).

Peter Radtke ist ein bekannter Schriftsteller und Schauspieler. Er ist für seine Fortbewegung auf einen Rollstuhl angewiesen. Eine angeborene Knochenbrüchigkeit (Osteogenesis imperfecta) beeinträchtigte sein körperliches Wachstum.

Er beschreibt, wie er als Kind unter Anpassungsdruck geriet, und wie er seine Situation heute sieht.

Auf die Frage, warum er als Schauspieler auf die Bühne geht, antwortet er so (Radtke 2001, 140f., Ausschnitte).

»Seit meiner Kindheit bemühte ich mich, meine äußere Erscheinung vergessen zu machen: möglichst wie ein Nichtbehinderter erscheinen, nur nicht mit geistig behinderten Krüppeln verwechselt werden! Und das Wunder geschah. Irgendwann hatte ich meine Behinderung hinter mir gelassen. Die Leute sahen in mir in erster Linie einen Intellektuellen, dessen Intelligenz umso leuchtender strahlte, als sie in einem hinfälligen Körper beheimatet war. Ein Bekannter drückte aus, was viele Beobachter dachten: Der Junge ist Kopf, den Körper kannst du vergessen.

Solange man kämpft, braucht man nicht zu denken. Doch eines Tages entdeckte ich mit Schrecken: Ich hatte gleich Peter Schlemihl meinen Schatten verloren. Die Schauobjekte der vergangenen Jahrhunderte wurden nur mit ihrer äußeren Hülle wahrgenommen. Ich, umgekehrt, werde heute aus eigenem Dazutun um die Dimension der Körperlichkeit gebracht. Auch ein Mensch, der nur noch aus Vernunft und Denken besteht, ist ein Freak. [...]

Der Kreis schließt sich. [...] Theater ist Geist, aber ist auch physische Präsenz. Es ist die Aufforderung hinzusehen. Seht her, das bin ich: ein Kopf der denken kann, ein Mund der sprechen kann, ein Körper, der verwachsen doch Teil einer Ganzheit ausmacht. Das Theater fügt zusammen, was Menschen in Jahren gekünstelten Umgangs miteinander auseinanderdividiert haben.

Warum gehe ich auf die Bühne? Es sind viele Motive. [...] Der wichtigste Beweggrund jedoch dürfte darin liegen, die Idee einer Einheit von Seele, Vernunft und Körper zu bezeugen, die in unseren Tagen immer mehr zu verkümmern droht. [...]

Was aber kann Integration mehr sein als das Gefühl, zu einer bestimmten Zeit an einen bestimmten Ort gestellt zu sein und in dem, was man tut, von seiner Umgebung anerkannt zu werden? Nicht mehr die Behinderung zählt sondern einzig die authentische Erfüllung eines Auftrags. [...]

Ich fühle mich wohl in meiner Haut, auch wenn dies für viele Außenstehende unbegreiflich erscheint.

Ich will überhaupt nicht jemand anderes sein als der, der ich bin.«

3.2 Einstellungen von Kindern

Kron (1988) berichtet über positive Einstellungen und Verhaltensweisen von Vorschulkindern behinderten Gruppenmitgliedern gegenüber. Sie bestätigt in ihren Untersuchungen die Erfahrung des zunächst unbefangenen Umgangs der Kinder miteinander. Erst allmählich werden ihnen auch Unterschiede und Widersprüche zu ihren bisherigen Erfahrungen mit anderen Kindern bewusst. Die nicht behinderten Kinder erleben in manchen Situationen auch Unsicherheit oder Ratlosigkeit, aber eben auch Lösungen für auftretende Schwierigkeiten. Kron beschreibt, dass die nicht behinderten Kinder durch das Zusammenleben mit behinderten Kindern eigene Schwächen realisieren und lernen, besser damit umzugehen. Die Kinder gestalten Beziehungen miteinander und geben sich gegenseitig Entwicklungsimpulse.

Kron plädiert für ein möglichst frühes Miteinander von Kindern mit und ohne Behinderungen.

Die Untersuchungen zu Einstellungen und Verhaltensweisen von Kindern gegenüber Mitschülern mit Behinderungen zeigen unterschiedliche Resultate.

Manche Ergebnisse (z. B. Wocken 1993) geben Hinweise darauf, dass Erfahrungen beim gemeinsamen schulischen Lernen von nicht behinderten und behinderten Schülern Einstellungen positiv verändern.

Andere Untersuchungen zeigen, dass zum Beispiel Schüler mit kognitiven Entwicklungserschwernissen in soziometrischen Wahlen häufiger als nicht behinderte Kinder abgelehnt werden (vgl. Haeberlin et al. 1990). Vermehrter Kontakt kann sogar zu verstärkter Ablehnung führen. Auch Schüler mit Verhaltensstörungen werden häufiger abgelehnt.

So fasst Cloerkes (2007, 150) zusammen: Kontakte zwischen behinderten und nicht behinderten Schülern können sowohl positive wie negative Rückwirkungen auf die Einstellungen haben.

Im Kontext dieses Buches interessieren vorrangig Untersuchungen zu Einstellungen von Kindern gegenüber körperbehinderten Mitschülern. Auch da sind die Ergebnisse nicht einheitlich.

Ende der 60er-Jahre wurden eine Gruppe von 91 Kindern mit Dysmelien (Gliedmaßenfehlbildungen durch Thalidomid-Embryopathien) am Ende der Grundschulzeit und eine entsprechende Kontrollgruppe untersucht (Haupt 1974). Alle Kinder besuchten allgemeine Grundschulen mit zielgleicher Förderung ohne sonderpädagogische Begleitung. Ein Soziogramm gehörte mit zu den durchgeführten Verfahren. Die Auswertung zeigte für beide Gruppen einen vergleichbaren, recht hohen Beliebtheitsgrad. Die Kinder mit Gliedmaßenfehlbildungen sprachen aber mehr Wahlen aus als die Mitschüler der Vergleichsgruppe, waren also sozial besonders aktiv. Und doch berichtet etwa die Hälfte der Eltern von ausgeprägten Schwierigkeiten in der Interaktion der behinderten mit den nicht behinderten Kindern.

Esser (1975) stellte mehrere Untersuchungsgruppen mit acht- und zwölfjährigen körperbehinderten und nicht behinderten Mitschülern zusammen. Bei den körperbehinderten Kindern lagen unterschiedliche Behinderungen vor wie zum Beispiel: zerebrale Bewegungsstörungen, Querschnittslähmungen, Poliofolgen, Unfallfolgen, Fehlbildungssyndrome.

Fragestellungen der Untersuchungen waren: die Zuwendungsbereitschaft von nicht behinderten zu körperbehinderten Kindern, die Unterschiede in den Einstellungen zu leichter und schwerer behinderten Kindern, die Unterschiede in den Einstellungen von jüngeren und älteren Kindern.

Die Zuwendungsbereitschaft zu Kindern mit körperlichen Beeinträchtigungen reicht von wohlwollendem Entgegenkommen oder Mitleid bis zur Zurückhaltung oder Ablehnung. Ausschlaggebend ist, wie stark für das nicht behinderte Kind die persönliche Verpflichtung ist, die mit der Zuwendung verbunden ist. Bei mehr zufälligen oder unverbindlichen Begegnungen überwiegt die akzeptierende Haltung. Werden Verpflichtungen erlebt, die eigene Interessen und Wünsche einschränken, kommen eher distanzierte oder ablehnende Reaktionen vor. Das gilt auch, wenn es um enge oder dauerhafte Beziehungen geht.

Die Erwartungen und Haltungen leichter behinderten Kindern gegenüber sind ähnlich wie die zu nicht behinderten Kindern.

Schüler mit schweren Behinderungen erfahren mehr Mitleid, das sie aber auch mehr distanziert. An sie richten sich weniger Erwartungen. Das bedeutet einen gewissen Schutz. Andererseits hat das aber die Einschätzung zur Folge, dass sie für nähere Beziehungen weniger infrage kommen. Die geringeren Erwartungen werden nicht nur auf Beweglichkeit und Interaktionsmöglichkeiten bezogen, sondern zusätzlich auf die psychische und kognitive Leistungsfähigkeit ausgedehnt. Dadurch vergrößert sich die soziale Distanz. Nicht behinderte Schüler nehmen aber an, dass das Kontaktbedürfnis der Schüler mit Behinderungen besonders groß ist.

Jüngere Kinder sehen bei behinderten Mitschülern weniger das Behindertsein und verhalten sich entsprechend weniger voreingenommen.

Bei den älteren Schülern treten die beschriebenen Einstellungen deutlicher in Erscheinung.

Esser beschreibt (1975, 121) eine besonders schwierige Zeit in der Entwicklung von Kindern mit Behinderungen. Ihre Einstellung zu sich selbst wird mit etwa 10 bis 12 Jahren verstärkt kritisch. Sie müssen sich mit der zunehmend bewussteren und schwierigen Erkenntnis der eigenen Behinderung und ihrer Folgen auseinandersetzen. Gleichzeitig erfahren sie von Gleichaltrigen zunehmend Distanz und Ablehnung. Das erschwert die Beibehaltung und Weiterentwicklung von Selbstwertbewusstsein und Beziehungen.

Esser vertritt auch auf der Basis seiner Befunde die möglichst frühe gemeinsame Förderung von Kindern mit und ohne Behinderungen vom Besuch der Kindertagesstätte an.

3.3 Einstellungen von Menschen in helfenden und pädagogischen Berufen

Es mag der Selbsteinschätzung mancher Menschen in medizinischen, therapeutischen und pädagogischen Berufen widersprechen, aber: »Beruflicher Kontakt mit behinderten Menschen garantiert keineswegs günstigere Einstellungen« (Cloerkes 2007, 148). Bei Angehörigen entsprechender Berufe werden vergleichbare Haltungen und Einstellungen gefunden wie bei anderen Mitgliedern der Gesellschaft. Das trifft nach Untersuchungsbefunden auch auf Sonderpädagogen zu. »Neben positiven Einstellungen, besonders im Vergleich zu den Kollegen von der Regelschulpädagogik, wurden auch neutrale bis ablehnende Haltungen gefunden« (a. a. O.).

Sonderpädagogen laufen in ihrem beruflichen Tun Gefahr, Menschen mit Behinderungen defizitorientiert wahrzunehmen und so zu negativen Meinungen über Betroffene beizutragen. Als Mitglieder der Gesellschaft haben auch sie in ihrer Sozialisation vorherrschende Werte und Einstellungen der Gesellschaft übernommen. »Innerhalb der Gesellschaft haben sie eine wichtige Funktion inne: Sie handeln als ›Staatsdiener‹ im Auftrag des Bildungssystems, sie transportieren damit politisch gewollt das gesellschaftlich erwünschte Menschenbild« (Cloerkes 2007, 358). So kann es sein, dass sie versuchen, Menschen mit Behinderungen an die sozialen Normen anzupassen und weniger versuchen, das behindernde Umfeld zu verändern. Cloerkes kritisiert auf das Schärfste, wenn der Sinn des professionellen Helfens darin gesehen wird, »dass ein aus Expertensicht unzumutbarer, leidvoller Zustand beseitigt werden soll [...], um Betroffene den nicht defizitären Standards in der Welt der sogenannten Nichtbehinderten anzupassen« (a. a. O. 359).

Eine solche Auffassung widerspricht allen Bemühungen um gleichberechtigte Teilhabe und Inklusion.

Die Sicht Cloerkes bestätigt sich in bestimmten Ausprägungen von Therapien und Erziehungsintentionen (vgl. Haupt 2003 b). Daneben stehen zunehmende Bemühungen, defizitorientiertes Denken, Diagnostizieren und Fördern grundsätzlich zu überwinden und Partizipation umfassend zu erleichtern (vgl. Wieczorek 2002; Haupt 2003 a). Es hat sich aber noch nicht allgemein durchgesetzt, Kinder mit Behinderungen ebenso wie nicht behinderte Kinder als kompetente Kinder in Entwicklung zu sehen. Auch eine sehr schwere Behinderung ändert nichts daran. Die pädagogische Aufgabe ist nicht primär die, sie über alles zu belehren, sondern ihnen die Bedingungen bereitzustellen – in Frühförderung, Kindertagesstätte und Schule –, die es ihnen erleichtern, die eigene Entwicklung zu tun, in bezogener Begleitung und gemeinschaftlicher Interaktion.

Es bedarf der kritischen Reflexion, dass es für die Förderung von Kindern mit Beeinträchtigungen erforderlich ist, Lern- und Entwicklungsschwierigkeiten eines betroffenen Kindes genau zu beschreiben. Das ist die Voraussetzung für die Bewilligung von Ressourcen für seine Förderung wie zum Beispiel persönliche Hilfen, Nachteilsausgleiche, Assistenz oder spezielle Materialien. Das gilt für integrierte wie für spezielle Förderung. Das muss aber nicht Defizitorientierung bedeuten. Entwicklungsschwierigkeiten als Defizit, als Mangel bei einem Kind zu beschreiben ist allerdings Ausdruck einer eher negativen Einstellung. Bei einer dem Kind angemessenen Diagnostik können hinreichend Ansatzpunkte für eine passende Entwicklungsbegleitung und Förderung gefunden werden, die nicht abwerten und die dem Kind nicht »Mängel« bescheinigen. Ohnehin ist das, was dem Kind schwerfällt, das, was es noch nicht kann, selten ein geeigneter Ausgangspunkt für die Förderung. Dafür eignen sich meist ungleich besser seine eigenen Entwicklungsimpulse, seine eigenen Interessen, seine vorhandenen Kompetenzen (vgl. Haupt 2003 b).

Es ist Cloerkes zuzustimmen, dass Beeinträchtigungen und Entwicklungsschwierigkeiten von Kindern zutreffend beschrieben werden sollten (2007, 156). Aber je nach Einstellung deren, die mit dem Kind zusammenleben und arbeiten, ändern sich Fokus und Bewertung der Wahrnehmung und damit die Qualität der Interaktion.

Es ist noch sehr viel Entwicklungsarbeit zu leisten, um positive Haltungen, Einstellungen und integrierende Förderansätze zu festigen und weiterzuentwickeln. Wertschätzung, Teilhabe, volle Akzeptanz im Sinne von Inklusion erfordern einen so grundlegenden Wertewandel, wie er derzeit in seinen gesamtgesellschaftlichen Auswirkungen kaum vorstellbar erscheint. Schließlich werden Einstellungen und Haltungen, die die Basis sind für Abwertung, Ablehnung und Nicht-Teilhabe von Menschen mit Behinderungen seit Generationen tradiert und erweisen sich als recht stabil. Es ist die Frage, inwieweit sie heute und in Zukunft verändert werden können und mit ihnen zentrale gesellschaftliche Prozesse in Erziehung und Bildung, in Wirtschaft und Arbeitswelt, in Kultur und Politik, im Gesundheitswesen, um nur einige zu nennen. Nur dann kann der Wunsch nach voller Inklusion von der sozialen Utopie in gesellschaftliche Realität überführt werden. Das bedeutet unter anderem: Verzicht auf normierte, vereinheitlichte Leistungsanforderungen; Reduzierung von Wettbewerb mit ständigem Druck in Richtung Effizienzsteigerung und

Gewinnmaximierung zugunsten neuer Formen von Kooperation; Umwertung von Anpassungsleistungen zugunsten von kreativen, authentischen Lösungen; Mitsprache und Mitgestaltung in kulturellen und politischen Prozessen; Veränderung der Bedeutung des äußeren Erscheinungsbildes eines Menschen zugunsten höherer Wertschätzung mitmenschlicher Qualitäten.

Gesetzestexte und UN-Konventionen können notwendige Prozesse unterstützen, aber sicher nicht allein herbeiführen. Inklusion erfordert eine langfristige Entwicklungsarbeit aller in der Gesellschaft.

Jansen ist in seinen Untersuchungen auch der Frage nach Einstellungen von Sonderpädagogen zu körperbehinderten Schülern nachgegangen.

Die vorausgegangene repräsentative Befragung hatte unterschiedliche Einstellungen zu Menschen mit Körperbehinderungen ergeben wie zum Beispiel: Fremdartigkeit, das Gefühl des Abgestoßenseins, Unsicherheit, Empfinden einer Last von Verantwortung, die Tendenz, Begegnungen zu vermeiden, Bagatellisierung des Problems (Irrelevanzregel), Bevorzugung unpersönlicher Hilfe, Mitleid, aber auch Engagement (Jansen 1972, 114f.).

Die eingehende Befragung von acht Lehrerinnen und pädagogischen Fachkräften in einer Schule für Körperbehinderte zeigte, dass auch diese Personen zumindest zu Beginn ihrer Tätigkeit an dieser Schule Reaktionen wie Abwehr und vor allem Unsicherheit selbst erlebt hatten. Einige erwähnten, dass sich solche Reaktionen verstärkten, wenn sie länger mit den Kindern zusammen waren, z. B. im Schullandheim. Bei ihrer Berufswahl waren Mitgefühl und der Wille zum Helfen die wichtigsten Motive. Die Befragten waren erleichtert, wenn eine persönliche Beziehung zu den Kindern entstand. Auch die Kenntnis der Lebensgeschichten der Kinder wurde als hilfreich für die Zusammenarbeit mit ihnen genannt.

Nach einer Umfrage bei Studenten der Körperbehindertenpädagogik arbeitete Jansen (1981, 3f.) drei Motivstrukturen heraus. Die kleinste Gruppe bezeichnet er als »sozialpolitische Aktivisten«. Sie sind mit dem sozialen System unserer Gesellschaft nicht einverstanden und versuchen durch ihre Arbeit, soziale oder ökonomische Veränderungen herbeizuführen.

Eine größere Gruppe kennzeichnet Jansen als »gelernte Helfer«. Sie orientieren sich an einem Modell prosozialen Verhaltens und haben nicht selten bereits eigene Erfahrungen in der Jugendarbeit oder in sozialen Institutionen gesammelt.

In einer dritten Gruppe sieht Jansen »hilflose Helfer«, wie sie Schmidbauer (1977) beschrieben hat. Sie wählen Berufe, in denen sie eigene Unzulänglichkeiten und Schwächen kompensieren möchten. Darin besteht aber die Gefahr, dass sie bestehende Hilfsbedürftigkeit behinderter Menschen »brauchen«, um helfend ihr eigenes Selbstwertbewusstsein aufrechtzuhalten. Im ungünstigsten Fall kann das zu Abhängigkeiten führen, wenn Menschen mit Behinderungen sich diese Hilfen und den damit verbundenen Kontakt sichern möchten. Das muss aber keineswegs eintreten. Denn die Unterstützung des Helfers für den, der Hilfe braucht, kann auch Fortschritte in dessen Selbstverwirklichung ermöglichen, die das Bemühen des Helfers verstärken. Und »je intensiver der Behinderte feststellt, dass aus der abhängigen Beziehung eine partnerschaftliche Beziehung wird, umso mehr wird er seine Anstrengungen verstärken, ein ebenbürtiger, unabhängiger Partner zu sein« (Jansen 1981, 6).

3.4 Möglichkeiten der Veränderung sozialer Reaktionen

Cloerkes (2007, 137f.) bezeichnet die heutigen Kenntnisse über Möglichkeiten der Veränderung von Einstellungen und Verhaltensweisen gegenüber Menschen mit Behinderungen als widersprüchlich und erst teilweise gesichert. Dennoch gibt es Übereinstimmungen in den Publikationen unterschiedlicher Wissenschaftler in dieser Frage.

Grundsätzlich hängt der Erfolg von Bemühungen um Veränderungen davon ab, ob eine Bereitschaft vorhanden ist, eigene Haltungen zu ändern. Denn sonst können unter Umständen vorhandene ungünstige Einstellungen verstärkt werden. Informationen allein gelten als weniger wirksam, wenn sie die emotionale Ebene nicht erreichen. Denn Einstellungen und Reaktionsweisen sind vorwiegend affektiver Natur. So ist es günstiger, Informationen durch persönliche Kontakte zu ergänzen. »Die Chance, dass aktuelle Begegnungen vorurteilsmindernd wirken, ist größer, wenn Nichtbehinderte und Behinderte gleiche oder ähnliche soziale Merkmale aufweisen« (Thimm 1977, 103). Informationen wirken besonders intensiv, die in direktem Kontakt von einer glaubwürdigen selbst betroffenen Person präsentiert werden« (Cloerkes 2007, 153). Im direkten Kontakt ist nicht die Häufigkeit entscheidend, sondern die Freiwilligkeit und die Bearbeitung gemeinsamer Aufgaben und Ziele in einem leistungsneutralen Klima.

Informationen mit Hilfe von Filmen, die Menschen mit Behinderungen positiv darstellen, können günstig sein. Auch Rollenspiele haben ihre Bedeutung bei der Unterstützung positiver Einstellungen. Dabei geht es vor allem um das Nacherleben der vielfältigen sozialen Konsequenzen von Behinderung. Ergänzungen durch das Lesen und Besprechen von autobiografischen Texten Betroffener sind empfehlenswert.

Cloerkes, Thimm und Jansen betonen, wie wichtig es ist, dass nicht nur Menschen ohne Behinderungen sich ihrer Einstellungen und sozialen Reaktionen bewusst werden und sich gegebenenfalls um Veränderungen bemühen. Ebenso bedeutsam ist, dass Schüler, Jugendliche und Erwachsene mit Behinderungen sich damit auseinandersetzen, dass negative Reaktionen durch ihre Behinderung ausgelöst werden können. Es erleichtert ihre Kontakte mit nicht behinderten Menschen, wenn sie in Gesprächen, Gruppenprozessen, Rollenspielen Möglichkeiten finden, wie sie auf verunsicherte, abwertende oder einschränkende Verhaltensweisen reagieren können. Menschen mit Behinderungen können durch ihr Verhalten wesentlich zum Gelingen von Begegnungen und Zusammenarbeit beitragen.

Es besteht unter Forschern und Berufspraktikern Konsens, dass wesentliche Chancen für Einstellungs- und Verhaltensänderungen im Zusammenleben mit Menschen, die behindert sind, wahrgenommen werden, wenn gemeinsame Erfahrungen in der frühen Kindheit beginnen, ehe die geltenden gesellschaftlichen Werte internalisiert sind. Die sehr frühen Erfahrungen erleichtern den Umgang mit Vielfalt, mit Anderssein und Abweichung von gesellschaftlichen Erwartungen ohne die Abwertung durch die Zuschreibung »weniger wert zu sein«.

4. Ethische Fragen

4.1 Lebensrecht und Menschenwürde

Ethik fragt nach der Gesinnung, aus der Handeln hervorgeht, nach den Werten, die realisiert werden sollen, z. B. Glück, Gewinn, Anpassung, Nutzen, Selbstverwirklichung, Mitmenschlichkeit, Schutz, Verantwortung. Ethik ist abhängig vom Menschen- und Weltbild. Sie ist »eine Reaktion der Freiheit und Vernunft des Menschen auf Herausforderungen des Lebens« (Schockenhoff 2009, 36).

Das Ringen um Antworten auf ethische Kernfragen ist schwer, da es keinen Konsens in der Gesellschaft bezüglich des Menschen- und Weltbildes gibt. Konkurrierende und divergierende Wertsysteme stehen nebeneinander.

Die ethischen Fragen z. B. nach Lebensrecht und Menschenwürde werden durch die neuen Möglichkeiten im Bereich der Biowissenschaften und Medizin drängender. Sie betreffen Menschen mit Behinderungen und schweren Krankheiten existenziell.

Biomedizin und Bioethik sind vor allem geprägt durch Denken und Handeln, das auf naturwissenschaftlichen Prinzipien beruht. Behinderung und Krankheit werden tendenziell als isolierte, vom Menschen losgelöste Phänomene gesehen (Graumann 2009a, 278). Es geht weniger um Heilung in einem ganzheitlichen Sinn als um die Beseitigung von Defekten am Körper. Es entsteht eine problematische Defektorientierung, in der Behinderung und Krankheit mit Leiden gleichgesetzt werden. Subjektive Erfahrungen und behindernde gesellschaftliche Bedingungen werden oft nicht in ihrer Bedeutung gesehen. Graumann verkennt nicht die großen Fortschritte der Biomedizin für Lebens- und Überlebensmöglichkeiten von Menschen mit Behinderungen. Gleichzeitig besteht aber »der begründete Verdacht«, dass die Möglichkeiten der Biomedizin »Anerkennung und Lebensrecht behinderter Menschen in Frage stellen« (Graumann 2009a, 279). Denn es werden nicht nur neue Therapien gesucht. In der Biomedizin wird von einigen Vertretern die Beendigung von Leiden durch Behandlungsabbruch oder Sterbehilfe befürwortet, ebenso wie der Abbruch einer Schwangerschaft, wenn die Pränataldiagnostik das Vorliegen einer Behinderung ergeben hat. Aber auch in Biomedizin und Bioethik bestehen Methoden- und Therapiepluralismus, sodass die zustimmungsfähige

Beantwortung heutiger ethischer Konflikte sehr erschwert ist (vgl. Graumann, a. a. O.).

Nach Schockenhoff (2009,16) erscheinen Nützlichkeitserwägungen angesichts des unversöhnlichen Pluralismus ethischer Standpunkte als kleinster gemeinsamer Nenner. Aus der Achtung vor der unantastbaren Würde jedes Menschen wird dann die Respektierung von Interessen. »Autonomie wird verstanden als das Recht, eigene Wünsche zu äußern und durchzusetzen. Die Bereitschaft, jeden Menschen als Person zu achten, weicht der Aufforderung, Interessen geltend zu machen und Präferenzen zu äußern. Wer dazu nicht in der Lage ist, zählt nicht« (a. a. O.). So kommt es zu einer schleichenden Entsolidarisierung.

Bioethisches Denken wird getragen von dem Wunsch nach besserer Gesundheit, längerem Leben, Leidfreiheit und größerem Glück.

Auch Kamphaus betont die stark verbesserten Behandlungsmöglichkeiten durch die Biomedizin. »Aber die pränatale Diagnostik verleitet Ärzte und Eltern zugleich immer mehr dazu, nach den möglichen ›Schwächen‹ des Ungeborenen zu fahnden. Die ›Zumutbarkeit‹ eines genetischen Defekts oder einer erkannten Behinderung für die Eltern wird zum Urteil über Leben und Tod für das ungeborene Kind – mit saubersten Methoden und einer reinen Weste vor dem Gesetz. – Längst lebt der alte Traum vom perfekten Menschen wieder auf, vom Menschen mit genetischem Gütesiegel« (Kamphaus 2000, 32).

Grewel (1991, 15) beschreibt die Problematik, die entsteht, wenn Behinderung mit Leid gleichgesetzt wird. »Das Argument des Leidens bzw. der Vermeidung des Leidens wird für den behinderten Menschen zur tödlichen Bedrohung«, denn es wird zur Begründung für ein Recht auf Tötung. »Die Situation eines Menschen wird für elend, leidvoll, menschenunwürdig, nicht lebenswert erklärt. Dann erscheint es als Akt von Humanität, ihn von diesem Elend zu erlösen oder besser ihn gar nicht geboren werden zu lassen.« Hinter diesem Denken sieht Grewel den Wunsch, sich von persönlichen und wirtschaftlichen Belastungen zu distanzieren und sich einer solchen Lebenssituation mit all ihrem Unbekanntem nicht auszusetzen. Je mehr in der Gesellschaft Gegebenheiten nach Kosten und Nutzen bewertet werden, desto eher könnten auch wirtschaftliche Sanktionen erfolgen. Grewel befürchtet beispielsweise eine Entwicklung, die zum Ausschluss vom Versicherungsschutz für ein behindertes Kind führen kann, dessen Eltern sich trotz eindeutigem Ergebnis einer Pränataldiagnose für die Geburt und sein Leben entschieden haben (1991, 18). Analog fragt Mattner (2000, 133), ob Behinderung künftig als selbstverschuldetes, vermeidbares Risiko gewertet werden wird.

Es muss aber gesehen werden, dass die Ausgrenzung von Leiden Menschen nicht menschlicher macht (Grewel a. a. O.).

Radtke wendet sich in einem Text unmittelbar an Ärzte und Wissenschaftler (1997, 69): »Wir, die behinderten Menschen in dieser Gesellschaft, brauchen uns nicht zu verteidigen; vielmehr müssen Sie, die Ärzte, Forscher, Wissenschaftler, all jene, die sich anscheinend so sicher sind, dass eine Welt ohne Behinderung eine bessere Welt wäre, nachweisen, warum Sie sich zu solcher Annahme berechtigt glauben. Was treibt Sie dazu, alles in Bewegung zu setzen, um Behinderung zu eliminieren? So wie Behinderung Ihnen als Ärzte Ihre Grenzen aufweist, tut sie dies auch dem Menschen als Ganzes. [...] Entfällt dieser Spiegel [...] so fallen letztlich auch die Werte, die Jahrhunderte lang unser christlich-abendländisches Erbe geprägt haben. Damit will ich nicht Behinderung als besondere Qualität hochstilisieren, sondern es geht darum, sie als natürlichen Bestandteil des Menschseins zu akzeptieren.«

Der Versuch, einen gemeinsamen leidfreien Lebensraum zu schaffen, in dem nichts Befremdendes stört und der dem großen Harmoniebedürfnis seiner Bewohner gerecht werden soll (vgl. Saal 1992, 54), richtet sich in der ausschließenden Perspektive gegen das Leben selbst. Der Versuch, Unerwünschtes nicht existent sein zu lassen, verengt und verhindert die Erweiterung des Mitgefühls. Er führt zu einer immer künstlicheren, elitäreren Lebenswelt, aus der immer weiter Lebendiges, Unangenehmes, Störendes, Schattenhaftes, Konfliktträchtiges ausgeklammert wird. So richtet sich der Prozess des Ausklammerns gegen die Ausklammernden selbst. Er behindert ihre eigene Entwicklung.

Die Bioethikdiskussion wurde Mitte des vergangenen Jahrhunderts durch die Theologen Fletcher und Ramsey angestoßen (Schockenhoff 2009, 39). Es ging ihnen vorrangig um die Freiheitsrechte des einzelnen Menschen und um deren Anwendung in der Lebensgestaltung und Konfliktbewältigung. Daraus entwickelten sich neue Sichtweisen und Perspektiven. Bislang war die Ausrichtung an allgemeinen Normen für ethisches Handeln verbindlich. Aber nun tritt die situative Entscheidung informierter und aufgeklärter Individuen in den Vordergrund. Schockenhoff zeigt die erhebliche Auswirkung dieser Veränderung am Beispiel ärztlicher Entscheidungen. Galt als oberstes Prinzip für ärztliches Handeln die Verpflichtung, Leben zu erhalten und das Verbot zu schaden und zu töten, so gibt es nun Bestrebungen in der Bioethik, dieses Prinzip abzulösen durch den Respekt vor der Entscheidungsfreiheit des Patienten. Eine solche Entwicklung kann darauf hinauslaufen, dass schließlich moralisch alles erlaubt ist, was mit Zustimmung der daran Beteiligten und dadurch Betroffenen geschieht (a. a. O.).

Daraus erwächst die drängende Frage, wie mit Menschen umgegangen wird, die ihre Ablehnung oder Zustimmung nicht äußern können – sei es noch nicht oder nicht mehr –, z. B. Kinder vor der Geburt, Kleinkinder, schwerstbehinderte Kinder, Menschen mit schweren kognitiven Beeinträchtigungen, Menschen im Koma oder Wachkoma, Menschen mit Demenzerkrankungen etc.

Einige Bioethiker und Biomediziner haben nun vorgeschlagen, Lebensrecht und Menschenwürde nur bei Menschen anzuerkennen, die sie als Personen bezeichnen. Der Begriff der Person beinhaltet für sie die Fähigkeit, Vernunftgebrauch und Bewusstsein ihrer selbst aktuell unter Beweis stellen zu können.

In der von Singer (1994) sehr nachdrücklich vertretenen Richtung der Bioethik spielen Interessen und Wahlmöglichkeiten eine herausragende Rolle. Leitvorstellung des von ihm vertretenen Präferenzutilitarismus ist nicht die Menschenwürde, sondern das jeweilige Interesse eines Menschen oder einer Gruppe von Menschen. Nach Singer besteht der volle Schutzanspruch eines Menschen nur dann, wenn er seine eigenen Wünsche, Präferenzen und Interessen selbst mitteilen kann. Seiner Auffassung nach hat ein Mensch, der ein bewusstes Überlebensinteresse nicht äußern kann, kein Lebensrecht. Andere können über sein Leben verfügen. Das Lebensrecht wird auf diese Weise nicht an das Menschsein gebunden, sondern an aktuelle, prüfbare mentale Kompetenzen (vgl. auch Schockenhoff 2009, 50).

Die gegenseitige Interessenabwägung, z. B. von Eltern und Kindern, spielt in Konfliktfällen die Hauptrolle. Singer geht so weit, dass er für Kinder mit Behinderungen ein endgültiges Lebensrecht erst Wochen nach der Geburt empfiehlt, wenn ihre weitere Entwicklung sicher abgeschätzt werden kann. Für ihn ist die Tötung eines behinderten Säuglings […] nicht moralisch gleichbedeutend mit der Tötung einer Person. »Sehr oft ist sie überhaupt kein Unrecht« (1994, 168, 184, 244).

Solch extreme Auffassungen sind sehr umstritten. Sie sind mit der im Grundgesetz festgeschriebenen Würde des Menschen nicht vereinbar.

Begriff und Verständnis von Menschenwürde verdanken dem Christentum entscheidende Impulse. Sie entsprechen aber auch den Traditionen und Überlieferungen anderer Hochreligionen (vgl. Parlament der Weltreligionen 1993).

Das Christentum sieht den Menschen als Geschöpf Gottes und als Bild und Gleichnis Gottes. Diese Ebenbildlichkeit gibt ihm unantastbare Würde unabhängig von Entwicklungsstand und aktueller Verfassung. Der Mensch ist wie alle anderen Geschöpfe »aufgrund ihrer geschaffenen Wirklichkeit Ausdruck ihres Ursprungs und Gleichnis für das göttliche Sein, das ihnen unablässig zuströmt. […] Der Mensch als Bild Gottes ist dafür verantwortlich, dass die Welt als Gleichnis Gottes lesbar bleibt. Wenn der Mensch seine eigene Würde und die seiner Mitmenschen missachtet, missachtet er die Ehre des Schöpfers und die Güte der Schöpfung« (Schockenhoff 2009, 223).

Verständnis und Anerkennung der Menschenwürde sind aber nicht an die Denkvoraussetzungen des christlichen Glaubens gebunden.

Die Menschenwürde ist grundlegendes ethisches Prinzip. Sie konstituiert die Verfassung. Sie ist mit Menschenrechten verbunden (vgl. Mieth 2002, 456).

Das Grundgesetz der Bundesrepublik Deutschland (GG 2007, 157) legt das in mehreren Artikeln fest.

Artikel 1: »Die Würde des Menschen ist unantastbar. Sie zu achten und zu schützen ist Verpflichtung aller staatlichen Gewalt.«

Artikel 2.2: »Jeder hat das Recht auf Leben und körperliche Unversehrtheit. Die Freiheit der Person ist unverletzlich. [...] «

Artikel 3.1: »Alle Menschen sind vor dem Gesetz gleich.«

Artikel 3.3: »Niemand darf wegen seines Geschlechts, seiner Abstammung, seiner Rasse, seiner Sprache, seiner Heimat und Herkunft, seines Glaubens, seiner religiösen oder politischen Anschauungen benachteiligt oder bevorzugt werden. Niemand darf wegen seiner Behinderung benachteiligt werden.«

Das Lebensrecht ist eng mit der Menschenwürde verbunden. Der Schutz des Lebensrechts durch das Tötungsverbot gehört zu den ältesten Versuchen, Konflikte um Leib und Leben in der Gesellschaft nach einem grundlegenden Maßstab der Gerechtigkeit zu lösen. »Dieser Schutz des Lebensrechts ist in einem demokratischen Staat nur gewährleistet, wenn er auch in Grenzfällen verlässlich praktiziert wird« (Schockenhoff 2009, 252).

Kamphaus betont (2000, 30), dass behinderte Menschen der Ernstfall sind, in dem sich der Grundsatz der Unantastbarkeit der Menschenwürde bewähren muss.

Würde kann in einem freiheitlichen Rechtsstaat Mitgliedern nicht zuerkannt werden. Da sie die Begründung der gewählten Staats- und Rechtsordnung ist, bedarf es ausschließlich der Anerkennung. Würde kann nicht an verfügbare Kompetenzen oder an einen bestimmten Entwicklungsstand gebunden werden. Rechte, wie z. B. das Lebensrecht und das Recht auf Unversehrtheit, die aus der Würde hervorgehen, sind darin begründet, dass der Mensch als Mensch geboren wurde (vgl. Schockenhoff 2009, 243).

Auch nach Grewel (2002, 229) kommt es nicht darauf an, ob jemand seine Würde selbst wahrnehmen oder geltend machen kann. Krankheiten, Schädigungen, Verlust von grundlegenden Kompetenzen bewirken keinen Verlust seiner Menschenwürde oder seines Lebensrechts.

Für Grewel (a. a. O. 209) ist die Menschenwürde auch eine Frage der mitmenschlichen Beziehungen.

Die Kernfrage ist für ihn nicht, »ob ein schwer geschädigter oder dauerhaft bewusstloser Mensch oder ein Embryo [...] Würde hat, sondern ob wir ihn an dem Schutz teilhaben lassen, der sich aus der Würde des Menschen für alles menschliche Leben ableitet. Unsere Unfähigkeit oder mangelnde Bereitschaft, ihm mit Achtung und Respekt zu begegnen, beleidigt nicht nur ihn als Individuum, sondern [...] den Menschen in ihm und in uns.«

Sehr nachdenklich stimmt ein Hinweis Schockenhoffs (2009, 244). Er berichtet von der neueren verfassungsrechtlichen Diskussion um den Begriff der Menschenwürde. Nach dem Grundgesetz ist sie unantastbar. In der neueren Diskussion geht es darum, wann sie verletzt wird. Es werden Überlegungen dahingehend angestellt, dass der Tatbestand der Verletzung der Würde von einer Gesamtwürdigung relevanter Umstände abhängig gemacht werden soll. Dazu sollen Entwicklungsstufen menschlichen Lebens gehören. Das kann in der Folge dazu führen, dass Embryos in den ersten Monaten vom Würdeschutz ausgenommen werden. Wird auch noch als Kriterium einbezogen, ob Embryos, Neugeborene, schwerstgeschädigte oder schwer demenzkranke Menschen eindeutig auf Verletzungen ihrer Würde und Rechte reagieren können, dann wären auch für sie Menschenwürde und Lebensrecht ernsthaft in Gefahr.

»Eine Interpretation der Menschenwürde, die ihre Unantastbarkeit infrage stellt und sie der Abwägung mit anderen Grundrechten und Verfassungsgütern zugänglich machen möchte, stellt einen epochalen Bruch in der modernen Rechtsgeschichte dar. Wenn die Anerkennung der Menschenwürde und der aus ihr folgenden menschenrechtlichen Grundforderungen nicht voraussetzungslos gegenüber jedermann und unter allen Umständen geboten ist, wird ihre verfassungsrechtliche Schutzgarantie ihres eigentlichen Sinnes beraubt« (Schockenhoff 2009, 245).

Führt die Durchsetzung der eigenen Interessen, Glücksbestrebungen und Wahlmöglichkeiten im Umgang mit den Möglichkeiten, die die Biowissenschaften uns zur Verfügung stellen, zur Entsolidarisierung, wird der Kampf gegen Behinderungen und Krankheiten zum Kampf gegen Behinderte und Kranke, dann werden wesentliche Aspekte des Menschseins zum Schaden aller ausgeklammert.

Für die Naturwissenschaftler Maturana und Varela (1990, 263f.) ist die Bewusstheit der sowohl biologischen als auch sozialen Struktur des Menschen der zentrale Bezugspunkt der Ethik. Die Entwicklung des Einzelnen ist zwingend eingebunden in die Entwicklung anderer Menschen und den fortgesetzten Austausch, die fortgesetzte Zusammenarbeit mit ihnen. Das bedeutet, dass jeweils nach der umfassenderen Perspektive in einem gemeinsamen Existenzbereich gesucht werden muss, in dem eine gemeinsame Welt hervorgebracht werden kann. Konflikte sind nur durch die Erweiterung der Perspektiven zu überwinden, nicht durch Negation, Abwertung, Verweigerung, Ausklammern. Die Erweiterung der Perspektive, die Öffnung des eigenen Lebensraumes ist Liebe, die Annahme des anderen im gemeinsamen Handeln. Ohne diese Liebe, ohne die Annahme anderer gibt es keinen sozialen Prozess, keine Sozialisation, keine Menschlichkeit. Konkurrenzdenken, ideologische Gewissheit, Abwertung des anderen, unterminieren den sozialen Prozess. »Wir haben nur die Welt, die wir zusammen mit anderen hervorbringen, und nur die Liebe ermöglicht uns, diese Welt hervorzubringen« (a. a. O. 267).

Grewel beschreibt die Mitmenschlichkeit als wesentliche Qualität des Menschseins. »Mitmenschlichkeit bedeutet Hinwendung zum anderen ebenso wie Annahme der Angewiesenheit auf andere. [...] Freiheit, Selbstbestimmung ist begrenzt durch den Anspruch anderen Lebens auf Entfaltungs- und Gestaltungsspielräume sowie durch Achtung vor abweichenden Entscheidungen und Haltungen anderer« (2002, 211).

Alles Leben wird aus einer Quelle gespeist, dem Urgrund des Seins, der in unterschiedlichen Traditionen verschiedene Namen hat: Gott, Tao, Urwirklichkeit, Quelle allen Lebens. Im Menschen formt sich Leben zu je eigener Gestalt aus. Die ihm innewohnende Dynamik und Lebensenergie drängt zur Entwicklung der höchsten möglichen Kompetenz und Differenziertheit. Die so gewonnenen Strukturen, Kompetenzen und Gestaltungen bestehen eine Weile und zerfallen dann wieder. Dieser Prozess vollzieht sich in Interaktion und Austausch mit Menschen, anderen Lebewesen, Natur und Welt immer wieder. Schließlich mündet die Lebensenergie wieder in die Quelle allen Lebens, den Urgrund des Seins ein, von dem sie nie getrennt war. Daraus ergibt sich die Würde aller Menschen, ihre Gleichheit ebenso wie ihre Unterschiedlichkeit in der individuellen Ausprägung und Gestalt. In beidem liegt die Möglichkeit von Koexistenz und Kooperation begründet, zur ständigen Erweiterung der Lebensperspektive in gegenseitiger Annahme und gemeinsamem Handeln. Menschliches Leben steht immer in diesem sozialen Kontext. Zum Prozess des gleichzeitig individuellen und gemeinschaftlichen Lebens gehören Prozesse des Werdens, Schaffens, Erweiterns, Gewinnens, Loslassens, Verringerns, Vergehens, Sterbens. Nichts davon stellt die Menschenwürde in Frage, alles gehört zum Lebensprozess. Die je mögliche Entwicklung ist die eigentliche Lebensaufgabe. Dazu gehören auch das Bestreben um Ausdifferenzierung von Kompetenzen, das Bemühen um soziale Beziehungen, um Lebensqualität, Gesundheit etc. Die besondere Herausforderung liegt in der Auseinandersetzung mit den schwierigen, unangenehmen Erfahrungen, mit Schicksalsschlägen, Krankheit, Elend, Verlust und Tod.

Kamphaus betont die Zusammengehörigkeit aller Menschen (2000, 32). »Aus der Schicksalsgemeinschaft von Gesunden und Kranken, Behinderten und weniger Behinderten, Perfekten und nicht so Perfekten darf sich niemand davonstehlen, und keiner darf daraus ausgestoßen werden. Eine Gesellschaft der Starken, die die Schwächen und Behinderungen ausblendet, nimmt einen wesentlichen Teil der Wirklichkeit nicht wahr. Behinderte können oft die Mängel ihres Lebens nicht verbergen. Sie zeigen uns wie in einem Spiegel, dass der Mensch Grenzen hat und dass er verdrängt und lügt, wenn er nur Stärke demonstriert.«

Wenn es dem Menschen gelingt, seine Lebensperspektiven so zu erweitern, dass auch die Annahme von ungeliebten Schatten, von Schwierigkeiten, von leidvollem Erleben gelingt, dann wird es eher möglich, im Bemühen Leid zu verringern und Krankheiten zu bekämpfen, ein menschliches Maß zu finden, das nicht von utilitaristischem Denken, sondern von Mitmenschlichkeit, von Mitgefühl bestimmt wird. Der Kampf, der heute oft geführt wird, um Krankheit auszurotten, Behinderung um jeden Preis – auch um den Preis des Lebens – zu vermeiden, Behinderte zu ›normalisieren‹ unauffällig zu machen, führt zur Verschiebung von Grenzen. Er zeigt aber in seiner Aussichtslosigkeit und im Entstehen immer neuer Probleme, dass er nicht zu gewinnen ist. Berücksichtigt man die Befunde von Maturana und Varela, liegt der Grund für die Aussichtslosigkeit dieses Kampfes gegen die Schatten darin, dass er aus dem nicht akzeptieren Wollen, aus der Verengung von Lebensperspektiven weit mehr gespeist wird als aus Mitmenschlichkeit und Liebe. Sie würden neue Wege eröffnen.

Es ist die Frage, ob wir aus der Wertschätzung des Lebens heraus, aus der Akzeptanz seiner Perspektiven und Prozesse, aus der liebenden Annahme der anderen, Lebensformen entwickeln können, die dem Leben zuträglicher sind als manche unserer derzeitigen. Wir könnten damit Gefährdungen, Schädigungen, Behinderungen verringern.

Wir stehen in der Verantwortung dafür, Grundwerte wie Menschenwürde und Lebensrecht und neue Möglichkeiten der Biowissenschaften so in Verbindung zu bringen, dass sich auch unsere Menschlichkeit und Mitmenschlichkeit weiterentwickeln kann.

Mattner (2000, 160) fasst den Weg, der vor uns liegt so zusammen: »Es bleibt noch viel zu tun auf dem Weg zu einem allumfassenden Menschenbild, einem Recht auf Verschiedenheit, das die Würde und den Schutz von menschlichem Leben in all seinen Entwicklungsstadien und den jeweilig möglichen Erscheinungsformen garantiert und auf das der medizinische Fortschritt verpflichtet werden muss.«

4.2 Konflikte am Lebensbeginn

Ambivalenzen durch unterschiedliche Werthaltungen in der heutigen Gesellschaft sind in den Fragen zum Lebensbeginn, zu Lebensrecht und Menschenwürde sehr ausgeprägt. Das betrifft Kinder mit sehr früh erkennbaren Behinderungen oder Krankheiten in besonderer Weise.

Die nachfolgende Reflexion zu Konflikten am Lebensbeginn geht aus von Überlegungen einer lebensbezogenen Ethik und von einem Blick auf Kompetenzen, die Kinder im Lauf der Schwangerschaft entwickeln.

Konflikte von Müttern in ihrem sozialen und gesellschaftlichen Kontext werden dargestellt und Möglichkeiten in Diagnostik, Beratung und Begleitung aufgezeigt.

Die Frage, ab wann ein Embryo als Mensch mit Würde und Lebensrecht anzusehen ist, spielt für den Umgang mit Konfliktsituationen, beispielsweise bei Interessenskonflikten zwischen Mutter und Embryo eine zentrale Rolle.

Kurz nach der Vereinigung von Ei- und Samenzelle, spätestens mit dem Vier-Zell Stadium ist ein eigenes Genom des sich entwickelnden Kindes entstanden. Der neu entstandene genetische Code steuert die Entwicklung des Embryos, wenn ihm die dafür nötigen Umgebungsbedingungen geboten werden. Von diesem Zeitpunkt an steht fest, dass sich das neue Lebewesen als Mensch entwickelt, als einzigartiger, unverwechselbarer Mensch. Er entwickelt sich von Anfang an als Mensch und wird nicht erst zum Menschen (vgl. Schockenhoff 2009, 498f.). »Es ist ein und dasselbe, mit sich identische Wesen, das alle Anlagen zu seiner späteren Entwicklung bereits potenziell in sich trägt und das sich in einem kontinuierlichen Prozess ohne relevante Einschnitte von Anfang an als die Person entwickelt, der wir nach dem Gesetz der Gleichursprünglichkeit und Gegenseitigkeit dieselbe Achtung schulden, die wir für uns selbst in Anspruch nehmen« (a. a. O. 506).

Die vorgeburtliche Entwicklung ist gekennzeichnet durch außerordentliche Komplexität und Dichte, durch intensive Austausch- und Interaktionsprozesse zwischen Mutter und Kind auf allen Ebenen: biologisch, physiologisch, seelisch-geistig. Es ist eine Zeit hoher impliziter Entwicklungsdynamik, großer Kompetenz, aber auch erheblicher Verwundbarkeit und Schutzbedürftigkeit. Schon in dieser Zeit finden intensive Kommunikations- und Interaktionsprozesse zwischen Mutter und Kind sowie Mitwelt und Kind – vermittelt durch die Mutter – statt. Das Kind nimmt die Mutter durch den Herzschlag, ihre Stimme und ihre Darmgeräusche wahr, durch Bewegung und Bewegtwerden.

Die Mutter stellt sich emotional auf das Kind ein. Sie denkt an ihr Kind. Sie hat Gefühle für ihr Kind. Sie spricht mit ihm. Das Kind hört sie schon früh. Legt die Mutter ihre Hand auf den Bauch, bewegt sich das Kind auf die Hand zu. Die Gefühle der Mutter teilen sich dem Kind auch durch Stoffwechselveränderungen mit, die das Kind erlebt und auf die es reagiert.

Chamberlain (1997, 35f.) betont, dass es schon vor der Geburt Schmerz, Vorlieben, Interessen, Lernen, Erinnerung, aggressives Verhalten, Furcht, Weinen, Lächeln und Zuneigung gibt.»Selbstinitiierte Bewegungen zeugen von individuellen Bedürfnissen, Interessen und Temperamenten. Reaktive Bewegungen zeigen Bewustheit, Sensibilität, Emotionen und defensive Bewältigungen von Umweltbelastungen. Interaktive Bewegungen demonstrieren die Fähigkeit zu sozialen Beziehungen wie auch zu Gedächtnis und Lernen. Prä- und postnatales Verhalten zeigen ein Kontinuum. Sensorische, motorische, emotionale und kognitive Merkmale sind stets miteinander verbunden« (a. a. O.; vgl. auch Hau 1982, 29f.; Rauh 2002, 133).

Beobachtungen zeigen eine Fülle von Kompetenzen des sich entwickelnden Kindes von den ersten Schwangerschaftsmonaten an.

Das Zentralnervensystem des Kindes beginnt schon ab zweitem Monat zu arbeiten. Das Kind bewegt sich aktiv spontan und auch reflexiv (Chamberlain 1997, 25). Berührungen in der Mundregion lösen Bewegungen im ganzen Gesicht aus. Gegen Ende des zweiten Monats reagiert das Kind auf Berührungsreize in der Mundregion, an der Hand und auf der Körperoberfläche. Es hat bereits ab dieser Zeit Schmerzempfinden (Piontelli 1996). Es ist jetzt etwa drei Zentimeter groß (gemessen vom Scheitel bis zum Steiß).

Im dritten Monat entwickelt sich mit dem Labyrinth Bewegungs- und Lageempfinden. Rhythmen werden wahrgenommen (Gellrich 1997, 244). Herzschlag und Atembewegungen sind vorhanden (Schindler 1982). Das Kind berührt sein Gesicht mit der Hand. Es saugt und schluckt (Rauh 2002, 135). Mit zehn Wochen werden nach Chamberlain (1997, 25) folgende Bewegungen ausgeführt. Das Kind kann mit der Hand Kopf, Gesicht und Mund berühren. Beugung und Streckung der Glieder sind ebenso möglich wie Rotationsbewegungen um die Körperachse. Das Kind öffnet und schließt den Mund, trinkt Fruchtwasser, schluckt. Prechtl (in Chamberlain 1997) beschreibt all diese Bewegungen als nicht reflexhaft, sondern als spontan und anmutig. Piontelli (1996, 51) konnte schon ab der achten Woche Eigeninitiative und Bewegungspräferenzen beobachten. Von Hardenberg (2001, 36) macht darauf aufmerksam, dass jetzt der gesamte Körper des Kindes bis zu den Zehenspitzen berührungsempfindlich ist.

Das Kind ist jetzt ungefähr neun Zentimeter groß (Scheitel-Steiß-Länge).

Nach Largo (2004, 107) hat das Kind ab viertem bis fünftem Monat bereits alle Bewegungsmuster ausgebildet, die man bei Neugeborenen beobachten kann. Das Kind gähnt, räkelt und streckt sich (Rauh 2002, 135). Es lutscht den Daumen, trinkt Fruchtwasser, saugt und schluckt. Es reguliert aktiv seine Körperlage (Schindler 1982, 114). Augenbewegungen sind ab der 16. Woche möglich (Piontelli 1996, 114). Der Geschmackssinn kommt mit ins Spiel. Die Schlucktätigkeit nimmt bei süßem Geschmack zu, bei bitterem ab (Chamberlain 1997, 31). Ende des vierten Monats reagieren die Kinder auf Geräusche und Laute. Sie hören Stimme, Herzschlag und Darmgeräusche der Mutter. Oft lösen extrauterine Geräusche Bewegungen aus mit Veränderungen der Herzschlagfrequenz und der Gehirnaktivität. Chamberlain (1997, 31) hat beobachtet, dass Föten sich bei ruhiger klassischer Musik beruhigen, bei lauten Geräuschen aber unruhig werden. McCarthy spricht sogar von ersten Formen der Lautbildung bei Kindern um diese Zeit (1946).

Chamberlain (1990, 44) und Grof (1985) betonen, dass das Kind positive und negative Erfahrungen aus der vorgeburtlichen Zeit als Körpererinnerungen bzw. Körperwissen speichert und durch sie in seiner emotionalen Befindlichkeit und in seinem Verhalten nach der Geburt beeinflusst werden kann.

Ende des vierten Monats ist das Kind ungefähr 15 Zentimeter, Ende des fünften Monats 19 cm groß (Scheitel-Steiß-Länge).

Im letzten Drittel der Schwangerschaft, etwa ab der 26. Woche kann das Zentralnervensystem des Kindes den Rhythmus seiner Atembewegungen steuern und die Körpertemperatur konstant halten (Moore 1996, 116). Das Hören differenziert sich weiter aus. Bei plötzlichen lauten Geräuschen (wie etwa einer Fahrradklingel nahe dem Bauch der Mutter) beschleunigt sich der Herzschlag des Kindes. Unter Umständen reißt es die Ärmchen vor Schreck hoch und entleert die Blase (v. Hardenberg 2001, 36). Es beruhigt sich, wenn es den Herzschlag der Mutter hört. Schindler (1982) und Piontelli (1996, 54) teilen Beobachtungen mit über die Ausbildung eines Wach- und Schlafrhythmus etwa ab der 23. Woche. Es können REM-Schlafphasen nachgewiesen werden.

Ab siebtem Monat lösen die Geschmacksrichtungen süß, sauer, salzig und bitter ebenso wie verschiedene Gerüche unterschiedliche Reaktionen aus. Das Kind unterscheidet schon bekannte und unbekannte akustische Eindrücke. Rauh (2002, 135) spricht in diesem Zusammenhang von der Feinabstimmung der Synapsen im Gehirn.

Schon vier Wochen vor der Geburt erkennen Ungeborene die Stimme der Mutter sicher wieder. Wenn sie spricht, wird ihr Puls ruhiger. Andere Stimmen haben nicht diese Wirkung (v. Hardenberg 2001, 36).

Die intrauterine Zeit ist für das Kind eine äußerst intensive Entwicklungs- und Lernzeit. Es ist am Ende dieser Phase vorbereitet für das Leben außerhalb der Gebärmutter in enger Beziehung mit Menschen, die es liebevoll annehmen, es pflegen, begleiten und in ihr Leben einbeziehen.

Bei Konfliktlagen in der Schwangerschaft erfährt das Lebensrecht des Kindes durch das Selbstbestimmungsrecht der Mutter eine Begrenzung. Das Recht des Kindes wird im Konfliktfall dem Recht der Mutter untergeordnet bis hin zu der Möglichkeit, dass sie sich gegen das Leben des Kindes entscheidet. »Eine am Lebensschutz orientierte Ethik muss auch die Perspektive der unmittelbar betroffenen Frau und ihres Lebensumfeldes [...] berücksichtigen« (Schockenhoff 2009, 519).

Schwangerschaftskonflikte können entstehen durch die Unvereinbarkeit von Ausbildung oder beruflichem Aufstieg mit Schwangerschaft und zukünftiger Aufgabe als Mutter. Die wirtschaftliche und familiale Situation spielen eine große Rolle und nicht zuletzt die Angst vor einem behinderten oder kranken Kind.

Manche Frauen entscheiden sich bei anhaltenden Konfliktlagen für den Abbruch der Schwangerschaft. Schockenhoff (2009, 489) beruft sich auf soziologische Untersuchungen und Selbstzeugnisse betroffener Frauen wenn er schreibt: »dass auch in den aufgeklärten Gesellschaften des 21. Jahrhunderts viele in der Abtreibung ein Mittel der Geburtenkontrolle sehen [...] trotz allgemeiner Verfügbarkeit wirksamer Methoden der Empfängnisregelung«.

Grewel berichtet (2002, 65), dass es immer schon Abbrüche trotz schwerer Strafen und trotz schwerer Schäden – auch Todesfällen – durch missglückte und dilettantische Abbrüche gegeben hat. Um dies zu verhindern, sah sich der Staat durch den Druck der Betroffenen zum Handeln veranlasst. So wurde ab 1976 im § 218 Strafgesetzbuch (StGB) bei weiter bestehendem Verbot zu töten, Straffreiheit nach einem Abbruch unter folgenden Bedingungen festgelegt:
- bei Gefahr für Leib und Leben der Frau (medizinische Indikation); diese Indikation wurde nie bestritten, da der Frau nicht zugemutet wird, ihr Leben für das Kind zu gefährden;
- wenn die Schwangerschaft durch eine Vergewaltigung entstand (kriminologische Indikation); auch diese Indikation ist allgemein akzeptiert;
- wenn eine Schädigung oder Behinderung des Kindes befürchtet oder erkannt wurde (eugenische oder embryopathische Indikation);
- wenn die Frau durch ein (weiteres) Kind untragbar belastet wäre (soziale Notlagenindikation).

Die Indikation bedarf der Feststellung durch einen beratenden Arzt. Um straffrei zu bleiben, muss der Abbruch in den ersten 12 Schwangerschaftswochen erfolgen. Innerhalb dieser Frist wird die Offenlegung der Gründe für den Abbruch nicht verlangt (Schroeder-Kurth 1998, 113).

Vor 1995 galt bei einer festgestellten Schädigung oder Behinderung des Kindes die Frist für einen Abbruch von 22 Wochen, da danach die extrauterine Lebensfähigkeit des Kindes beginnt.

1995 wurde in einer Gesetzesänderung die embryopathische Indikation als Grund für einen straffreien Abbruch gestrichen – entsprechend Grundgesetz Artikel 3.3, der besagt, dass keiner wegen einer Behinderung benachteiligt werden darf. Jetzt heißt es (nach Bundesärztekammer 2003): »Gemäß § 218a Absatz 2 StGB ist der mit der Einwilligung der Schwangeren von einem Arzt vorgenommene Schwangerschaftsabbruch dann nicht rechtswidrig, wenn der Abbruch unter Berücksichtigung der gegenwärtigen und zukünftigen Lebensverhältnisse der Schwangeren nach ärztlicher Erkenntnis angezeigt ist, um eine Gefahr für das Leben oder die Gefahr einer schwerwiegenden Beeinträchtigung des körperlichen oder seelischen Gesundheitszustandes der Schwangeren abzuwenden und die Gefahr nicht auf eine andere, für sie zumutbare Weise abgewendet werden kann.«

Die Frist von 22 Wochen entfiel. Seit dem 1. Januar 2010 besteht für den Arzt Beratungspflicht. Dazu gehört auch, die Frau vor dem Abbruch über Lebensperspektiven mit dem Kind zu beraten. Die Frau kann die Beratung aber ablehnen. Zwischen Diagnose und Abbruch müssen mindestens drei Tage liegen.

Bei Schwangerschaftskonflikten spielt die Beratung eine zentrale Rolle, sehr oft auch die pränatale Diagnostik (PND).

Vorgeburtliche Untersuchungen sind Teil der Schwangerenvorsorge (vgl. Kurmann, Wegener 1999; Theile 1998; Theile et al. 2009).

Dazu gehört die nicht invasive Diagnostik mit Ultraschall und mit Untersuchung von Proben mütterlichen Blutes. Dadurch sind Aussagen über Entwicklung und Gesundheit des Kindes möglich.

Ab 7. Schwangerschaftswoche (SSW) werden Ultraschalluntersuchungen eingesetzt.

10. bis 11. SSW: Sonographie nach Mutterpass. Bestimmung der Nackenfaltentransparenz als Hinweis auf ein mögliches Down-Syndrom. Sie ist aber kein sicheres Zeichen.

14. bis 16. SSW: AFP (Alpha-Fetoprotein)-Test mit mütterlichem Blut. Auffällige Befunde können beim Kind Hinweise sein auf Chromosomenveränderungen, auf eine Fehlbildung der Wirbelsäule (Spina bifida) oder auf Anenzephalie (sehr schwere Gehirnfehlbildung). Es kann aber auch eine Zuckerkrankheit (Diabetes) bei der Mutter vorliegen. Der Befund ist unsicher.

15. bis 17. SSW: Triple-Test mit mütterlichem Blut auf die Wahrscheinlichkeit einer Fehlbildung des Kindes. Der Befund ist unsicher. Falsch positive und falsch negative Ergebnisse sind möglich.

18. bis 22. SSW: Spezialultraschall, um eventuelle Fehlbildungen beim Kind zu sehen. Ein auffälliger Befund wird durch invasive Untersuchungen weiter abgeklärt.

30. SSW: Ultraschall nach Mutterpass.

Bei Untersuchungen des Kindes mit invasiven Methoden werden feine Instrumente in die Gebärmutter und Fruchtblase eingeführt. Sie sind in einem geringen Prozentsatz der Fälle mit dem Risiko einer Schädigung des Kindes verbunden bzw. mit nachfolgender Fehlgeburt. Daher empfiehlt z. B. die Bundesärztekammer (2003) invasive Diagnostik nur bei erhöhtem Risiko für auffällige Befunde beim Kind wie höheres Alter der Schwangeren, auffällige Blutwerte der Mutter, verdächtige sonografische Befunde, Vorkommen pränatal diagnostizierbarer Erkrankungen in der Familie, Chromosomenveränderungen bei Vater oder Mutter des Kindes, Belastungen der Mutter mit Substanzen und Strahlen bzw. Infektionen der Mutter, die ein Kind vorgeburtlich schädigen können.

Es muss aber festgestellt werden, dass invasive pränatale Untersuchungen immer mehr Schwangeren angeraten werden – auch wenn diese Kriterien nicht vorliegen. Gründe dafür können sein, dass die Mutter sich absichern möchte, oder aber der Arzt, um nicht vielleicht später regresspflichtig zu werden, wenn das Kind wider Erwarten doch eine Behinderung aufweist. Der gesellschaftliche Druck auf werdende Eltern und Mediziner, Behinderungen auf jeden Fall zu vermeiden, darf nicht unterschätzt werden. »Der vorgeburtliche Check droht zur neuen sozialen Verpflichtung zu werden, eine selektive Diagnostik, bei der nicht Krankheiten ›bekämpft‹ werden, sondern verdächtige Krankheitsträger« (Müller-Fehling 2000, 67).

Folgende Untersuchungen mit invasiven Methoden sind möglich.

9. bis 11. SSW: Chorionzottenbiopsie (CVS – Chorion Villi Sampling). Bei der CVS I wird ein dünner Plastikschlauch durch die Scheide der Mutter und den Muttermund unter Ultraschallkontrolle in die Gebärmutterhöhle eingeführt. Es wird etwas Zottengewebe abgesaugt. Die darin befindlichen embryonalen Zellen werden zum Teil mit Hilfe einer Kurzzeitkultur, zum Teil mit Hilfe einer Langzeitkultur untersucht. Das Risiko, mit der Untersuchung eine Fehlgeburt auszulösen, beträgt 2 bis 4 Prozent (Theile 1998, 42).

12. bis 13. SSW: CVS II. Dabei wird das Zottengewebe mit einer Punktionsnadel unter Ultraschallkontrolle durch die Bauchdecke der Mutter hindurch entnommen. Untersuchung der Gewebeprobe wie bei CVS I. Das Risiko einer Fehlgeburt beträgt etwa 2 Prozent.

Ab 15. SSW: Amniozentese. Entnahme von Fruchtwasser bei einer Punktion durch die Bauchdecke der Mutter hindurch unter Ultraschallkontrolle. Untersuchung der darin enthaltenen embryonalen Zellen; die Auswertung dauert etwa zwei Wochen. Das Fehlgeburtsrisiko beträgt etwa 0,5 Prozent; bei einer Amniozentese vor der 14. SSW ist das Risiko deutlich höher.

Ab 15. SSW: Interphase-FISH-(Fluoreszenz-in-situ-Hybridisierung)-Test mit

Zellen aus dem Fruchtwasser. Es können 85 Prozent der mit einer Chromosomenanalyse erkennbaren Störungen der Chromosomen 13, 18, 21, X, Y nachgewiesen werden; 15 Prozent der Störungen werden nicht erkannt. Das Ergebnis liegt nach etwa zwei Tagen vor. Auffällige Ergebnisse müssen nachkontrolliert werden (vgl. Klinikum Oldenburg 2009).

Ab 20. SSW: Plazentazentese. Unter Sonografiekontrolle wird mit einer Punktionsnadel durch die Bauchdecke der Mutter hindurch Gewebe aus der Plazenta genommen für eine Chromosomenanalyse. Das Risiko für eine Fehlgeburt beträgt 0,5 bis 1 Prozent.

21. bis 23. SSW: Cordozentese. Unter Sonografiekontrolle wird mit einer Punktionsnadel durch die Bauchdecke der Mutter hindurch Blut aus der Nabelschnur nahe der Einmündung in die Plazenta entnommen. Aus den darin enthaltenen Leukozyten des Kindes werden Chromosomen analysiert. Es kann ggf. auch eine abgelaufene Erkrankung mit Röteln erkannt werden. Fehlgeburtsrisiko: 2 Prozent.

Ab 22. SSW: Fetoskopie (Fruchtspiegelung) mit Entnahme von Hautzellen beim Kind; selten angewandte Methode bei besonderen Indikationen (wie z. B. schweren Hauterkrankungen); Fehlgeburtsrisiko 3 bis 5 Prozent (Pschyrembel 2007).

Theile macht ausdrücklich darauf aufmerksam, dass trotz der Verfeinerung der Methoden pränataler Diagnostik keine letzte Sicherheit in der Diagnose möglich ist. In 2 bis 4 Prozent aller Fälle kann das Neugeborene trotz aller Untersuchungen Störungen aufweisen, die nicht erfasst werden konnten. Sind Eltern miteinander verwandt, ist das Risiko höher (Theile 1998, 46; Theile et al. 2009, 29).

Bei der Bewertung der PND ist auch zu berücksichtigen, dass mehr Schädigungen und Behinderungen bei Kindern z. B. durch extreme Frühgeburtlichkeit, Sauerstoffmangel, Gehirnblutungen und Erkrankungen entstehen als durch genetische Dispositionen. Bei manchen genetisch bedingten Behinderungen ergibt die Untersuchung der Chromosomen keinen Hinweis auf den Schweregrad der Behinderung beim Kind, z. B. beim Down-Syndrom. Auch ist das Risiko für das Vorliegen einiger Behinderungen und Krankheiten in nicht belasteten Familien geringer als das statistische Risiko einer Schädigung durch eine invasive pränatale Untersuchung. Beispiele sind folgende Häufigkeiten des Auftretens: Trisomie 21 (Down-Syndrom) betrifft ein Kind von etwa 700; Spina bifida liegt vor bei einem Kind von rund 500; Mukoviszidose (Zystische Fibrose) bei einem Kind von rund 2000 Kindern; von Duchenne-Muskeldystrophie ist ein Junge von rund 3500, von Becker-Muskeldystrophie ein Junge von rund 35000 Jungen betroffen.

Fritsch und Mühlhaus sehen es so (1998, 36): »Da nur etwa 3 Prozent aller Kinder eine angeborene Erkrankung haben, ist die Wahrscheinlichkeit, ein gesundes Kind zu bekommen und am Ende gar keine Pränataldiagnostik gebraucht zu haben, sehr groß.«

Allerdings ist anzunehmen, dass die noch bestehenden Unsicherheiten zur Entwicklung weiterer Testverfahren in der Pränataldiagnostik führen, um mit noch größerer Sicherheit sagen zu können, ob das Kind ganz gesund ist oder eine Schädigung aufweist.

Einen anderen Weg als die Pränataldiagnostik (PND) geht die Präimplantationsdiagnostik (PID) im Zusammenhang mit einer Befruchtung außerhalb des Mutterleibes. Sie kann z. B. in England, Belgien, Italien und Spanien legal durchgeführt werden. In Deutschland wird sie kontrovers diskutiert, ist aber bisher nicht erlaubt.

Seit dem Urteil des Bundesgerichtshofs vom 6.7.10 wird die PID in Deutschland neu diskutiert. Ein Arzt, der sie in Deutschland bei genetisch hoch belasteten Eltern angewandt hatte, zeigte sich selbst an, um Klarheit bezüglich der Rechtmäßigkeit seines Vorgehens zu erhalten. Er wurde freigesprochen. Das Gericht verlangt vom Gesetzgeber die Akzeptanz des Urteils bzw. eine Gesetzesnovelle zur PID. Sie soll 2011 erfolgen.

Zur Vorbereitung der PID wird die Frau mit Hormonen behandelt. Dadurch reifen mehrere Eizellen heran. Sie werden operativ entnommen und in der Petrischale befruchtet (In-vitro-Fertilisation). Nach erfolgter Zellteilung werden ein oder zwei Zellen entnommen und genetisch untersucht. Ein oder zwei gesunde Embryos werden in den Uterus der Mutter implantiert. Embryos mit unerwünschten Eigenschaften werden »verworfen«, d. h. vernichtet. Überzählige gesunde Embryos können tiefgefroren aufbewahrt und vielleicht später implantiert werden, z. B. wenn der erste Versuch nicht zu einer Schwangerschaft geführt hat. Es kommt auch vor, dass Eltern mit ihnen die Möglichkeit absichern, eventuell Zell- und Gewebsspender (»Rettungskinder«) bekommen zu können, wenn Geschwister bedrohlich erkranken. Im Verlauf einer Schwangerschaft nach PID wird häufig auch eine PND durchgeführt, um eine Schädigung des Embryos sicher ausschließen zu können (vgl. Dederich 2003, 356f.; Schockenhoff 2009, 371).

Grewel (2002, 89) hat in Abb. 16 die Abfolge von PID über eine Schwangerschaft mit PND bis zur Geburt eines Kindes in einer Skizze dargestellt.

Nach Mieth (2002, 190) ist die PID ethisch nicht vertretbar. »Sie erzeugt mit der Absicht der Auswahl und verwirft dabei Embryonen, die als frühe menschliche Lebewesen bereits ein Lebensrecht haben. Sie führt absichtlich eine Not

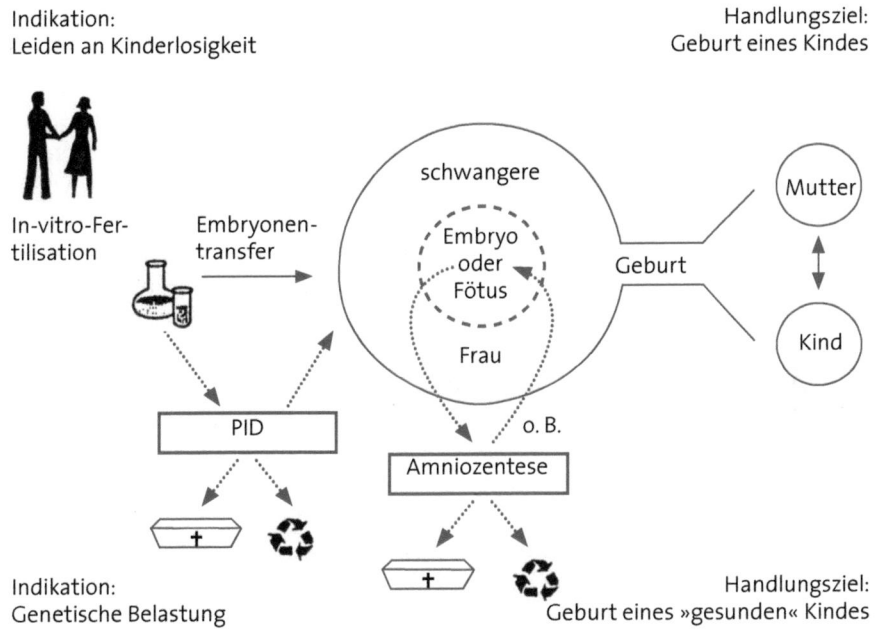

Abb. 16: Abfolge: PID – PND – Amniozentese – Geburt

herbei, in welcher der Kinderwunsch mit einem Verwerfen eines deswegen erzeugten Kindes einhergeht.«

Die Erzeugung von Embryos unter dem Vorbehalt der Qualitätskontrolle ist nach Schockenhoff (2009, 371) eine Verzweckung von Embryos (Verstoß gegen Artikel 1 GG, Art. 2 Abs. 2 GG, Art. 3 Abs. 3 GG und Embryonenschutzgesetz).

Grewel (2002, 84) betont, dass es legitim ist, sich ein eigenes gesundes Kind zu wünschen. »Aber es gibt kein Recht auf Kinder, schon gar nicht auf unbeschädigte.«

Bei der kritischen Auseinandersetzung mit der vorgeburtlichen Diagnostik (PND) sind zunächst ihre positiven Möglichkeiten und Auswirkungen zu betonen.

Bei unauffälligem Befund können Befürchtungen und Sorgen der Mutter und des Vaters ausgeräumt werden. Damit entfällt eine große Belastung der Eltern (vgl. Bundesärztekammer 2003). Dies ist ein beträchtlicher Gewinn für das psychische Wohlergehen und die Beziehung zum Kind.

Es gibt Erkrankungen des Kindes, die schon vor der Geburt erfolgreich behandelt werden können, z. B. Blutarmut, bestimmte Herzerkrankungen und Nierenprobleme. Eine solche Behandlung kann u. U. sogar das Leben des Kindes retten. Wird vorgeburtlich die Diagnose Spina bifida oder Hydrozephalus gestellt, kann rechtzeitig alles für eine schonende Entbindung durch Kaiserschnitt und die nachfolgende neurochirurgische Behandlung des Kindes vorbereitet werden.

Bei einem auffälligen Befund entstehen schwierige Situationen sowohl für die betroffenen Eltern als auch für den beratenden Arzt. Er wird versuchen, den Befund so zu erklären, dass auch die Bedeutung des Befundes für das Leben der Eltern Gesprächsinhalt ist. Dabei gibt es große Unterschiede, wie Informationen aufgenommen, erklärt und verstanden werden. Erwartet wird vom Arzt eine ergebnisoffene (nicht direktive) Beratung, die die Eltern in ihrer Entscheidung über den weiteren Verlauf oder Abbruch der Schwangerschaft nicht bedrängt. Der Arzt ist aber auch gehalten (Empfehlung der Bundesärztekammer, a. a. O.), alle möglichen Komplikationen, die beim Kind später auftreten können, zu beschreiben. Das bedeutet, dass die Eltern unvorbereitet mit der schwersten möglichen Form einer Behinderung konfrontiert sind – auch wenn sie äußerst selten vorkommt und ihr Kind nicht betreffen. Ein solches »Aufklärungsgespräch« erschreckt und schockiert Eltern zutiefst, sodass heftige Abwehr eine sehr naheliegende Erstreaktion ist. Die Ergebnisoffenheit des Gesprächs ist auf diese Weise stark eingeschränkt.

Schroeder-Kurth (1998, 118) stellt beobachtete Schwierigkeiten der Beratung tabellarisch dar.

Tabelle 1: Probleme der nicht direktiven Beratung

Auf der Seite des Arztes	Auf der Seite von Frau und Partner
Diagnosesicherheit Statistische Prognose Individuelle Prognose Vermittlung der Fakten Interpretation von Befunden Erfassen der Situation der Frau Beurteilung und Begutachtung	Verstehen der medizinischen Fakten Ermessen der Bedeutung für Kind und Familie Antizipation des Lebens mit dem Kind Vorstellungen über den SS-Abbruch Antizipation des Lebens nach dem Abbruch Integration des Ereignisses in die Lebensgeschichte Schuldgefühle, Suche nach Entlastung Isolation in Entscheidungsnot

Auch wenn die Ärzte zu ergebnisoffener Beratung verpflichtet sind, neigen nicht wenige dazu, den Abbruch der Schwangerschaft zu empfehlen. Die Angst vor haftungsrechtlichen Konsequenzen spielt dabei ein Rolle (Schockenhoff 2009, 360). Es ist aber auch nicht von der Hand zu weisen, dass manche

Ärzte – als Mitglieder unserer behinderten Menschen gegenüber ambivalenten Gesellschaft – selbst Schwierigkeiten haben können, Behinderung und Krankheit zu akzeptieren. Schließlich gehört es zu ihrem beruflichen Selbstverständnis, Krankheit und Behinderung zu verhindern und zu »bekämpfen«.

Für die Eltern ist die Situation extrem, wenn eine Behinderung beim Kind diagnostiziert wird, die ein Überleben nicht möglich oder unwahrscheinlich macht (z. B. bei Vorliegen einer Anenzephalie, einer sehr schweren Fehlbildung des Gehirns oder sehr erheblichen Veränderungen der Chromosomen 13 oder 18). Die Vorstellung, das Kind nach der Geburt zu verlieren und ihm nicht helfen zu können, ruft bei den Frauen oft Verzweiflung hervor und den drängenden Wunsch, die Schwangerschaft zu beenden. »Andere, sehr auf das Kind bezogene und selbstbewusste Frauen argumentieren in dieser Situation, dass Austragen und liebevolle Begleitung des Kindes bis zum natürlichen Tod das Einzige ist, was sie ihrem Kind geben können. Beide Entscheidungen entsprechen Lebensauffassungen in unserer Bevölkerung, unter Ärzten, Juristen, Ethikern, Behinderten oder Beratern. Nur die individuelle Entscheidung gewährleistet, dass beide gelebt werden können« (Schroeder-Kurth 1998, 199).

Bei einer Entscheidung für einen Abbruch geraten alle Beteiligten, sowohl Schwangere als auch Ärzte, unvermeidlich in den Konflikt mit dem Tötungsverbot. »Die Pluralität der Wertsetzungen ermöglicht für diesen Konflikt keine von allen Menschen gleichermaßen akzeptierte Lösung« (Bundesärztekammer 2003). »Letztlich kann [...] kein Außenstehender für sich den Anspruch erheben zu wissen, wo für die betroffenen Eltern der richtige Weg liegt« (Fritsch, Mühlhaus 1998, 36).

Schwangerschaftsabbrüche sind nicht selten. 2008 wurden in Deutschland 682 514 Kinder lebend geboren. In denselben Zeitraum fielen 114 484 Schwangerschaftsabbrüche. Das sind 16 bis 17 Abbrüche auf 100 Geburten. 2100 Abbrüche erfolgten aufgrund einer medizinischen Indikation nach der 12. SSW; 231 Schwangerschaften wurden nach der 22. Woche abgebrochen (Statistisches Bundesamt Deutschland). Die Zahl der Abbrüche ist ebenso rückläufig wie die Zahl der Geburten. An dem Verhältnis von 16 bis 17 Abbrüchen auf 100 Geburten hat sich aber bisher nichts geändert. Die Zahl der Spätabbrüche nach der 22. SSW ist auch in absoluten Zahlen nicht zurückgegangen (nach den Zahlen des Amtes für Statistik bis einschließlich 2009).

Eine besondere Problematik der Abbrüche nach der 20. SSW liegt darin, dass es Kinder gibt, die den Abbruch überleben. Juristisch ist der Arzt verpflichtet, ein Kind umgehend medizinisch zu behandeln, das den Abbruch überlebt. Das ist eine extreme Situation, hat er doch noch kurz vorher versucht, mit dem Abbruch das Leben desselben Kindes zu beenden. Damit diese Dilemma nicht eintritt, wird bei Spätabbrüchen auch Fetozid praktiziert. Das bedeutet, dass das Kind vor dem Abbruch mit einer Spritze mit Kaliumchlorid ins Herz getötet wird.

Grewel (2002, 79) berichtet vom bestehenden Interesse daran, abgetriebene Embryos oder Feten für Organspenden oder pharmazeutische und genetische Forschung zu gewinnen.

Eine schwerwiegende Problematik der PND besteht darin, dass sie zur Ablehnung und Ausgrenzung von Menschen mit Behinderungen beiträgt. »Sie verschiebt das Menschenbild zunehmend in Richtung eines Normmenschen und lässt eine weitere Entsolidarisierung befürchten« (Müller-Fehling 2000, 67).

Speck (2006, 186) teilt diese Befürchtungen, wenn er ausführt: »In einer eugenisierten Gesellschaft verringert sich das öffentliche Interesse an Menschen mit einer imperfekten biologischen Ausstattung. [...] Pränatale Diagnostik und genetische Beratung gelten offiziell als sinnvolle Maßnahmen zur Reduzierung von Behinderungen wie es u. a. im Bericht der Bundesregierung zur Lage der Behinderten und der Rehabilitation von 1994 heißt.« Er zitiert eine internationale Studie von Dorothy Werz. Sie befragte 1999 3000 Genetiker aus China, Indien, Russland und Spanien. Fast alle waren der Auffassung, dass es in der Ära der Pränataldiagnostik unverantwortlich sei, ein Kind mit einer schwerwiegenden genetisch begründeten Krankheit zur Welt zu bringen.

Dagegen stehen Äußerungen von betroffenen Müttern wie z. B. G. Hinsberger (2007, 24f.): »Es tut weh, wenn die Geburt meines Kindes wie eine Schuld gegenüber der Gesellschaft angesehen wird. Ich leide an dem Rechtfertigungszwang, dem die Pränataldiagnostik mich aussetzt, ich leide an der Unsicherheit und der Entscheidungsnot, in die sie mich katapultiert, ich leide an den einseitigen Vorzeichen, unter denen sie stattfindet. Ich leide an der Pränataldiagnostik, aber ich profitiere auch von den Informationen, die sie mir gibt.«

Die Diskussion um die PND mit der gesellschaftlichen Tendenz, bei festgestellten Behinderungen Schwangerschaften vorzeitig zu beenden, wirkt sich sehr belastend auf Kinder, Jugendliche und Erwachsene mit Behinderungen aus. Sie fühlen sich »in ihrem Existenzrecht bedroht. Die Toleranz ihnen gegenüber müssen sie als brüchig erleben, wenn die Geburt eines Kindes mit Behinderung als ein so großes psychisches Leiden anerkannt werden kann, dass damit der Abbruch der Schwangerschaft gerechtfertigt werden darf. Noch deutlicher wird dieser Zusammenhang bezüglich der möglichen Einführung der PID, da hier die genetische Unerwünschtheit direkt zur Vernichtung des Embryos führt« (Wunder 2009, 288).

Mieth sieht den Schwangerschaftsabbruch als ein Problem der Gesellschaft an, d. h. als Problem aller (2002, 81). Es ist somit unsere gemeinsame Aufgabe darauf hinzuwirken, dass es weniger Schwangerschaftskonflikte gibt und damit weniger Abbrüche. Auch Schockenhoff fordert (2009, 528), dass in einem sozialen Rechtsstaat, der sich der Würde des Menschen verpflichtet weiß, schwere Belastungen und Zumutungen anders als durch Tötung abgewendet werden. Kamphaus betont (2009, 167), dass niemandem ein Vorwurf daraus zu machen ist, wenn er verunsichert ist und die Begegnung mit behinderten Menschen abwehrt. »Aber das ist keine Entschuldigung, sondern ein Auftrag: Wir haben lebenslang daran zu arbeiten, sie in Freiheit und Liebe zu würdigen wie jeden anderen Menschen. Die Fähigkeit, ein behindertes Kind anzunehmen, hängt wesentlich davon ab, wie wir mit unseren eigenen Behinderungen und Einschränkungen fertig werden.«

Es gibt immer wieder Eltern behinderter Kinder und Menschen, die mit Betroffenen zusammen arbeiten und leben, die trotz aller Ambivalenzen und Widerstände in der Gesellschaft zu dieser Annahme finden.

D. Krohn lässt uns in einem Bericht mit großer Offenheit an dem schwierigen Prozess vom ersten Hinweis auf eine Behinderung bis zur Entscheidung für das Leben ihres Sohnes Orlando teilhaben (1998, 48f.).

Bei einer Ultraschalluntersuchung in der Universitätsklinik äußert der Arzt seinen Verdacht, dass bei dem Kind ein Hydrozephalus vorliegt. Er vermutet auch eine Spina bifida, sagt aber, er habe diese Fehlbildung nicht sehen können. Eine Woche später begründet er seine Zurückhaltung damit, dass manche Eltern sich sehr schnell für einen Schwangerschaftsabbruch entscheiden. Er ermutigt die Eltern, sich für eine Entscheidung Zeit zu lassen. Es folgen Wochen voller Unsicherheit. In der 17. Woche lässt die Frauenärztin den AFP-Wert aus dem mütterlichen Blut bestimmen, um weitere Aufschlüsse zu gewinnen. Nach einigen Tagen erhält Frau Krohn schriftlich die Bitte, in der Praxis anzurufen, um den Befund zu besprechen. Sie erfährt, dass der Rücken des Kindes möglicherweise offen sei, dass man aber die offene Stelle durch eine Operation schließen könne. »Ich wollte gar nicht wahrhaben, was sie sagte, und dachte immer nur, man kann es ›reparieren‹, so gut wie ungeschehen machen. [...] Als ich den Hörer aufgelegt hatte, brachen die Tränen aus mir heraus. Wieso muss ausgerechnet mir das passieren, warum kann ich nicht eine ganz normale Schwangerschaft und ein ganz normales Kind haben?« (49).

Mit einer Fruchtwasseruntersuchung war Frau Krohn einverstanden. Im Wartezimmer der Klinik las sie vor der Untersuchung etwas über die möglichen Gefahren. »Aber ich wollte alles für mein Kind tun, ich wollte Sicherheit, also ertrug ich die Prozedur. [...] Ich war zu geschockt, um denken zu können« (50).

Frau Krohn hörte von einer Veranstaltung, bei der drei Mütter von ihrem Leben mit einem behinderten Kind berichten wollten. Mit ihrem Freund ging sie dort hin. »Dieser Abend endete in Zuversicht« (50).
Die erste Information über das Ergebnis der Fruchtwasseruntersuchung heißt für sie, das Kind ist gesund. »Zentnerweise Steine fallen ab, die Eindrücke des letzten Monats haben meine Welt auf den Kopf gestellt« (51). Am Tag darauf sagt ihr die Frauenärztin am Telefon, der AFP-Wert sei erhöht. Die erste Information war missverständlich gewesen. »Meine Gefühle fuhren Achterbahn«(51). Vier Tage später bestätigt die Untersuchung mit dem Fehlbildungs-Ultraschall das Vorliegen eines Hydrozephalus und vermutlich einer Spina bifida.
Der Vater von Frau Krohn rät ihr zu einem Gespräch mit einer Ärztin, die selbst Mutter eines behinderten Kindes ist. Bei dieser Begegnung wird Frau Krohn deutlich, dass es bei Spina bifida eine Reihe von Komplikationen geben kann, u. a. Inkontinenz und Rollstuhlabhängigkeit. Ihre Gefühle nach dem Gespräch beschreibt sie so: »Mir fällt nichts mehr ein, in mir ist nur Traurigkeit, sonst Leere« (52). Sie sucht nach weiteren Informationen und erbittet in einer anderen Klinik eine weitere Sonografie. Gefragt, wie er die Schädigung des Kindes einschätze, rät der Arzt zur Abtreibung. »Mein Freund weinte. Wir weinten zusammen und hielten uns fest« (53). Mit einer Freundin, die sich wegen der Behinderung ihres Kindes zu einem Schwangerschaftsabbruch entschieden hatte, führt sie viele Gespräche. »Sie war verletzt und ich leicht verletzbar, ging es doch um das Leben unserer Kinder und um unser eigenes Leben. Wir trauerten jede für sich und gemeinsam, wir fühlten mit der anderen mit und rechtfertigten unser jeweils eigenes Denken und Handeln vor uns selbst und vor der anderen« (53).
In ihrer Arbeit findet Frau Krohn Halt. Sie erfährt Sicherheit und mitmenschliches Verständnis.
In ihrer Suche nach Informationen geht Frau Krohn mit ihrem Freund auch zu einem Neurochirurgen, der mit dem vorliegenden Behinderungsbild besonders viel Erfahrung hat. Er erklärt die Befunde und die möglichen Auswirkungen aus seiner Sicht.
Ein langes Gespräch mit einem sehr kundigen und menschlich engagierten Kinderarzt eröffnet ihnen neue Perspektiven: »Die Vorstellung, je geringer die Behinderung ist, desto aussichtsreicher ist ein glückliches Leben, kann eben nur ich als ein nicht behinderter Mensch haben. Wir projizieren unsere eigenen Ängste und Nöte auf Menschen mit Behinderungen und nehmen ihnen die Möglichkeit, selbst zu entscheiden, ob sie ihr Leben lieben oder nicht« (55). Der Kinderarzt spürt aus den Fragen der Mutter, dass sie nach Begründungen sucht, »um das Leben meines Kindes vor mir und unserer Gesellschaft zu rechtfertigen. [...] Er glaubt nicht, dass ich mein Kind hergeben könnte« (56).

Frau Krohn informiert in einem Brief ihre Mutter, die zur Kur ist, von den Befunden ihres Sohnes. Sie befürchtet, dass sie damit Schwierigkeiten hat.

Ihr Bruder reagiert heftig abwehrend auf die Befunde: »Zum Glück müsse es heute keine behinderten Menschen mehr geben. [...] Ich war verwirrt, und es tat sehr weh« (57).

Ihr Vater befürchtet, dass sie mit der Situation nicht zurechtkommen wird und dass die Behinderung des Kindes ihr Leben zerstören wird. Ihr Freund unterstützt sie sehr. Er ist oft bei ihr. »Unsere Beziehung war intensiv wie nie zuvor« (58).

Der Kinderarzt vermittelt einen Kontakt zu Eltern mit einem Kind mit Spina bifida. »Mir wurde immer deutlicher, dass ich mit einem ganz normalen Kind spielte. [...] Die Eltern meistern, was für dieses Kind erforderlich ist. Sie sind zuversichtliche Menschen, auch ihre kleine Tochter ist ein fröhliches und aufgewecktes Kind« (58).

Frau Krohns Mutter verhält sich zugewandt und diskutiert mit ihrer Tochter über die Situation. »Eigentlich hatte ich mich schon entschieden, aber ich wusste es nicht, vor allem traute ich mich nicht, meine Entscheidung auszusprechen. Ich war so verzweifelt, dass ich mir wünschte, mein Bauch wäre auf der Stelle weg« (59).

Frau Krohns Freund möchte, dass sie das Kind behält. Er sichert ihr aber zu, ihrer Entscheidung zu folgen. Egal wie sie aussehen würde, er würde zu ihr stehen. Sie überlegen gemeinsam. Schließlich kann Frau Krohn sagen: »Ich möchte mein Kind behalten« (60). Auch ihre Mutter versichert ihr, zu ihr zu stehen, gleich wie sie sich entscheidet. Ihr Vater sagt, er habe sich zwar eine andere Entscheidung gewünscht, aber er respektiere ihre. »Ich fühlte mich von einer schweren Last befreit« (61).

In der 37. Woche wird Orlando per Kaiserschnitt geboren. Eine Peridualanästhesie ermöglicht der Mutter, die Geburt mitzuerleben. Ihr Freund begleitet Orlando auf die Frühgeburten-Intensivstation. Seine Behandlung beginnt.

»Die Eltern, Großeltern und Geschwister waren und sind froh mit Orlando, ebenso wie viele Freundinnen, Freunde und Bekannte. Orlandos offenes und freundliches Wesen ist sehr gewinnend. [...] Ich kann Mut machen, denn Orlando ist ein Sonnenkind und kein Sorgenkind« (65).

Leutzinger-Bohlender et al. berichten 2008 über eine Studie im Auftrag der UNESCO aus den Jahren 2003 bis 2008 zur Doppelgesichtigkeit (Janus Face) der Pränataldiagnostik. Teil dieser Studie sind Interviews mit 201 Frauen nach vorgeburtlich-diagnostischen Untersuchungen.

Die befragten Frauen äußerten sich dazu, wie sie den sich entwickelnden Föten sehen und ab wann ihrer Meinung nach von Menschenwürde gesprochen werden kann (2008, 273f.; Übersetzungen U. H.; Abb. 17 und Abb. 18).

Ethische Fragen

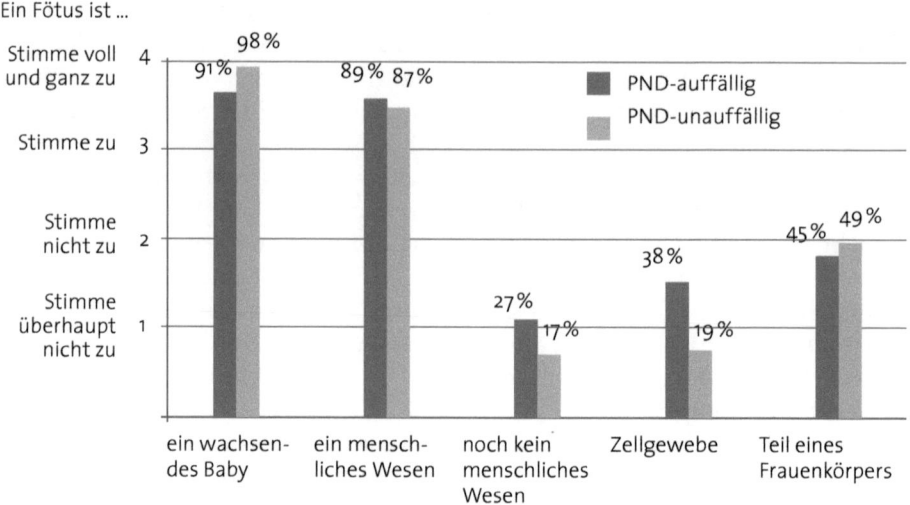

Erklärung: Ein Baby in Entwicklung wird gehalten für …
Antworten von 179 Frauen mit unauffälligen und 22 Frauen mit auffälligen PND-Befunden. Die Prozentzahlen beziehen sich auf Frauen, die der jeweiligen Aussage zustimmen oder voll und ganz zustimmen

Abb. 17: Ein Fötus ist …

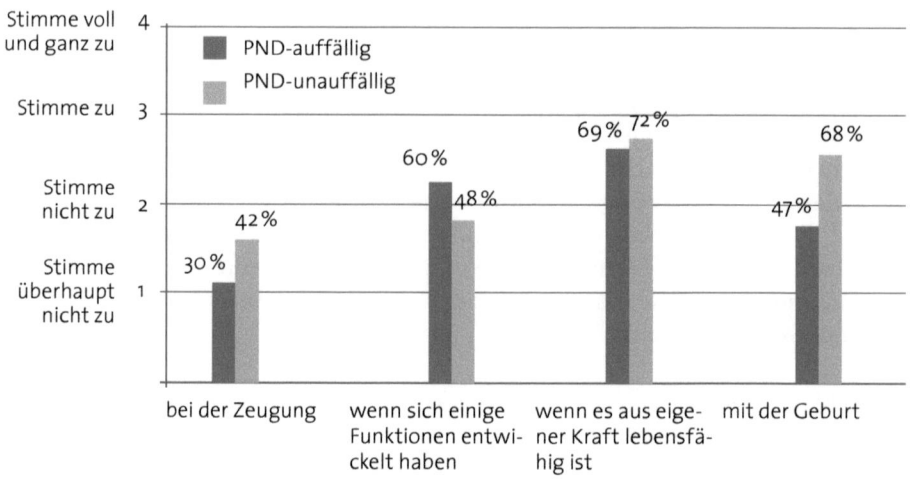

Antworten von 179 Frauen mit unauffälligen und 22 Frauen mit auffälligen PND-Befunden. Die Prozentzahlen beziehen sich auf Frauen, die der jeweiligen Aussage zustimmen oder voll und ganz zustimmen

Abb. 18: Erwerb der Menschenwürde

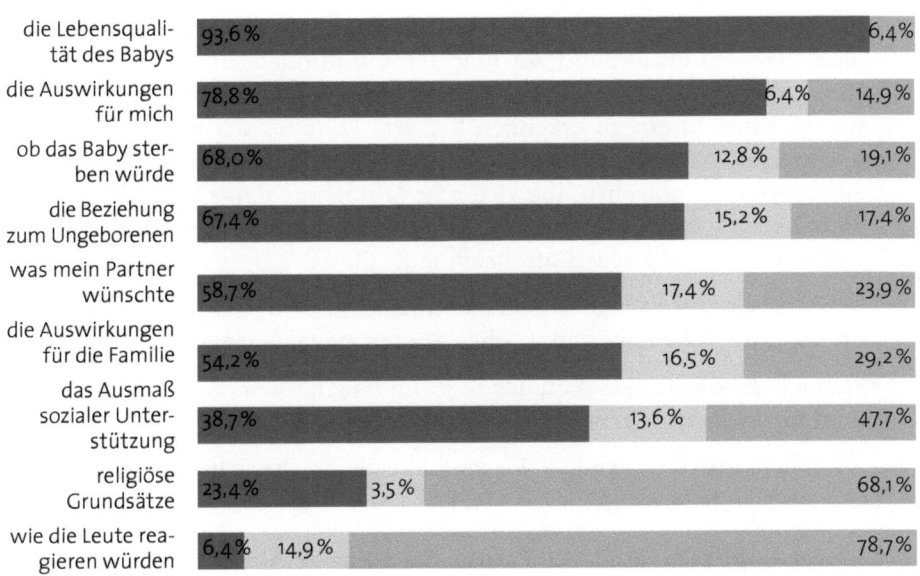

Überlegungen von 48 Frauen bei der Entscheidung über die Folgen ihrer auffälligen PND-Befunde (Zahlungsangaben in Prozentwerten)

Abb. 19: Überlegungen im Entscheidungsprozess

Eine Gruppe von 48 Frauen mit auffälligen PND-Befunden teilte Überlegungen im Entscheidungsprozess über Fortdauer oder Abbruch der Schwangerschaft mit (a. a. O. 120; Abb. 19).

Die notwendige Entscheidung zwischen zwei Möglichkeiten, die beide mit negativen Konsequenzen verbunden sein können (Risiken invasiver Untersuchungen bzw. Nichtentdeckung einer Behinderung bei Verweigerung der PND) ist zweifellos erheblicher Stress für die Frauen und ihre Partner. Sie brauchen besonders gute medizinische, emotionale und psychische Unterstützung (Leutzinger-Bohlender et al. 2008, 260, 265). Äußerungen aus den Interviews zeigen, wie schwierig die Situation sein kann (a. a. O. 3; Übersetzungen U. H.).

»Ohne PND hätte ich mich nie getraut, schwanger zu werden.« (Mrs. F.)

»Es war solch ein Albtraum – ich bin erst 32 Jahre alt. Mein Mann und ich hatten niemals an die Möglichkeit gedacht, es könnte etwas falsch sein mit unserem Baby [...] Nachdem wir die Diagnose erfuhren, dachten wir, unser Baby ist krank, und wir möchten mit ihm leben und für es sorgen, so wie es ist. Aber der Arzt sagte, dass unser Mädchen niemals fähig sein würde, seine Eltern zu erkennen [...] das konnten wir nicht annehmen, das war zu hart (*Mrs. B. weint*) [...] wir dachten, wir könnten mit dieser Situation nicht umgehen, die vielleicht Jahrzehnte dauern würde [...] und dann haben wir uns entschieden, die Schwangerschaft abzubrechen [...] es war so eine schreckliche Entscheidung [...].«

»PND ist eine großartige Möglichkeit, sicher zu sein, dass alles in Ordnung ist – und die Schwangerschaft ohne Sorgen zu genießen.« (Mr. Y)

»Ich wusste nicht, dass man das Baby im Bauch töten muss [...] das Leben wird nie mehr so sein wie vorher.« (Mrs. X)

»Zeit heilt alle Wunden [...] wir sind überzeugt, die richtige Entscheidung getroffen zu haben.« (Mrs. D; Mr. D)

Leutzinger-Bohlender fand bei Frauen nach einem Abbruch immer wieder akute Trauerreaktionen; oft auch Schuldgefühle für lange Zeit. Depressive Reaktionen bis hin zu ausgeprägten Depressionen kommen vor. Nach einem Abbruch wegen eines auffälligen PND-Befundes sind Frauen psychisch besonders verwundbar. Sie brauchen Raum für ihre Gefühle und Vorstellungen und oft auch Begleitung. Schuldgefühle können Trauer-Prozesse ebenso blockieren wie die Bitte um Hilfe. Nicht wenige Frauen erleben auch das Fehlen von Verständnis für ihre Situation (2008, 13; 29; 158; 233).

Die Auswertung der Interviews ergab Schutzfaktoren, die den Umgang mit der PND und ihren Folgen erleichtern (a. a. O. 208f.): stabile, gute soziale Beziehungen; keine früheren heftigen traumatischen Erfahrungen; kein vorhergehender Verlust eines eigenen Kindes oder naher Personen; sichere Bindungserfahrungen; die Möglichkeit, sehr unterschiedliche Gefühle zulassen zu können; entwickelte Möglichkeiten, mit schwierigen Situationen umgehen zu können; geringere Abhängigkeit von anderen Menschen und deren Meinungen.

Bei folgenden Gegebenheiten kann es schwerer sein, mit der PND und ihren möglichen Folgen umzugehen: eher instabile soziale Beziehungen oder Isolation; frühere traumatische Erfahrungen; früherer Verlust eines eigenen Kindes oder einer nahestehenden Person; unsichere Bindungserfahrungen; eingeschränkte Möglichkeit, Gefühle zu erleben; eher fragil; weniger Möglichkeiten, mit schwierigen Situationen umzugehen; stärker abhängig von anderen Menschen.

Beim Vorliegen erschwerender Bedingungen haben eine nicht wertende Beratung und eine gute Begleitung eine besonders hohe Bedeutung.

Langanki (Universitätsmedizin Mainz) berichtet (2005, 23f.), wie sie die psychosoziale Beratung und Begleitung bei einer PND-Diagnose Spina bifida und Hydrozephalus mit Schwangeren gestaltet. Sie übernimmt auch die weitere Begleitung und Betreuung nach der Geburt. Sie ist selbst Mutter eines betroffenen Kindes.

In ihrer psychosozialen Tätigkeit trifft sie auf Eltern, die sich gegen ein behindertes Kind entscheiden, auch wenn die Behinderung nicht ausgeprägt ist. Diese Eltern möchten sich vor allem über die Möglichkeit des Abbruchs informieren und suchen entsprechende Anschriften.

Andere Eltern tun sich mit einer Entscheidung schwer. Die sozialen Verhältnisse spielen u. U. eine Rolle oder unterschiedliche Auffassungen der Partner. Manche werden von Verwandten, Freunden, einige auch von Ärzten zum Abbruch gedrängt. Sie kommen zur Beratung, weil sie eine klarere Vorstellung von der vorliegenden Behinderung brauchen. Sie ist notwendig für die Beantwortung der Frage, ob sie das mit ihrem Leben vereinbaren können. Begleitung ist für diese Eltern über lange Zeit von großer Bedeutung.

Langanki begegnet auch Müttern und Vätern, die ihr Kind mit seiner Behinderung akzeptieren, so wie es ist.

Manchmal geht es in den Gesprächen um die Auseinandersetzung mit Sinnfragen, Lebensfragen und den Grundwerten, die gelebt werden möchten und können. Für viele Mütter und Väter ist die Auseinandersetzung mit einer Behinderung des Kindes ein tiefer Einschnitt in ihrem Leben mit intensiven Gefühlen.

Langanki begleitet betroffenen Frauen auf Wunsch bei Untersuchungen und Arztgesprächen. Sie hilft bei Anträgen und Erledigungen auf Ämtern. Sie zeigt Eltern klinische Stationen, mit denen sie später für ihr Kind zu tun haben werden einschließlich der Elternzimmer für die Begleitung bei stationären Aufenthalten des Kindes. Nach der Geburt bereitet sie mit den Eltern die Entlassung des Kindes aus der stationären Behandlung vor. Bei Nachuntersuchungen sind weitere Gespräche möglich. Seminare für Eltern mit jungen Spina bifida betroffenen Kindern stärken den Zusammenhalt und die gegenseitige Unterstützung der Familien.

Sehen sich die Eltern außerstande, ihr Kind mit Behinderung anzunehmen, bemüht sich Langanki darum, Pflegeeltern für das Kind zu finden. Sie berichtet, dass das »nicht nur einmal« gelungen ist.

4.3 Leben an der Grenze

Leben an der Grenze wirft besonders schwierige ethische Fragen auf. Beispiele dafür sind Fragen des Umgangs und der Behandlung von sehr früh frühgeborenen Kindern, von sehr schwer geschädigten Neugeborenen und von Kindern, Jugendlichen und Erwachsenen, bei denen ein Wachkoma nach einer schweren Hirnschädigung vorliegt.

Bei extrem frühgeborenen Kindern sind die individuellen Risiken für entstehende schwere Schädigungen und Behinderungen kaum abschätzbar. Bei ihnen und bei sehr schwer geschädigten Neugeborenen stellen sich unter Umständen Fragen nach Grenzen der ärztlichen Behandlungspflicht oder auch der Nichtbehandlung (vgl. Dederich 2000, 281).
Lebenssituation, Kompetenzen und Lebensqualität von Menschen im Wachkoma werden sehr unterschiedlich eingeschätzt und bewertet. Entsprechend werden Behandlung, Förderung und eventuelle Beendigung von Behandlungen gehandhabt.
Leben an der Grenze ist nicht nur für unmittelbar Betroffene eine extreme Lebenssituation. Eltern, Angehörige, Ärzte, weitere pflegende und fördernde Fachkräfte sind ebenfalls existenziell herausgefordert und immer wieder vor ebenso schwierige wie belastende Entscheidungen gestellt.

4.3.1 Frühgeborene Kinder

Etwa 6 Prozent der Neugeborenen kommen zu früh d. h. vor der 37. Schwangerschaftswoche (SSW) zur Welt.
Saling und Schreiber beschreiben (2003) drei Gruppen mit den wichtigsten Ursachen für Frühgeburten: 1. aufsteigende Infekte der Geburtswege; 2. Überforderung der Mutter, ungünstige sozioökonomische Bedingungen, andere Infekte der Mutter, hormonelle Störungen, übermäßiger Gebrauch von Alkohol, Nikotin, Drogen; 3. schwerwiegende Erkrankungen der Mutter, Blutungen, Plazentainsuffizienz mit Beeinträchtigung des Stoffaustauschs zwischen Mutter und Kind. Sie betonen, dass sich nach heutigem Wissen »bei Anwendung geeigneter Maßnahmen ein großer Teil der sehr frühen Frühgeburtsereignisse wirksam verhindern lässt«. Dabei beziehen sie sich vor allem auf die Gruppen eins und zwei. Zu den geeigneten Maßnahmen zählen die sehr sorgfältige medizinische Untersuchung und Behandlung ebenso wie gegebenenfalls geeignete psychosoziale Unterstützung.

Die Arbeitsgemeinschaft der Wissenschaftlichen Medizinischen Fachgesellschaften (AWMF) beschreibt 2008 die Chancen und Risiken Frühgeborener.
Kinder, die vor der 22. SSW geboren werden, überleben nur in Ausnahmefällen. Zumeist wird auf eine intensivmedizinische Behandlung verzichtet.
Bei einer Geburt zwischen der 22. und 24. Woche steigt die Überlebenschan-

ce behandelter Kinder bis auf 50 Prozent an. »Allerdings leiden 20–30 Prozent der überlebenden Kinder an schwerwiegenden Gesundheitsstörungen, die eine lebenslange Hilfe durch andere Personen notwendig machen.« Es ist eine Entscheidung darüber erforderlich, ob eine lebenserhaltende oder palliative (lindernde) Behandlung eingesetzt wird. An dieser Entscheidung werden die Eltern beteiligt.

Bei einer Geburt zwischen 24. und 26. SSW überleben 60 bis 75 Prozent der behandelten Kinder. Die Arbeitsgemeinschaft empfiehlt in diesem Alter grundsätzlich den Versuch, das Leben der Kinder zu erhalten.

Bei Frühgeborenen, die zusätzlich schwerste angeborene oder perinatal erworbene Gesundheitsstörungen aufweisen, soll geprüft werden, ob im Interesse des Kindes intensivmedizinische Maßnahmen eingeschränkt werden.

Die Behandlung von frühgeborenen Kindern wurde im Lauf der letzten Jahre konstant weiter entwickelt. »Die Prognose von Frühgeborenen ist zwischenzeitlich hinsichtlich ihrer Überlebenswahrscheinlichkeit und Lebensqualität gestiegen. Ursprünglich wurde ein Säugling nur dann beatmet, wenn er mehr als 1500 Gramm wog. Später ist die Grenze auf 1200 Gramm und dann auf 1000 Gramm abgesenkt worden. Mittlerweile werden auch Frühgeborene beatmet, die nur 500 Gramm oder sogar noch weniger wiegen« (Everschor 2001, 324).

Allerdings treten bei Kindern mit sehr niedrigem Geburtsgewicht deutlich mehr Entwicklungsprobleme auf als bei Kindern mit längerer Schwangerschaftsdauer und höherem Geburtsgewicht. Saling und Schreiber (2003) fassen die Ergebnisse mehrerer wissenschaftlicher Untersuchungen so zusammen: »Bei etwa jedem 5. Kind mit einem Geburtsgewicht unter 1000 Gramm ist mit mittel- bis schwergradigen Behinderungen (z. B. Zerebralparese, Seh- und Hörstörungen, Epilepsie) zu rechnen. [...] Andere, nicht ganz so schwere Störungen zeigen sich häufig erst mit zunehmendem Alter«. Büchter und Götz (2000, 131) bestätigen die langanhaltende Wirksamkeit der hohen biologischen Ausgangsrisiken frühgeborener Kinder aus Längsschnittstudien. »Gleichzeitig entfalten psychosoziale Belastungen ihren dekompensatorischen Einfluss zunehmend im Entwicklungsverlauf.« So wird es erklärbar, dass Studien einen Anstieg von Schwierigkeiten betroffener Kinder im Schulalter aufzeigen. Hack und Wolke (nach Saling und Schreiber 2003) sprechen von Problemen in den Bereichen Intelligenz, Sprache, Schulleistungen, Verhalten bei rund 50 Prozent untersuchter 8-jähriger ehemals frühgeborener Kinder mit einem Geburtsgewicht von weniger als 1000 Gramm. Büchter und Götz verweisen darauf, wie dringend betroffene Familien Unterstützung brauchen, damit sie Schutzfaktoren und günstige Bedingungen für die Entwicklung der Kinder bereitstellen können (2000, 131).

Kinder, die nach einer Schwangerschaftsdauer von mehr als 32 Wochen geboren sind, holen im Vorschulalter meist anfängliche Entwicklungsrückstände bei guter Förderung auf und werden unauffällig (vgl. Dederich 2000, 285).

Dies sind statistisch ermittelte Durchschnittswerte, die beim einzelnen Kind prognostisch nur eine Wahrscheinlichkeit für bestimmte Entwicklungen angeben. Da sie aber von außerordentlich vielen, individuell sehr unterschiedlichen Gegebenheiten abhängen, gilt es, für jedes einzelne Kind das mögliche Optimum an Entwicklungsbedingungen bereitzustellen. So können manche extrem frühgeborene Kinder trotz der Anfangsschwierigkeiten ein Leben führen, das »weitgehend frei ist von bleibenden Schädigungen« (Dederich 2000, 286). Es kommt allerdings auch vor, dass eingreifende, notwendige intensivmedizinische Maßnahmen unerwünschte Nebenwirkungen haben, die Entwicklungsrisiken verstärken oder sogar erzeugen (a. a. O.). Andererseits setzen sich auch Erfahrungen mit einem kindbezogenen, schonenden Umgang mit Frühgeborenen durch wie zum Beispiel des Angebot intensiven Körperkontakts mit Mutter oder Vater noch während der Intensivbehandlung (vgl. Marcovich; de Jong 1999). Linderkamp (2006, 106f.) verweist auf die Bedeutung normaler intrauteriner Reize (wie gedämpftes Licht, Darmgeräusche, Stimme und Bewegungen der Mutter) für die Gehirnentwicklung mit der Ausbildung neuronaler Netzwerke. Künstliche Umgebungen für Frühgeborene mit intensiven Reizen (wie grelles Licht, hochfrequente technische Geräusche, klinische Gerüche, Schmerzen) bergen ein hohes Risiko für spätere kognitive und psychosoziale Entwicklungsprobleme. Förderprogramme nach der Entlassung aus der Intensivpflege sind wenig wirksam wie Brisch et al. (2003, nach Linderkamp a. a. O.) zeigen konnten, da die langwierige Betreuung frühgeborener Kinder auf Intensivstationen zu einer veränderten Organisation des Gehirns führt. Linderkamp setzt eine entwicklungsfördernde Pflege dagegen. Er beschreibt sie als »Minimierung der Intensivmedizin auf das unbedingt Notwendige und Maximierung der Zuwendung auf das maximal Mögliche« (a. a. O. 113f.).

Über Nichtbehandlung, Behandlung, Intensität der Behandlung bei extrem Frühgeborenen und schwer geschädigten Neugeborenen bestehen unterschiedliche Auffassungen mit entsprechenden Handlungsfolgen. So sehen die Leitlinien für den Umgang mit Frühgeborenen in verschiedenen Ländern unterschiedliche Begrenzungen für Behandlungen vor. In Deutschland und Österreich ist eine lebenserhaltende Behandlung von Kindern, die vor der 22. SSW geboren werden, nicht vorgesehen; in Großbritannien und Spanien gilt die 23. SSW als Behandlungsgrenze, in der Schweiz und in den Niederlanden die 24. SSW. Ab dann kann neonatologische Intensivmedizin eingesetzt werden (vgl. Klinkhammer 2008).

Behandlungsunsicherheit besteht vor allem in Bezug auf die beiden Wochen vor dem allgemein vorgesehenen Einsatz von lebenserhaltenden Maßnahmen. Die Maximalbehandlung ist bei extrem frühgeborenen Kindern, bei denen Komplikationen auftreten, ebenso wenig die Regel wie beim Vorliegen schwerer Schädigungen. Die selektive Nichtbehandlung ist klinischer Alltag (Dederich 2000, 282, 299). Dabei muss berücksichtigt werden, dass eine intensivmedizinische Maximalbehandlung nicht immer ein humanes Vorgehen ist. »Sie kann sich ins Menschenunwürdige verkehren« (a. a. O.). Die Achtung von Lebensrecht und Menschenwürde frühgeborener und schwer geschädigter Neugeborener muss nicht Lebenserhaltung um jeden Preis bedeuten.

»Der Abbruch einer lebenserhaltenden Behandlung kann [...] moralisch vertretbar oder sogar geboten sein, wenn das ursprünglich intendierte Ziel der Heilung nicht mehr erreichbar ist, weil keine aussichtsreiche Therapie zur Verfügung steht oder wenn das Hinausschieben des Todes nur um den Preis unzumutbarer Belastungen für den Patienten erkauft würde« (Schockenhoff 2009, 542).

In den Leitlinien der Arbeitsgemeinschaft der Wissenschaftlichen Medizinischen Fachgesellschaften zur Behandlung Frühgeborener (AWMF 2008) wird das Spannungsfeld zwischen Lebensrecht des Kindes, ärztlichem Heilauftrag, Elternwillen und Kindeswohl sehr deutlich.

Das Recht jedes Kindes auf Leben wird betont. »Unabhängig von seinen Lebens- und Überlebensaussichten hat es ein Recht auf Grundversorgung, bestmögliche Pflege und menschliche Zuwendung. Behandlungsmöglichkeiten müssen sich am Wohlergehen des Kindes orientieren. »Maßstab ist, was dem Kind als dessen mutmaßlicher Wille unterstellt werden kann.« Im Interesse seines Lebens können große Belastungen unvermeidbar und damit ethisch gerechtfertigt sein. Es gilt aber auch, aussichtslose Therapien zu vermeiden. »Das Risiko einer bleibenden Behinderung allein kann aber den Verzicht auf lebenserhaltende Maßnahmen zum Zeitpunkt der Geburt ethisch nicht rechtfertigen.« Zuverlässige Prognosen aufgrund der perinatalen Anamnese und des klinischen Zustands sind bei extrem Frühgeborenen nicht möglich und können daher »nicht Grundlage einer Entscheidung gegen Lebenshilfe sein, außer bei Gesundheitsstörungen, die mit dem Leben nicht vereinbar sind. [...] Wenn für das Kind eine Chance zum Leben besteht, sollen lebenserhaltende Maßnahmen ergriffen werden. [...] Bei Frühgeborenen mit extremer Unreife müssen nicht in jedem Fall lebenserhaltende Maßnahmen ergriffen werden, weil der Ausgang des Behandlungsversuchs umso ungewisser ist, je unreifer das Kind ist. [...] Die verantwortlichen Ärzte und die Eltern sollen die Entscheidung über die Lebenserhaltung gemeinsam beraten.« Das setzt voraus, dass die Eltern umfassend informiert werden. Es braucht Zeit für Nachfragen und Beratungen, ggf. auch für psychologische oder seelsorgerische Hilfe. »Eine [...] Frühgeburt ist mit Ängsten und Sorgen der Eltern verbunden. Sie brauchen deshalb Begleitung in die gemeinsame Zukunft mit ihrem Kind, ggf. aber auch für den Abschied von ihrem Kind, das nicht leben kann.«

Entscheidungen über lebenserhaltende oder palliative Behandlungen sind äußerst schwierig bei unsicheren Überlebensaussichten eines Kindes und unklaren Spätfolgen für seine Entwicklung. Die Eltern müssen als Stellvertreter des Kindes mitentscheiden bei außerordentlicher persönlicher Betroffenheit. Die möglichen ärztlichen Prognosen sind unsicher. Die gesellschaftlichen Wertkonflikte an der Grenze des Lebens machen es allen Betroffenen schwerer, zu stimmigen verantwortlichen Entscheidungen zu kommen. Die Forderung der AWMF an die Ärzte, in kritischen Situationen »Gefahren und Erfolgsaussichten einer Therapie gegeneinander abzuwägen«, sind kaum erfüllbar, zumal »eindeutige rechtliche Kriterien fehlen«. Möglicherweise kann es die auch nicht geben, da so viele Faktoren – objektive und subjektive – eine Rolle spielen.

Die Frage: wann verstößt eine mögliche lebenserhaltende Behandlung gegen die wohlverstandenen kindlichen Interessen? macht sehr viele individuelle und subjektive Komponenten jeder möglichen Antwort deutlich. Schöne-Seifert (2008) gibt drei Kriterien zu bedenken: »1. hochgradige Belastungen durch die Therapie, 2. keine realistische Überlebenschance, 3. keine Aussicht auf eine akzeptable Lebensqualität.« Alle drei Kriterien sind aber keineswegs eindeutig, denn was sind z. B. die Unterscheidungsmerkmale zwischen einer hohen und einer hochgradigen, und einer nicht zumutbaren Belastung? Die Prognosen bezüglich Behinderungen und deren Auswirkungen sind unzuverlässig. Die Frage künftiger Lebensqualität ist so kaum zu beurteilen. Dazu kommt, dass erlebte Lebensqualität keine Konstante ist. Werthaltungen, persönlichkeitsspezifische und Bedingungen des sozialen Umfeldes spielen für die Lebensqualität eine große Rolle (vgl. Dederich 2000, 303).

Dederich (a. a. O.; vgl. Graumann 2008) fordert, dass in die extrem schwierigen Entscheidungen über das Leben ihres Kindes, die Eltern mitverantworten müssen, nicht nur medizinische Gesichtspunkte einbezogen werden. Die psychische und soziale Lage der Eltern muss ebenso mitberücksichtigt werden wie die Folgen für weitere Familienmitglieder und die Verfügbarkeit von Hilfen, die eingesetzt werden können.

Zimmermann (bei Dederich 2000, 305) sieht das Lebensrecht schwerbehinderter Kinder in Zusammenhang mit der gesellschaftlichen Verantwortung für sie, die Hilfen für betroffene Familien einschließt: »Wer dafür plädiert, möglichst jedes Kind zu behandeln, das mit der Möglichkeit geboren wird, einmal ohne intensivmedizinische Mittel zu leben, muss dafür sorgen, dass die betroffenen Familien weitreichende Unterstützung in Form finanzieller und institutioneller Hilfen erhalten. Ist die einzelne Familie dennoch überfordert, müsste das Leben schwerstbehinderter Kinder von der Solidargemeinschaft versorgt und gefördert werden können. [...] Wenn die Gesellschaft soweit wie möglich ein Lebensrecht für schwerstbehinderte Neugeborene propagiert, muss sie als Solidargemeinschaft die Konsequenzen tragen und kann die Bürde nicht den einzelnen, zufällig betroffenen Familien überlassen.«

4.3.2 Leben im Wachkoma

Das Wachkoma (apallisches Syndrom, Coma vigile, Persistent Vegetative State PVS) ist eine mögliche Folge einer schweren Hirnschädigung. Sie kann durch traumatische Einwirkungen verursacht werden oder durch Sauerstoffmangel, Schlaganfall, anhaltende Unterzuckerung, Vergiftung oder Tumore. Dem Wachkoma geht meist ein tiefes Koma voraus (Nacimiento 2007, 29).

Geremek (2009, 51) skizziert die möglichen Verläufe nach einer akuten Hirnschädigung (Abb. 20).

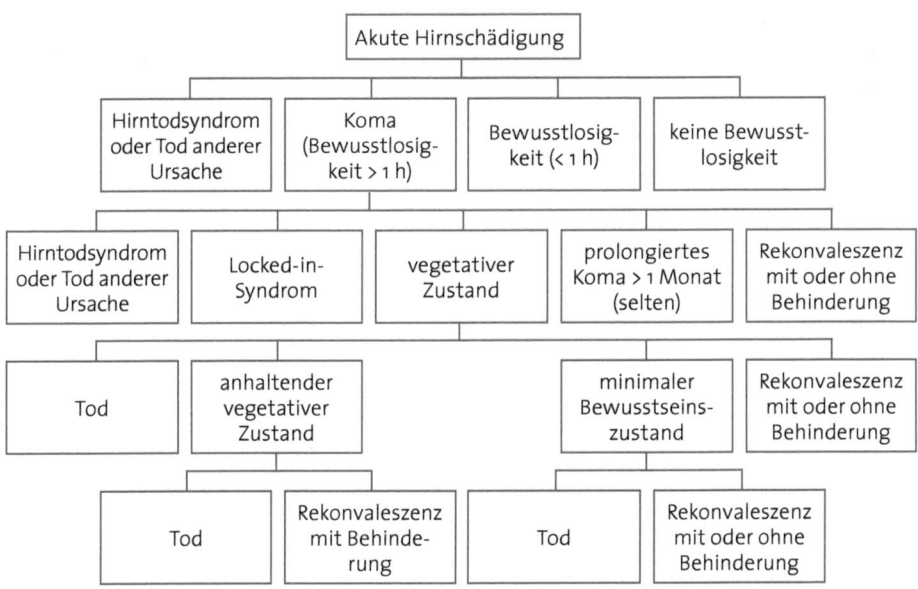

Abb. 20: Verläufe nach Hirnschädigung

Ethische Fragen

Der Komazustand ist durch tiefe Bewusstlosigkeit gekennzeichnet »als Zeichen des Ausfalls der Großhirntätigkeit« (Geremek 2009, 16). Oft ist maschinelle Beatmung erforderlich. Die Augen sind geschlossen. Es wird davon ausgegangen, dass Schmerzempfindungen und andere Wahrnehmungen ebenso wie intendierte Bewegungen nicht möglich sind.

Geremek (a. a. O. 25) macht in Abb. 21 (nach Laureys et al.) Wachheit und Bewusstheit bei verschiedenen Bewusstseinszuständen deutlich.

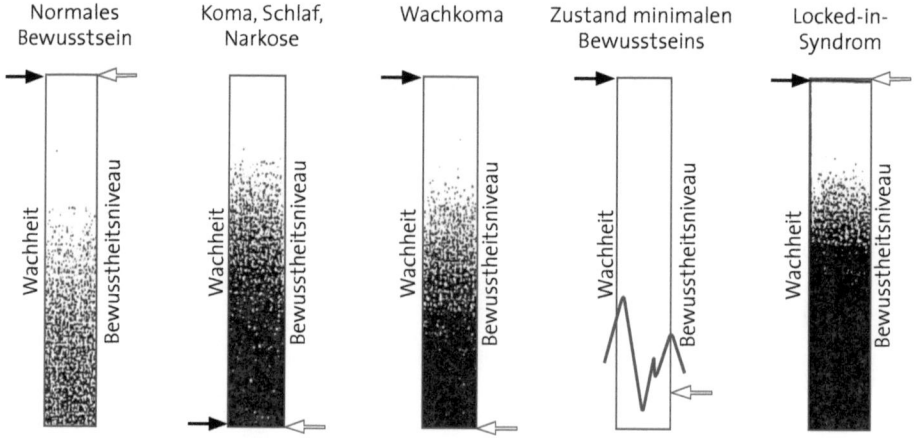

Abb. 21: Wachheit und Bewusstheitsniveau

»Koma ist für viele Menschen ein Zustand in Todesnähe« (Zieger 2007, 53). Trotz signifikanter Fortschritte in der Medizin sterben bis zu 40 Prozent schwerst traumatisierter Menschen. Wenn ein Mensch nach einer Zeit im Koma »erstmals wieder die Augen öffnet und selbsttständig zu atmen begonnen hat, ohne die Umgebung zu fixieren oder von sich aus Kontakt mit der Außenwelt aufzunehmen, spricht man von einem Wachkoma [...] der ersten Stufe der Rückkehr ... aus einem tiefen Koma« (a. a. O.).

Nach Geremek (2009, 37) leben in Deutschland etwa 600 Kinder unter 15 Jahren im Wachkoma.

Medizinisch werden diagnostische Kriterien und Kompetenzen Betroffener unterschiedlich beschrieben und bewertet. So vertritt Schwab, Deutsche

Gesellschaft für Neurologie, (2009) die verbreitete Auffassung, dass im Wachkoma »Kontakt und Wahrnehmung der Umwelt nicht möglich« sind.

Nacimiento (2007, 29f.) ist der Überzeugung, dass »bei betroffenen Patienten jegliche Hinweise auf eine bewusste Wahrnehmungsfähigkeit fehlen; eine Interaktion mit dem Untersucher ist nicht möglich. Sprachverständnis und expressive Sprachfunktion sind aufgehoben. Es besteht jedoch ein Schlaf-Wach-Zyklus, so dass die Patienten intermittierend wach sind und die Augen geöffnet haben. Bei den Untersuchungen zeigen sich keine willkürlichen Reaktionen auf optische oder akustische Stimuli sowie auf Schmerz- und Berührungsreize. Hinweise auf kognitive Funktionen fehlen.« Blickkontakt oder Fixieren mit den Augen sind nicht möglich: Unwillkürliche motorische Reaktionen sind beobachtbar. Die Wachheit ist nicht beeinträchtigt. »Vegetative Funktionen [...] sind soweit erhalten, dass ein Überleben der Patienten möglich ist, wenn entsprechende medizinische und pflegerische Maßnahmen gewährleistet sind.«

Auch Geremek betont (2009, 58), dass die Diagnose Wachkoma bewusste Wahrnehmungen, willentliche Bewegungen, Kommunikationsversuche, Augenbewegungen des Fixierens und Folgens ausschließt. Solche Kompetenzen werden übereinstimmend dem »minimalen Bewusstseinszustand« zugeordnet. Er ist nicht leicht vom Wachkoma zu unterscheiden, zumal Bewusstseinslage und Reaktionsmöglichkeiten schwanken können. Daher sind wiederholte Beobachtungen und Prüfungen erforderlich. Die diagnostische Kategorie des minimalen Bewusstseinszustands wurde erst in den 90er-Jahren eingeführt, als immer deutlicher wurde, dass manche Menschen im Wachkoma über mehr Kompetenzen verfügen, als man vorher annahm.

Es wurden Kriterien aufgestellt, von denen mindestens eines wiederholt vorliegen soll, um einen minimalen Bewusstseinszustand annehmen zu können. Dazu gehören (nach Nacimiento 2007, 34): Befolgen einfacher Aufforderungen; Ja/Nein-Antworten durch Gesten oder Worte (auch wenn sie nicht adäquat sind); verbale Mitteilungen; bewusstes Verhalten wie Lächeln oder Weinen in entsprechenden Situationen; Greifen nach Gegenständen; Augenfolgebewegungen und/oder Fixieren.

Es spricht manches dafür, dass die weitere Entwicklung dahin geht, dass das Wachkoma grundsätzlich als Zustand minimaler oder zunehmender Bewusstheit definiert werden kann. Immer differenziertere Untersuchungsverfahren geben immer genauere Aufschlüsse über die Bewusstseinslage eines betroffenen Menschen. So verringern sich die Zweifel an der Möglichkeit bewusster Reaktionen bei Menschen im Wachkoma. Spüren Betroffene nicht mehr die Skepsis und Abwehr der Untersucher, wird es auch von dieser Seite her leichter, bewusste Reaktionen zu zeigen, die dann nicht mehr als »Zufall« oder »Reflex« abgewertet werden.

Von Koma, Wachkoma und minimalen Bewusstseinszustand ist das Locked-in-Syndrom zu unterscheiden. Betroffene Patienten sind völlig gelähmt bei vollem Bewusstsein und vorhandenem Wach-Schlaf-Rhythmus. Bei »klassischer« Ausprägung des Syndroms sind nur Augenlidbewegungen und vertikale Augenbewegungen möglich; bei extremer Ausprägung geht nicht einmal das. Das Locked-in-Syndrom ist besonders schwer erträglich, solange es mit einem Wachkoma mit Bewusstlosigkeit, Wahrnehmungsunfähigkeit und Kommunikationsunfähigkeit verwechselt wird. Denn Betroffene haben selbst kaum die Möglichkeit, Menschen in ihrer Umgebung deutlich zu machen, dass sie alles wahrnehmen und verstehen können und dass sie mit ihnen Kommunikation haben möchten. Von dieser Not geben die autobiografischen Berichte von Bauby (1997) und Vigand (1999) beredt Zeugnis. Kommunikation kann trotz Locked-in-Syndrom mit Hilfe eines Verständigungscodes z. B. mit Augenbewegungen gelingen.

Die Differentialdiagnose dieser unterschiedlichen Syndrome nach schwerer Hirnschädigung erfordert spezielle neurologische und intensivmedizinische Erfahrungen, damit sich die Zahl von Fehldiagnosen von bis zu 40 Prozent aus Studien nicht bestätigt (Zieger 2007, 49). Das ist für die Betroffenen und ihre Angehörigen von größter Bedeutung. Umgang und rehabilitative Unterstützung sind ja je nach Bewusstseinslage und vorhandenen Kompetenzen sehr verschieden.

In Bezug auf Kinder, Jugendliche und Erwachsenen im Wachkoma oder minimalen Bewusstseinszustand besteht heute weitgehend Konsens über mögliche und erforderliche Behandlungsmöglichkeiten. Dazu gehören: die medizinische Behandlung der Grunderkrankung, die Sicherung der vitalen Funktionen, die Behandlung der Aktivitätseinschränkungen und auftretender Komplikationen und multisensorische Anregungen. Die Einbeziehung der Angehörigen und die Erleichterung der sozialen Teilhabe sind weitere Bestandteile des Behandlungskonzepts (vgl. Geremek 2009, 86f.).

Prognostisch gilt allgemein, dass die Wiedererholung nach einer traumatischen Hirnschädigung besser gelingt als z. B. nach Sauerstoffmangel bei einem Ertrinkungsunfall. Jüngere Menschen und Kinder gewinnen verlorene Kompetenzen eher zurück als ältere Menschen. Längere Dauer von Koma und Wachkoma erweisen sich prognostisch als ungünstiger. Voraussagen über den weiteren Verlauf sind im individuellen Fall anfänglich kaum möglich (vgl. Zieger 2007, 77, 79).

Neuere Erkenntnisse und Befunde lassen immer mehr Zweifel an der Eindeutigkeit der üblichen Diagnosekriterien des Wachkomas aufkommen.

»Manche Ärzte und Pflegende berichten immer wieder von Herz- und Atemfrequenzsteigerungen bei ihren wachkomatösen Patienten während der Durchführung unangenehmer Maßnahmen (wie z. B. Absaugen). [...] Neue Studien« mit bildgebenden Verfahren »zeigen eine deutliche Aktivierung [...] einer Region« (im Gehirn), »die als kritische Struktur bei der Schmerzwahrnehmung angesehen wird« (Geremek 2009, 62). Daher kann Schmerzempfinden im Wachkoma nicht mehr ausgeschlossen werden – mit entsprechenden Folgen für die Behandlung.

Es gibt auch Hinweise dafür, dass Hören möglich ist. »Überraschenderweise wiesen 30 bis 60 Prozent der »mit sinnvollen und emotionalen akustischen Angeboten »untersuchten wachkomatösen Menschen ähnliche oder gleiche Aktivitätsmuster in höheren kortikalen Arealen wie gesunde Kontrollgruppen auf, was den Schluss nahe legt, dass sie zumindest über eine intakte Sprachenkodierung verfügten. Ob damit ein bewusstes Sprachverständnis einherging, lässt sich nicht sagen« (Geremek 2009, 61).

Hauf (1991, 43) zitiert Sabom: »Ohne jeden Zweifel funktioniert der Gehörsinn am längsten, wenn jemand das Bewusstsein verliert. [...] Im Zustand der Anästhesie ist der Gehörsinn auch dann noch erhalten, wenn alle anderen Wahrnehmungen sowie alle gemeinhin nachgewiesenen Reflexe ausgeschaltet sind. [...] Akustische Informationen, die ein Patient im Zustand des Teilbewusstseins erhält, werden auch später noch als akustische Eindrücke wiedergegeben.« Hauf ergänzt: »Auch mit Hilfe des Elektroenzephalogramms lässt sich beweisen, dass akustische Reize in den entsprechenden Hirnzentren ankommen, auch wenn der Patient bewusstlos ist.« Schönle (nach Zieger 1997) konnte sogar nachweisen, dass Patienten im Wachkoma zwischen sinnvollen und nicht sinnvollen Sätzen unterschieden.

Ein Beispiel für kognitive Leistungen findet sich bei Geremek (2009, 77):
»Eine Patientin, die sich nach anerkannten Diagnosekriterien sicher im Wachkoma befand, wurde während einer funktionellen Bildgebung verbal dazu aufgefordert, bestimmte Handlungen mental zu imitieren. Im ersten Versuch wurde sie gebeten, sich vorzustellen, sie spiele Tennis, im zweiten, sie gehe durch die Räume ihres eigenen Hauses. Erstaunlicherweise konnte nach dem ersten Kommando eine signifikante Aktivitätserhöhung im motorischen Kortex verzeichnet werden. Nach der zweiten Aufforderung zeigten sich Aktivitätssteigerungen [...] in den Arealen [...], in denen auch gesunde Probanden Aktivitäten gleicher Signalstärke bei gleicher Aufgabenstellung aufwiesen. [...] Dies interpretierten die Untersucher dahingehend, dass die wachkomatöse Probandin verbale Kommandos verstand sowie in der Lage war, auf diese durch ihre Hirnaktivität zu reagieren, und somit ein (zumindest partiell) intaktes Bewusstsein aufwies.«

Für Linke (2002, 49) besteht kein Zweifel daran, dass »komplexe Informationsverarbeitungen auch dann stattfinden können, wenn nach externen Kriterien geprüftes Bewusstsein nicht nachweisbar ist.«

Sogar im tiefen Koma gibt es Möglichkeiten, die mit den bisherigen naturwissenschaftlichen Methoden und Kenntnissen kaum erklärbar sind. So berichtete mir vor Jahren der Oberarzt der Intensivstation einer Universitätskinderklinik von einem siebenjährigen Mädchen. Es war unmittelbar vor einer Operation nach einem Narkosezwischenfall in ein tiefes Koma gefallen. Es ging ihm sehr schlecht. Die Ärzte trafen alle erforderlichen Maßnahmen, um dem Kind zu helfen. Trotzdem verschlechterte sich sein Zustand ständig. Nach einigen Tagen nahmen die Ärzte schließlich an, der Tod des Kindes stehe unmittelbar bevor. Die Hirnstromkurve näherte sich der Nulllinie. Reflexe waren nicht mehr auslösbar. Bei der Visite an jenem kritischen Tag standen die Ärzte um das Bett des Kindes herum und sprachen miteinander darüber, wie schlimm der Zustand des Mädchens sei, dass sie es schlecht aushalten könnten, mit anzusehen, dass es keine Hoffnung mehr gebe, und dass das Mädchen nicht leichter sterben könne. Zur Überraschung aller Ärzte erwachte das Kind wieder aus dem Koma. Es sagte jedem von ihnen, was er bei der Visite an jenem kritischen Tag über seine Situation gesagt hatte. So froh die Ärzte über die unerwartete Besserung im Befinden des Mädchens waren, so betroffen reagierten sie auf die präzise Erinnerung des Kindes, auf seine Wahrnehmungsfähigkeit und sein Sprachverständnis in einem Zustand tiefster Bewusstlosigkeit in unmittelbarer Nähe des Gehirntodes.

Zieger versteht seinen beziehungsmedizinischen Ansatz als »Ergänzung zum biotechnologischen, defektorientierten Ansatz« (2007, 49). Er geht mit anderen Wissenschaftlern davon aus, dass »Lebewesen, solange sie leben, mit (unbewussten) Wahrnehmungen, (unbewussten) emotionalen Bewertungen und (unwillkürlichen) Bewegungen mit der Umwelt und mit anderen Menschen verbunden sind. Ferner reagieren Lebewesen nicht bloß auf ›nackte‹ chemische oder physikalische Reize, sondern sie antworten auf emotionale und soziale Zeichen, die zu ihnen passen, für sie sinnvoll sind und Bedeutung für sie haben. Entsprechend dieser beziehungsmedizinischen ›Basics‹ sind Wachkomapatienten sehr wohl als wahrnehmungsfähig und empfindungsvoll einzuschätzen.« Zieger (a. a. O. 51) sieht im Koma eine »extreme, isolative Lebenssituation, die von einem Menschen zu Überlebenszwecken eine gesamtorganische Antwort erzwingt, meist auf ein schweres Trauma.« Auch während der Bewusstlosigkeit finden Prozesse des Informationsaustauschs zwischen Organismus und Umgebung statt. Auf diese Weise wird die Einheit von beiden auf unbewusster Ebene erhalten, die sonst auch durch bewusste Handlungen gestaltet wird.

Die Verletzungen im Zentralnervensystem lassen es nicht zu, vorher mögliche Handlungen oder Planungen einzusetzen. Schon der Versuch »würde unnötig die Energiereserven des Organismus verzehren. In dieser ausweglosen Situation ist ein« Zurückgreifen auf Handlungsweisen einer früheren Entwicklungsstufe »zum Schutz des Überlebens der einzig vorstellbare Ausweg« (Sauer, Emmerich 2002, 85).

Das Wachkoma ist der Beginn der Rückbildung des Komas. Die Beziehungsaufnahme und die Kommunikation mit anderen Menschen werden zuerst körpersprachlich in Form vegetativer Signale und Veränderungen der Muskelspannung deutlich. Wenn die Körpersignale von den Menschen in der Umgebung Betroffener übersehen oder für zufällig und reflexhaft gehalten werden, kann die weitere Entwicklung stagnieren. »Aus dem Koma erwacht ist ein Patient, wenn er auf Aufforderungen mit gezielten Blickbewegungen, mimischen oder körperliche Zuwendebewegungen oder einem Händedruck antwortet« (Zieger a. a. O. 53).

Zieger hat immer wieder beobachtet, dass Menschen im Koma und Wachkoma ihr inneres Verhalten auf äußere Reiz- und Kontaktangebote ausrichten. Durch Messung vegetativer und zentralnervöser Aktivitäten kann er innere, verdeckte Verhaltensänderungen feststellen, ehe es zu äußerlich beobachtbaren Reaktionen kommt. Besonders deutliche Veränderungen treten im Kontakt mit vertrauten Angehörigen auf und bei multimodalen Wahrnehmungsangeboten. Eines seiner Beispiele ist besonders eindrucksvoll. Die Herzfrequenz im EKG eines Mannes im tiefen Koma stieg jedes Mal an, wenn seine Freundin das Zimmer betrat. Und dies geschah regelmäßig schon ehe sie ihn angesprochen oder berührt hatte.

Aus Ziegers Untersuchungsergebnissen geht die Bedeutung der Körpersprache für Kontakt und Interaktion mit Menschen im Wachkoma hervor. Die Körpersignale sind aber nicht immer eindeutig. Das erfordert besondere Achtsamkeit und Empathie, um sie wahrnehmen und verstehen zu lernen. Auch Mindell (1989, 12) ist dieser Auffassung: »Wir müssen eine Form der Kommunikation entwickeln, die geringste Signale aus der Tiefe unseres Wesens würdigen und verstehen kann.« Dann ist es möglich, mit Betroffenen zu kommunizieren.

Hinweise für die Bereitschaft zu kommunizieren sind nach Zieger (1997, 12; 2007): tiefes Einatmen; leichte Zunahme der Herzfrequenz; leichtes Zittern oder Anspannen; entspannter Gesichtsausdruck; leichtes Öffnen von Mund und Augen; angedeutete Kopfwendung zur Seite des Sprechers oder auch leichtes Anheben von Schulter, Arm oder Hand. Als Hinweise auf Erschöpfung und das Ende der Kommunikation gelten: zunehmend unruhige, unregelmäßige oder hektische Atmung; schneller, hoher Anstieg der Herzfrequenz; Schwitzen; Erröten; deutliche Anspannung der Muskulatur bis zur Verkrampfung; Verschließen von Mund und Augen; Abwendung der Augen; Wegdrehen des Kopfes; angespannter Gesichtsausdruck; Zubeißen; Stirnfalten.

Zieger ermutigt zur Kommunikation mit Betroffenen (1997b, 37): »Und mich überrascht immer wieder, wie Menschen im Koma und Wachkoma, obwohl sie doch bewusstlos sind, ihre Empfindungen und Bedürfnisse äußern und sich selbst aktualisieren können, wenn für sie eine einfühlsame, strukturierte Umgebung geschaffen wird, in die es sich hinein zu entwickeln lohnt, weil sie emotional attraktiv und mit individuell bedeutsamen Angeboten angereichert ist.« Er mahnt besondere Achtsamkeit an, weil Menschen im Wachkoma auf negative, abwertende Äußerungen mit Rückzug und Ausdrucksformen von Verstimmung und Irritierung reagieren können. Solche Belastungen können lange anhalten.

Hannich (1993, 219f.) kommt aufgrund seiner Erfahrungen und Forschungen zu vergleichbaren Ergebnissen und Schlüssen wie Zieger. Er ist überzeugt, dass bei Menschen im Koma und Wachkoma elementares Bewusstsein besteht und dass elementare kognitive Prozesse möglich sind. Allerdings kann es für sie schwierig sein, Wahrnehmungen und Erfahrungen zu deuten und einzuordnen. Patienten haben ihm nach dem Erwachen aus der Bewusstlosigkeit erzählt, dass sie große Mühe hatten, manche Verhaltensweisen der Pflegenden oder auch Bruchstücke von Erinnerungen richtig zu interpretieren. Manches wirkt im Koma- oder Wachkoma-Zustand bedrohlich oder irritierend wie in schweren Träumen (vgl. Mindell 1989).

Es werden aber auch ganz andere Erlebnisweisen und Erfahrungen von Menschen nach einem Koma oder Wachkoma erinnert wie z. B. außerordentliches Wohlbefinden; Formen unterschiedlicher Bewusstseinsveränderungen; Träume; Nahtoderfahrungen; Außer-Körper-Erfahrungen (Out of Body Experiences, OBE).

Solche Erfahrungen können für die, die sie erlebt haben, von großem Wert sein. Sie können die Angst vor dem Tod nachhaltig mindern oder auch mit eindrücklichen, nährenden Bildern verbunden sein, die das Leben sehr bereichern.

Der beziehungsmedizinische Ansatz – Sauer und Emmerich bezeichnen ihr vergleichbares Vorgehen als Koma-Integrierte-Neuro-Psycho(trauma)-Therapie (2002) – ist durch achtsame Bezogenheit in der Interaktion mit Menschen im Koma, Wachkoma oder minimalem Bewusstseinszustand und ihren Angehörigen gekennzeichnet. Dazu gehören: sehr sorgfältige medizinische Behandlung einschließlich unterstützender Therapien, achtsame Pflege, Unterstützung und Beantwortung körperhafter Reaktionen und Ausdruckssignale, Berücksichtigung der jeweiligen emotionalen Befindlichkeit, Vermeidung von Stress und Schmerzreizen, Erleichterung kommunikativer Möglichkeiten, Angebot unterschiedlicher Sinnes- und Alltagserfahrungen im Kontext mitmenschlicher Bezogenheit.

Systematische Studien zeigen, dass sich unter diesen Aspekten die Behandlungsergebnisse der Frührehabilitation wesentlich verbessert haben. Vor rund 40 Jahren konnten nur etwa 10 Prozent der Betroffenen den Zustand des Wachkomas überwinden. Heute sind es 80 bis 90 Prozent (Zieger 2007, 64). Daraus ergeben sich Bedeutung und Notwendigkeit, mit Menschen im Wachkoma grundsätzlich so umzugehen »als seien sie empfindsam, schmerzempfindlich und zu der ... emotionalen Bewertung fähig, zwischen einer menschenfreundlichen und einer menschenunfreundlichen Atmosphäre zu unterscheiden« und sich darauf entsprechend einzustellen (Zieger a. a. O., 71).

Von den 53 Menschen im Wachkoma, die Zieger und seine Arbeitsgruppe in den Jahren 1997 bis 2004 stationär behandelten, verstarben rund 10 Prozent, bei weiteren 10 Prozent änderte sich der Zustand nicht. Etwa 80 Prozent der Betroffenen beschreibt Zieger (a. a. O. 73) am Ende der Behandlung als »bedürfnisnah kognitiv präsent und/oder nonverbal und/oder verbal kommunizierend«. Gleichzeitig blieben rund 75 Prozent von ihnen körperlich schwerstbehindert und schwerst pflegebedürftig.

Auch die Erfahrungen von Bienstein (2007) bestätigen die Bedeutung der Einstellung von Angehörigen, Ärzten und Pflegenden für die Wiedererholung von Menschen im Wachkoma. Für sie sind Betroffene Menschen, »deren Würde nicht infrage steht; die die gleichen Grundbedürfnisse haben wie alle anderen Menschen auch; deren Wahrnehmungsfähigkeit nicht sinnvoll infrage gestellt werden kann; denen die Chance auf Entwicklung und Entfaltung genauso zusteht wie allen anderen auch« (a. a. O. 136). In einer großen empirischen Studie bestätigte sich immer wieder, dass die Grundeinstellung der betreuenden Personen über die Qualität der Versorgung entscheidet. Wenn Betreuer davon ausgehen, dass Menschen im Wachkoma wahrnehmen können, über Fähigkeiten der Weiterentwicklung verfügen, und dass sie sich mit ihren Körperreaktionen miteilen, erreichen sie eine deutlich bessere Situation für die Versorgung und Weiterentwicklung Betroffener.

Es besteht aber kein Konsens bezüglich der Einschätzung und Bewertung von Verhaltensweisen und Reaktionen bei Menschen im Wachkoma. So wird zum Beispiel die sehr deutliche Entspannung betroffener Menschen in der Nähe vertrauter Personen von manchen Ärzten, Pflegern und Therapeuten als Reflexverhalten gedeutet, von anderen als Anzeichen für Wahrnehmungsvermögen und Emotionalität.

Bei defektorientierter Sichtweise wird Verhalten eher als unwillkürlich, schablonenhaft und nicht sinnvoll angesehen. Die Folgen sind Abstriche bei der Behandlung und geringe Unterstützung der körperhaften Signale. Es wird auch eher die Frage nach dem vertretbaren Behandlungsaufwand gestellt bis hin zu der Möglichkeit eines Behandlungsabbruchs.

Eine bezogene, entwicklungsorientierte Sichtweise erleichtert die Wahrnehmung von sinnvollen Versuchen der Betroffenen sich zu orientieren und mitzuteilen. Kompetenzen werden eher beobachtet und unterstützt. Das erleichtert Entwicklungsfortschritte. Die defizitorientierte Sichtweise dagegen bürdet dem Patienten die Beweislast auf, Untersucher und Beobachter gegen deren Annahmen und Meinungen zu überzeugen. Das ist eine außerordentliche Erschwerung unter den Gegebenheiten von Wachkoma und schwerster Behinderung. Entwicklung kann auf diese Weise zu schwer werden. Rückzug und soziale Isolation liegen dann nahe.

Nacimiento (2007, 42f.) vertritt die weithin geteilte Meinung, dass jeder Mensch im Wachkoma intensive Behandlung und Unterstützung durch eine neurologische Frührehabilitation erhalten soll mit multimodaler sensorischer Anregung. Er tritt aber auch für eine klare zeitliche Begrenzung ein.

Das Wachkoma wird nach 12 Monaten Dauer als irreversibel angesehen, wenn eine traumatische Hirnverletzung als Ursache dafür bekannt ist. Geht das Wachkoma auf eine akute, nicht traumatische Hirnschädigung zurück (z. B. durch einen Ertrinkungsunfall) gilt es nach einer Dauer von drei Monaten als irreversibel – bei Erwachsenen ebenso wie bei Kindern (a. a. O. 39). Für die Absicherung dieser Feststellung wird erneut Diagnostik eingesetzt. Dabei spielen auch das Alter und eventuelle weitere Erkrankungen eine Rolle. Wird das Wachkoma in diesem Prozess als irreversibel eingeschätzt mit ungünstiger Prognose »sollten konsequenterweise kurative Therapiemaßnahmen unterbleiben« (a. a. O. 44). Dazu gehören z. B. Reanimation, Dialyse, künstliche Beatmung, antibiotische Behandlung bei Infekten, Thromboseprophylaxe. Eine palliative (lindernde) Behandlung soll aber in jedem Fall fortgesetzt werden mit Zuwendung, Flüssigkeitszufuhr, Ernährung, Pflege. Die Gabe von Schmerzmittel ist umstritten, da von manchen Fachärzten angezweifelt wird, dass im Wachkoma Schmerzempfindungen möglich sind. Bei vegetativen Reaktionen (Anstieg von Blutdruck und Herzfrequenz) auf Schmerzreize hin sieht Nacimiento aber Schmerzmittel vor (a. a. O.).

Die kurative Behandlung muss fortgesetzt werden, wenn es der erklärte Wille des Patienten bzw. seines Stellvertreters oder Betreuers ist. Kann kein Konsens über die Behandlung zwischen dem Arzt und den für den Patienten Verantwortlichen hergestellt werden, wird meist das Vormundschaftsgericht angerufen.

Die Diskussion über die Beendigung der künstlichen Ernährung mittels Magen- oder PEG-Sonde beschreibt Nacimiento als »höchst kontrovers«. In der Praxis mancher Einrichtungen wird der Entzug der Nahrungszufuhr bei Konsens der Verantwortlichen durchgeführt.

Für Simon (2007, 111) ist die Irreversibilität des Wachkomas unter rechtlichen und ethischen Gesichtspunkten »kein hinreichender Grund für den Abbruch lebenserhaltender Maßnahmen«.

Zieger hält die Beendigung der kurativen Behandlung nur dann für vertretbar, wenn der Sterbeprozess eines Menschen bereits eingesetzt hat. Als Anzeichen dafür gelten: ein Kreislauf, der instabil wird; eine zusammenbrechende Atmung; Blutdruckabfall; eine Situation, in der die Frage einer Reanimation ansteht. Zieger bespricht dann mit dem Team, mit den Angehörigen und auch im körpernahen Dialog mit dem Patienten selbst, ob eine weitere Reanimierung, eine weitere Stützung des Kreislaufs, eine weitere Therapie mit Antibiotika gegen die x-te Lungenentzündung mit der Würde des Patienten übereinstimmt, oder ob auf eine Weiterbehandlung verzichtet werden soll. Zur dann notwendigen palliativen Behandlung gehören die Grundversorgung mit Nahrung, Flüssigkeit und Schmerzbehandlung. Die Einstellung der Ernährung zur Einleitung des Sterbeprozesses bezeichnet Zieger als »aktive Euthanasie« (2007, 80).

Er setzt sich vehement für das Lebensrecht von Menschen im Wachkoma ein (a.a.O. 73f.): »Leben im Wachkoma stellt keinen ›Betriebsunfall‹ dar, den die Akutmedizin nicht wahrhaben möchte, weil er den Heilsversprechen der modernen Medizin diametral widerspricht, sondern die Seinsweise des Wachkomas ist ein Produkt einer zunehmend hektischen, risikofreudigen und extremen Lebensweise in der Moderne, ein Resultat des technischen Fortschritts in der modernen Rettungs- und Intensivmedizin, und ist damit ein verkörpertes Symbol einer sich mit einer biotechnischen Hochleistungsmedizin ›bewaffnenden‹ Gesellschaft. [...] Es wäre zynisch und unmoralisch, die ›Produkte‹ dieser Kultur der Moderne als sinnlose Seinsweise oder ›Abfälle‹ auszusondern oder sich um das Wohlergehen dieser Schwächsten und Letzten nicht weiter zu kümmern oder sie einem ›Niemandsland‹ zuzuordnen, in dem sie getötet werden dürften, ohne dass ein Mord an ihnen begangen wäre.«

Auch bei Kindern ist die Beendigung einer rehabilitativen und kurativen Behandlung nach drei bzw. zwölf Monaten im Wachkoma nicht mit dem grundgesetzlich garantierten Lebensrecht und Schutz vereinbar. Die Schutzrechte sind ja nicht an das Vorhandensein bestimmter Kompetenzen oder Entwicklungen gebunden. Kinder im Wachkoma brauchen kurative Behandlung, bezogene Pflege, Schutz und Förderung in sozialer Teilhabe. Das Grundgesetz verbietet, dass der Tod eines Menschen absichtlich herbeigeführt wird. Das Leben von Kindern im Wachkoma sollte aber auch nicht um jeden Preis intensivmedizinisch verlängert werden, wenn sich die körperliche Situation immer weiter irreversibel verschlechtert und ihre Lebenskraft erschöpft ist. Eltern als Stellvertreter ihrer Kinder und Verantwortliche für das Kindeswohl können zusammen mit den behandelnden Ärzten durch den Krankheitsverlauf vor sehr schwerwiegende und belastende Entscheidungen gestellt werden.

Hauf (1991, 42) forderte aufgrund seiner Erfahrungen schon vor 20 Jahren eine mehrjährige umfassende Behandlung von Kindern im Wachkoma, um ihnen »die Chance zur Spontanremission und zum unterstützenden und fördernden Aufbau kleiner Entwicklungsschritte zu geben«. Er betont auch die Bedeutung konkreter Erfahrungen in realen Lebenssituationen wie Alltagsgestaltung, Naturerleben, Gemeinschaftserfahrungen für die mögliche Wiedererholung der Kinder.

Nach heutigen Kenntnissen und Erfahrungen, die in der Körperbehindertenpädagogik vorliegen, können auch für schwerstbehinderte und pflegebedürftige Kinder ganzheitliche Entwicklungs- und Bildungsangebote bereitgestellt werden. So können sie entsprechende Schulen besuchen, selbst dann, wenn ihre Prognose offen und ihre Lebenserwartung durch die Schwere der Schädigung oder Komplikationen, die sich einstellen, verkürzt ist.

Nach der Verfassung sind Menschen im Wachkoma als lebende Menschen Träger der Grundrechte nach Artikel 2 Absatz 1 GG, haben also Anspruch auf Achtung und Schutz ihres Lebens und ihrer körperlichen Unversehrtheit. Dies ist wichtig festzuhalten, da es bereits Diskussionen darüber gibt (z. B. in den USA), ob das irreversible Wachkoma auch als Tod des Menschen definiert werden kann – analog zu anderen Formen des sogenannten Teilhirntods. Dann bestünde die Möglichkeit, Menschen im Wachkoma als Organspender zu ›gebrauchen‹ und damit den Mangel an Spenderorganen zu verringern.

Höfling (2007, 5) betont, dass solche Überlegungen aus grundgesetzlicher Perspektive inakzeptabel sind. Er bezweifelt aber, dass diese Position uneingeschränkt und ausnahmslos für die Rechtsprechung gilt: »Jedenfalls lassen einzelne Entscheidungen deutliche Relativierungstendenzen erkennen.«

5. Eltern und Kinder

5.1 Familie in Zeiten gesellschaftlicher Veränderungen

Die Familie ist auch heute noch für die meisten Kinder in den ersten Lebensjahren die wichtigste Lebens- und Mitwelt. Neue Perspektiven können sich dadurch ergeben, dass immer mehr Tageseinrichtungen für immer jüngere Kinder geschaffen werden. Sie sollen es den Müttern erleichtern, eine Berufstätigkeit auszuüben und Eltern in den Grundaufgaben für ihre Kinder unterstützen.

Es besteht eine weitgehende Übereinstimmung in Sozialpädiatrie, Sonderpädagogik, Entwicklungsneurologie und -psychologie darüber, was Kinder für ihre grundlegende Entwicklung in der Familie und von den Menschen brauchen, auf die sie in der erweiterten Mitwelt angewiesen sind.

Ein Kind hat gute Entwicklungsbedingungen, wenn es Zuneigung und liebevolle Zuwendung erleben kann, die nicht an erwartete Leistungen oder Verhaltensweisen gebunden sind, sondern die das Kind als Person in seinem Sosein meinen. Es weiß sich dann in seiner Existenz bestätigt und in seinem Eigenwert geachtet (vgl. Speck 2001, 154). Auf dieser Basis kann es tragfähige Bindungen zu den Menschen entwickeln, die für sein Wohlbefinden sorgen, seine Bedürfnisse angemessen und zuverlässig befriedigen und bei denen es Halt und Schutz findet. Sie beziehen das Kind in ihre Lebenswelt mit ein und vermitteln ihm in der gemeinsamen Lebensgestaltung eine normative Orientierung. Das alltägliche Miteinander eröffnet den Kindern auch den Zugang zu Erfahrungen mit der Mitwelt und Umwelt außerhalb der Familie.

Speck (a. a. O.) beruft sich auf Packard, wenn er den Kindern eine Erziehung wünscht, in der sie lernen »Zuneigung zu empfinden, anderen zu vertrauen, sich selbst Wert beizumessen, Aufgaben zu erfüllen, mit anderen Menschen umzugehen und Verantwortung zu übernehmen«.

In empirischen Untersuchungen hat Peterander (1992, 18f.) ermittelt, welches Elternverhalten sich auf die Entwicklung vor allem jüngerer Kinder positiv auswirkt. Besonders günstig sind demnach:
- die Orientierung an dem, was für das Kind wichtig ist; mit ihm sprechen, wenn es Schwierigkeiten hat; überlegen, was man tun kann; zuhören; das Kind mit seinen Fragen ernst nehmen;

- Fröhlichkeit, Gemeinsamkeit: Zuneigung, Körperkontakt, positiver emotionaler Austausch; Gefühle des Kindes erkennen und beachten; gemeinsame Aktivitäten (spielen, erkunden, arbeiten, gestalten etc.);
- Klarheit: Eltern äußern klare Erwartungen hinsichtlich des kindlichen Verhaltens und ihrer Wertvorstellungen; Eltern verhalten sich eindeutig;
- das Bemühen, Dinge aus der Sicht des Kindes zu sehen; beobachten, wie das Kind mit Erlebtem zurecht kommt;
- Geduld und das Stellen entwicklungsangemessener Anforderungen.

Diese Verhaltensweisen sind je nach der aktuellen Befindlichkeit und Situation der Eltern eher möglich oder nur ansatzweise zu realisieren. Sie sind zudem abhängig von den elterlichen Annahmen und Zielen für die Erziehung und Entwicklung ihres Kindes. Eltern gelingt entwicklungsförderliches Verhalten leichter, wenn sie selbst Teil eines Netzwerks guter Beziehungen sind.

Damit ist die Interaktion zwischen Eltern und Kindern auch von den Ressourcen der Familie und dem sozialen Kontext abhängig. Unter günstigen Bedingungen kann es gelingen, dass eine hinreichende Zufriedenheit aller Familienmitglieder möglich ist und dass bei auftretenden Problemlagen oder sich ändernden Anforderungen wieder eine Balance erreicht werden kann (vgl. Engelbert 2003, 211).

Jeltsch-Schudel (2009, 152) spricht von der notwendigen Passung zwischen dem Kind und seiner sozialen Umgebung, damit es die Kompetenzen aufbauen kann, die es für die Bewältigung seiner Entwicklungsaufgaben braucht.

In den Überlegungen von Largo (1999, 248f.) spielt die Frage nach der möglichst guten Übereinstimmung zwischen den individuellen Bedürfnissen und Entwicklungseigenheiten des Kindes und seiner Umwelt eine wesentliche Rolle. Das von ihm vertretene Fit-Konzept geht davon aus, »dass sich ein Kind dann am besten entwickelt, wenn Übereinstimmung zwischen seinem Temperament und seiner Motivation einerseits und den Erwartungen, Anforderungen und Möglichkeiten der Umwelt andererseits besteht«. Sie ist aber nicht immer möglich. Interaktionsschwierigkeiten gehören zur normalen Entwicklung. Das Kind sollte aber in seiner Kindheit folgende Erfahrungen machen können: »Ich fühle mich geborgen. Meine körperlichen und psychischen Grundbedürfnisse werden befriedigt. Ich bekomme ausreichend Zuwendung und fühle mich sozial akzeptiert. Ich kann Fähigkeiten und Verhaltensweisen selbstständig und meinem Entwicklungsstand gemäß erwerben« (a. a. O.).

Dieses Konzept gewichtet bei der Frage der Übereinstimmung auch die individuellen Gegebenheiten beim Kind, die entwicklungsförderliches Elternverhalten erleichtern oder erschweren. Die Eltern sind nicht die »Entwicklungsmacher« ihrer Kinder – ohne dass ihre Bedeutung für die kindliche Entwicklung dadurch geschmälert wird.

Die Verantwortung der Eltern für ihre Kinder, für die Gestaltung des Zusammenlebens in der Familie, für die Erschließung von Ressourcen und das Leben im erweiterten sozialen Kontext ist groß. Die derzeitigen großen gesellschaftlichen Veränderungen wirken sich unterschiedlich auf sie aus. Sie können irritieren, verunsichern, erschweren. Sie ermöglichen aber auch neue Perspektiven, neue Freiheitsgrade und Gestaltungen.

Gesellschaftliche Entwicklungen, die auch Familien mit behinderten Kindern vor neue Herausforderungen stellen, werden u. a. in Soziologie, Psychologie, Ethik, Sozialpädiatrie und Sonderpädagogik untersucht. Zu der folgenden skizzenhaften Beschreibung einiger wesentlicher Aspekte siehe auch Engelbert (2003), Kohler-Weiß (2008; 2009), Largo (2009), Praschak (2003), Seifert (2003a), Speck (2001; 2003), Weiß (2007a).

Die Vielfalt der Lebensformen und Familienstrukturen in unserer Gesellschaft nimmt zu. Viele Mütter ziehen ihre Kinder alleine groß. Nicht selten haben betroffene Kinder nur relativ wenig Kontakt zum Vater. Das kann sich als Erschwerung ihrer psychosozialen Entwicklung auswirken. Die Zahl der Familien wächst, in denen sich Väter oder Mütter nach einer Trennung mit einem neuen Partner und mit ihren nicht verwandten Kindern neu zusammenfinden. Insgesamt ist die Kinderzahl rückläufig. Eine Vielzahl unterschiedlicher Wertorientierungen bestimmt die Lebensgestaltungen und Partnerschaften, die gewählt werden, ebenso wie die Erziehungsvorstellungen, die das Zusammenleben mit den Kindern prägen. Das erleichtert einerseits ein mehr individuelles, selbstbestimmtes Leben. Andererseits ist der Verlust allgemein anerkannter Normen eine ständige Quelle von Verunsicherung, wenn man »nicht weiß, woran man sich halten soll« (Weiß 2007a). Erziehungsziele sind uneindeutig. So wird Erziehung mehr zur privaten Angelegenheit. Jeder ist mehr oder weniger auf sich selbst angewiesen (Speck 2001, 145). Beziehungen zu Nachbarn und Verwandten verlieren an Bedeutung (Weiß 2007a). Unter solchen Gegebenheiten sind das Knüpfen und die Aufrechterhaltung eines stabilen sozialen Netzes sehr erschwert. Es besteht konkret die Gefahr sozialer Verarmung. Sie trifft Eltern mit einem behinderten oder kranken Kind besonders hart, da sie auf gut erreichbare, verlässliche Hilfen besonders angewiesen sind.

Die veränderte finanzielle Situation durch die Wirtschaftskrise und ihre Folgen macht vielen Familien zu schaffen. Die Zahl der kurzarbeitenden oder arbeitslosen Menschen ist hoch und damit das Verarmungsrisiko. Das ist für Eltern von Kindern mit Bewegungsstörungen oder chronischen Krankheiten besonders bitter. Ihre Abhängigkeit von staatlichen Hilfen wächst. Gleichzeitig werden aber Dienstleistungen gekürzt. Mitarbeiter in Ämtern, Dienststellen, Fördereinrichtungen und Schulen werden höher belastet. Es bleibt weniger Zeit für Beratung und wichtige Gespräche. Kosten-Nutzen-Denken nimmt zu. Messbare Effizienz wird großgeschrieben. Entscheidungen über materielle Hilfen werden rigider gehandhabt (Seifert 2003a, 56). So verlieren Eltern notwendige Ressourcen für sich und ihre Kinder.

In dem Maß, in dem eine Familie oder ein alleinerziehender Elternteil mit einem behinderten oder kranken Kind von ungünstigen Veränderungen der gesellschaftlichen Situation betroffen ist, wächst auch das Risiko, dass die Entwicklungsbedingungen des Kindes mitbetroffen sind. Unter ungünstigen Lebensbedingungen ist es schwer, wünschenswertes entwicklungsförderliches Verhalten zu realisieren. Hieraus erwächst eine erhöhte gesellschaftliche Verantwortung, persönliche Hilfen zu erleichtern und notwendige materielle Ressourcen bereitzustellen. Dann kann verhindert werden, dass Kinder, deren Entwicklung ohnehin schon erschwert ist, ebenso wie ihre Eltern ins Abseits geraten. Denn ihr verbrieftes Recht ist gesellschaftliche Teilhabe.

Positive Auswirkungen der heutigen gesellschaftlichen Veränderungen können im Aufbau und differenzierten Ausbau von Fördereinrichtungen, Kindertagesstätten und Schulen gesehen werden. Es gibt viel pädagogisches und psychologisches Wissen, viele Experten und Fachkräfte. Ebenso sind eine ganze Reihe therapeutischer Verfahren entwickelt worden. Sie werden heute auch außerhalb von Spezialinstitutionen angeboten. Die Bereitschaft von Kindertagesstätten und allgemeinen Schulen steigt, auch Kinder mit besonderen Förderbedürfnissen aufzunehmen und sie in die allgemeinen Entwicklungs- und Lernprozesse zu integrieren. Allerdings gibt es dabei noch viele ungelöste Problemlagen. Die Entwicklung ist noch weit entfernt von der in der UN-Konvention festgeschriebenen Inklusion für alle.

Eine sehr bedeutsame gesellschaftliche Entwicklung ist die veränderte Sicht der Rolle der Mutter. Ihr Wunsch nach mehr Selbstbestimmung und gesellschaftlicher Solidarität wird nachhaltig thematisiert. Ein Beispiel dafür ist das »Manifest Mütter behinderter Kinder« (Mütterwerkstatt 2009). Da heißt es u. a.: »Das Leben mit Behinderung ist eine besondere Aufgabe. Gesellschaftliche und politische Wertschätzung und Unterstützung sind die Voraussetzung dafür, ein Kind mit Behinderung groß zu ziehen. Die Lebenserhaltung, Pflege, Förderung, Erziehung und der Schutz unserer Kinder mit Behinderung darf von der Gesellschaft und von der Politik nicht als selbstverständlich und als alleinige Angelegenheit der Mütter und Familien angesehen werden. Wir möchten unsere Gesellschaft als eine solidarische Gemeinschaft erfahren, als eine Gesellschaft, die gerade dadurch lebt, dass Menschen der Gemeinschaft bedürfen. Dazu gehören besonders auch Menschen mit Behinderungen und ihre Familien [...].«

Auch eine Berufstätigkeit wird von Müttern zunehmend angestrebt. Sie ist oftmals schon aus wirtschaftlichen Gründen erforderlich. Veränderungen der Frauenrolle sind aber schwierig, wenn sich die Männerrolle nicht mitverändert. Denn dann muss die Verteilung anliegender Aufgaben in der Familie jeweils ausgehandelt werden. Das ist kaum spannungsfrei möglich. Es ist aber erforderlich, damit die Frau nicht permanent überlastet ist.

Sie trägt ohnehin schwer an der Erwartung, dass sie ihr Kind/ihre Kinder optimal fördert. Dazu trägt die gesellschaftlich vertretene Idee bei, dass man aus Kindern durch Förderung »etwas machen kann«.

Kohler-Weiß (2009, 56f.) sieht als eine Wurzel des bestehenden Drucks auf möglichst frühe, intensive Förderung von Kindern die verbreitete Zukunftsangst an (vor den Folgen des Klimawandels, der Wirtschaftskrise, vor Arbeitslosigkeit, zunehmender Verschuldung, Verarmung etc.). »Eltern, die Kindern keine vielversprechende Zukunft in Aussicht stellen können, empfinden viel Druck, dafür sorgen zu müssen, dass die Kinder das Beste aus sich herausholen, um im späteren Konkurrenzkampf bestehen zu können. [...] De facto lassen sich Eltern in ihrer Erziehung gegenwärtig [...] von der Furcht leiten, ihr Kind könnte in Zukunft zu den Verlierern gehören. [...] Je mehr wir Kinder mit dem Ziel erziehen, sie für den Kampf in der Welt von morgen zu wappnen, desto mehr tragen wir dazu bei, dass sich das Klima der Konkurrenz, des Individualismus und der Hoffnungslosigkeit verfestigt. [...] Für Eltern ist es extrem schwer geworden, Entscheidungen für ihre Kinder zu treffen, die sich dem Zeitgeist des ›survival of the fittest‹ widersetzen.« Unter dem enormen Leistungsdruck mit dem Ideal des perfekten Kindes wird die Toleranz für Abweichungen von Erwartungen und für Beeinträchtigungen geringer. Kinder mit Behinderungen erreichen die heute erwartete frühe Selbstständigkeit allenfalls später. An Behandlungen und Fördermaßnahmen richten sich überhöhte Erwartungen. Dadurch entsteht nicht selten Förderstress, der Kinder und Eltern beeinträchtigt.

Der Wunsch nach dem perfekten Kind unterstützt die Bedeutung, die die pränatale Diagnostik für viele Menschen hat. In ihr wird die Möglichkeit gesehen, sich vorgeburtlich von nicht perfekten, geschädigten oder behinderten Kindern durch Abtreibung zu trennen.

Die Mütter und Väter, die sich auch bei diagnostizierter Schädigung oder Behinderung nach PND für das Leben ihres Kindes entscheiden, schaffen für ihr Kind eine besonders gute emotionale Empfangssituation in der Familie als in seinem Sosein bejahtes, willkommenes Kind. Das ist eine gänzlich andere Ausgangssituation als sie früher von vielen Eltern erlebt wurde. Denn vor Entwicklung der medizinischen Möglichkeiten der PND war es oft so, dass Eltern erst bei der Geburt ihres Kindes von einer Schädigung oder Behinderung erfuhren und verständlicherweise zuerst mit Schock reagierten. Sie brauchten Zeit, um sich auf die unerwartet schwierige Situation einzustellen. Aus dieser Zeit stammen eine Reihe von wissenschaftlichen Untersuchungen, die sehr erhebliche Elternnöte, kaum tragbare Belastungen, große Anpassungsschwierigkeiten und große Hilfs- und Beratungsbedürftigkeit be den Betroffenen fanden. Entsprechend wurden Hilfen, Beratungs- und Schulungsangebote zusammengestellt.

Mit dem Wandel der Elternsituation ändert sich die Situation der Kinder und erfordert andere Antworten der Gesellschaft. Denn Eltern von Kindern mit ausgeprägten Pflege- und Förderbedürfnissen sind zwar belastet, aber keineswegs überwiegend ›bedürftig‹. Ihre Kompetenzen und Ressourcen spielen für ihr eigenes Leben und die Entwicklung ihrer Kinder eine große Rolle (vgl. Ziemen 2003).

Neuere Entwicklungen zeigen, wie bedeutsam es ist, den Fokus in der Wahrnehmung und Zusammenarbeit mit den Eltern darauf zu lenken und auch dadurch die abwertende Negativsicht von Behinderung und ihren Folgen loszulassen zugunsten kreativerer Verstehens-, Begegnungs- und Interaktionsmöglichkeiten.

5.2 Familien mit behinderten Kindern: Belastungen, Kompetenzen und Ressourcen

Es gibt eine Vielzahl von Untersuchungen und Überlegungen zur Situation von Eltern und Familien mit beeinträchtigten Kindern. Sie sind z. T. schwer vergleichbar, da unterschiedliche Erfahrungen oder theoretische Überlegungen Anlass für die vertiefte Auseinandersetzung mit den Fragestellungen waren. Auch ist nicht immer ersichtlich, welche Entwicklungsschwierigkeiten bei den Kindern der befragten Eltern vorlagen. Bei den neueren Arbeits- und Forschungsergebnissen werden zunehmend die Gemeinsamkeiten in Eltern- und Familiensituation betont. Unterschiede, die sich durch verschiedene Schädigungen oder Beeinträchtigungen bei den Kindern ergeben, werden in diesen Arbeiten nicht thematisiert.

Das entspricht einerseits der Erfahrung, dass nicht wenige Kinder gleichzeitig Beeinträchtigungen in mehreren Entwicklungsbereichen aufweisen und daher nicht einer spezifischen Gruppe zugeordnet werden können. Analog dazu ist mit zu berücksichtigen, dass es keine diagnostizierbare Trennungslinie gibt zwischen Kindern, die als nicht behindert gelten und Kindern mit Entwicklungserschwerungen und besonderem Förderbedarf. Alle sind Kinder in ihrer Individualität und Vielfalt, die in ihrem Sosein wahrgenommen, wertgeschätzt und in Förderprozessen unterstützt werden möchten. Das ist ihr gutes Recht und die gemeinsame Verpflichtung von Eltern und Gesellschaft mit allen Institutionen, Personen und Mitteln, die dafür bereitgestellt werden können.

Aussagen über die Gemeinsamkeiten ergeben andererseits Unschärfen und auch nicht zutreffende Befunde in Bezug auf Familien, deren Kinder umschriebene Probleme aufweisen. Denn es gibt große, durch Behinderungen bedingte Unterschiede für das notwendige Engagement, ob bei einem Kind z. B. eine Hörschädigung vorliegt, eine fortschreitende Krankheit, eine Entwicklungsverzögerung, die aber seine Selbstständigkeit wenig beeinträchtigt, eine Schwerstbehinderung mit erheblichem Pflege- und Förderbedarf oder aber eine Verhaltensproblematik bei körperlicher Gesundheit.

So muss auch die Aussage von Thurmair (1990, 58), mit der er Befunde zur Situation von Eltern mit behinderten Kindern zusammenfasst, in der Anwendung auf Familien mit körperlich schwer beeinträchtigten Kindern kritisch reflektiert werden: »[...] und es sieht so aus, als wäre die Auswirkung einer Behinderung eines Kindes nur in Maßen, und vielfach bewältigbar, größer als die Auswirkung eines nicht behinderten Kindes auf die Familie.«

Allgemeine Aussagen über Eltern und Familien mit behinderten Kindern können allenfalls Anhaltspunkte für die eigene Reflexion zu konkreten Lebenssituationen betroffener Menschen sein. Sie dürfen aber nicht zum Ersatz werden für eine achtsame Wahrnehmung und Interaktion. Sie sollten in keinem Fall zur Bildung oder Festigung von Vorurteilen beitragen. Es braucht eine Offenheit dafür, dass Gegebenheiten und Zusammenhänge im Leben von Menschen völlig anders sein können, als Ergebnisse von Untersuchungen es nahelegen.

Es ist keine Frage, dass mit Pflege und Erziehung eines körperlich schwer beeinträchtigten oder chronisch kranken Kindes über lange Zeit besondere Belastungen für Eltern und Familien entstehen.

Ein Vater und eine Mutter berichten von ihren Erfahrungen in ganz unterschiedlichen Bereichen.

> »Susanne und ich wechseln uns mit den ›Nachtschichten‹ ab. Wenn ich an der Reihe bin, hebe ich Friedrich, wenn er unruhig wird, aus seinem Bettchen und versuche, ihn wieder in den Schlaf zu wiegen. Oft klappt das ganz gut und der Anfall lässt sich aufhalten. Allerdings muss man ihn auch vier bis sechs Mal pro Nacht für eine Weile herumtragen. Da bleibt nicht viel Schlaf übrig. Die Nächte sind nervenaufreibend, aber auch innig. [...] Irgendwann wacht er auf und der Drache, wie wir seine Anfälle nennen, kommt zurück. Müde und entsetzt schiebt er seine kleine Unterlippe hervor

und gibt erst leise Klagelaute von sich. Mit zunehmender Stärke der Anfälle weint er schließlich lauthals. Seinen Kopf dreht er dann zu mir, der seine kalt gewordenen Händchen hält und ihn zu beruhigen versucht. Mit seinen großen Augen blickt er mich verzweifelt an. Es ist, als wollte er sagen: › Papa, bitte hilf mir!‹ [...] Es zerreißt mir immer aufs Neue das Herz, denn außer auf ihn einzureden, ihn zu streicheln und ihm Halt zu geben, kann ich nichts tun. Schließlich lassen die Krämpfe irgendwann nach« (Jaenicke 2009).

»Die Krankenkasse schrieb heute, dass dem Erhöhungsantrag auf Pflegestufe zwei für Lea nicht stattgegeben werden kann. Im Gutachten widerspricht sie allerdings ihren eigenen Regeln [...], sodass ich einen Widerspruch formuliert habe. [...] Ich finde es schade, auf solche Dinge wie Pflegegeld angewiesen zu sein, und dass ich mir von den Gutachtern jedes Mal sagen lassen muss, dass Lea in der heutigen Zeit nicht hätte geboren werden müssen. Meines Erachtens ist es zwingend notwendig, in Deutschland eine Grundsicherung für jeden Menschen zu schaffen. Damit würde viel unnötige und unmenschliche Bürokratie erspart bleiben. Alle Menschen sollten vor dem Gesetz gleich sein. Zwar ist das im Grundgesetz verankert, aber in der Realität hängt leider vieles vom verfügbaren Geld ab, egal, ob es darum geht, recht zu haben oder wichtige medizinische und sonstige Hilfe zu bekommen. Menschenwürde ist käuflich geworden. Das muss sich in meinen Augen ändern. Die Menschheit muss sich auf ihre Wurzeln besinnen« (Weilandt 2009).

Die Auseinandersetzung mit der Behinderung oder Krankheit des Kindes erfordert viel Kraft. Arzt- und Behandlungstermine müssen organisiert werden. Vielleicht braucht das Kind Begleitung durch Mutter oder Vater bei notwendigen stationären Behandlungen. Gleichzeitig will auch der häusliche Alltag gestaltet sein. Geschwister brauchen Aufmerksamkeit und Beachtung ihrer Bedürfnisse. Nicht immer ist eine Entlastung durch Großeltern, Verwandte oder Freunde möglich.

Die Pflege des Kindes kann zeitaufwendig und schwierig sein. Es ist möglich, dass sie die Zeit und Energie, die die Eltern für einander haben, deutlich einschränkt (Engelbert 1989, 105). Erschwert wird die Interaktion mit dem Kind, wenn es auf die elterliche Zuwendung, auf Ansprache und Beschäftigungsangebote nur wenig reagiert, wenn es sehr unruhig ist und wenn Gedeihstörungen vorliegen.

Es setzt Eltern sehr zu, wenn sie für ihre Elternschaft mit einem beeinträchtigten Kind kaum soziale Unterstützung finden (Speck 2003, 94; Engelbert 2003, 213). Das kann Selbstwertzweifel und Überforderungsreaktionen auslösen oder verstärken. Nicht wenige Mütter erleben zwiespältige Gefühle, wenn sie sich ihrem Kind zuwenden und dafür von anderen Ablehnung erfahren und wenn sie mit herkömmlichen Abwertungen von Behinderten konfrontiert werden (Ziemen 2003, 31).

Zukunftsängste können sie bedrängen. Finanzprobleme beeinträchtigen unter Umständen die Alltagsgestaltung. Eine eigene Erwerbstätigkeit ist für viele Mütter nicht realisierbar, da ihnen dafür nicht Kraft und Zeit genug bleibt. Alleinerziehende Mütter vermissen oft einen Ansprechpartner in der Familie, mit dem sie Erfahrungen, Sorgen und Entscheidungen besprechen können (Seifert 2003, 45).

Michaelis hat auf besondere Belastungen für die Eltern-Kind-Beziehung aufmerksam gemacht, wenn das Kind wegen der Beeinträchtigung seiner motorischen Entwicklung schon sehr früh Bewegungsbehandlung braucht (1994, 195f.). Er hat beobachtet, dass Frühtherapien die Entwicklung des Bindungsverhaltens beim Kind stören können. Sie beginnen oft in einer für Bindungserfahrungen entscheidenden Zeit. Die Behandlungen durch eine fremde Person können dazu führen, dass die Mutter vom Kind nicht mehr als sicherer Schutz erlebt wird, da sie die Fremdeinwirkung nicht verhindert. Das Problem wird noch verstärkt, wenn die Behandlung für das Kind unangenehm oder schmerzhaft ist, und die Mutter die Übungen aus der Therapiestunde auch zu Hause durchführt. Wehrt das Kind dann ab, entstehen Spannungen mit Ärger und Schuldgefühlen bei der Mutter, wenn sie die anempfohlenen Übungen nicht durchführt.

Spezifische Belastungen für Eltern hängen auch mit der Art und dem Schweregrad der vorliegenden Bewegungsstörung zusammen. Das sei an einigen Beispielen verdeutlicht.

Bei Kindern mit Spina bifida und Hydrozephalus sind wegen der Komplexität der Behinderung viele Arztbesuche, Behandlungs-, Untersuchungs- und Kontrolltermine erforderlich. Nierenprobleme können den Kindern zu schaffen machen. Sie erfordern große ärztliche und elterliche Sorgfalt. Hirndruck und Liquordrainage müssen regelmäßig kontrolliert werden, damit es möglichst nicht zu schwerwiegenden oder sogar bedrohlichen Komplikationen kommt, die umgehend notärztlich und intensivmedizinisch behandelt werden müssen. Hilfsmittel für die Kinder müssen beantragt, angepasst, repariert und erneuert werden: Gehhilfen, Rollatoren, Rollstühle, Schienen, Spezialschuhe. Manche Kinder aus dieser Gruppe brauchen dazu einen Laptop, um Bewegungsstörungen in den Händen beim Schreiben zu kompensieren. Wegen der bestehenden Inkontinenz und der Neigung zu Hautreaktionen mit Druckstellen (Dekubiti) infolge von neurogenen Sensibilitätsstörungen, ist die tägliche Pflege zeitaufwendig. Besuchen betroffene Kinder allgemeine Kindertagesstätten oder Schulen, werden nicht selten Rufbereitschaft und Mithilfe der Mütter verlangt als Bedingung für die Aufnahme des Kindes. Oft müssen die Kinder auch von den Eltern gebracht und wieder abgeholt werden. Alternativ erwarten manche Regeleinrichtungen, dass persönliche Assistenten für die Pflege und Förderung der Kinder in der Bildungseinrichtung von der Familie selbst organisiert und bezahlt werden. Da die notwendigen Therapien (z. B. für Bewegung oder Sprechen) in den Regeleinrichtungen nicht angeboten werden, stehen sie dann für die Nachmittage an. So ergibt sich eine komplizierte Tagesplanung, die Eltern und Kindern kaum Zeit lässt für Gemeinsames, für freie Zeit, spontanes Tun, Zeit mit Freunden, für soziale und kulturelle Teilhabe.

Das gilt analog auch für Kinder, bei denen andere Körperbehinderungen vorliegen.

Kinder mit zerebralen Bewegungsstörungen brauchen viele Hilfen für die Alltagsgestaltung von ihren Eltern und Bezugspersonen. Das bezieht sich auf motorische Aktivitäten wie Fortbewegung, Erkunden, Spielen, Gestalten, Malen, Schreiben, An- und Ausziehen, Körperpflege. Oft sind bei schwerer betroffenen Kindern auch Hilfen bei der Nahrungsaufnahme erforderlich. Die sprachliche Kommunikation kann sehr erschwert und damit für Kind, Familienmitglieder sowie weitere Menschen anstrengend sein. Verstehen, was das Kind ausdrücken möchte, erfordert bei ausgeprägteren Sprechschwierigkeiten ungeteilte Aufmerksamkeit und gutes Einfühlungsvermögen. Technische Hilfen (Talker) können dieses Problem u. U. bei guter Anleitung im Lauf der Zeit verringern.

Professionelle Bewegungs- und Kommunikationsförderung sind für Kinder mit zerebralen Bewegungsstörungen lange Zeit erforderlich. Eltern müssen nach Beratung mit dem Arzt entscheiden, welches Therapieangebot aus dem breiten Angebotsspektrum sie für ihr Kind auswählen. Bei schlechter Verträglichkeit der Übungsbehandlung für das Kind, muss wieder neu entschieden und organisiert werden. Nicht immer sind entsprechende Praxiseinrichtungen oder Kliniken gut erreichbar. So sind auch viele Wegstrecken mit dafür erforderlichen Fahrtzeiten zurückzulegen.

Florian und Findler (2001, 358f.) befragten 80 Mütter von Kindern mit zerebralen Bewegungsstörungen und 80 Mütter von nicht behinderten Kindern im Alter von drei bis sieben Jahren nach belastenden Ereignissen in ihrem Leben, nach inneren Ressourcen (wie z. B. Selbstvertrauen und Selbstwirksamkeit) und nach sozialer Unterstützung. Der Vergleich der Ergebnisse zeigte, dass die Mütter der Kinder mit Bewegungsstörungen höhere Werte für belastende Erfahrungen hatten und niedrigere Werte für Selbstwirksamkeit. Ihr privates soziales Netz umfasste weniger Mitglieder. Sie hatten aber ein größeres Netz professioneller Helfer und Unterstützer. Ein größeres soziales Netz korrelierte positiv mit seelischer Gesundheit und Zufriedenheit in der Partnerschaft. Die Bedürfnisse von Kindern mit zerebralen Bewegungsstörungen mindern die Freizeit der Mütter und deren Möglichkeit, soziale Beziehungen aufzunehmen und fortzuführen. Das Selbstwertbewusstsein der Mütter ist ein wesentlicher Faktor für ihre Zufriedenheit mit der Partnerschaft. Florian und Findler sehen in ihren Befunden den Beleg dafür, dass zerebrale Bewegungsstörungen bei Kindern für ihre Mütter jahrelange körperliche, seelische und soziale Herausforderungen bedeuten. So kommt es darauf an, ihre Selbstwertschätzung und das Erleben von Selbstwirksamkeit ebenso zu unterstützen wie den Ausbau ihres sozialen Netzes.

Hierzu gehören auch Kontakte zu anderen Eltern mit gleich oder ähnlich betroffenen Kindern z. B. in Selbsthilfegruppen oder Fördereinrichtungen. Sie ermöglichen einen intensiven Erfahrungsaustausch, erleichtern Verstehen und Verstandenwerden. Eltern können sich über Entlastungsmöglichkeiten ebenso gegenseitig informieren wie auch über Behandlungen, Kliniken, Fördereinrichtungen. Das erhöht ihre Sicherheit und Kompetenz im Umgang mit der Behinderung und auftretenden Problemlagen.

Bei schwersten Behinderungen stellt die Pflege des Kindes sehr große Anforderungen, z. B. können Sondenernährung notwendig sein, nächtliche Sauerstoffgaben, maschinelle Dauerbeatmung oder eine Trachealkanüle (Kanüle, die zur Erleichterung der Atmung in die Luftröhre eingesetzt wird). Schlafstörungen des Kindes, die Notwendigkeit, das Kind mehrfach nachts im Bett umzulagern, häufiges offensichtliches Unwohlsein des Kindes, schwer diagnostizierbare Schmerzen, epileptische Anfälle, das alles sind nicht nur für das Kind große Belastungen. Sie sind auch für die Eltern kräftezehrend. Der anfallende Arbeitsaufwand ist sehr hoch. Meist wird er überwiegend von der Mutter bewältigt. »Das Essen muss in einer besonderen Weise zubereitet werden, das ist zeitaufwendig und mühsam. Für das Waschen, das Baden, das Wickeln, das Zähneputzen, die Intimpflege, das An- und Auskleiden gelten die gleichen Gesetze. Die medizinische Versorgung, das Absaugen, das Umlagern, das Anlegen der orthopädischen Hilfsmittel, die Wundprophylaxe erfordern breiten Raum. Die Fahrten zu Therapie, die Abwicklung der Krankenhausaufenthalte, die Behördengänge müssen [...] organisiert und koordiniert werden. Die Abstimmung mit den Fachleuten, der notwendige Schriftverkehr, die anfallenden Rechtsauskünfte erfordern ein Maß an Durchhaltevermögen, das an die Toleranzgrenze geht« (Praschak 2003, 35).

Jonas (1990) betont das mögliche Verlusterleben von Müttern schwerstbehinderter Kinder. Ohne qualifizierte Unterstützung verlieren sie an eigenständiger Lebensplanung und an sozialer Integration. Wenn sie es trotz aller Bemühungen nicht schaffen können, dass es ihrem Kind besser geht, kann es sein, dass sie an ihrer mütterlichen Kompetenz zweifeln und sich selbst in Frage stellen.

Auch Väter sind von einer Behinderung ihres Kindes sehr betroffen. Nach außen zeigen sie eher Sachlichkeit, Selbstbeherrschung und Stärke. In einer Befragung (Eckert 2008) sprechen nur 5 Prozent der Väter (gegenüber 16 Prozent der Mütter) über eine hohe Belastung durch die Behinderung des Kindes. Die Väter betonen eher die finanzielle Belastung und Schwierigkeiten in der Organisation des Familienalltags. Sie übernehmen mehr Aufgaben im Haushalt und in der Kinderbetreuung als Väter nicht behinderter Kinder (Sarimski 2009b, 174f.). Mütter versuchen mehr als die Väter, soziale Unterstützung für die Bewältigung des Alltags zu organisieren, auch mehr Kontakte und Beratung. »Väter setzen häufiger auf handlungs- und problemzentrierte Strategien, z. B. indem sie behinderungsrelevante Informationen sammeln, um wieder an Sicherheit zu gewinnen« (Frey 1989 bei Sarimski 2009b, 175).

Nach Eckert (2008, 8) ist für Mütter und Väter behinderter Kinder die Familie eine wichtige Kraftquelle. Die Mütter betonen die Bedeutung, die Kontakte außerhalb der Familie für sie haben. Auch durch Glaubensüberzeugungen fühlen sie sich gestützt. Väter äußern eine hohe Zufriedenheit mit der praktischen und emotionalen Unterstützung innerhalb ihrer Partnerschaft.

Sevenig (2000, 146) fand in seiner Untersuchung heraus, dass die gegenseitige positive Wahrnehmung die Zufriedenheit mit der Partnerschaft stärkt. Sie wird dann durch die Belastungen in Zusammenhang mit der Behinderung weniger beeinflusst. Seine Befunde bestätigen, dass Männer trotz starker Orientierung an äußeren Gegebenheiten ein großes Bedürfnis nach Nähe zur Partnerin und zur Familie haben. Frauen nutzen trotz starkem Bezug zur eigenen Familie viele Ressourcen außerhalb.

Die tatsächlichen Belastungen von Eltern körperlich beeinträchtigter Kinder durch Pflege, Versorgung, Übungsbehandlungen, Mithilfe bei der Förderung, Arztbesuche, Einbußen an Freizeit, dauerhafte körperliche Beanspruchung, Ängste in Bezug auf Entwicklungsprobleme und Prognosen der Kinder, Begleitung bei Krankenhausbehandlungen, hohe Unkosten, Schwierigkeiten bei der Beschaffung notwendiger Hilfsmittel, Verlust an Unabhängigkeit, Gefühl von Isolation etc. werden subjektiv sehr unterschiedlich erlebt.

Sarimski (2009b, 174) weist in Abb. 22 auf Einflussfaktoren der subjektiven Elternbelastung im Alltag hin.

Familien mit behinderten Kindern

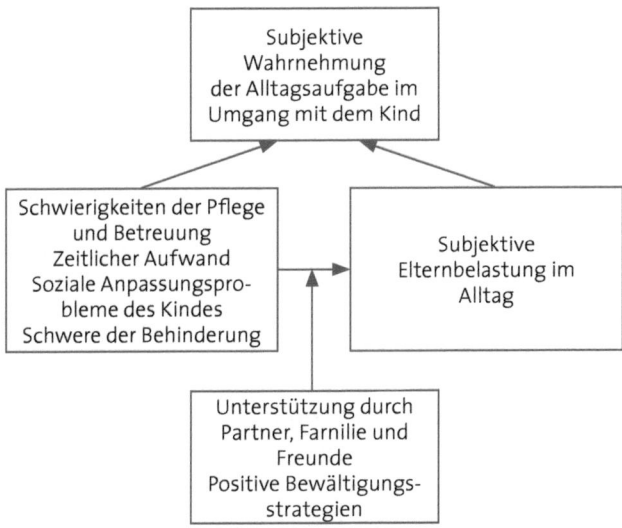

Abb. 22: Einflussfaktoren auf die subjektive Elternbelastung im Alltag

Trotz hoher Belastungen fühlen sich nicht alle Eltern überfordert oder haben Angst, ihre Partnerschaft hielte den Herausforderungen nicht stand. Vorausgegangene Lebenserfahrungen spielen eine große Rolle, ebenso die Partnerschaft und die vorhandenen Bewältigungsstrategien für schwierige Situationen. Die soziale Einbindung erweist sich immer wieder als unerlässliche Ressource. Nicht zuletzt ist aber auch der Grad an Übereinstimmung der kindlichen Bedürfnisse mit den Kompetenzen und Möglichkeiten der Eltern, sich auf das Kind in seinem Sosein einzustellen ein nicht zu unterschätzender Einflussfaktor für das subjektive Erleben der Belastungen.

Auch Antonovsky (1997) hat sich in seinen Arbeiten intensiv damit auseinander gesetzt, was es Menschen erleichtert, mit belastenden Lebenserfahrungen umzugehen. Im Zentrum seiner Überlegungen und Befunde steht das sogenannte Kohärenzgefühl. Darunter versteht er ein sowohl anhaltendes als auch dynamisches und flexibles Vertrauen in dreifacher Hinsicht (1997, 34f.):
– dass Herausforderungen und Belastungen, die sich im Lauf des Lebens ergeben, nicht chaotisch, willkürlich, zufällig und unerklärlich sind, sondern verstehbar und erklärbar, auch wenn sie überraschend auftreten (Verstehbarkeit der Stressoren und Stimuli)
– dass man Ressourcen hat, um den Anforderungen zu begegnen, die sich

- aus den Herausforderungen und Belastungen ergeben
  (Handhabbarkeit der Anforderungen)
- dass die auftretenden Herausforderungen Anstrengungen und Engagement wert sind
  (Bedeutsamkeit der vom Leben gestellten Probleme und der eigenen Anstrengungen zu ihrer Bewältigung).

Nach Antonovsky wird dieses umfassende Vertrauen im soziokulturellen Kontext und in Abhängigkeit von individuell gegebenen Möglichkeiten von früher Zeit an entwickelt. In der Adoleszenz entscheidet es sich, inwieweit das bis dahin entwickelte Kohärenzgefühl auch bei der Übernahme der neuen gesellschaftlichen Rollen und Verantwortungen erhalten bleiben kann, und inwieweit es sich neu konstellieren muss. Antonovsky geht davon aus, dass es vom Erwachsenenalter an relativ stabil bleibt. Neuerdings (vgl. Franke in Antonovsky 1997) wird auch die Meinung vertreten, dass das Kohärenzgefühl lebenslang durch Erfahrungen beeinflussbar bleibt.

Ein ausgeprägtes dynamisches Vertrauen wird auch durch viele alltägliche Widrigkeiten nicht wesentlich erschüttert (Antonovsky 1997, 116). Es erleichtert flexible Reaktionen auf Herausforderungen. So fällt es den Eltern mit starkem Kohärenzgefühl leichter, ihrem Kind entwicklungsförderliche Bedingungen zu ermöglichen mit sensiblem Eingehen auf die kindlichen Bedürfnisse, mit stabiler Orientierung bei verlässlich zugewandter Beziehung. Behinderungsbedingte Belastungen werden geringer erlebt, ihr Selbstwertgefühl ist weniger gefährdet. Es fällt ihnen leichter, soziale Unterstützung zu finden.

Für Menschen mit einem schwächeren Kohärenzgefühl aufgrund ungünstigerer biografischer Bedingungen in Kindheit und Adoleszenz ist der Umgang mit Belastungen entsprechend mühsamer.

Einschneidende Erfahrungen wie z. B. die Diagnose einer Behinderung beim eigenen Kind, ein schwerer Unfall des Kindes, bedrohliche Erkrankungen, der Verlust naher Menschen, führen zu Inkohärenz, zum Verlust des Vertrauens in die Verstehbarkeit der Situation, in die Handhabbarkeit der Anforderungen und die Bedeutsamkeit der Probleme und der eigenen Anstrengungen. Nach Antonovsky ist eine solche Inkohärenz meist ein vorübergehender Zustand. Bei guter sozialer Unterstützung (a. a. O. 26) kann das für einen Menschen vorher charakteristische Kohärenzgefühl wieder erreicht werden.

Aus diesen Überlegungen ergeben sich weitere wichtige Anhaltspunkte zum Verständnis des individuellen Belastungserlebens von Eltern mit körperlich beeinträchtigten Kindern und für Möglichkeiten ihrer Unterstützung.

5.3 Auseinandersetzung mit der körperlichen Beeinträchtigung des Kindes

Individuelle, soziale und gesellschaftliche Gegebenheiten erleichtern oder erschweren die Auseinandersetzung der Eltern mit den Entwicklungsproblemen ihres Kindes. Bedeutsam sind aber auch Art und Verlauf der vorliegenden Beeinträchtigungen.

Schwere Behinderungen bei Kindern werden heute immer häufiger schon vor der Geburt diagnostiziert. Manche Behinderungen fallen bei der Geburt auf oder werden erst im Verlauf der Entwicklung deutlich. Fast immer ist die Situation der Erstdiagnose für die Eltern besonders schwierig. Statt der Erfüllung ihres Wunsches nach einem gesunden Kind, das zur Lebensfreude beiträgt, sind sie konfrontiert mit Behinderung, Krankheit, Schmerz. Sie erleben vielleicht Schuldgefühle und fühlen sich vielleicht auch unter sozialem Druck.

Viele betroffene Eltern reagieren auf die erste Information sehr heftig, mit Schrecken, Schmerz, Angst, vielleicht auch mit innerem Protest oder Zweifeln an der Diagnose bzw. der Kompetenz des Arztes (vgl. Weise 1985). Speck schreibt (2003, 94) über die Situation der Eltern: »Erschüttert ist das gesamte Sinngebäude der bisherigen Lebensorientierung. Erlebt werden negative Wertungen der Umwelt. Empfunden wird ein Verlust an Selbstwert. Fragen nach dem Sinn des künftigen Lebens drängen sich in den Vordergrund. ›Was ist mein Leben mit diesem Kinde noch wert? Was bin ich mit ihm nun für andere wert?‹ [...] Das bisherige Wertsystem ist herausgefordert und verunsichert. Die weitere Lebensgestaltung erscheint als hochbelastet und schwierig. Man wird mit unerwarteten Verantwortlichkeiten und Verpflichtungen konfrontiert. Eine Neuorientierung der Lebenswerte wird erforderlich. Man braucht [...] fachkompetente Beratung [...], technische Hilfen [...] und auch Unterstützung in menschlicher [...] Hinsicht.«

Ist es zunächst unsicher, ob beim Kind eine Beeinträchtigung vorliegt, und ist eine eindeutige Diagnose erst nach einiger Zeit möglich, durchleben die Eltern eine Zeit des Hoffens und Bangens mit all den Spannungen, die mit Unsicherheiten verbunden sind und das Handeln erschweren.

Die Diagnose einer Entwicklungsstörung ist dann einerseits sehr belastend, weil die Hoffnung auf eine ungestörte Entwicklung des Kindes aufgegeben werden muss. Andererseits eröffnet die neue Klarheit den Eltern die Möglichkeit der Auseinandersetzung und die Anpassung an die Situation (vgl. Smith et al. 2004).

Viele nichtbehinderte Neugeborene werden mit Erleichterung und Freude begrüßt. Eltern, Angehörige, Fachkräfte der Klinik freuen sich an ihnen, vermitteln Wärme, Schutz, Geborgenheit. Das Neugeborene mit einer Behinderung wird eher mit Betroffenheit und Irritierung in Empfang genommen. Oft müssen sofort Maßnahmen eingeleitet werden. Das Kind kann sich nicht ausruhen von der Geburt, darf nicht bei der Mutter sein. Es ist vielleicht gefährdet, muss diagnostiziert und behandelt werden: intensivmedizinisch, chirurgisch, medikamentös etc. Bei allem notwendigen Bemühen ist das kein freundlicher Empfang für ein Kind.

Dem steht gegenüber, dass es für Kinder und Eltern sehr wichtig ist, dass die Eltern nach der Geburt in Ruhe Kontakt mit ihrem Kind aufnehmen können, dass sie es genau anschauen, berühren, halten und fühlen können, damit eine Fehlbildung oder Behinderung kein unfassbarer Schrecken ist, der den Blick auf das reale Kind verschattet.

Neugeborene haben bereits komplexe Wahrnehmungsmöglichkeiten. Frühe belastende Erfahrungen, wie Lebensbedrohung, vitale Angst, Desorientierung nach großen Operationen, werden nicht leicht überwunden. Allerdings sind Auswirkungen solcher Traumatisierungen abhängig von der erlebten Beziehungsqualität nach der extremen Erfahrung. Das gilt übrigens auch für Eltern. Auch sie brauchen nach traumatisierenden Erfahrungen besonderen Schutz und Zuwendung durch Menschen, die ihnen beistehen.

Kinder mit Behinderungen müssen von Geburt an sehr achtsam und liebevoll gepflegt werden. Das verringert die Gefahr, dass die unvermeidbaren Irritierungen und Störungen durch notwendige Maßnahmen ihre gesamte Entwicklung dauerhaft belasten. Bei manchen Neugeborenen mit Behinderungen sind längere stationäre Behandlungen nötig. Sie brauchen auch in dieser Zeit eine konstante Bezugsperson – wenn irgend möglich die eigene Mutter.

In der intensiven Beziehung zur Mutter erlebt das Kind seinen Körper, sich selbst und gleichzeitig das Du – die Mutter. Die Mutter vertritt für das sehr junge Kind die Welt. Der Körperkontakt zwischen Mutter und Kind spielt für Erleben und Grunderfahrungen des Kindes eine große Rolle. Im Körperkontakt erlebt es sich als angenommen und geliebt. Es macht alle möglichen Wahrnehmungen und Entdeckungen. Wahrnehmungen ohne Körperkontakt ängstigen und irritieren das Kind eher.

Eine anhaltende Trennung von der Mutter wird vom jungen Kind als Verlassenwerden erlebt. Es kann die tiefe Überzeugung entstehen, nicht geliebt zu werden oder eigentlich kein Lebensrecht zu haben. Ein solches Kind kann später große Mühe haben, ein Gefühl für die eigene Identität zu entwickeln, seine Möglichkeiten einzusetzen und volle Verantwortung für sich zu übernehmen (vgl. Asper 1987).

Auch bei Intensivpflege ist es entscheidend wichtig, den Eltern den Kontakt mit ihrem Kind zu erleichtern, sodass sie ihre Scheu verlieren und sich dem

Kind zuwenden können, es ansprechen, berühren, bei der Pflege helfen. Bei frühgeborenen Kindern hat sich die sogenannte Känguru-Pflege (vgl. Marcovich; de Jong 1999) sehr bewährt. Dabei verbringen die Kinder möglichst viel Zeit auf dem Körper der Mutter oder des Vaters liegend. Die Zuwendung verstärkt den Lebenswillen und die Entwicklungsinteressen der Kinder. Sie erleichtert auch die so wesentliche Entwicklung einer tragfähigen Bindung zwischen Bezugsperson und Kind. Die Befunde Ijzendoorns (bei Linderkamp 2006, 111) zeigen, wie wichtig das ist, denn er fand in seiner Metaanalyse über Bindungsverhalten, dass Kinder mit neurologischen Auffälligkeiten später in 35 Prozent der Fälle Anzeichen von unsicherer bzw. desorganisierter Bindung aufwiesen.

Es ist bedeutsam, dass Ärzte und Pflegekräfte den Eltern Veränderungen in Behandlung und Pflege erklären und dass sie Eltern helfen, ihr Kind und seine Verhaltensweisen zu verstehen.

Linderkamp (2006) empfiehlt aufgrund seiner Erfahrungen auch für die Zeit, in der die Kinder in Intensivpflege sind, entwicklungsfördernde Pflege mit Berücksichtigung der individuellen Bedürfnisse der Kinder.

Bei der Mehrzahl der Eltern von Jungen mit Duchenne-Muskeldystrophie (DMD) setzt die Auseinandersetzung mit der Krankheit ihres Jungen früh ein, bei manchen Eltern beginnt sie später – entsprechend einer späteren Diagnosestellung.

Etwa 60 bis 70 Prozent der Mütter betroffener Jungen haben männliche Verwandte mit derselben Krankheit. Das heißt aber nicht, dass es ihnen bewusst ist, Trägerinnen dieser Vererbung zu sein, da weder alle männlichen Mitglieder einer Familie krank werden, noch alle weiblichen Mitglieder die Vererbung weitergeben. Da es erkrankte Verwandte gibt, ist für sie die Sorge groß, dass ihr Sohn vielleicht auch krank wird, denn die DMD führt erst im Kleinkindalter zu deutlichen Symptomen. Vorher ist eine Abklärung durch eine genetische Untersuchung möglich.

Rund 30 Prozent der Mütter sind nicht Trägerinnen der Vererbung. Bei ihnen besteht zunächst kein Anlass für eine Verunsicherung in Bezug auf die Entwicklung ihres Jungen. Es kann einige Zeit dauern, bis das Bewegungsverhalten auffällig und eine Diagnose gestellt wird. Das geschieht spätestens dann, wenn das schon gehfähige Kind oft hinfällt, zunehmend Schwierigkeiten mit dem Aufstehen hat und beim Gehen schnell ermüdet. Es kommt sogar vor, dass die frühen Symptome als Ausdruck einer zerebralen Bewegungsstörung fehlinterpretiert werden. Eltern suchen dann oft mehrere Ärzte und Kliniken auf, bis sie Klarheit über die Bewegungsstörung ihres Jungen haben. Die dann festgestellte Diagnose ist für Eltern ganz besonders erschreckend, weil die DMD eine fortschreitende, nicht heilbare Krankheit ist – wenn auch die Lebenserwartung heute bis ins Erwachsenenalter reicht.

Die Eltern müssen sich nicht nur damit auseinandersetzen, dass ihr Sohn krank ist und ihre Hilfe zunehmend brauchen wird, sondern auch damit, dass seine Lebenserwartung verkürzt ist. Ist die Mutter Überträgerin besteht zudem das Risiko, dass weitere Jungen, die sie bekommt, krank sein und ihre Töchter die Krankheit später an eigene Söhne weitergeben können.

Die Mütter fühlen sich oft schuldig dafür dass ihr Sohn krank ist, selbst dann, wenn sie nicht Überträgerinnen sind und eine Spontanmutation als Ursache der DMD angenommen wird.

Die Auseinandersetzung mit der Behinderung ist anhaltend, da fortwährend neue Anpassungen an die sich verschlechternde Situation erforderlich sind. Es treten trotz nächtlicher und später auch täglicher Sauerstoffzufuhr Komplikationen mit der Atmung auf, die klinische oder intensivmedizinische Behandlung erfordern können. Treten lebensbedrohliche Komplikationen mehrfach auf, bleibt oft eine ständige Beunruhigung bestehen. Die zunehmende Pflegebedürftigkeit durch das Schwächerwerden der Muskulatur ist vor allem für die Mutter ein zunehmendes Problem. Denn da ist einmal die wachsende körperliche Belastung bei der Pflege. Dazu können Interaktionsspannungen zwischen Mutter und Sohn kommen, da die Adoleszenz eigentlich die Zeit zunehmender Verselbstständigung und Ablösung von den Eltern ist. Aber ein Jugendlicher oder junger Erwachsener mit DMD wird zunehmend abhängig in allen alltäglichen Belangen. Und das trifft häufiger die Mütter als die Väter sofern sie einer Erwerbstätigkeit nachgehen. Manchen betroffenen jungen Männern gelingen mit entsprechender Pflege- und Alltagsassistenz eine Berufsausbildung, ein Studium und eine Berufstätigkeit und vielleicht doch noch die Ablösung von zu Hause.

In jedem Fall ist es sehr leidvoll für die Eltern, das Schwächerwerden des eigenen Sohnes mitzuerleben bis zum Tod. Manche Betroffenen (DMD-Kranke wie Eltern) erleben mit Heftigkeit die Frage nach dem Warum eines solchen Schicksals. Auch spirituelle Krisen sind möglich.

Die Auseinandersetzungen von Eltern, deren Kinder durch Unfälle verletzt, geschädigt und traumatisiert wurden, haben wiederum andere Inhalte und Verläufe.

An schweren Unfällen im Kindesalter kommen z. B. vor: Verkehrsunfälle mit Schädel-Hirn-Traumata, schweren Verletzungen von Gliedmaßen, Rumpf und inneren Organen; Unfälle mit Tieren, die zu Stürzen führen; Verletzungen von Gliedmaßen; Verbrennungen, die Entstellungen zur Folge haben; Erfrierungen, die Amputationen erforderlich machen; Sportunfälle; Ertrinkungsunfälle mit anschließendem Koma und Wachkoma; Verletzungen durch Explosionen, Kriegsumstände, Gewalt und Naturkatastrophen.

Durch die physische Verletzung und Bedrohung verändert sich die Lebenssituation eines Kindes plötzlich und vollständig. Die Bezugspersonen und die innerfamiliäre Dynamik sind in diese erhebliche und abrupte Veränderung miteinbezogen. Der Unfall, die Verletzung, hat erhebliche physische Probleme wie Schmerzen, Veränderungen des Körpergefühls, Funktionsveränderungen, Funktionsverlust, Immobilisation, Abhängigkeit, Hilflosigkeit vorübergehend oder auf Dauer zur Folge. Manche Kinder bleiben nach einem schweren Unfall lebenslang behindert. Andere gewinnen verlorene Kompetenzen wieder zurück. Schwere Unfälle, Verletzungen, haben immer auch einschneidende Folgen in emotionaler und sozialer Hinsicht. Heftige Gefühle von Angst und Panik kommen vor, Schmerz, Trauer und Wut über den Verlust von Freiheit und Beweglichkeit, Trennung von den Eltern und Freunden. Diese Gefühle können im Erleben unklar sein durch Schock, heftigen Schmerz, Amnesie, Bewusstseinstrübungen oder hoch dosierte Medikamente. Oft ist auch die Verunsicherung des Kindes darüber groß, ob es als verletztes Kind noch von seinen Bezugspersonen wertgeschätzt und geliebt wird. Insbesondere bei jüngere Kindern und bei Kindern, die wegen des Unfalls Schuldgefühle haben, tragen Unfallfolgen – wenn sie als Bestrafung interpretiert werden – und die Trennung von den Eltern zu dieser Verunsicherung bei.

Die Situation von Eltern und Geschwistern wird durch die schwere Verletzung eines Kindes erheblich beeinflusst. Eine große Rolle spielt die Angst, Angst um das Kind, Angst vor möglichen Spätfolgen des Unfalls wie dauerhafte Behinderung, Entstellung, Problemen in der Schule und mit der späteren beruflichen Eingliederung. Bei manchen Eltern treten wegen des Unfalls Schuldgefühle auch dann auf, wenn sie ihn nicht hätten verhindern können. Es ist sehr schmerzlich für Eltern, zu erleben, wie verletzt ihr Kind ist, wie verändert und beeinträchtigt. Dazu kann Wut auf Menschen und Ereignisse kommen, die den Unfall ausgelöst oder verursacht haben, mit der Frage nach einer gerichtlichen Klärung und möglichen Schadensersatzregulierungen. Solche Prozesse können sich über lange Zeit hinziehen. Solange dies die Eltern sehr belastet, kann die Interaktion mit dem Kind erschwert sein.

Eltern reagieren sehr betroffen, wenn ihr Kind verunglückt und ein Schädel-Hirn-Trauma erleidet. Schock und Angst sind oft erste Reaktionen. Vielleicht haben sie ihr Kind erst kurz zuvor ganz gesund zur Schule geschickt oder zu Freunden gehen lassen. Und dann werden sie von der Polizei oder vom Notfallseelsorger informiert und finden ihr Kind im Koma auf einer Intensivstation, von Monitoren überwacht, maschinell beatmet, mit Hilfe von Infusionen mit Medikamenten versorgt und künstlich ernährt.

Für die Zeit des Wachkomas müssen Eltern herausfinden, wie sie ihr Kind ansprechen, wie sie die Verhaltensweisen und körperhaften Ausdruckszeichen verstehen lernen können. Sie machen sich Sorgen, ob das Kind das volle Bewusstsein wieder erlangen kann, ob es wieder sprechen lernen wird, ob es eine anhaltende Bewegungsstörung entwickelt, ob seine kognitive Entwicklung behindert ist – oder ob es wieder so wird wie es vor dem Unfall war. Hauf (1991) erlebt Eltern, die gleichzeitig voll Hoffnung sind und voll Angst vor dem was kommt. Sie sind plötzlich mit schwerer Behinderung konfrontiert, mit einem unklaren Ausgang bis hin zu der Möglichkeit, dass das Kind stirbt.

Es ist außerordentlich wichtig, dass die Eltern schon während der klinischen Behandlung des Kindes Gelegenheit bekommen, über ihr Erleben zu sprechen, über ihre eigene Betroffenheit, die Angst um ihr Kind, ihren Schmerz u. a.. Eltern brauchen in einer solchen Situation Gesprächspartner, die ihnen helfen, sich wieder psychisch zu stabilisieren, um sich dann auch dem Kind weniger belastet zuwenden zu können. Weitere Gespräche sind nötig, damit Eltern Veränderungen im Befinden des Kindes verstehen und damit Fragen zu Unfallfolgen, Behandlung und Prognose beantwortet werden können. Eltern brauchen auch Anleitung, um sich an der Pflege des Kindes beteiligen zu können. Das ist gleichzeitig die Vorbereitung auf die Zeit nach der Entlassung aus der stationären Therapie. Wenn die Teilnahme an einer Gruppe von ähnlich betroffenen Eltern möglich ist, erfahren sie darin Unterstützung und Ermutigung, die ihnen den Umgang mit der Situation erleichtern können.

Sarimski (2009b, 164f.) betont, dass zu jedem Zeitpunkt die Anerkennung der Diagnose einer bleibenden Behinderung beim Kind »einen Abschied bedeutet von der Hoffnung auf ein gesundes, sich normal entwickelndes Kind, das sich die Eltern gewünscht hatten, und einen Verlust an Zukunftssicherheit.« Als Herausforderungen für die Eltern bei der Auseinandersetzung mit der Diagnose beschreibt er:
– Enttäuschung und Trauer über die Behinderung
– Beschäftigung mit Schuldgefühlen, Vorwürfen oder Zorn
– Unsicherheit über die zukünftigen Entwicklungsperspektiven
– Belastung der Bewältigung von Pflege- und Behandlungsaufgaben
– Entscheidungen zwischen verschiedenen Behandlungsalternativen.

Mehrere Forscher und Fachleute haben seit den 70er Jahren versucht, typische Auseinandersetzungs- und Bewältigungsprozesse von Eltern mit unterschiedlich behinderten Kindern herauszufinden, von der Reaktion auf die Erstdiagnose an bis zur Anpassung an die Situation, die Bedürfnisse des Kindes und die eigenen.

Sie haben dabei folgende Charakteristika herausgearbeitet.

Nicht wenigen Eltern fällt es schwer zu realisieren, dass ihr Kind eine bleibende Behinderung oder nicht heilbare Krankheit hat. Sie unternehmen alles ihnen Mögliche, um ihrem Kind zu helfen, auch in dem mehr oder weniger bewussten Versuch, die Behinderung oder Krankheit ungeschehen zu machen, den »Schaden zu heilen«, mit der Hoffnung, es werde dann alles gut. Verschiedene Ärzte und Behandlungszentren werden aufgesucht, Reisen zu Fachleuten ins Ausland unternommen, unterschiedliche Therapien versucht. Insgesamt ist der therapeutische Einsatz sehr groß. Manches geschieht mit dem Ziel, dass das Kind vor dem Schuleintritt als nicht mehr behindert angesehen werden kann und es so den Anforderungen einer allgemeinen und weiterführenden Schule umso besser entsprechen kann. Wenn es bei solchen Bemühungen über lange Zeit bleibt, entwickeln sich Überforderungssyndrome und Erschöpfung. Eltern erwarten in dieser Zeit von Fachkräften und Therapeuten konsequentes, häufiges Fördern und Behandeln.

Wenn Eltern dann erleben, dass die körperlichen Beeinträchtigungen trotz all der engagierten, aufwendigen Bemühungen nicht rückgängig gemacht werden können, setzen oft heftige Reaktionen und Gefühle ein: Erschütterung, Schmerz, Aggression, Ohnmacht, Schuldgefühle, depressive Verstimmungen. Die Frage nach dem Sinn der Anstrengungen und des Kampfes gegen die Schädigung oder Behinderung tritt auf. Mitunter führt das zu Therapieabbrüchen.

Werden diese Gefühle durchlebt, beginnt eine neue, realistische Auseinandersetzung mit der Behinderung und ihren Folgen, oft verbunden mit einer neuen, entspannteren Beziehung zum Kind. Fördermaßnahmen und Therapien werden in ihrer relativen Bedeutung gesehen.

Eltern gewinnen ihr Gefühl für ihre eigene Identität, für ihre eigenen Kompetenzen zurück. Das Kind wird in seiner Entwicklung unterstützt. Es werden aber auch die eigenen physischen, emotionalen, sozialen und kulturellen Bedürfnisse wieder beachtet. Veränderungen werden erprobt. (vgl. Jonas 1990; Kast 1990; Hinze 1993). Es gelingt zunehmend besser, die menschliche Begrenztheit zu akzeptieren. In der Zuwendung zum Kind und der Auseinandersetzung mit seiner Behinderung verändert sich das eigene Normen- und Wertesystem zugunsten größerer mitmenschlicher Bezogenheit und Akzeptanz. Die Beziehung zu Menschen und zum Leben wird neu gesehen und gestaltet. Die Orientierung an gesellschaftlichen Normvorstellungen spielt nicht mehr die Ausschlag gebende Rolle zugunsten einer stärkeren Akzeptanz des Lebens wie es ist: mit seinen reichen, schönen, Staunen machenden Seiten, aber auch mit seinen schweren Seiten wie Krankheit, Behinderung, Tod, Verlust, Grenzen in den Kindern, in den Eltern selbst, in den Fachleuten, in allen Menschen (Abb. 23a und b).

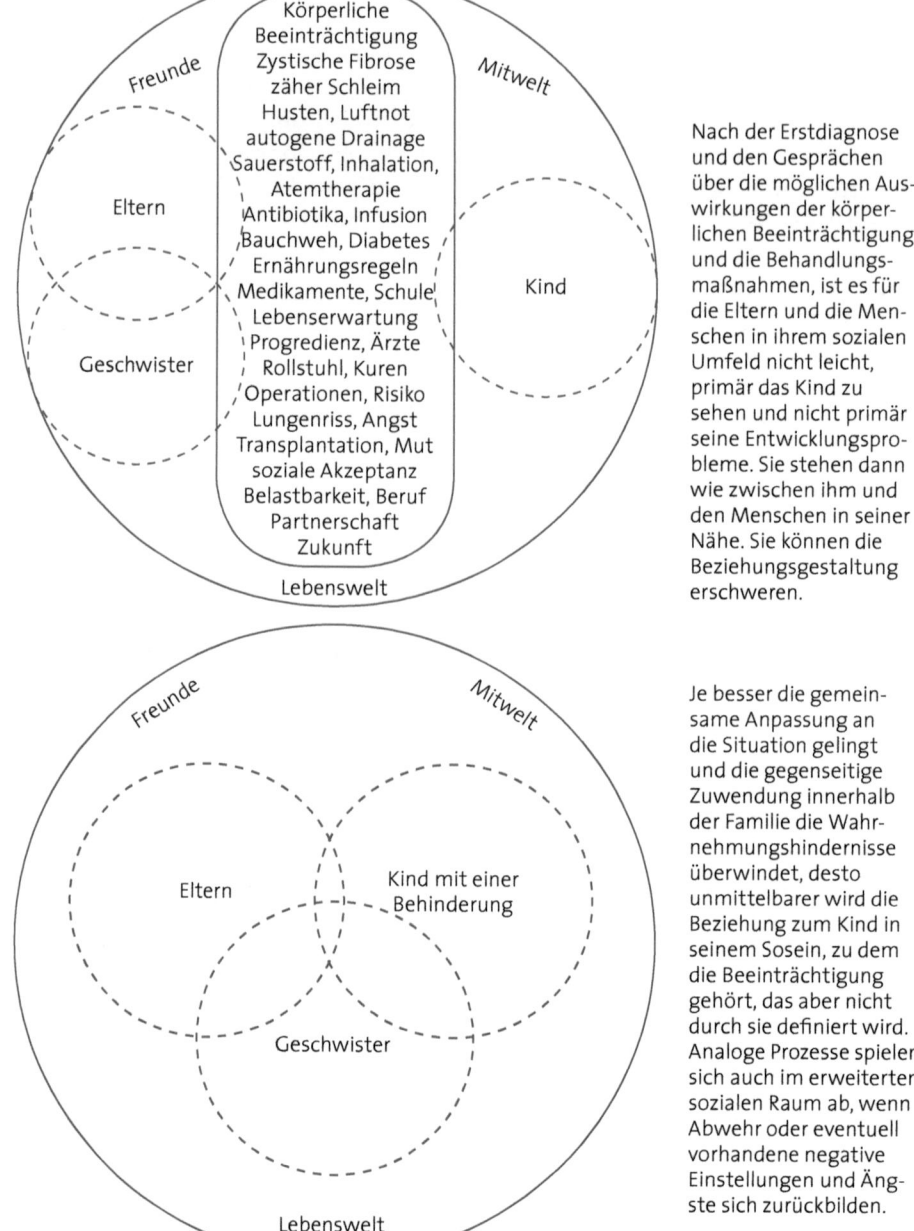

Nach der Erstdiagnose und den Gesprächen über die möglichen Auswirkungen der körperlichen Beeinträchtigung und die Behandlungsmaßnahmen, ist es für die Eltern und die Menschen in ihrem sozialen Umfeld nicht leicht, primär das Kind zu sehen und nicht primär seine Entwicklungsprobleme. Sie stehen dann wie zwischen ihm und den Menschen in seiner Nähe. Sie können die Beziehungsgestaltung erschweren.

Je besser die gemeinsame Anpassung an die Situation gelingt und die gegenseitige Zuwendung innerhalb der Familie die Wahrnehmungshindernisse überwindet, desto unmittelbarer wird die Beziehung zum Kind in seinem Sosein, zu dem die Beeinträchtigung gehört, das aber nicht durch sie definiert wird. Analoge Prozesse spielen sich auch im erweiterten sozialen Raum ab, wenn Abwehr oder eventuell vorhandene negative Einstellungen und Ängste sich zurückbilden.

Abb. 23a und b: Familie und Kind mit einer körperlichen Beeinträchtigung

Bekannt ist auch die Arbeit von Schuchardt (1987, 45; 1996, 48). Sie beschreibt den Prozess der Auseinandersetzung mit einer körperlichen Beeinträchtigung als »Lernprozess in acht Spiralphasen«:

Ungewissheit: Was ist eigentlich los ...?
Gewissheit: Ja, aber das kann doch nicht sein?
Aggression: Warum gerade ich?
Verhandlung: Wenn ... dann muss aber ...?
Depression: Wozu ... alles ist sinnlos ...?
Annahme: Ich erkenne jetzt erst ...
Aktivität: Ich tue das ...
Solidarität: Wir handeln ...

Die ursprünglich häufig vertretene Annahme, dass die meisten Eltern diese Prozesse in typischer Abfolge durchleben, wurde in der Folgezeit zunehmend in Frage gestellt. Es wurde auch weitgehend aufgegeben, von betroffenen Eltern die Akzeptanz einer schweren Behinderung oder Krankheit zu erwarten. In der Zusammenarbeit mit ihnen geht es vielmehr darum, ihre Anpassung an die individuell gegebene Situation zu unterstützen und zu erleichtern. Konsens besteht darüber, dass Prozessphasen keineswegs dazu dienen dürfen, Elternverhalten danach zu bewerten »wie weit sie schon im Verarbeitungsprozess gekommen sind und was für sie noch ansteht«.

Heute gelten mögliche Phasen der Auseinandersetzung als normale, individuell vorkommende Befindlichkeiten und Verhaltensweisen ohne zwingende Reihenfolge. Wenn überhaupt unterscheidbare Phasen auftreten, können sie unterschiedliche Abläufe aufweisen oder auch mehrfach auftreten. Dies bestätigt z. B. die Untersuchung von Wöhrlin (1997, 54). »Wir konnten folgende Copingprozesse finden, die bei den Eltern jedoch in unterschiedlicher Reihenfolge ablaufen. Die im Folgenden genannten Reihenfolge der Bewältigungsschritte ist deshalb willkürlich:
– Erleben der Behinderung als Belastung
– Einstellung zur Belastung und zum Kind
– Vermeidung der Konfrontation mit der Behinderung
– Behinderung als Herausforderung
– Hoffen auf Veränderbarkeit der Behinderung
– Suche nach Kontakt und Unterstützung
– Akzeptanz der Behinderung.«

Eine häufiger geäußerte Kritik an den Beschreibungen der Phasen- bzw. Stufenmodelle der Auseinandersetzung bzw. des Bewältigungsprozesses bezieht sich darauf, dass sie sich überwiegend auf die innerpsychische Verarbeitung, und auf individuelle Anpassungsprozesse an die gegebene Situation beziehen. Die soziale Dimension solcher Prozesse, die heute mehr thematisiert und beachtet wird, spielt in den Beschreibungen keine entscheidende Rolle (vgl. dazu Praschak 2003, 33; Hintermair 2001, 50; Ziemen 2003, 30). Man muss aber fairerweise berücksichtigen, dass zu keinem Zeitpunkt Zweifel daran bestanden, dass die Auseinandersetzung mit einer körperlichen Beeinträchtigung des eigenen Kindes in ständiger Interaktion mit Menschen innerhalb und außerhalb der Familie stattfindet – also im sozialen Raum, durch den sie mitgestaltet wird.

Sarimski (2009, 166) plädiert für eine Sichtweise, nach der »eine Behinderung als kritisches Lebensereignis und die Mitteilung einer Diagnose als potenziell traumatisierende Erfahrung« angesehen wird. Dieses Konzept greift auf Erfahrungen aus der Stress- und Traumaforschung zurück und räumt der subjektiven Bewertung der Behinderung, persönlichen, biografisch bestimmten Bewältigungsstrategien sowie der erlebten sozialen Unterstützung einen hohen Stellenwert ein.

Das zeigt auch eine Untersuchung von Venter (bei Engelbert 1989, 106). In Interviews mit 100 Familien von Kindern mit Zystischer Fibrose (CF, Mukoviszidose) fand er zwei besonders wichtige Möglichkeiten, die eine dauerhafte Anpassung an die Situation erleichtern. Danach ist es von vorrangiger Bedeutung, dass die anfallenden Belastungen von mehreren Personen innerhalb und außerhalb der Familie übernommen werden. Außerdem hilft ein breiter philosophischer und religiöser Interpretationsrahmen, die Situation fassbarer zu machen.

Der Bewältigungsprozess der Eltern bezüglich der körperlichen Beeinträchtigung wird im Verlauf des Lebens immer wieder aktiviert und erfordert jeweils neuen verarbeitenden und gestaltenden Umgang mit anfallenden Lebensthemen.

Nach der Erstdiagnose mit der komplexen Auseinandersetzung mit der Behinderung oder Krankheit, ihren Folgen, Behandlungsmöglichkeiten, Prognosen, materiellen und sozialen Folgen werden auftretende Verschlechterungen, lebensbedrohliche Zustände und Progredienz immer wieder als einschneidende Ereignisse erlebt. Notwendige Operationen des Kindes können bei Eltern große Ängste auslösen vor der Gefährdung seines Lebens. Manchmal werden auch Ängste aus früher als bedrohlich erlebten Situationen mitaktiviert.

Für manche Eltern wird das Ausmaß der Behinderung besonders deutlich, wenn sie auf der Suche nach einem Platz für ihr Kind in einer Fördereinrichtung den dortigen Mitarbeitern die Pflege- und Förderbedürfnisse genau beschreiben müssen und dabei erleben, dass die Vertreter der Einrichtung sich abwehrend verhalten, weil die Belastung der Mitarbeiter durch dieses Kind unter den gegebenen Bedingungen als zu groß angesehen wird. Es kommt auch immer wieder vor, dass Erzieherinnen, Therapeuten, Psychologen oder Lehrer Angaben der Eltern zu Kompetenzen ihres Kindes grundsätzlich in Frage stellen.

Nicht wenige Eltern hoffen bis zur Einschulung auf Besserung vorliegender Entwicklungsschwierigkeiten und müssen sich dann erneut mit der Realität der vorhandenen Beeinträchtigungen auseinandersetzen. Auch ist es im Vorschulalter, aber spätestens vor der Einschulung notwendig, dem Kind die eigene Behinderung so zu erklären, dass es sie so gut wie möglich versteht und ohne Angst oder Scham erklären kann. Es hilft sehr, wenn es seine Kompetenzen einsetzen und erforderliche Hilfen erbitten kann. Das sind für Eltern keine leichten Gespräche. Sie helfen dem Kind aber, selbstbewusst seinen Platz in der Gruppe zu finden.

Gemeinsame Auseinandersetzungen von Eltern und Kindern sind erforderlich vor und in der Pubertät, wenn es um Sexualität, Freundschaft, Partnerschaft, aber auch um Berufsausbildung, Arbeitsplatz, persönliche Assistenz, Wohnsituation und materielle Gegebenheiten im Erwachsenenalter geht.

Verarbeitungsprozesse werden auch noch von hochbetagten Eltern mit längst erwachsenen Söhnen und Töchtern berichtet. Sie werden erneut als sehr schwierig erlebt, wenn Eltern ihr eigenes Lebensende herannahen spüren und sich um die weitere Lebensqualität, Lebensgestaltung und soziale Integration ihrer Kinder sorgen. Rückblicke auf die eigene Biografie und die ihrer behinderten Söhne oder Töchter werden wichtig mit dem, was sie gemeinsam erlebt haben, füreinander tun konnten, und dem was vielleicht nicht gelungen ist, nicht möglich war.

So ist die Auseinandersetzung mit einer bleibenden körperlichen Beeinträchtigung oder Behinderung nie wirklich beendet. Schwierige und gelingende Anpassungen an die jeweiligen Situationen wechseln. Neue Herausforderungen erfordern komplexe Überlegungen, gute persönliche und professionelle soziale Netze sowie bei Bedarf geeignete Hilfen, Helfer und kreative Lösungen.

In Gesprächen und autobiografischen Texten berichten immer wieder Eltern, dass das gemeinsame Leben mit ihrem behinderten Kind keineswegs überwiegend aus Schwierigkeiten, Belastungen und Herausforderungen besteht. Betroffene Eltern betonen auch, dass die Gestaltung dieser besonderen Lebensaufgabe ihnen persönlich als positiv erlebte Entwicklungen ermöglicht und ihr Leben entscheidend bereichert. Hackenberg (2008, 55) berichtet unter Bezug auf amerikanische Untersuchungen über positive Erfahrungen von Eltern behinderter Kinder, wie z. B. Festigung von Partnerschaft und Familienbeziehungen, Entwicklung neuer Fähigkeiten, Erweiterung von Toleranz und Empathie, Ausweitung des sozialen Netzwerks, verstärkte soziale Einbindung, verstärkten Sinn für Spiritualität, veränderte Lebensperspektiven, Vertiefung von Lebenssinn.

Für beides, für Herausforderungen und positiv erfahrene persönliche Entwicklungen, stehen die folgenden Ausschnitte aus autobiografischen Texten. Sie zeigen gleichzeitig sehr unterschiedliche Rückblicke und Ausblicke.

Petra Dreyer (1995, Ausschnitte)

Als ein kleines, lebloses, grau-blaues Bündel Mensch und nicht als das erwartete und gewünschte lebendige Kind, so liegt mein Sohn nach seiner Geburt für wenige Minuten in meinem Arm. Gierig streckt der Tod seine Hand nach ihm aus, noch immer lauernd auf seine Chance, doch noch aus dem stundenlangen Ringen als Sieger hervorzugehen, dem Anfang ein rasches Ende zu bereiten. Seine knochige Hand streift auch mich, die Mutter. Alles, was ich spüren kann, sind Wellen der Erschöpfung und das Gefühl: es ist vorbei. Im selben Moment greifen fremde Arme nach meinem Sohn. Er muss von mit getrennt werden, schnell, jede Minute ist kostbar, wenn es gelingen soll, ihn dem Zugriff des Todes zu entreißen. Für Sekunden wird spürbar, was Leben auch sein kann, bedroht vom Tod, voller Schmerz und Einsamkeit. Die Wirklichkeit ist kein Bilderbuch ...

Mutter geworden und doch nicht. Aus der Welt meines Kindes erreichen mich Botschaften wie »Gehirnblutung«, »Gefahr epileptischer Anfälle«. Auch Worte, die trösten sollen und wollen wie »abwarten«, »ruhig bleiben«, noch könne man ja nichts sagen. Muttersein verliert all die Gefühle von Wärme, Liebe und Geborgenheit. Es wird zum Schrecken, zum Gefangensein in nackter Angst. Es wird zum Ort banger Ahnungen, ungeahnter Kälte und Härte mit Gefühlen, derer ich mich schäme. Mein Kind ist mir nicht mehr willkommen, es macht mir Angst ...

Ich versinke in frostiger Gefühllosigkeit, bereite mich vor auf die Rolle der beherrschten, funktionierenden Mutter, die alles tun wird, um den eventuellen, den vermuteten Schaden zu beheben, zumindest aber zu begrenzen. Nur so ist die Wirklichkeit für mich ertragbar, kann ich mich dem nähern, was ist. Mein Kind hat überlebt, überlebt um den Preis anhaltender Schädigung. Nicht jammern, nicht klagen ist das Motto. Es gilt, die Situationen in den Griff zu bekommen, eine möglichst gute Mutter zu sein. Aber tief im Innern ist mir nach Jammern, nach Klagen, nach Schreien. Angst, Hilflosigkeit, Trauer, Schmerz, Wut, Hoffnungslosigkeit wachsen im Innern zu einem riesigen Gebirge, das spontane Gefühle von Liebe und Zärtlichkeit, die auch da sind, abschirmt und verhindert.

Trotz medizinischer und therapeutischer Hilfe bleibt das Leben meines Sohnes schmerzlich und bedroht. Zahlreiche, tägliche Anfälle, bei denen mein Kind ängstlich wimmert, offenbar auch Schmerzen hat, kurzfristig zu atmen aufhört, treiben mich an den Rand des Wahnsinns. Nichts, kein Medikament, keine noch so liebevolle Zuwendung, kann einen solchen Anfall vermeiden. Was mag in meinem Kind vorgehen, was empfindet es? Seine weit aufgerissenen, großen Augen, sein kleiner gekrümmter Rücken – ein Bild des Elends, das ich wieder und wieder hilflos und ohnmächtig anstarre ...

Muttersein, das ist das Stehen am Abgrund, die Sehnsucht nach dem Nichtsein, nach Erlösung, Lösung im Nie-mehr-aufwachen-Müssen. Muttersein ist aber auch, jeden Morgen wieder aufzuwachen, Hoffnung zu haben, nicht ganz vergessen zu haben, was einmal Wunsch war, einfühlsam den Weg meines Kindes zu begleiten, und ein Rest an Kraft, die erkennen lässt – es ist ein zaghaft flackerndes Licht am Ende eines langen, dunklen Tunnels, den ich zu durchqueren habe.

Muttersein wird zur Wanderung zwischen den Welten, zwischen dem Alltag mit seinen Anforderungen und Reisen in das Innere. Wird zur Konfrontation mit dem mühsam Abgewehrten, dem eigenen Beschädigt- und Behindertsein. Muttersein wird zum Selbst-bedürftig-Sein, zum Rückblick in die eigene Vergangenheit, zum Weg zu dem beschädigten, verletzten Kind, das auch ich einmal war. Dieses Kind, scheinbar völlig normal und ohne sichtbare Behinderung, das noch in mir lebt, vergrößert den Schmerz, die Verletzung der erwachsenen Frau.

Aber es ist auch dieses Kind, das Zugang findet zu dem behinderten Sohn. Mit ihm schreit, zappelt und nervt, um Anerkennung und Akzeptanz brüllt, bis die Mutter hinhört.

Es reicht nicht, überlebt zu haben. Muttersein wird zur Herausforderung, zur Suche nach Lebensraum, der das überlebte, beschädigte Leben von Mutter und Kind annimmt in all seiner Brüchigkeit ...

Unbewusst beginnt eine Suche nach dem verlorenen Glück, ein Treiben und Getriebenwerden zwischen allen möglichen Hilfen und therapeutischen Angeboten. Muttersein wird leichter, findet Unterstützung. Leid und Schmerz im Leben meines Sohnes verringern sich, lebendiger wird er. Freude, Neugier, erregte Glucker finden Platz in seinem Alltag, auch Zärtlichkeit und Wärme. Schritt für Schritt lerne ich, meinen Sohn als das Kind anzunehmen und zu lieben, das er ist: ein mehrfach behindertes Kind, das seinen eigenen Entwicklungsrhythmus findet, das sich freuen und lachen kann, sich ärgern und traurig sein kann, wie jedes andere Kind. Und dabei doch anders ist und bleiben wird, angewiesen auf meine und fremde Hilfe in allen alltäglichen Dingen.

Und gleichzeitig wird Muttersein schwerer. Jetzt endlich einfühlsam den Weg meines Kindes begleiten zu können, lässt Trauer in mir wachsen. Muttersein wird zum Abschied. Verlorenes Glück lässt sich an anderer Stelle, zu anderer Zeit nicht wiederfinden. Die ursprünglich erhoffte Mutter-Kind-Symbiose bleibt ein Traum. Zerstörtes ist nicht wieder herstellbar, eine Wiedergutmachung unmöglich. Muttersein heißt, diese Jahre nach der Geburt endlich zu akzeptieren und zu integrieren als Teil meines Seins, um in meinem Leben auch Mutter zu sein.

Aina Prosper (o. J. 105f., Ausschnitte)

Was wäre, wenn mein Kind nicht behindert auf die Welt gekommen wäre?

Ja, ich darf so fragen, denn es ist doch nicht mein Kind, sondern die Behinderung, die das Leben so einschneidend verändert. Es ist die OI (Osteogenesis imperfecta).

Es ist wahr, ich wünschte tatsächlich, dass mein Kind ohne OI auf die Welt gekommen wäre. Ich wünschte mein Kind hätte nicht diese zerbrechlichen Knochen, die ihm so oft Schmerzen bereiten, ihm so viele Ärzte und Krankenhäuser bescheren, so viele Einschränkungen gegenüber den Gleichaltrigen mit sich bringen. Ich wünschte auch seinen Geschwistern, dass sie in einer unbelasteten Familiensituation aufwachsen dürften. Frei von einer überlasteten Mutter, frei von Eifersucht, frei von komischen Fragen der Außenwelt und frei von Schuldgefühlen, wenn wieder etwas passiert ist.

Ich wünschte mir, nicht immer wieder mit den psychischen Tiefschlägen der Frakturen und Ops belastet zu werden. Ich wünschte mir, dass mir die Entscheidungen über operative Eingriffe und medikamentöse Behandlungen, deren Ausgang und Spätfolgen weder der Arzt noch ich überblicken können, erspart blieben. Ich wünschte mir ein Leben in der kleinbürgerlichen Normalität, ohne Anstarren, ohne Erklärung und dem Beharren auf Integration ... Ich wünschte mir ausreichend Kraft für alle meine Kinder. Ich wünschte mir, dass Zeit und Energie am Ende eines Tages für mich übrig blieben ...

Das alles wünschte ich mir.

Aber:

Wenn mir dieses behinderte Kind nicht geschenkt worden wäre, wäre es mir wahrscheinlich nicht gelungen herauszufinden, wie viel Kraft, Geduld und Durchhaltevermögen wirklich in mir steckt. Ich hätte nicht entdecken können, wie selbstbewusst mein Auftreten werden kann, wenn es darum geht, Bedürfnisse für andere und später vielleicht auch für mich durchzusetzen. Ich wäre nicht gezwungen gewesen, mich derart akribisch mit wichtigen Erziehungsfragen und Integrationsgedanken auseinanderzusetzen ... Ich hätte nie das Geschenk der Zugehörigkeit in der Welt der Behinderten angeboten bekommen, die mir sonst immer fremd geblieben wäre.

Wenn mein Kind nicht behindert wäre, könnte ich kleine Fortschritte nicht wie einen großen Sieg feiern. Mir wäre der genaue Blick für individuelle Stärken vielleicht verwehrt geblieben. Mir wäre nicht aufgefallen, wie behindert all die sogenannten »Gesunden« sind, und ich hätte vermutlich die tief empfundene Dankbarkeit für glückliche Stunden und sorgenfreie Tage nicht erleben dürfen.

Die Behinderung meines Kindes hat mein Leben einschneidend verändert. Es ist in mancher Hinsicht anstrengender und schmerzvoller geworden als gedacht. Aber es hat mich auch bereichert, denn es trägt die Chance für gänzlich neue Erfahrungen, tiefe Gefühle und wachsende Reife in sich.

Beides möchte ich in Betracht ziehen können. Die Traurigkeit über die Behinderung meines Kindes, aber auch die Freude an meinem Kind, damit ich am Ende dem Gedanken »Was wäre, wenn ...« gelassen gegenüberstehen kann.

Gabi Berens (1994, 180f., Ausschnitte)

Durch meine Kinder habe ich einen großen Reife- und Lernprozess erlebt, für den ich sehr dankbar bin. Jedes meiner Kinder hat mich etwas Neues gelehrt. Durch Timo (einen schwerstbehinderten Jungen) habe ich andere Maßstäbe für mein Leben gesetzt. Nicht nur Mut und Stärke habe ich durch ihn erfahren, sondern vor allem, Wichtiges von Unwichtigem zu unterscheiden. Durch diese Erfahrungen, die durch alle menschlichen Bereiche gingen, ist mein Verständnis für andere Menschen gewachsen. Ich habe gelernt, dass Probleme ein ganz wichtiger und wesentlicher Bestandteil unseres Lebens sind ... Jeder Mensch hat enorme Fähigkeiten, Konflikte zu bewältigen ... Es gibt immer für alles eine Lösung. Man muss nur offen sein, denn manchmal kommt die Lösung eines Problems aus einer ganz anderen Richtung, als man sich vorher vorgestellt hat.

Wenn man ganz ehrlich zu sich selbst ist, kann man hinterher fast immer erkennen, dass es so gut und richtig war, wie es gekommen ist. Wenn man seine Aufgabe erfüllt und nicht vor ihr davonläuft, wird man stark. Von mir kann ich sagen, dass jede Problemlösung mich irgendwie verändert hat. Trotz der vielen Sorgen in meinem Leben bin ich ein dankbarer und glücklicher Mensch geworden.

Julians Leben und Sterben (im ersten Lebensjahr) brachte wieder ganz neue Erfahrungen und Lernprozesse mit sich. Ich musste mich mit dem Tod auseinandersetzen. Bei Timo habe ich nie gewagt, die Gedanken an den Tod tiefer zu ergründen. Obwohl ich auch schon als junges Mädchen viel darüber nachgedacht habe, hatte ich mich nie mit dem realen Tod eines Menschen befassen müssen.

Julian hat mich auf einen Weg gebracht, der mein ganzes bisheriges Leben auf den Kopf gestellt hat. Dieser neue Lebensweg wurde zu einem tiefgründigen Wachstumsprozess. Plötzlich stellten sich mir die Fragen: Woher komme ich? Wohin gehe ich? Wo liegt meine Lebensaufgabe ...?

Mein Sohn Julian war für mich ein großer Lehrmeister des Lebens. Die Frühgeburt meines (verstorbenen) Sohnes Malte hat meine Erfahrungen, die ich durch Julians Leben und Sterben gemacht habe, in großem Maße vertieft. Hatte ich vor einigen Jahren noch Angst vor dem Sterben, so habe ich diese Angst völlig verloren. Das Hinterfragen der Bedeutung des Todes hat mich vieles gelehrt ...

Die letzten zehn Jahre haben eine enorme Entwicklung für mich bedeutet. Wenn ich auch nicht immer sofort den Sinn eines Ereignisses erkennen konnte, so habe ich doch nach und nach seine Wichtigkeit für mein Leben begriffen. Ich bin für jedes Ereignis in meinem Leben dankbar.

Heike Storsberg-Christ (1999, 16, Ausschnitte)

Es gibt jedoch noch eine weitere Möglichkeit, auf die Konfrontation mit den Grenzen meines Kindes zu reagieren. Sie liegt darin, mich von der Vorstellung des nicht behinderten Wunschkindes zu lösen und mich dem Kind in seiner Andersartigkeit zu öffnen. Das ist zugegeben der härteste, der steinigste Weg und ein schmerzlicher, einschneidender Prozess. Aber unter dieser Voraussetzung eröffnen sich mir und meinem Kind vorher nicht geahnte Möglichkeiten ...

Dann habe ich die ... Souveränität, die für mein Kind, meine Familie und die gemeinsamen Lebensumstände passenden Fördermöglichkeiten zu wählen ...

Dann bin ich in der Lage, meinem Kind die Umgebung, den Rahmen einzurichten, in dem es sich auf der Grundlage seiner Entwicklungsimpulse entfalten kann ...

Viele Familien beschritten diesen Weg bereits mit ihrem Kind. Nach Wochen, Monaten, manchmal Jahren der Verzweiflung ist plötzlich wieder Lebensfreude in die Familie eingekehrt ...

Unter dieser Voraussetzung ist auch die Kraft, eine Integration des Kindes in Kindergarten, Schule, Beruf und gesellschaftlichem Umfeld durchzusetzen, oder die Gelassenheit, wegen der speziellen Situation des Kindes den Weg zur Sondereinrichtung zu wählen, vorhanden.

A. und K. Möller (2010, 15)

Viktoria

Sie liebte das Leben, sie liebte ihre Familie.
Sie hat viele davon überzeugen können, sie zu begleiten.
Sie kommunizierte klar und deutlich, ohne sprechen zu können.
Sie forderte uns alle heraus.
Sie hat denjenigen, die ihre Rechte missachtet haben,
Grenzen aufgezeigt.
Sie war pfiffig und klug für die Sehenden.
Sie war prägender und gestaltender Teil von unserem
Leben und unserer Gesellschaft.

Sie lehrte uns, dass Ausdruck mehr als Sehen und Sprechen ist.
Sie lehrte uns, genauer hinzusehen.
Sie lehrte uns, dass es sich lohnt zu kämpfen.
Sie lehrte uns, dass wir alle uns entwickeln können, wenn wir uns Mühe geben, zu verstehen.
Sie lehrte uns, was das Ziel der Inklusion bedeutet.
Sie lehrte uns, was Selbstbestimmung ist.

Du wolltest nicht irgendwas, Du wolltest mitmachen.
Du hast es geschafft.
Du kannst sehr stolz auf dich sein, und wir sind sehr stolz auf dich.

Viktoria, Du wirst jedem Einzelnen und unserer Gesellschaft fehlen.
Es ist unsere Chance, mit deiner Sicht auf die Dinge die Welt zu gestalten und besser zu werden.

(Victoria starb im November 2009 im Alter von 10 Jahren.)

5.4 Eltern und Fachkräfte im Bemühen um die Förderung

Manches von dem, was zur Auseinandersetzung der Eltern mit der körperlichen Beeinträchtigung ihres Kindes bekannt ist, trifft auch auf Fachkräfte (Therapeuten, Erzieher, Lehrkräfte, Pflegekräfte, Ärzte, Psychologen) zu und beeinflusst sowohl ihre Zusammenarbeit mit betroffenen Kindern als auch mit den Eltern. Auch sie müssen sich mit Behinderungen und Krankheiten der Kinder auseinandersetzen, als Menschen und als Fachleute mit ihrem professionellen Wissen. Auch für Fachkräfte ist der Umgang mit dieser Lebensthematik ein fortlaufender Prozess, der mit jedem betroffenen Kind, dem sie begegnen, wieder aktiviert werden kann.

Auch bei Menschen, die die Zusammenarbeit mit behinderten Kindern und ihren Eltern zu ihrem Beruf gemacht haben, spielen die eigene Lebenssituation, die eigene Biografie, das vorherrschende Kohärenzgefühl, die physische wie psychische Belastbarkeit und das vorhandene soziale Netz wesentliche Rollen für die Verarbeitung dessen, was sie im Berufsalltag erleben. Entsprechend unterschiedlich sind diese Prozesse in Inhalten und Verläufen.

Manche Fachkräfte beginnen ihre Berufstätigkeit mit sehr großem Einsatz in Förderung und Therapie, um mit Kindern Behinderungen zu überwinden. Vielleicht gehörte der Wunsch, Krankheiten zu heilen, zur ursprünglichen Berufsmotivation. Sie setzen sehr Vieles dafür ein, dass die Kinder unauffällig werden und nicht mehr als beeinträchtigt oder behindert gelten. Sie suchen in den Eltern und anderen Fachkräften Verbündete »im Kampf gegen die Behinderung« und erwarten von ihnen konsequentes Fördern, Anerkennung und Unterstützung.

Ebenso wie betroffene Eltern erleben sie nach einer Phase großer Anstrengungen bei schweren Bewegungsstörungen die Vergeblichkeit forcierten Bemühens in der Förderung mit starken Gefühlen von Enttäuschung und des Infragegestellt-Seins. Es ist schmerzlich, auf diese Weise die eigenen Grenzen zu erfahren. Das kann bis zur Erschütterung des eigenen Selbstbildes gehen oder in Schuldzuweisungen an Kollegen bzw. Eltern einmünden, die ihrer Meinung nach nicht genug mitgearbeitet haben. Mitunter erscheint ein Stellenwechsel als Lösung dieser Problematik, die subjektiv als Scheitern bewertet wird. Die Chance, die aber in dieser Erfahrung liegt, ist eine neue, bezogene Wahrnehmung des Kindes mit seinen Beeinträchtigungen und der begrenzten Wirkmöglichkeiten von Therapien und Fördermaßnahmen. Entwicklungen kann man unterstützen, sie aber nicht »machen«. Diese Sichtweise erlaubt eine deutlich entspanntere Beziehung zu den Kindern, ihren Eltern und auch zu Kollegen. Die Einsicht in die relativen Einflussmöglichkeiten der eigenen Bemühungen geht mit einer vergrößerten Akzeptanz menschlicher Begrenztheit einher. Sie erleichtert zugewandte Beziehungen und die Versöhnung mit den eigenen Möglichkeiten, die man Kindern, Eltern und Kollegen zur Verfügung stellen kann ohne dauernde Selbstüberforderung und überhöhte Erwartungen an andere. Das eigene Tun passt sich zunehmend besser an die Bedürfnisse der Kinder an und erleichtert es ihnen, die eigene Entwicklung zu tun – mit der Hilfe, die sie dafür brauchen.

Damit ist gleichzeitig eine wesentliche Grundentscheidung für die berufliche Tätigkeit getroffen. Nicht die »Defizite« der Kinder definieren die Arbeit, auch nicht der Kräfte zehrende Versuch, »Defizite« zu verringern. Der kann nicht gelingen, da das, was fehlt, was nicht da ist, sich weder fördern noch verringern lässt. Der zugewandte Bezug zum Kind und seinen Eltern und die individuell einsetzbare Fachkompetenz erleichtern die Förderung dessen, was dem Kind möglich ist. Und das ist eine neue, wesentliche Sicht und zunehmende Akzeptanz des Lebens – so wie es ist. In dieser Verbindung mit dem Leben wird die Förderung flexibel und entspricht dem wichtigen Rehabilitationsziel: Teilhabe und Mitgestaltung gemeinsamen Lebens. Das bedeutet: Kinder darin unterstützen, ihre möglichen Kompetenzen zu entwickeln, indem sie sich in bezogener Begleitung zunehmend mit der realen Lebenswelt und ihrer menschlichen Mitwelt vertraut machen und darin mitwirken.

So weisen die Auseinandersetzungen der Fachkräfte in manchem Ähnlichkeiten mit denen der Eltern auf.

Und doch sind schwierige Zeiten des Umgehens mit der Behinderung des Kindes, seinen Lebens- und Entwicklungsmöglichkeiten für Eltern ungleich härter, da sie sich im Unterschied zu den Fachkräften diese Aufgabe nicht ausgesucht haben und nicht durch eine Schulung und berufliche Erfahrung auf diese Situation vorbereitet sind. Sie können sich auch nicht immer wieder distanzieren. Ihr Zusammensein mit dem Kind endet nicht nach maximal acht Stunden an einem Tag und fünf Tagen in einer Woche. Sie können auch nicht ihre Arbeit mit dem Kind mit Kollegen tauschen oder vielleicht sogar die Stelle wechseln. Sie sind und bleiben die Hauptverantwortlichen für ihr Kind. Allenfalls finden sie Entlastung durch Verwandte, weitere Helfer oder durch eine Förderinstitution.

Manche Schwierigkeiten in der Zusammenarbeit entstehen, wenn Prozesse der Auseinandersetzung bei Eltern und Fachkräften unterschiedlich ablaufen; wenn Eltern z. B. unter dem bestehenden gesellschaftlichen Druck alles Erdenkliche unternehmen, um die Behinderung des Kindes zu mildern und möglichst viele Therapien und Fördereinheiten für das Kind zu suchen und Fachkräfte das nicht für den richtigen Weg halten, da sie weniger Fremdbestimmung und mehr Unterstützung der eigenen Entwicklungsimpulse des Kindes für wichtig halten. Oder Eltern mussten die leidvolle Erfahrung machen, dass Entwicklung sich nicht durch noch so viel Einsatz erzwingen lässt und relativieren die Therapie nun, während die Fachkräfte noch alles daran setzen, um die Behinderung zu überwinden und die Durchführung bestimmter Übungssequenzen in hoher Intensität von den Eltern verlangen.

Damit solche Konfliktlagen nicht zu dauerhafter Verstimmung führen, kann es empfehlenswert sein, eine erfahrene, verständnisvolle Fachkraft, die nicht persönlich an der Förderung des Kindes beteiligt ist, als Vermittler einzuschalten.

Grundsätzlich wichtig ist es, dass die Klarheit darüber nicht verloren geht, dass Eltern und Fachkräfte ein starkes gemeinsames Interesse verbindet: die Entwicklungsunterstützung für das Kind. Sie sind dafür aufeinander angewiesen.

Manches haben Eltern den Fachkräften zumindest bei Beginn der Zusammenarbeit mit dem Kind voraus:
- die gemeinsame Geschichte mit dem Kind mit sehr vielen Erfahrungen in ganz unterschiedlichen Situationen;
- die Erfahrung mit seinen Kompetenzen und Ausdrucksmöglichkeiten;
- das Wissen um die erforderlichen Pflegeverrichtungen;
- das Wissen um die bisherige Entwicklung, um förderliche Einflüsse und Schwierigkeiten;
- den Umgang mit Krisensituationen bei ihrem Kind;
- Erfahrungen, die sie mit Ärzten, Kliniken, Behandlungsmaßnahmen und Förderinstitutionen gemacht haben.

Fachkräfte haben den Eltern voraus:
- eine Ausbildung für ihre Tätigkeit mit den Kindern (mehr oder weniger spezifisch);
- meist die freie Entscheidung für die Förderung von Kindern mit Behinderungen;
- Fortbildungen;
- vielleicht Erfahrungen mit Kindern, die unterschiedlich schwer beeinträchtigt sind und mit der Integration von Kindern in Fördereinrichtungen;
- Kollegen, mit denen sie schwierige Situationen besprechen können;
- Distanzierungsmöglichkeiten.

Es gibt aber auch die Situation, dass z. B. Erzieher, Lehrer, Psychologen zwar ihr berufliches Wissen und ihre Erfahrungen in die Zusammenarbeit einbringen können, dass sie aber keine Erfahrungen in Diagnostik und Förderung von Kindern mit Bewegungsstörungen oder chronischen Krankheiten haben, auch nicht in der Beratung und Begleitung betroffener Eltern. Vielleicht müssen sie sich erstmals auf diese Situation einstellen. Das erfordert von Fachkräften ausgeprägte Bereitschaft, von Eltern und Kindern zu lernen, und von den Eltern Geduld.

Hat ein Kind in Kindertagesstätte oder Schule einen Integrationshelfer zur Seite, kann der die Situation entlasten, vor allem, wenn er über Erfahrungen verfügt, die er für das Kind einsetzt. Die Anwesenheit und Mitarbeit von Integrationshelfern kann im ungünstigen Fall den direkten Kontakt und die Auseinandersetzung der Fachkräfte mit Kompetenzen und Bedürfnissen des Kindes weniger notwendig erscheinen lassen. Wünschenswert ist es, dass alle sich aufeinander zu bewegen: Eltern, Erzieher, Lehrer, Gruppenmitglieder mit oder ohne besondere Förderbedürfnisse. Nur in diesem Miteinander ist es möglich, gemeinsame und individuelle Förderung für alle Kinder zu gestalten.

Fachkräfte brauchen die Eltern, um ihre Kinder, ihre Lebenssituation und die Situation der Familien verstehen zu lernen, um Kinder und Familien unterstützen zu können.
Eltern brauchen erfahrene Fachkräfte,
- damit sie sich mit ihnen über das Kind und seine Entwicklung austauschen können;
- damit sie gemeinsam über Bildungs-, Fördermöglichkeiten oder Behandlungen beraten können;
- damit sie Anleitung und Anregung finden, wenn sie das möchten;
- als Entlastung;
- und vielleicht als Gesprächpartner bei eigenen Konfliktlagen.

Fachkräfte erwarten oft von Eltern, dass sie bereit sind, sich als Lernende zu verstehen. Aber sie sind es selbst auch – immer wieder, mit jedem einzelnen Kind. Dieser Prozess erfordert Flexibilität. Dazu gehört auch, Eltern die Grundlagen der Förderung zu erklären, damit sie verstehen, wie mit dem Kind gearbeitet wird.

Eine besondere Situation zwischen Eltern und Fachkräften ergibt sich daraus, dass auch die Fachkräfte Bezugspersonen für kleine oder für sehr schwerbehinderte Kinder werden, um ihr Lernen unterstützen zu können. Eltern geben ihrem Kind Zuwendung, Schutz, Pflege, Unterstützung. Sie erleichtern ihm die Teilhabe am Leben, die Verbindung mit Menschen und Welt. Im grundlegenden Lernen junger und mehrfach behinderter Kinder teilen sich die Fachkräfte diese Aufgaben mit den Eltern. Das erfordert gute Absprachen, Zusammenarbeit, vielleicht auch Auseinandersetzungen und Abgrenzungen, damit auf Seiten der Fachkräfte nicht Symbiose oder Identifikation mit dem Kind und Konkurrenz zu den Eltern entsteht. Dies handhaben zu lernen erfordert Sensibilität den Eltern gegenüber, gut reflektiertes berufliches Handeln und menschliche Reife.

Als Bezugspersonen für das Kind brauchen Eltern und Fachkräfte Feinfühligkeit, um die Signale des Kindes wahrzunehmen, richtig interpretieren und angemessen beantworten zu können. Feinfühligkeit ist abhängig von eigenen Erfahrungen mit Menschen von Kindheit an. Menschen, die Feinfühligkeit nicht selbst erleben konnten, tun sich schwer, sie zu entwickeln und in Beziehungen einzusetzen. Sie gelingt am besten, wenn herzliche Zuneigung Menschen verbindet. Sie wird sehr eingeschränkt durch hohe körperliche Belastungen, Stress, Ängste, Krankheiten. So können Entlastungen ein Weg zu erleichterter Feinfühligkeit und Empathie sein. Vielleicht wird es bei trotzdem anhaltenden Schwierigkeiten auch sinnvoll, die Beziehungserfahrungen, die man gemacht hat, gemeinsam mit einem zugewandten Menschen anzuschauen und sich selbst darin verstehen und annehmen zu lernen.

Schwierig kann die Zusammenarbeit werden, wenn gegenseitige Erwartungen nicht mit dem Sosein, der Lebensrealität und den Lebenserfahrungen des anderen vereinbar sind.

Eltern und Fachkräfte sind Mitglieder einer Gesellschaft, die Menschen mit Behinderungen gegenüber ambivalent eingestellt ist. Eine gegenseitige Erwartung unbeirrter, unbeirrbarer Zuneigung zu Betroffenen geht an der menschlichen Realität von beiden Gruppen vorbei und verkennt Entwicklungsprozesse, die für alle anliegen. Dabei ist es keine Frage, dass Eltern und Fachkräfte miteinander, aneinander und mit den Kindern lernen. Sie erweitern dabei Lebensperspektiven, Verstehen, Akzeptanz, Umgehenkönnen mit Verschiedenheit und Zuwendungsfähigkeit. Solche Prozesse sind aber weder gradlinig, noch einfach, noch spannungsfrei. Schließlich laufen sie gesellschaftlichen Strömungen von Leistungsehrgeiz, Konkurrenz und Streben nach Normalität zuwider.

Und doch haben alle Wünsche, wie der andere sein sollte, damit man gut zusammenarbeiten kann.

So haben Fachkräfte Wünsche, wie Eltern von Kindern mit körperlichen Beeinträchtigungen sein sollten. Sind solche Wünsche von Idealvorstellungen bestimmt, führen sie zwangsläufig zu Spannungen in der Zusammenarbeit. Vielleicht sind es Wünsche, wie Eltern mit ihrem Kind umgehen sollten, was sie für es tun sollten, um ihm besonders förderliche Entwicklungsbedingungen zu schaffen. Vielleicht verbergen sich darunter Wunschvorstellungen nach Eltern, wie sie die Fachkräfte selbst gern gehabt hätten und eigene offen gebliebene Grundbedürfnisse, die noch schmerzen, wenn sie miterleben, dass es Kindern nicht gut geht. Schlack (1991) hat mit Nachdruck darauf hingewiesen, wie überfordernd Idealvorstellungen von Fachkräften für Eltern sind.

Kohler-Weiß (2008, 201) macht darauf aufmerksam, wie problematisch ideale Eltern für ihre Kinder wären: »Das Ideal der perfekten Elternschaft ist aber nicht nur unrealistisch, sondern fehlerlose Eltern wären für Kinder eine Katastrophe, denn diesen Eltern könnten sie nichts geben, was diese nicht schon hätten und nichts sagen, was sie nicht schon wüssten. Perfekte Eltern könnte man nicht überraschen, man könnte nichts gemeinsam mit ihnen lernen, man könnte ihnen als Kind nichts voraus haben und die Bitte um Entschuldigung und Verzeihung nicht von ihnen lernen.« Es fehlten auch die wichtigen Erfahrungen mit der Bewältigung von Konflikten und Auseinandersetzungen. »Perfekte Eltern gibt es nicht, nur hinreichend gute, d. h. die gut genug sind für ihre Kinder, weil sie die elementaren Anforderungen des Elternseins erfüllen, so gut sie können« (a. a. O.).

In Interviews mit Eltern sehr schwerbehinderter Kinder äußerten Eltern u. a. folgende Erwartungen an die Lehrer ihrer Kinder (Seifert 2003, 30). Sie wünschen sich, dass ihre eigenen Bedürfnisse wahrgenommen und respektiert werden. Sie erwarten regelmäßigen Austausch und Gemeinsamkeiten in Zielsetzungen und Vorgehensweisen. Für die Beziehung der Lehrer zum Kind erhoffen sie u. a. Akzeptanz, Wertschätzung und Offenheit dem Kind gegenüber; das Eingehen auf besondere Bedürfnisse und Ansprüche des Kindes; die Förderung des Kindes; Gewährleistung von systematischer Kommunikationsförderung und Therapien; gute pflegerische Versorgung des Kindes; Integration des Kindes in den Klassenverband.

»Die von uns befragten Lehrerinnen wünschen sich von den Eltern vor allem eine vertrauensvolle Beziehung. Dabei ist ihnen bewusst, dass dieses Vertrauen nicht von selbst entsteht, sondern dass sie dafür werben müssen, z. B. durch Öffnung des Unterrichts für Eltern. Darüber hinaus erwarten sie ein hohes Maß an Kommunikationsbereitschaft und offenen Austausch« (a. a. O.).

Wertschätzung und Verstehen ist in der Zusammenarbeit mit Eltern gut möglich, wenn sie Fachkräften Anerkennung entgegenbringen. Dann gelingt es gut, miteinander zu sprechen, auf Ideen zu kommen, Fragen und schwierige Situationen zu klären oder miteinander auszuhalten. Auch Humor kommt dann leichter mit ins Spiel.

Aber manchmal ist es nicht leicht, Eltern in ihrem Sosein, in ihrem Gewordensein und ihren Lebensmustern mit Wertschätzung zu begegnen. Meinungen und Theorien über mögliche Versäumnisse, Annahmen darüber, dass Fachkräfte es besser wissen als Eltern, versperren leicht den Zugang zu ihnen, wenn es dem Kind nicht gut geht. Immer wieder werden Feindbilder konstruiert. Sie entlasten von unangenehmen Gefühlen wie Angst, Wut, Schmerz, Ratlosigkeit, schaffen aber schwer überbrückbare Distanz.

Immer wieder möchten Fachkräfte Zielvorstellungen realisieren und organisieren und vergessen leicht, dass Wege zu gehen sind, die lang sein können und nicht immer an das Ziel führen, das angestrebt wurde.

Auch Eltern haben bewusste und unbewusste Vorstellungen und Wünsche, wie Lehrer und Fachkräfte sein sollten, was sie für ihr Kind tun sollten, wie das Kind sich entwickeln sollte. Manche Eltern drücken das als Forderung an die Fachkräfte aus. Spannungen der Eltern können erlebte Spannungen der Fachkräfte verstärken und umgekehrt.

Ausgesprochene oder nicht ausgesprochene gegenseitige Schuldzuweisungen können die Beziehungen erschweren: »Die Eltern machen das falsch.« »Die Fachkräfte tun zu wenig.« Manchmal stellen sich Erwartungen ein, der jeweils andere sollte Erfüllungsgehilfe für die eigenen Zielsetzungen sein und genau das tun, was man für das Kind wünscht. Das sind spannungsreiche Situationen, in denen Fachkräfte und Eltern versuchen, ihre Vorstellungen durchzusetzen. Solche Schwierigkeiten können ihren Grund im Schmerz darüber haben, dass das Kind sich vielleicht nicht so entwickelt, wie man es sich und dem Kind wünscht. Manche Auseinandersetzungen werden durch ganz reale Pflegefehler ausgelöst oder durch die Unzufriedenheit der Eltern mit einem Mitarbeiter, der mit dem Kind nicht förderlich umgeht.

Sehr schwierig wird es für Eltern, wenn sie Fachkräfte auf vorhandene Kompetenzen des Kindes aufmerksam machen möchten, die die Fachkräfte abstreiten. Es ist für Eltern sehr verletzend, wenn ihre Wahrnehmungen und Beobachtungen nicht ernst genommen werden, unter Umständen sogar verbunden mit dem Vorwurf, sie machten sich etwas vor, weil sie das Ausmaß der Behinderung nicht wahrhaben wollen.

Manchmal tragen Fachkräfte erheblich zu Konflikten bei, indem sie »vorsichtshalber« von ungünstigen Entwicklungsprognosen ausgehen und die Eltern damit konfrontieren. So zum Beispiel, wenn ein schwerer motorisch behindertes Kind mit einer normal-durchschnittlichen Intelligenz »sicherheitshalber« in den Bildungsgang für Schüler mit Lernbehinderungen eingestuft wird. Manchmal geschieht dies aus Angst, Eltern könnten überhöhte Erwartungen entwickeln, wenn das Kind nach Grundschulrichtlinien gefördert wird. Aber wie sollen Eltern und betroffene Kinder in einem solchen Fall auf die als Abwertung und Demütigung erlebte Entscheidung reagieren? Wenn Eltern in ihren Wahrnehmungen bezüglich der Kompetenzen ihres Kindes nicht ernst genommen werden mit dem Hinweis: »Alle Eltern machen sich etwas vor über das Können ihrer Kinder« oder »Sie müssen sich mit der Behinderung des Kindes erst einmal abfinden, ehe wir zusammenarbeiten können«, dann ist von Seiten der Fachkräfte der Weg zu einer guten Zusammenarbeit erst einmal verstellt. Es wird Macht ausgeübt. Es geht um unterschwellige Angst, um Dominanz und Wahrung von Überlegenheit. Das innere Eingeständnis dieser Schwierigkeiten kann aber zu einem ersten Schritt der möglichen Bewegung aufeinander zu werden.

Auch Auseinandersetzungen können in einer Zusammenarbeit sehr wichtig sein. Es ist aber ein großer Unterschied, auf welcher Basis sie erfolgen. Geht es um die Durchsetzung von Macht, von Überlegenheit, versperren sich die Wege zueinander. Auf der Basis von Wertschätzung können sich Wege erschließen und Lösungen möglich werden.

Eltern machen Fehler. Fachkräfte machen Fehler. Das bleibt nicht aus. Eltern und Fachkräfte stoßen im gemeinsamen Tun mit körperbehinderten und chronisch kranken Kindern immer wieder an eigene Grenzen. Vielleicht können sie lernen, zugewandt mit der eigenen Begrenztheit umzugehen, ohne sich dahinter zu verschanzen und sie zur uneinnehmbaren Festung auszubauen, und ohne sich abzuverlangen, anders zu sein als sie jetzt sind. Dann wird es leichter, auch die Begrenztheit anderer nicht als Bedrohung wahrzunehmen, gegen die man sich schützen muss. Das ermöglicht einen akzeptierenderen Umgang mit anderen.

Es ist keine Frage, dass die Zusammenarbeit mit Eltern, die aufgrund erheblicher biografischer Belastungen und Problemlagen sich nur wenig entwicklungsförderlich und bezogen dem Kind gegenüber verhalten können, die Fachkräfte vor besondere Herausforderungen stellt (vgl. dazu auch G. Lelgemann 2003, 211f.; R. Lelgemann 2010, 247f.).

Es kann sein (Sarimski 2009b, 30), dass betroffene Eltern
- nur wenig Zutrauen in ihre eigenen erzieherischen Fähigkeiten und in die Bewältigung ihrer Lebenssituation haben,
- nicht über ausreichende Fähigkeiten zur Lösung praktischer alltäglicher Probleme verfügen,
- Schwierigkeiten haben, eigenes Erziehungs- und Beziehungsverhalten zu reflektieren und sich empathisch zu verhalten,
- das kindliche Verhalten verzerrt wahrnehmen und deuten,
- in ihrer Beziehungsentwicklung zum Kind durch eigene ungelöste Traumata gestört sind,
- für ihre Kinder emotional wenig verfügbar sind und nicht angemessen auf ihre Bedürfnisse reagieren können.

Sarimski (2009b, 186) hat solche Problemlagen und dabei erfolgversprechende Hilfen tabellarisch zusammengestellt.

Tabelle 2: Problemlagen für die Zusammenarbeit von Eltern und Fachkräften

Hindernisse	Merkmale erfolgversprechender Hilfen
Innerfamiliäre Belastungen wie Drogen- oder Alkoholabhängigkeit; psychische Erkrankung; niedriger Bildungsstand; Gewaltbereitschaft; konfliktträchtige Beziehungen; chronische Armut	Intensive, langfristige Begleitung; geduldiges Zusammenführen verschiedener Hilfen; Kooperation zwischen verschiedenen Helfern; familienorientierte, individuell abgestimmte Entlastungen
Chronische Krisenerfahrung: Krise als »Normalzustand«	Konkrete Lösungsvorschläge; flexible Interventionen; Anleitung zur Lösung von Alltagsproblemen
Distanz; Fehlen von Vertrauen; Fehlen von Empathie	Konsistenz und Verlässlichkeit des Beziehungsangebots; Verzicht auf vorgefasste Urteile; konkrete Hilfen für den Alltag
Gelernte Hilflosigkeit: fehlende Fähigkeit, eigene Stärken zu erkennen; mangelnde Unterstützung; extreme Passivität	Respektvolle Haltung, ohne destruktives Verhalten zu akzeptieren; Verdeutlichung des Zusammenhangs zwischen eigenen Anstrengungen und Erfolgen; Modellierung von Lösungsmöglichkeiten

»Schwierigkeiten in der Zusammenarbeit mit einem Berater sind in vielen Fällen nur ein Aspekt von allgemeinen Beziehungsstörungen der Eltern. Sie haben in ihrer eigenen Kindheit Vernachlässigung und Ablehnung erfahren, die ihre Fähigkeit, den Bedürfnissen ihres eigenen Kindes gerecht zu werden und tragfähige Beziehungen im Allgemeinen aufzubauen, nachhaltig stören. Gerade in diesen Familien ist es wichtig, die Wiederholung von Gefühlen der Hilflosigkeit und Ohnmacht zu vermeiden und jede Gelegenheit der Zusammenarbeit zu nutzen, um die Zuversicht der Eltern zu stärken, Ereignisse in ihrem Leben selbst beeinflussen zu können. [...] Familien, in denen das Kind emotionale oder körperliche Gewalt erfährt und eine schwere Bindungsstörung droht, ist das Kindeswohl gefährdet und in Zusammenarbeit mit dem Jugendamt eine Fremdbetreuung des Kindes anzustreben« (a. a. O. 189).

Die Einschaltung des Jugendamtes wegen vermuteter oder beobachteter Gefährdung des Kindeswohls sollte unbedingt vorher mit den Erziehungsberechtigten besprochen werden.

Aus den skizzierten Befunden und Überlegungen ergeben sich wesentliche Anhaltspunkte für eine Zusammenarbeit mit Eltern, die ihre eigene Lebensqualität und ihr entwicklungsförderliches Verhalten ihrem Kind gegenüber unterstützt. Dazu gehören:
- die Anerkennung der elterlichen Kompetenz für ihr Kind;
- die Anerkennung ihres Tuns für ihr Kind im alltäglichen Zusammenleben;

- das Bemühen um Verstehen, ohne Bewertungen; die Anerkennung ihres »Rechts auf Anderssein« (Weiß 2007, 213);
- Wertschätzung und emotionale Anteilnahme;
- Wahrnehmung der Individualität ihrer Lebenssituation;
- Berücksichtigung und mögliche Stärkung von Ressourcen und sozialen Beziehungen (Eckert 2006, 284);
- Stärkung des Kohärenzgefühls, das charakterisiert ist durch Verstehbarkeit von Situationen und Anforderungen; Handhabbarkeit von Herausforderungen und Veränderungen; Bedeutsamkeit von Lebensaufgaben und eigenen Bemühungen;
- die Anerkennung der Gleichwertigkeit der Eltern, ihrer Freiheit der Selbstbestimmung (Speck 2003, 96) und das Bemühen um partnerschaftliche Zusammenarbeit mit ihnen.

Die oben angegebenen Anhaltspunkte für die Zusammenarbeit mit Eltern kennzeichnen eher Wegmarkierungen und wichtige Zielvorstellungen als weitgehend verwirklichte Merkmale. So berichtet Seifert (2001, 251) von der Diskrepanz zwischen dem erwünschten kompetenzbezogenen Mitarbeiterverhalten Eltern in der Frühförderung gegenüber und dem faktischen Verhalten, das mehr problembezogen ist. Ähnlich ist es im schulischen Alltag. Lehrer orientieren sich häufig noch an herkömmlichen Konzepten der Zusammenarbeit, die Seifert (a. a. O.) so zusammenfasst. Eltern sollen die schulische Arbeit unterstützen. Sie werden eher als hilfsbedürftig und problembelastet gesehen. Auftretende Schwierigkeiten bei den Kindern werden schnell mit Schuldzuweisungen an Eltern und ihren Erziehungsstil verbunden. Der eigene Anteil der Lehrer an Problemsituationen wird weniger reflektiert. Lehrer sehen sich noch oft in der Expertenposition. Das verstellt den Blick auf die elterlichen Kompetenzen. Es entstehen dann leichter Interaktionsspannungen, Konflikte, Missverständnisse und Vorurteile.

Die Zusammenarbeit mit Eltern hat unterschiedliche Ausprägungen und Formen wie Information, Anleitung, Beratung, Gespräche bei persönlichen Konflikten, Austausch von Erfahrungen, Begleitung in Krisensituationen (z. B. wenn ein Kind stirbt).

Wenn sich die Fachkräfte in entsprechenden Begegnungen und Gesprächen zugewandt auf die Eltern einstellen können, erleichtern sie ihnen das Finden eigener Lösungen bei Schwierigkeiten. Sie stärken die Lebensqualität der Eltern und ihr unterstützendes Verhalten dem Kind gegenüber. Das ist dann möglich, wenn die Eltern im verbalen und nonverbalen Verhalten der Fachkräfte Wertschätzung für sich und ihr Kind erleben, Vertrauen in ihre elterliche Kompetenz und das Bemühen um Verstehen ihrer Situation und ihrer Sichtweisen ohne Identifikation oder Bewertung (Empathie). Carl Rogers (1973) hat dieses personenzentrierte Konzept ausgearbeitet. Im deutschsprachigen Raum wurde es vor allem von A. und R. Tausch (1983; 2001), ihren Mitarbeitern und Schülern, in seiner Wirksamkeit für die schulische Förderung, Erziehung, Beratung und Therapie vielfach empirisch nachgewiesen. Es hat in etlichen Punkten Analogien zum Konzept der Salutogenese von Antonovsky (1997).

Das personenzentrierte Konzept geht davon aus, dass jeder Mensch seine eigene Welt nur selbst ganz erfassen kann. Er reagiert nicht auf die objektive Realität, sondern auf die subjektive Wahrnehmung der Realität. Aus den verschiedenen Möglichkeiten, die ein Mensch hat, wählt er die aus, die zum Konzept seiner selbst (Antonovsky: zu seinem Kohärenzgefühl) passen. Dieses Selbstkonzept, das von Kindheit an dem Erleben entsprechend entwickelt wird, bestimmt sein Verhalten. Nur er selbst kann sein Erfahrungsfeld ganz erfassen. Einen Menschen verstehen heißt, seine Erfahrungswelt aus seiner inneren Sicht wahrzunehmen und mit ihm in bezogenem Austausch zu sein. Wenn Erfahrungen zu belastend sind, entsteht Inkongruenz (Antonovsky: Inkohärenz) zwischen Erleben und Wahrnehmen. Inkongruenz behindert Verhalten, Wahrnehmen und weitere Erfahrungen. Erlebt ein Mensch authentische Wertschätzung und empathisches Verstandenwerden in bezogener Interaktion, vergrößert sich seine innere Kongruenz wieder. Die vorherige Spannung zwischen Erleben und Wahrnehmen nimmt ab. Die wertschätzende Akzeptanz seiner Situation mit den damit verbundenen belastenden Gefühlen durch den Gesprächspartner erleichtert positive Selbstwertschätzung und neue Integration. So gewinnt der Mensch die Möglichkeit, andere Menschen in ihrem Sosein wahrzunehmen und zu akzeptieren. Es gelingt ihm zunehmend, aus einer Situation heraus zu handeln und weniger nach Prinzipien. Er erlebt sich als weniger abhängig von anderen. Es wird eine kreativere und befriedigendere Lebensgestaltung möglich.

Auf dieser Basis können die unterschiedlichen Situationen einer bezogenen Zusammenarbeit mit Eltern gestaltet werden.
Gute Informationen spielen immer dann eine Rolle, wenn z. B.
- Diagnosen gestellt und mitgeteilt werden (z. B. Diagnose der kognitiven Entwicklung, der motorischen Kompetenzen, der Schulleistungen);
- wenn neue Behandlungs- oder Fördermaßnahmen diskutiert werden (z. B. die Notwendigkeit einer Operation; Anschaffung neuer Hilfsmittel; Aufnahme in eine Kindertagesstätte oder Schule; Fragen einer Umschulung oder Berufsausbildung etc.).

Bei Informationen kommt es darauf an, dass die Eltern sie sprachlich und inhaltlich verstehen können und dass sie die Gelegenheit erhalten, sie auch emotional zu verarbeiten. Dies ist z. B. bei der Information über medizinische Diagnosen von erheblicher Bedeutung für die Beziehung zum Kind. Wenn sie in einer so kritischen Situation ihr Erleben mitteilen können, ihre Ängste, ihre Enttäuschung, ihren Schmerz und dabei Wertschätzung und einfühlendes Verstehen erleben, wird es eher gelingen, dass sie diese belastende Erfahrung integrieren können und sich dem Kind freier zuwenden. So beschreibt Neuhäuser (2003, 81) in Anlehnung an Schlack als wichtige Aspekte des ärztlichen Gesprächs mit den Eltern: frühe, umfassende, ehrliche Information; Einfühlsamkeit; emotionale Anteilnahme, Sympathie; allgemein verständliche Ausdrucksweise; Gespräch nach Möglichkeit mit beiden Eltern gemeinsam; kompetente Aussage zur Prognose; ausreichende Zeit; Angebot zur Fortsetzung des Gesprächs.

Anleitung wird von Eltern erbeten oder von Fachkräften angeboten, wenn die Eltern z. B. Aufgaben aus der motorischen Förderung ihres Kindes selbst übernehmen, aber auch, wenn sie durch das Verhalten des Kindes irritiert sind.

Anleitung heißt auf der Basis von Wertschätzung, einfühlendem Verstehen und bezogener Interaktion: von der Sicht- und Erlebnisweise dessen her, der angeleitet werden möchte, sehen, welche Handlungsweisen (z. B. dem Kind beim Essen helfen) gelernt werden wollen. Sie müssen so vermittelt werden, dass sie sowohl den Möglichkeiten des Kindes als auch der Lernweise des Fragenden entsprechen und in seine Verhaltensformen integriert werden können.

Das heißt: es ist sinnvoll, nur solche Anleitungen zu vermitteln, die für betroffene Eltern konkret in ihrem Alltag durchführbar sind. Daher gehört es zu einer Anleitung, im Gespräch, im Beobachten der Interaktion von Mutter und Kind oder Vater und Kind herauszufinden, was zu dieser Mutter, diesem Vater mit diesem Kind in der gegenwärtigen Situation passt. Die Anleitung selbst sollte genau und in gut verstehbarer Sprache mitgeteilt und konkret gezeigt werden. Mutter oder Vater werden ermutigt, auszuprobieren und auszusprechen, wie es ihnen damit geht. Selbstverständlich sind auch die Mitteilungen und Reaktionen des Kindes bedeutsam. So können gegebenenfalls notwendige Anpassungen gemeinsam erarbeitet werden, ohne Abwertungen, wenn sie nicht sofort gelingen. Ein solches Vorgehen entspricht auch den Grundprinzipien der Stärkung des Kohärenzgefühls nach Antonovsky (Verstehbarkeit, Handhabbarkeit, Bedeutsamkeit).

Die Prinzipien der personenzentrierten Gesprächsführung erleichtern auch Hilfen in Konfliktsituationen. Manche Eltern möchten dann lieber direkt einen Rat haben. Aber dies ist oft wenig effektiv, da Berater die stimmige Lösung für den, der sie sucht, nicht haben. Direkte Ratschläge in komplexen Konfliktsituationen können erlebte Schwierigkeiten verstärken, da dann die Erwartung besteht, dass andere Menschen die Konflikte für die betroffene

Person lösen sollten. Auftretende Gefühle von Hilflosigkeit können bedrängender werden. Unter Umständen provoziert man mit Ratschlägen immer neuen Widerspruch gegen sie und Begründungen, warum sie nicht umsetzbar sind. Auch das hilft nicht weiter. Wenn es aber gelingt, durch Wertschätzung, empathisches Verstehen und Zuwendung den Prozess der Auseinandersetzung mit der Konfliktlage zu begleiten, ist damit viel für die weitere Entwicklung und Zusammenarbeit gewonnen.

Mir ist folgendes Beispiel bekannt.

In das zweite Schuljahr einer Schule für körperbehinderte und chronisch kranke Kinder wurde ein schwer herzkrankes Kind mit einer zerebralen Bewegungsstörung aufgenommen. Zu seiner Fortbewegung benutzte es einen Rollstuhl. Im ersten Schuljahr hatte es Hausunterricht erhalten. Zuerst kam die Mutter täglich mit zur Schule. Sie sagte, sie hätte panische Angst, die Mitarbeiter würden nicht gut genug auf das Kind achten. Da sie vor der Einschulung mehrfach erlebt hatte, wie der Junge durch seine Herzinsuffizienz in Lebensgefahr geriet, begleitete sie die innere Not, der Junge könnte eines Tages plötzlich sterben. Der behandelnde Arzt sah im Besuch einer Schule für körperbehinderte Kinder für diesen Jungen keine zusätzliche Gefährdung, zumal ein Krankenhaus in der Nachbarschaft gegebenenfalls sofortige fachärztliche Hilfe zugesagt hatte. Der Junge war in der Schule zum ersten Mal in seinem Leben unter Kindern. Er interessierte sich sehr für die Gruppe und für alle durchgeführten Projekte. Die Mutter bestand zunächst darauf, neben ihm zu sitzen und korrigierte jede Handlung, die sie nicht gut fand. Dadurch war er unter ständiger Kontrolle und sehr behindert, Dinge und Verhaltensweisen auszuprobieren. Er reagierte entsprechend gestört. In mehreren Gesprächen realisierte die Mutter dann allmählich, dass ihr Junge zwar schwer krank und auch gefährdet war, dass sie aber seinetwegen kaum mehr ein eigenes Leben geführt hatte. Sie erlebte das so, als sei das Kind ihre eigentliche Mitte, und sie selbst hätte keine.

Nach weiteren Gesprächen wagte sie es, während der Förderung des Jungen aus der Schule fortzugehen und ihn dann abzuholen. Sie berichtete, es sei so sonderbar für sie gewesen, dass sie in der Stadt keinen Rollstuhl in den Händen gehabt hätte. Sie fühle sich so unvollständig. Der Rollstuhl mit dem Kind sei für sie fast wie ein Körperteil. Aber sie fühle sich auch leicht. In Ruhe Schaufenster anzuschauen sei noch schwer, weil dieses Gefühl von sich selbst so neu und so fremd sei.

Sie fand zunehmend heraus, was sie in der Zeit, die sie für sich hatte, tun wollte. Ihre Angst um den Jungen nahm langsam ab. Zuerst war es für sie als Absicherung noch nötig, dem Jungen ein Sauerstoffgerät mit zur Schule zu geben, obschon der Arzt das nicht für erforderlich hielt. Der Hinweis der Schulleiterin, sie könne selbst entscheiden, ob das Gerät mit zur Schule gebracht wird oder nicht, half ihr dabei, den Jungen dann auch alleine zur Schule fahren zu lassen. Gebraucht wurde das Gerät nicht. Die Lehrerin berichtete über eine gute kognitive und soziale Entwicklung des Jungen. Dass die Mutter ihn innerlich ein Stück freigeben konnte, trug ihrer Meinung nach dazu bei.

Als schließlich die sehr schwierige Herzoperation des Jungen gelang, eröffneten sich noch einmal neue, erweiterte Perspektiven für Mutter und Sohn.

Geht es um die Begleitung von Eltern eines schwer kranken Kindes mit stark verkürzter Lebenserwartung, kann es für sie bedeutsam sein, zu wissen, dass es Ansprechpartner in der Frühförderstelle, der Klinik, der Kindertagesstätte oder der Schule gibt, mit denen sie über alles das sprechen können, was sie bewegt oder ängstigt. Für solche Gespräche gibt es keine Ziele oder vorgegebenen Inhalte. Sie sind offen im Bemühen um Verstehen, Empathie und getragen von Zuneigung in der Weise, wie sie möglich ist. Manchmal wird es vielleicht um die Pflege des Kindes gehen, um zunehmende Schwäche, sich veränderndes Verhalten, Fragen des Kindes oder eigene. Die Auseinandersetzung mit dem drohenden Verlust kann quälen oder die Sinnfrage, die Erschütterung von Glaubensüberzeugungen. Es geht nicht darum, dass Fachkräfte dann die Antworten wissen, sondern um ihr Mitsein. Gelegentlich spielen auch Überlegungen zum nachtodlichen Ritual und zur Bestattung eine wichtige Rolle. Sicher wird man Entlastungsmöglichkeiten mit den Eltern überlegen, wenn man spürt, dass sie physisch oder psychisch erschöpft und zu hoch belastet sind. Kinderhospize können mit ihren stationären Möglichkeiten für betroffene Familien sehr wichtig werden. Sie haben auch geschulte Mitarbeiter, die Familien zu Hause unterstützen.

Die Begleitung erfordert große Offenheit von Fachkräften und die Bereitschaft, sich auch selbst mit den Grundfragen des Lebens auseinanderzusetzen (vgl. Haupt 2008b).

Wesentliche Aspekte der Zusammenarbeit von Fachkräften und Eltern in der Förderung von Kindern mit körperlichen Beeinträchtigungen können thesenhaft so zusammengefasst werden.
- Die Basis der Zusammenarbeit ist die Anerkennung der Gleichwertigkeit der Eltern und ihrer Freiheit zur Selbstbestimmung (Speck 2003, 96).
- Der Beginn der Zusammenarbeit ist das Bemühen der Mitarbeiter, Kind und Eltern zu verstehen und zu unterstützen ohne Bewertung ihrer Ansichten und Meinungen.
- Eltern können Fachkräften helfen, ihr Kind kennen und verstehen zu ler-

nen. Sie können ihre Erfahrungen mit dem Kind, mit Pflege und Behandlungen mit den Mitarbeitern teilen, über Kompetenzen und Ausdrucksmittel des Kindes berichten und ihnen so deren Wahrnehmung und Deutung erleichtern.
- Auf diese Weise tragen sie zur Entwicklung stimmiger Förderpläne bei.
- Fachkräfte können Eltern das Vertrauen in ihre Arbeit mit den Kindern erleichtern, wenn sie sie ihre entwicklungserleichternde Förderung miterleben lassen. Eltern erleben Wertschätzung auch dann, wenn Fachkräfte positiv über ihr Kind sprechen und seine Möglichkeiten und Kompetenzen mehr betonen als das, was noch nicht gelingt oder möglich ist – ohne Situationen zu beschönigen.
- Verständnis für die Lebenssituation der Eltern, Unterstützung beim Umgang mit Konflikten im Zusammenhang mit Behinderung, Behandlung und Förderung sind wichtige Bereiche der Zusammenarbeit.
- Eine erbetene oder angebotene Anleitung gelingt am ehesten auf der Basis von Wertschätzung, Verständnis und Empathie.
- Unterstützung der Förderung zu Hause ist abhängig von Lebenssituation und Ressourcen der Eltern.
- Die Erleichterung einer guten Beziehung zwischen Eltern und Kind hat Vorrang vor Fördermaßnahmen, die zu Hause durchgeführt werden.
- Sind Eltern erschöpft, brauchen sie Entlastung und Erholung, ehe sie sich mit neuen Anforderungen auseinandersetzen können. Die Unterstützung sozialer Kontakte und Beziehungen ist z. B. möglich durch Elterntreffs zum Erfahrungs- und Informationsaustausch und durch Selbsthilfeverbände.
- Partnerschaftliche Zusammenarbeit mit Eltern ist ein Lernprozess über Jahre – auch für Fachkräfte. Sie brauchen dafür Anleitung, Fortbildung und Supervision.
- Fachkräfte brauchen in Phasen eigener hoher Konfliktbelastung selbst Hilfe, um mit Wertschätzung und Empathie kooperieren zu können.
- Beratung, Gespräche in komplexen Konfliktsituationen, Begleitung von Eltern bei existenziellen Herausforderungen sollten nur von Fachkräften angeboten werden, die dazu in der Lage sind. Dazu gehört die Bereitschaft, an der eigenen Entwicklung weiterzuarbeiten und sich in schwierigen Situationen selbst beraten und helfen zu lassen. Das gilt auch für die Zusammenarbeit mit hochbelasteten Eltern, deren Lebensumstände dauerhaft sehr schwierig sind.

Es ist bedeutsam, dass in jeder Fördereinrichtung, gleich ob Frühförderstelle, Kindertagesstätte oder Schule einige Fachkräfte besondere Beratungskompetenzen durch Zusatzausbildungen erwerben. Wichtig sind auch Vernetzungen und Kooperationen mit Sozialen Diensten, Familienentlastenden Diensten, Psychologischen Diensten und Familienberatungsstellen.

Es sollte auch bedacht werden, dass es gerade für schwierige Situationen sehr viel besser sein kann, wenn nicht der Gruppen- oder Klassenleiter des Kindes Gespräche mit den Eltern führt, sondern eine Fachkraft, die nicht täglich mit dem Kind arbeitet und dadurch in Wahrnehmen und Verstehen vorbelastet sein kann.

Andere Formen und Inhalte der Elternarbeit sind durch amtliche Richtlinien und Verordnungen festgelegt wie z. B. die Mitwirkung bei der Aufnahme des Kindes in eine Institution, bei Einschulung und Umschulung, die Elternvertretungen in Institutionen, Mitwirkung bei Klassen- und Schulkonferenzen, Elternsprechtag und regelmäßige Besprechungen der Förderpläne für das Kind.

Bei allem guten Bemühen von Fachkräften und Eltern können Zusammenarbeit und Beratung auch scheitern. Das ist bitter, aber unter sehr komplexen Gegebenheiten nicht immer vermeidbar. Menschen sind in ihren Möglichkeiten begrenzt ebenso wie Institutionen. Manchmal wehren sich Menschen heftig, Begrenztheiten ihrer Wahrnehmung und Denkweisen zu überprüfen oder gar zu überschreiten und Neuland zu betreten zu Gunsten der Entwicklung von Kindern mit Behinderungen.

Dann bleiben die Herausforderungen der Konfliktkonstellation bestehen bis vielleicht doch noch Lösungen durch andere Gegebenheiten möglich werden.

Auch dazu sei ein Beispiel berichtet.

Es ging dabei um eine heftige Konfliktsituation zwischen Lehrern und der Mutter eines motorisch schwerstbehinderten Mädchens, das wegen seiner extrem ausgeprägten dyskinetischen zerebralen Bewegungsstörung nicht sprechen und schreiben konnte, auch nicht mit Hilfe elektronischer Kommunikations- bzw. Schreibhilfen.

Dieses Mädchen besuchte eine Anfangsklasse. Wegen der extremen motorischen Behinderung und Kommunikationsproblematik wurde es in der Schule für schwer kognitiv beeinträchtigt gehalten. Der Lehrer sah keine Möglichkeit, diesem Kind das Lesen zu vermitteln oder andere altersentsprechende Bildungsinhalte. Die Mutter war aufgrund ihrer Erfahrungen mit dem Kind von seiner altersentsprechenden Intelligenz überzeugt und hatte mehrfach vergeblich in der Schule darum gebeten, es entsprechend zu fördern. Schließlich wandte sich die Mutter an eine Psychologin, die nicht zur Schule des Kindes gehörte, die aber Erfahrung in Diagnostik und Förderung so schwerbehinderter Schüler hatte. Die Mutter bat sie um Überprüfung der kognitiven Entwicklung des Kindes. Diese erfolgte in Absprache mit der Schule. Lehrer und Schulleiter erhofften sich die Bestätigung ihrer Einschätzung des Kindes. Sie erwarteten, die Psychologin könne dazu beitragen, dass die Mutter »vernünftig« werde und ihr Kind endlich »realistisch« einschätzen lerne.

Die diagnostische Situation war wegen der extremen Bewegungsstörung nicht einfach. Das Kind reagierte auf gestellte Aufgaben blitzschnell mimisch, gestisch bzw. grobmotorisch, konnte aber mehrfach seine Ausdruckszeichen nicht wiederholen, wenn die Psychologin sie nicht sofort wahrgenommen hatte oder nicht sofort eindeutig zuordnen konnte. So brauchte es eine gemeinsame Lernzeit und Pausen, da die jeweiligen Situationen für das Kind sehr anstrengend waren. Es wurde aber sehr deutlich, dass bei dem Mädchen keine kognitive Beeinträchtigung vorlag. Beispiele aus dem häusliche Alltag bestätigten altersentsprechende Interessen. Die Psychologin, die trotz aller Schwierigkeiten Möglichkeiten für eine Leseförderung des Kindes sah, nahm das Gespräch mit dem Lehrer wieder auf. Dieser war nicht bereit, die Förderung zu versuchen. Er vertrat die Ansicht, dass er die Förderung selbst dann ablehnen würde, wenn er glauben könnte, das Kind sei kognitiv in der Lage, altersentsprechend zu lernen. Er war der Auffassung, dass so extrem behinderte Menschen nur zusätzlich leiden, wenn sie ihre Kompetenzen weiterentwickeln und ausdifferenzieren. Da er aber von der Intelligenz des Kindes keineswegs überzeugt sei, lehnte er weitere Gespräche als gegenstandslos ab. Dem schloss sich der Schulleiter an, da seine Lehrer kompetent und erfahren genug seien, um Kinder richtig einschätzen und fördern zu können.

Die Situation für das Mädchen in der Schule änderte sich erst, als es eine andere Lehrerin bekam.

Für die Mutter war es sehr bitter, die Erfahrung machen zu müssen, dass ihr Kind in der Schule am Lernen gehindert statt seinen Möglichkeiten entsprechend gefördert wurde. Es dauerte lange, ehe sie nach dieser anhaltenden Verletzung wieder Vertrauen in die Schule, die Lehrkräfte und die Förderung wagen konnte.

5.5 Geschwister in der Familie

Geschwisterbeziehungen weisen große Vielfalt auf. Sie werden von vielen Gegebenheiten und Prozessen beeinflusst.

Erweitert man das Flussdiagramm der wesentlichen Einflussfaktoren nach Kasten u. a. (2003, 73) um einige zusätzliche Aspekte, ergibt sich die schematische Übersicht in Abb. 24.

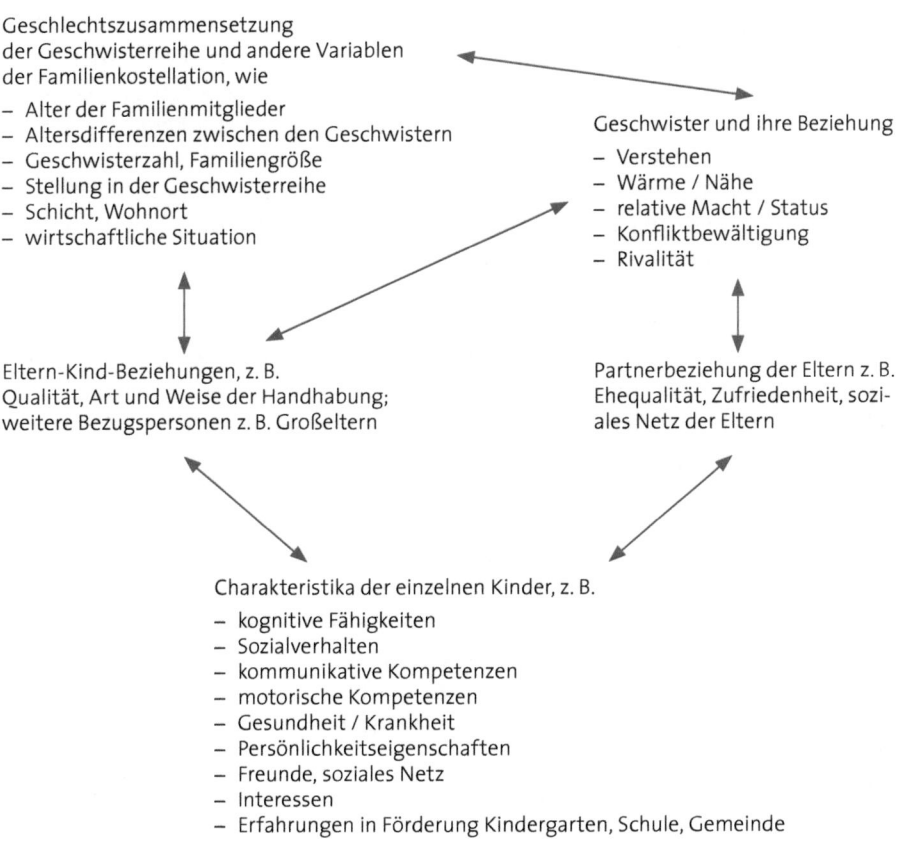

Abb. 24: Einflussfaktoren von Geschwisterbeziehungen

Geschwister sind oft wichtige Bezugspersonen für einander. Kasten (2003, 33f., 74f., 99f.) belegt das mit Erfahrungen und wissenschaftlichen Befunden. Beispiele dafür sind: Geschwister beteiligen sich an der Versorgung und Betreuung jüngerer Brüder und Schwestern. Sie unterstützen sich gegenseitig bei der Bewältigung von Entwicklungsaufgaben. Im alltäglichen Miteinander tauschen sie kulturelles Wissen aus: in Sprache, beim Spielen, in praktischen, alltagsbezogenen Fertigkeiten. Sie können Vorbilder für Jüngere sein und Verhaltensweisen ebenso wie soziale Regeln vermitteln. Nicht selten unterstützen sie die Aufnahme und Mitgestaltung von Kontakten zu Gleichaltrigen.

Untersuchungen haben gezeigt, dass Jungen bei ihren jüngeren Geschwistern deren mathematisch-technisches Verständnis fördern. Sie regen aber auch sportliche, schriftstellerische und schauspielerische Fähigkeiten an. Die Geschwister von Mädchen profitieren für ihre sprachlichen Fähigkeiten, ihre Kreativität und ihre schulischen Leistungen.

Andere Einflussfaktoren wie z. B. die konkrete Lebenssituation der Familie im sozialen Umfeld sind aber bedeutsamer als das Geschlecht der Kinder oder ihre Stellung in der Geschwisterreihe.

Untersuchungen zu Geschwisterbeziehungen von nicht behinderten und behinderten Kindern zeigen unterschiedliche Ergebnisse (vgl. Cloerkes 2007, 293). Geprüft wurden z. B. mögliche Beeinträchtigungen von Entwicklungen der nicht behinderten Kinder. In den neueren Arbeiten stehen mehr die Auswirkungen einer Behinderung auf die Geschwisterbeziehungen im Vordergrund.

Tröster (2001, 3) weist auf den noch nicht befriedigenden Forschungsstand hin. Erst relativ wenige Arbeiten erfassen z. B. die Situation von Geschwistern körperbehinderter Kinder. In einer Reihe von Publikationen fehlen Angaben zu Art und Schweregrad der vorliegenden Behinderungen. Daher bleibt unklar, welche Aspekte für die Geschwisterbeziehungen bedeutsam sind. Es fehlen weitgehend Untersuchungen, die Kinder mit Behinderungen zu ihrer Beziehung zu Schwestern und Brüdern befragen. Die Wechselwirkungen und Vernetzungen der unterschiedlichen Einflussfaktoren von Geschwisterbeziehungen sind wegen ihrer Komplexität und Vielfalt schwer zu erfassen. Beobachtbare Gegebenheiten spielen ebenso eine Rolle wie individuelle, subjektive Wahrnehmungen und Interpretationen der Familienmitglieder (vgl. Kasten 2003, 185).

So sind mitgeteilte Erfahrungen und empirisch gefundene Forschungsergebnisse begrenzte Ausschnitte aus einem umfänglichen, komplexen, immer in Bewegung und Veränderung befindlichen Kontext.

In diesem Abschnitt werden zunächst Berichte und Forschungsergebnisse dargestellt, die sich allgemein auf Geschwister von Kindern mit Behinderungen beziehen. Daran anschließen werden sich Befunde zu Beziehungen von nicht behinderten Kindern zu ihren Geschwistern, die körperbehindert oder krank sind.

Winkelheide und Knees (2003a, 33f.) beschreiben Geschwister behinderter Kinder so: »Es sind Kinder, Jugendliche und Erwachsene, die zu einem frühen Zeitpunkt in ihrem Leben andere als die ›normalen Lebensbedingungen‹ antreffen. Ihre Kindheit ist geprägt vom Zusammenleben mit einem oder mehreren Menschen, die ›anders‹ sind. Dieses Zusammenleben bringt die Geschwister von Kindern mit Behinderung in eine spezifische Auseinandersetzung, die viele Fragen aufwirft. Sie entwickeln eine hohe Sensibilität für Fragen im zwischenmenschlichen Bereich. [...] Sie werden oftmals in die Rolle der Lehrenden oder der Vorbilder im Umgang mit Menschen mit Behinderung gedrängt, ohne je selbst das Angebot gehabt zu haben, diesen Umgang lernen zu können. Die Leistungen, die sie erbringen, werden von den Erwachsenen oft als selbstverständlich angenommen. [...] Innerhalb der Gruppe Gleichaltriger werden sie oft nicht wahrgenommen oder haben keinen hohen Stellenwert. [...] Diese Lebenssituation stellt besondere Anforderungen, sowohl in der Alltagsbewältigung als auch in der Persönlichkeitsentwicklung. Es bedarf der Entwicklung von Anpassungsstrategien, um sich mit diesen Lebensumständen zu arrangieren und zurechtzufinden.«

Achilles verweist zusätzlich darauf (2007, 71), dass Geschwister behinderter Kinder manchmal weniger Zugang zu den Eltern haben, da diese sehr viel Aufmerksamkeit und Zuwendung für ihre beeinträchtigten Kinder einsetzen. Sie berichtet auch über die eingeschränkten Möglichkeiten der nicht behinderten Geschwister, Freunde zu finden, die bereit sind, auch das behinderte Geschwister zu akzeptieren und sich nicht deswegen abwenden. Achilles (a.a.O. 68) sieht unterschiedliche Bewältigungsstrategien bei den nicht behinderten Geschwistern: Loyalität – Distanzierung – soziales Engagement – Idealisierung und Überangepasstheit mit Hintanstellung der eigenen Bedürfnisse.

Hackenberg (1992, 177f.) fand in ihren Untersuchungen keine Hinweise auf generelle psychische Problemlagen der nicht behinderten Geschwister. Persönliche Belastungen spielen aber durchaus eine Rolle. Geschwister erleben ihre eigenen Möglichkeiten als eingeschränkt. Diskriminierungen im sozialen Umfeld kommen vor. Bedeutsam sind die prosozialen Einstellungen dieser Kinder und ihre positiven Haltungen Menschen mit Behinderungen gegenüber. Diese Haltungen sind auch Kriterien für die Wahl ihrer Freunde.

Auffällig ist, dass weniger Aggressionen gegen andere und weniger Ausdruck von Selbstverteidigung geäußert werden. Die nicht behinderten Geschwister richten aber mehr Aggressionen gegen die eigene Person.

Betroffene Kinder brauchen Unterstützung darin, auch ihre schwierigen Gefühle wahrzunehmen und Formen des Umgangs damit zu finden, die weder diese Gefühle leugnen noch ausagieren, noch gegen die eigene Person richten – eine schwierige Balance. Geschieht dies nicht, entstehen im Verlauf der Entwicklung Gefühle von Beeinträchtigung durch die Behinderung der Geschwister (a.a.O. 180).

Erleben die nicht behinderten Kinder Zuwendung und Annahme von ihren Eltern, erleichtert das die Auseinandersetzung mit der Behinderung und ihren Folgen. Hackenberg beschreibt den Zusammenhang von positivem Selbstbild und der Schilderung positiver Erfahrungen mit der Bewältigung der Familiensituation (a. a. O. 181).

Können Eltern eine positive Einstellung zum Kind mit seiner Behinderung gewinnen, erleichtert auch das die Geschwisterbeziehungen (Kasten 2003, 184). Dagegen bewirken eine geringe Selbstwertschätzung der Eltern und anhaltend hohe mütterliche Belastungen Ängste und Gefühle von Unzulänglichkeit bei den nicht behinderten Kindern mit Erschwerung der Beziehungen untereinander.

Jugendliche Geschwister schwerbehinderter Kinder erleben mehr persönliche Belastungen und Einschränkungen als die Geschwister leichter behinderter Kinder. Auch in Familien in schwierigen sozialen und wirtschaftlichen Situationen sind ältere Geschwister durch Betreuungspflichten und Unsicherheiten im sozialen Umfeld mehr belastet (Hackenberg 1992, 183).

Ist eine Behinderung mit einem langsameren Entwicklungstempo verbunden, vergrößert sich der Entwicklungsabstand der Geschwister zunehmend. Jüngere Geschwister behinderter Kinder erreichen und übertreffen dann deren Kompetenzen. Das kann für das Geschwister mit der Beeinträchtigung bitter sein und das Gefühl von Lebenserschwerung verstärken.

Oft ist aber die Qualität der Geschwisterbeziehungen nach Aussagen der Betroffenen und Berichten von Müttern positiv. Das liegt auch daran, dass sehr viele Geschwister besonders bemüht sind, auf ihre Brüder oder Schwestern, die krank oder behindert sind, zugewandt einzugehen. Es kommt eher seltener als in anderen Familien zu aggressiven oder konflikthaften Auseinandersetzungen (Tröster 2001, 9). Nicht behinderte Geschwister empfinden zwar z. B. Ärger, wenn ihr Bruder oder ihre Schwester ohne Erlaubnis Sachen aus ihrem Zimmer wegnehmen. Sie haben aber oft eine starke Verhaltenskontrolle entwickelt. Sie versuchen, das Problem zu negieren oder bis zehn zu zählen. Oder sie überlegen, wie sie das Problem verhindern können (Gamble und McHale 1989, 369).

Der Geschwisterkontakt kann schwieriger sein, wenn die kognitive und soziale Entwicklung des behinderten Kindes stark eingeschränkt ist.

Helfen ältere Geschwister bei der Betreuung eines jüngeren beeinträchtigten Kindes, zeigen sich positive Auswirkungen auf das emotionale Klima der Geschwisterbeziehung (Tröster 2001, 14).

Unabhängig davon ob Kinder behindert sind oder nicht, erhalten jüngere Kinder entwicklungsentsprechend mehr Zuwendung von ihren Müttern als ältere. Die Zuwendung zu behinderten Kindern in einer Familie entspricht oft der Intensität, die allgemein jüngeren Kindern zukommt. Das braucht aber nicht zur Vernachlässigung der Geschwister zu führen. Sie akzeptieren in der Mehrzahl die stärkere Beschäftigung ihrer Eltern mit den beeinträchtigten

Kindern. Allerdings fühlen sich z. B. etwa ein Drittel der Geschwister von Kindern mit Zystischer Fibrose (CF) zu wenig beachtet (Harder und Bowditch 1982). In anderen Untersuchungen (z. B. Tritt und Esses 1988; Derouin und Jessee 1996) wird die Zahl der Geschwister, die sich benachteiligt fühlen, höher angegeben (bis zu 46 Prozent).

Den meisten Eltern gelingt es, den Bedürfnissen aller ihrer Kinder gerecht zu werden (Tröster 2001, 12).

»Positive Eltern-Kind-Beziehungen, ein hohes Maß an Familienzusammenhalt und ein geringes Maß an familiären Konflikten stellen die wichtigsten Schutzfaktoren für die Entwicklung von Geschwistern behinderter Kinder dar« (Sarimski 2009b, 176).

Nicht unerwähnt bleiben sollen besonders schwierige Geschwisterkonstellationen, die alle Familienmitglieder vor große Herausforderungen an seelischer Kraft und Gestaltungsmöglichkeiten des Zusammenlebens stellen.

Mir sind Familien bekannt, in denen bei mehreren Jungen eine Duchenne- Muskeldystrophie (DMD) auftrat. In einer dieser Familien waren drei von vier Brüdern krank. Die Eltern akzeptierten bei allem Kummer diese Situation und ermöglichten den Jungen durch ihre Zuwendung und durch den engen Zusammenhalt in der Alltagsgestaltung eine beachtliche Lebensqualität. Der zweitälteste Junge blieb gesund. Alle wussten um die begrenzte Lebenserwartung der drei kranken Brüder. Der älteste Sohn erlebte Phasen der Auflehnung und des Widerspruchs gegen seine Krankheit neben Phasen, die von Neugier auf das Leben und großem Lerneifer geprägt waren. Die beiden Jüngsten lebten sehr in der Gegenwart und nutzten alle Möglichkeiten für Erlebnisse und Erfahrungen, die sich ihnen boten. Sie hatten viele Kontakte zu Gleichaltrigen in der Nachbarschaft und in der Schule. Gleichzeitig erlebten sie den notvollen körperlichen Abbauprozess des Ältesten mit und erfuhren auf diese Weise tagtäglich, was ihnen selbst bevorstand. Der gesunde Bruder sprach nur selten darüber, was ihn innerlich bewegte. Er ging oft seiner eigenen Wege.

Immer wieder hat mich auch die Situation einer Familie mit Zwillingen beschäftigt. Ein Zwillingsbruder war wegen einer schweren Form von Spina bifida rollstuhlabhängig. Sein Bruder war nicht behindert. Der körperbehinderte Junge setzte sich intensiv mit seiner Behinderung auseinander. Er litt an den Einschränkungen durch die Lähmungen, die Nierenprobleme, die Ruhigstellungen nach Operationen z. B. der Wirbelsäule. Der Vergleich mit dem Bruder machte ihm immer wieder seine Behinderung schmerzlich deutlich. Besonders schlimm wurde es für ihn, als sein Bruder anfing auszugehen, sich mit seiner Clique und mit Mädchen zu treffen – Möglichkeiten, die er ohne ständige Hilfe nicht verwirklichen konnte. Sein Bruder plante dann mit Hilfe seines Vaters einen Auslandsaufenthalt.

Der behinderte Bruder kam für den Besuch einer weiterführenden Schule in ein Internat. Er starb vor Beendigung der Schulzeit an einem schweren Infekt mit multiplem Organversagen.

Der Tod eines behinderten Geschwisters kann konfliktreiche und widersprüchliche Reaktionen zur Folge haben. Schmerz und Wut über den Verlust können sich vermischen. Schuldgefühle, weil manches in der Beziehung nicht möglich war und weil man eigene Interessen Raum gegeben hatte, sind nicht selten, vor allem, wenn die Beziehungen vorher eher brüchig und widersprüchlich waren. Es ist aber auch möglich, dass die Mitglieder einer betroffenen Familie enger zueinanderfinden und sich gegenseitig unterstützen.

Die Forschungsergebnisse, die sich explizit auf Geschwister aus Familien mit chronisch kranken oder körperbehinderten Kindern beziehen, zeigen Beziehungserschwerungen und positive Entwicklungstendenzen »bei einer Vielfalt von Verarbeitungsformen« (vgl. Cloerkes 2007, 293).

Dallas (1993) beschreibt in einem griechischen Forschungsprojekt mit Geschwistern von Kindern mit zerebralen Bewegungsstörungen, dass sie ähnliche Rollen übernehmen wie Erwachsene. Sie bemühen sich sehr um ihre behinderten Brüder und Schwestern und neigen dazu, Handlungen und Gespräche zu initiieren. Das ist besonders ausgeprägt, wenn die Kinder mit zerebralen Bewegungsstörungen Schwierigkeiten mit der verbalen Kommunikation haben.

Ältere Geschwister mit Bewegungsstörungen verhalten sich eher wie die jüngeren Kinder in anderen Familien. Es fällt auf, dass sie weniger aktiv sind als ihre Geschwister. Diese sind aktiver, direkter und bereit zu helfen. Nicht behinderte Geschwister verhalten sich zu Kindern mit Bewegungsstörungen wie ältere Geschwister – unabhängig von ihrer Stellung in der Geschwisterreihe. Nicht behinderte Kinder haben miteinander reichere Interaktionen als im Kontakt mit behinderten Kindern. Für Kinder mit zerebralen Bewegungsstörungen ist es vergleichsweise schwieriger, komplexe und vielfältige Stimuli zu handhaben. Sie kommen schneller an ihre Grenzen.

Dallas (1993, 644) betont die Bedeutung nicht behinderter Geschwister. Sie sind Begleiter, kameradschaftliche Unterstützer und helfen bei der sozialen Integration.

In einer Untersuchung von Kibburz (1994, 227f.) werten Mütter von Kindern mit Spina bifida die Empathie, Freundlichkeit, Akzeptanz und das Engagement der Geschwister sehr hoch. Als eher selten schätzen sie bei ihnen Wut, verletzendes oder vermeidendes Verhalten ein. Die Sorge um das Wohlergehen der behinderten Kinder besteht bei sehr vielen Geschwistern ebenso wie der Wunsch, sie zu beschützen.

Janus und Goldberg erforschten 1995 (328f.) Geschwisterbeziehungen in Familien mit einem Kind, bei dem ein angeborenes Herzleiden vorlag. Es zeigte sich, dass Geschwister mit gutem Einfühlungsvermögen von ihren kranken Brüdern und Schwestern als besonders positiv im Kontakt wahrgenommen werden. Eine hohe Ausprägung von Empathie korreliert positiv mit zugewandtem Verhalten des gesunden zum kranken Geschwister.

Zu Geschwisterbeziehungen in Familien mit einem an Zystischer Fibrose (CF) erkrankten Kind gibt es eine Reihe von wissenschaftlichen Befunden.

Harder und Bowditch (1982, 117f.) betonen, dass ein Leben mit einem CF-kranken Familienmitglied nicht traumatisierend sein muss. Es werden häufiger auch positive Auswirkungen für das Zusammenleben berichtet. Dazu kann ein engerer Zusammenhalt mit gegenseitiger Unterstützung gehören. Manche nicht behinderte Kinder erleben sich als weniger egoistisch wie z. B. der Teenager, der Harder und Bowditch (a. a. O. 116) sagte (freie Übersetzung U. H.): »Ehe mein Bruder geboren wurde, konnte ich tun, was immer mir einfiel. Ich hatte keine Verpflichtungen. Ich kümmerte mich um niemand, nur um mich selbst. Aber seit Joey geboren wurde und seit wir herausfanden, dass er CF hat, wird es mir wichtiger, für ihn zu sorgen. Und je mehr ich darüber nachdenke, je mehr möchte ich mich um andere Menschen kümmern. Denn was ich für Joey tun kann, kann ich auch für jemand anders tun.«

Davies fand in einer vergleichenden Studie heraus (1993, 95), dass die gesunden Geschwister in einer Familie mit einem CF-kranken Kind nicht weniger Fürsorge erhalten als die gesunden Kinder in anderen Familien. Dass manche Kinder dennoch ein Ungleichgewicht in der Zuwendung empfinden, mag daran liegen, dass die erkrankten Kinder deutlich mehr Aufmerksamkeit und Fürsorge brauchen als ihre Geschwister. Das berichten auch Quitten und Opipari (1994, 810f.). Sie beziehen sich auf Zeiten, die Mütter nur mit ihrem kranken Kind verbringen und auf den Zeitaufwand, der für die regelmäßigen Pflegeverrichtungen erforderlich ist. Gleichzeitig geben die Mütter an, dass die Väter ihre Kinder nicht unterschiedlich behandeln. Sie geben ihren Kindern in vergleichbarer Weise Aufmerksamkeit und Zuneigung und verlangen von ihnen ebenso viel Disziplin.

Derouin und Jessee (1996, 142f.) beschreiben positive und erschwerende Auswirkungen durch die CF-Erkrankung auf die Geschwisterbeziehungen. Positiv werten sie die Stärkung der Familie, die gemeinsam Situationen gestaltet und bewältigt, und ein Mehr an Unabhängigkeit der gesunden Geschwister, die vieles alleine und auf ihre Weise tun. Sie können belastet sein durch die Sorge um das kranke Geschwister. Altersentsprechend normale Tätigkeiten können durch die Auswirkungen der Krankheit gestört oder nicht möglich sein. Geplante Ausflüge, gemeinsame Aktivitäten, Ferien, Zeit mit den Eltern fallen aus, wenn sich plötzlich Verschlechterungen einstellen oder ein Klinikaufenthalt erforderlich wird. 42 Prozent der befragten Geschwister geben an, dass es manchmal schwierig sei, mit dem kranken Geschwister auszukommen. 26 Prozent erleben auch Eifersucht auf die Aufmerksamkeit, die CF-kranken Kindern zukommt. Haben die Eltern Angst um das Leben des Kindes, überträgt sich das auf die anderen Kinder und erschwert ein unbefangenes Miteinander. 40 Prozent der von Derouin und Jessee befragten Geschwister erleben sich als das am meisten gestörte oder unglückliche Familienmitglied wegen der Krankheit des Bruders oder der Schwester.

Dieser Befund gibt sehr zu denken. Er belegt die Notwendigkeit, besondere Unterstützungsangebote für Geschwister behinderter oder kranker Kinder bereitzustellen.

Foster et al. (1998) untersuchten den Zusammenhang zwischen Geschwisterbeziehungen und dem mütterlichen Wohlbefinden in Familien mit einem CF-kranken Kind.

Generell schätzen betroffene Mütter ihr Wohlbefinden nicht anders ein als Mütter, deren Kinder gesund sind. Sie geben auch insgesamt nicht mehr Stress an (a.a.O. 41). Dennoch gibt es einige auffällige Schwierigkeiten. Das Wohlbefinden kann beeinträchtigt sein durch die Belastungen mit den mehrfach täglich notwendigen Therapien des Kindes. Etwa ein Drittel der Mütter sprechen über Belastungen durch die Diät des Kindes. Mütter fühlen sich beeinträchtigt, wenn das kranke Kind oft von sozialen Schwierigkeiten berichtet wie z.B. Isolation in der Kindergruppe und Hänseleien. Etwa ein Drittel der Mütter klagt über mangelnde Unterstützung.

Fazit dieser Studie ist der statistisch gesicherte Zusammenhang zwischen mütterlichem Wohlbefinden und positiven Beziehungen der Geschwister untereinander. Mangelndes mütterliches Wohlbefinden korreliert mit Spannungen und Schwierigkeiten in den Geschwisterbeziehungen (a.a.O. 53).

Dies zeigt die Komplexität von Beziehungsgeflechten in Familien ebenso wie die Bedeutung der Unterstützung der gesamten Familie.

Schulte-Kellinghaus (1998) interviewte 16 Geschwister von Kindern, Jugendlichen und Erwachsenen mit Osteogenesis imperfecta (OI), einer angeborenen Erkrankung mit erhöhter Knochenbrüchigkeit.

Sie beschreibt das stark ausgeprägt liebevolle Verständnis der Geschwister der Betroffenen und ein Zusammenleben in der Familie, das keineswegs nur von Problemen bestimmt wird.

Die Geschwister berichten auch über Belastungen in ihrer Beziehungen zu den Brüdern und Schwestern mit Osteogenesis imperfecta. Die meisten Geschwister haben erlebt, dass sie auch zurückstehen müssen, z. B. wenn wieder ein Bruch aufgetreten ist und eine umgehende Operation erforderlich wird. Es bleibt manchmal nur wenig Zeit für sie mit den Eltern. Im Streitfall wird den Geschwistern eine gute Verhaltenskontrolle abverlangt, da tätliche Aggressionen mit der akuten Gefahr von neuen Knochenbrüchen verbunden wären. Schuldgefühle treten auf, wenn etwas passiert ist. Wut kann nur schlecht ausgedrückt werden, wenn ein Geschwister so behindert ist. Manche schämen sich, wenn sie doch einmal wütend werden auf einen Menschen, der so gefährdet ist und oft starke Schmerzen hat. Die Befragten berichten auch von der Angst, das Geschwister könne z. B. bei einem Rippenbruch oder einer Atemwegserkrankung durch Ersticken sterben. Angst bezieht sich weiterhin auf mögliche Isolation, soziale Ablehnung oder die Zukunft. Die Mitverantwortung für den behinderten Bruder, die behinderte Schwester kann belasten.

Manche Geschwister setzen sich lange mit der Frage auseinander, ob sie eigene Kinder haben wollen, da die Knochenbrüchigkeit vererbt werden kann.

Den Belastungen stehen vielfältige positive Erfahrungen gegenüber (a. a. O. 71f.):

»In den befragten Familien war es in erster Linie der Zusammenhalt der Familie, der immer wieder Kraft und Mut gab. [...] Nur gemeinsam sei es möglich gewesen, die vielen schweren Stunden besonders in der ersten Zeit zu ertragen. [...] In einer Familie sagten [...] Eltern und Kinder übereinstimmend, sie hätten durch das gemeinsame Leid wegen der vielen Brüche gelernt, bewusster zu leben und sich mehr als andere Menschen über kurze glückliche Momente und Kleinigkeiten zu freuen. [...] Viele Geschwisterkinder sind stolz darauf, dass ihr behindertes Geschwister trotz allem so gut mit dem Leben zurechtkommt. [...] Natürlich darf nicht vergessen werden, dass es in vielen Familien auch Freunde und Verwandte gibt, die die Geschwister und Familien unterstützen. Oft wäre es nicht ohne die Großeltern gegangen, die sich in schwierigen Zeiten um das nicht behinderte Geschwisterkind kümmerten, wenn z. B. die Eltern mit dem kranken Kind im Krankenhaus waren. [...] Alle bestätigen, dass die Eltern ihnen eine große Unterstützung im Hinblick auf die Verarbeitung der Probleme und Belastungen mit dem behinderten Geschwisterkind zukommen ließen. [...] Die Erfahrung, etwas ganz allein mit einem Elternteil zu unternehmen, ist für viele Geschwister eine große Hilfe. [...] Für viele der befragten Geschwister ist der Sport ein gefundener Ausgleich. [...] Auch Freunde sind eine große Unterstützung und Hilfe.«

Seit einer Reihe von Jahren gibt es auch in Deutschland spezielle Freizeit- und Unterstützungsangebote für Geschwister behinderter Kinder (s. u. a. Winkelheide und Knees 2003a, 21; Winkelheide 2003b, 23; Tröster 2001, 16; Schulte-Kellinghaus 1998, 74).

Mehrtägige Gruppen erleichtern den Austausch und die Auseinandersetzung mit der Lebenssituation. Dabei kann es um ein vertieftes Verständnis bestimmter Behinderungen und ihrer Auswirkungen gehen. Im Mittelpunkt stehen eigene Erfahrungen der Geschwister mit ihren behinderten Brüdern und Schwestern, aber auch mit dem sozialen Umfeld. Der Umgang mit den eigenen Bedürfnissen kann thematisiert, Verhaltensweisen können reflektiert und neu ausprobiert werden. Bedeutsam ist der Freiraum für eigene Impulse und Möglichkeiten ohne gleichzeitige Mitverantwortung für einen Menschen mit einer Behinderung. Gemeinsame Unternehmungen und Spaß sind wichtige gemeinsame Erfahrungsmöglichkeiten. Individuelle Unterstützungsbedürfnisse können geklärt und Möglichkeiten ihrer Entsprechung erarbeitet werden.

»Es kommt letztlich allen zugute, wenn sowohl die Bedürfnisse der behinderten als auch die der nicht behinderten Geschwister berücksichtigt werden« (Tröster 2001, 16).

5.6 Großeltern, Eltern und Kinder

Die Bedeutung der Großeltern für Familien mit behinderten oder kranken Kindern wird seit etwa 20 Jahren wissenschaftlich mehr beachtet. Vor allem in den USA gibt es eine Reihe empirischer Untersuchungen zu dieser Thematik. Sie beziehen sich zumeist auf Familien mit unterschiedlich behinderten Kindern, bei denen entsprechend verschieden ausgeprägte Pflege- und Förderbedürfnisse bestehen. Einzelne Befragungen befassen sich schwerpunktmäßig mit der Situation von Familien, zu denen Kinder mit Spina bifida gehören (z. B. Scherman et al. 1995; Gardner et al. 1994).

Die Beziehungen zwischen Eltern, Großeltern und Enkeln weisen große Vielfalt auf. Es gibt keine einheitlichen Beziehungsmuster. Viele Großeltern werten ihre Großelternschaft als wichtigen Teil ihres Lebens, den sie aufgrund der heute höheren Lebenserwartung meist länger mitgestalten können.

Wird bei einem Enkelkind eine Behinderung festgestellt, erleben Großeltern anfänglich ähnliche Gefühle von Verunsicherung und Trauer wie die Eltern selbst. Diese beziehen sich sowohl auf das Enkelkind als auch auf die Eltern und die Veränderungen ihres Lebens (vgl. Hoffmann 2005; Vadasy 1987, 21; Seligman et al. 1997, 294). Zur Trauer können Sorgen kommen, auch Ängste vor sozialer Ächtung, vor Neugier, Schuldzuweisungen und davor, etwas falsch zu machen (Hahn 1999). Auch sehr unterstützende Großeltern können anfänglich Schwierigkeiten wegen der Behinderung haben. Den meisten gelingt es aber, die Situation zu akzeptieren (vgl. Baranowski et al.1999, 441; Scherman et al.1995, 262; Findler et al. 2006, 305).

Die Mehrzahl der befragten Großeltern versucht, die Familie zu entlasten und zu ihrem Wohlbefinden beizutragen (vgl. Hoffmann 2005; Hahn 1999). Großeltern sind ein wichtiger Teil des familialen Netzwerks. Oft sind sie auch Rollenvorbild (Vadasy 1987, 21). Sie können den Eltern helfen, Probleme zu bewältigen und Gefühle zu verarbeiten. Manche Eltern erleben sie in schwierigen Situationen als Trostquelle und Ermutigung. Sie stärken die Hoffnung der Eltern (Baranowski et al. 1999, 428). Mit ihnen kann man reden und sich beraten, da sie Erfahrungen mit der Pflege und Erziehung von Kindern haben.

Viele Großeltern unterstützen die Familie ganz konkret. Sie sind gefragte Babysitter und Spielgefährten. Sie helfen dem Enkelkind bei der Entwicklung von Kompetenzen. Sie begleiten es zur Therapie. Sie tragen mit dazu bei, dass Eltern und Enkelkinder Spaß und Entspannung haben (Schilmoeller et al.1998, 473). Manche übernehmen ihr Enkelkind für die Ferien (Hornby und Ashworth 1994, 404). Sie helfen der Familie auch finanziell durch den Kauf von Kleidung oder einen Beitrag zum Haushaltsgeld. Großeltern können die Verbindungen zu Vereinen, zur Gemeinde und zu kommunalen Ressourcen erleichtern (Baranowski et al. 1999, 427; Vadasy et al. 1986, 37).

Großeltern werden in ihrem Engagement von den Eltern unterschiedlich eingeschätzt. Die Großeltern mütterlicherseits gelten als besonders hilfreich (Hornby et al.1994, 404). Die emotionale Unterstützung durch die Großmütter wird besonders wertgeschätzt. Trute (2003, 123) fand heraus, dass die emotionale Unterstützung durch die eigene Mutter verbunden ist mit höherer Selbstwertschätzung der Mütter behinderter Kinder; analoges gilt für die emotionale Wertschätzung des Vaters durch seinen eigenen Vater.

Green (2001, 11) betont folgende Zusammenhänge. Da wo Großeltern helfen, haben Familien insgesamt mehr Helfer. Diese Familien sind weniger erschöpft. Sie fühlen sich wohler und führen insgesamt ein normaleres Leben.

Regen Anteil nehmen Großeltern an allem, was das Kind betrifft: an Fragen nach früher Förderung und Bildung, nach der Schule, nach beruflichen Möglichkeiten, Wohnsituation und Lebensform (Hoffmann 2005).

Wie sehr Großeltern sich für ihre Kinder und Enkel engagieren, hängt von einer Reihe von Gegebenheiten ab. Wichtige Rollen spielen: die Entfernung der Wohnorte, die eigene Persönlichkeit und Partnerschaft, Alter, Gesundheit, Berufstätigkeit, eigene biografische Erfahrungen, Art der Behinderung des Enkels und sein Hilfebedarf, Beziehungserfahrungen mit den Eltern, Möglichkeit mit ihnen gute Absprachen und notwendige Abgrenzungen zu treffen,

Umgang mit Konflikten und nicht zuletzt das eigene soziale Netz (vgl. Hoffmann, 2005; Hornby et al. 1994, 410).

Schwierigkeiten in der Interaktion von Großeltern und Eltern entstehen, wenn ihre Hilfe verbunden wird mit Eingriffen in das Familienleben (Hahn 1999, 7). Hornby et al. (1994, 403) sehen Großeltern als Stressoren für die Eltern, wenn sie die Behinderung des Kindes nicht wahrhaben wollen, nicht mit der Förderung einverstanden sind, wenn sie sich übertrieben optimistisch geben, oder wenn sie sich dem Kind gegenüber ablehnend verhalten (vgl. Findler et al. 2006, 309; Seligman 1991, 148).

Scherman, Gardner et al. (1994, 191; 1995, 266f.; vgl. auch Sandler et al. 1995, 249; Baranowski et al. 1999, 248) befragten 32 Großeltern. 60 Prozent von ihnen hatten Enkel mit einer Spina bifida. Einige ihrer Ergebnisse sollen hier dargestellt werden.

Die Großeltern erfuhren überwiegend kurz vor oder nach der Geburt von der Behinderung des Enkels. Klinikmitarbeiter rieten 35 Prozent von ihnen, Kontakt mit einer anderen, ähnlich betroffenen Familie aufzunehmen. 34 Prozent erhielten eine kurze Beschreibung der Behinderung. 25 Prozent waren auf die Behinderung vorbereitet.

Fast alle erlebten Gefühle von Schock, Niedergeschlagenheit und Verlust. Rund 40 Prozent verbrachten viel Zeit mit Kindern und Enkeln in der Klinik. 54 Prozent sorgten für den Zusammenhalt der Familie. 28 Prozent hielten enge Verbindung zu den Eltern. Einige (16 Prozent) erschwerten nach eigenen Angaben durch ihre Reaktionen vorübergehend die Situation der Eltern.

Die Großeltern boten den Familien verschiedene Hilfen an. 91 Prozent übernahmen Babysitting. 30 Prozent blieben bei Krankenhausaufenthalten bei ihrem Enkel. 47 Prozent brachten ihn bei Bedarf zum Arzt. 6 Prozent riefen häufiger an und waren jederzeit zu erforderlichen Hilfen bereit. 6 Prozent halfen, das Wohnhaus nach den Erfordernissen durch die Behinderung umzubauen. 36 Prozent berichteten über Spielzeiten mit dem Enkel, 28 Prozent über Aktivitäten im sozialen Raum, 81 Prozent über Tätigkeiten im Zusammenhang mit Schule und Lernen. 47 Prozent engagierten sich für die Therapie des Kindes. 15 Prozent halfen finanziell.

Für besonders wichtig sahen die Großeltern an, ihrem Enkel emotionale Unterstützung und Liebe zu geben.

Im Zusammenhang mit ihrem vielfältigen Engagement spricht Hahn (1999) von der Güte der Großeltern: »Lernbereitschaft zugunsten des Enkelkindes, das eine Behinderung hat, Unterstützung, Beratung und Mittragen des psychischen und physischen Belastungen der Eltern, ihrer Sorgen und Ängste, die

Teilnahme am Familiengeschehen, an Freud und Leid und die große Freude, wenn sich das Enkelkind der Oma oder dem Opa strahlend zuwendet, die Freude über jeden winzigen Entwicklungsfortschritt und die warmherzige Art, das Enkelkind mit seinen Entscheidungen zu loben und seine Anstrengungen zu würdigen [...] dies alles ist Ausdruck für ein Wesensmerkmal des Großelternseins, das wir vielleicht bei unseren eigenen Großeltern erfahren haben und nicht missen möchten und das wir jedem Kind, ob behindert oder nicht behindert, ebenso wünschen. Er mutet uns etwas altertümlich an, dieser Begriff für etwas Schönes, Unersetzbares, aus dem man das Wohlwollen in der Zuwendung heraushört: die Güte der Großeltern.

Mit ihrer Güte können die Großeltern viel, sehr viel für ein Enkelkind tun, das behindert ist.«

Bei den Befragungen wurden die Großeltern auch gebeten, Ihre Wünsche bezüglich ihrer eigenen Unterstützung anzugeben (s. Hoffmann 2005; Vadasy 1987, 21; Seligman et al. 1997, 297; Findler et al. 2006, 305; Scherman et al. 1995, 272). Immer wieder wurde nach Informationen gefragt über die Behinderung des Enkels und über Fördermöglichkeiten. Seligman (a. a. O.) sieht in guten Informationen wichtige Erleichterungen für Engagement, Verständnis und Akzeptanz der Großeltern. Sie tragen dazu bei, dass Schuldgefühle reduziert und Schuldzuweisungen für die Entstehung der Behinderung vermieden werden können. Sie erleichtern auch Akzeptanz und Auswahl sinnvoller Fördermaßnahmen oder Therapien.

Manche Großeltern wünschen sich mehr emotionale Unterstützung und Akzeptanz ihres Engagements durch die Fachkräfte, die sich um das Kind bemühen.

In einigen Arbeiten wird über Unterstützungsmöglichkeiten für Großeltern berichtet. Am häufigsten werden Gesprächskreise für sie beschrieben (Winkelheide 1999, 11; Schilmoeller et al. 1998, 473; Vadasy 1987, 21; Schütt 1999, 11). Sie bieten Raum für die offene Auseinandersetzung mit der gegebenen Situation, für Gefühle, Sorgen, Nöte, Generationenkonflikte und Sinnfragen.

6. Frühe Förderung und Bildung körperbehinderter Kinder

6.1 Frühe Förderung im Kontext der Lebenswelt von Kind und Familie

6.1.1 Die Anfänge

Es ist ein langer Weg von den Anfängen der Frühförderung in den 60er-Jahren bis zur heutigen komplexen Sicht – und er ist keineswegs schon bis zu Ende gegangen. Er stößt nach wie vor auf äußere und innere Schwierigkeiten und Widerstände. Wissenschaftlich begründete und erprobte Konzepte eilen der konkreten Umsetzung zum Teil weit voraus.

Ausgangspunkte für die Entwicklung systematischer und flächendeckender Frühförderangebote in den Anfangsjahren waren vor allem
- neue Annahmen und Kompetenzen für Therapie und Förderung körperbehinderter Kinder
- das Selbstverständnis der Fachkräfte,
- die Sicht der Kinder und ihrer Entwicklung,
- die Sicht der Eltern und ihrer Aufgaben.

In der Medizin wurden nach und nach wirksamere Methoden zur Behandlung von Kindern mit Spina bifida, Hydrozephalus, Duchenne-Muskeldystrophie und Mukoviszidose entwickelt. Sie erhöhten die Lebenserwartung und Lebensqualität der Kinder beträchtlich. Es zeigte sich, dass außerdem pädagogische und psychologische Angebote für die Kinder und für die Zusammenarbeit mit den Eltern erforderlich waren, um die gesamte Entwicklung der Kinder zu unterstützen.

Für die Kinder mit zerebralen Bewegungsstörungen wurden nach Jahren der Stagnation bis hin zur therapeutischen Resignation neue bewegungstherapeutische Behandlungsformen entwickelt. Sie sind verbunden mit den Namen: Berta und Karel Bobath, Elsbeth Köng und Mitarbeitern, dann auch Vaclav Vojta. Weitere Therapieformen kamen im Lauf der Zeit dazu.

Durch die gleichzeitig verbreitete Annahme »einer fast unbegrenzten Formbarkeit (Plastizität) des Nervensystems in der frühen Kindheit durch kompensatorisches Lernen, auch im Falle einer definitiven organischen Schädigung« (Schlack 2007, 32) entstand ein großer Förderoptimismus mit hohen Erwartungen an die Frühförderung.

Zunehmend genauere Untersuchungsmethoden zeigten immer mehr Entwicklungsabweichungen bei Kindern. Entsprechende Therapien und pädagogisch-psychologische Fördermaßnahmen wurden entwickelt und angewendet. Es entstand die Hoffnung, dass durch intensive Frühförderung Bewegungsbeeinträchtigungen nach Hirnschädigungen verhindert oder wesentlich gemildert werden könnten. »Dabei erschien es logisch und selbstverständlich, dass diese optimistische Erwartung nur durch spezialisiertes professionelles Handeln erfüllt werden könne. Dementsprechend beruhte das Selbstverständnis der in der Frühförderung tätigen Fachleute mehr oder weniger ausgeprägt auf folgenden Grundsätzen:
- Das Ergebnis der Frühförderung hängt in jedem Fall von der fachlichen Expertise und vom Engagement der Fachleute ab.
- Kinder müssen ›gezielt‹ gefördert werden.
- Die Fachleute wissen nicht nur das Ziel, sondern auch den Weg dorthin.
- Somit sind die Fachleute letztlich die Akteure der kindlichen Entwicklung« (Schlack 2007, 32).

Behandlungen und Fördermaßnahmen wurden durch die Entwicklungsschwierigkeiten bestimmt. Diese wurden als Defizite angesehen, die es zu beheben galt. Übungsfolgen wurden danach zusammengestellt und nicht nach den individuellen Bedürfnissen und der psychosozialen Situation des betroffenen Kindes. Entwicklung wurde gedacht als Abfolge klar bestimmter Schritte, die man einüben kann. Dabei war die Orientierung an den angenommenen Normen der Entwicklung nicht behinderter Kinder maßgebend (vgl. Kühl 2009, 31). Man glaubte nicht, dass Kinder mit Behinderungen einen wichtigen Beitrag zu ihrer eigenen Entwicklung leisten könnten. Man ging davon aus, dass ein Kind umso mehr Fremdbestimmung braucht, je stärker es behindert ist. Das Wunschziel der Förderung war »Normalität« im Sinne von »nicht mehr behindert sein«, oft verbunden mit der Hoffnung, das Kind werde nach intensiver Frühförderung eine allgemeine Schule mit gutem Erfolg besuchen können. Diese Hoffnung sollte auch die Motivation der Eltern stärken, die Übungsprogramme der Fachkräfte zusätzlich mit dem Kind zu Hause durchzuführen.

Eine Mutter berichtete ein extremes Beispiel für eine solche »Motivation«.
Sie kam zur Beratung, weil sie nicht mehr weiterwusste. Ihre Zwillinge hatten in den ersten Lebenswochen zerebrale Bewegungsstörungen entwickelt.

Eine Therapeutin hatte ihr dringend geraten, mit beiden Kindern mehrfach täglich jeweils mindestens 15 Minuten lang bestimmte Bewegungsübungen durchzuführen. Die Mutter sagte, dass sie das nicht schaffen könne bei all dem, was täglich anlag: Pflege und Versorgung der Kinder, Zeit für zugewandte Beschäftigung mit den Kindern (wie spielen, spazieren gehen etc.), Einkauf, Nahrungszubereitung, Wäsche etc. Man sagte ihr, sie müsse die Übungen mit beiden Kindern täglich ganz regelmäßig durchführen, auch an Feiertagen und im Fall von Krankheit. Sonst habe sie es zu verantworten, dass beide Kinder später im Rollstuhl säßen und eine Sonderschule besuchen müssten. Unter diesem Druck hatte sie versucht zu tun, was man ihr gesagt hatte. Aber es ging einfach nicht. Es war viel zu viel und tat weder ihren Kindern noch ihr selbst gut. In einem Gespräch bestätigte die Bewegungstherapeutin, dass die Mutter sie richtig verstanden hatte. Sie habe die Erfahrung gemacht, dass Eltern ohne solchen Druck die Therapie nicht ernst genug nähmen. Und es ginge ja wirklich darum, die zerebrale Bewegungsstörung durch eingeübte normale Bewegungsabläufe zu überwinden.

Wie gesagt, ein extremes Beispiel. Aber von dieser Art Druck auf Eltern in milderer Form wurde in den Anfangsjahren systematischer Frühförderung häufiger berichtet.

Weiß (2005b, 84) bezeichnet diese Phase als Arbeit nach dem »Reparaturmodell« mit Ko-Therapie durch die Eltern. Durch sie erhielten Eltern die Mitverantwortung für die Entwicklungsfortschritte ihrer Kinder. Manchmal ging das soweit, dass der Eindruck entstand, die Entwicklung der Kinder liege mehr an den Bemühungen der Eltern als an den verbliebenen Möglichkeiten der Kinder nach der zugrundeliegenden neurologischen Schädigung oder Erkrankung.

Auch die Fachkräfte standen unter hohem Erfolgsdruck, der sich nicht selten negativ auf die Kinder und ihre Eltern auswirkte. Gegenseitige Schuldzuweisungen bei ausbleibenden Entwicklungsfortschritten kamen vor und erschwerten die Zusammenarbeit. Fairerweise muss aber festgehalten werden, dass es immer auch einfühlsame Fachkräfte und Eltern gab, die diese Entwicklung mit Sorge sahen und selbst andere Wege gingen. Andererseits finden sich gelegentlich noch in der heutigen Praxis von Frühförderung, Kindertagesstätte und Schule Züge einer hierarchischen Ordnung zwischen »geschulten, kundigen Fachleuten«, »anzuleitenden, in die Verantwortung für Fortschritte des Kindes zu nehmenden Eltern« und fremdbestimmten Kindern, deren »Defizite« auftrainiert werden sollen, damit sie die angenommenen Entwicklungsnormen erreichen. Als Mittel dazu wird auch heute noch manchmal eine Vielzahl von Übungen zusammengestellt, so als ob immer mehr Übungen mehr Erfolg brächten. Dabei wird oft nicht durchschaut, dass ein Übermaß an Fremdbestimmung Kinder behindert und dass der Versuch, »Normalität« einzuüben, Entwicklungsschwierigkeiten verstärkt.

6.1.2 Erfahrungen und neue Erkenntnisse

Im Laufe der Zeit wurde immer deutlicher, dass die Therapie und Förderung von Kindern mit Behinderungen nach den skizzierten Vorstellungen und Annahmen zwar äußerst kräftezehrend für alle Beteiligten waren, sich aber oft anders auswirkten als erhofft. Die Schwierigkeiten und die gegenseitige Überforderung wurden zunehmend thematisiert und durch empirische Studien bestätigt. Es wurde unübersehbar, dass manifeste Bewegungsstörungen auch bei hohem Förderaufwand nicht geheilt oder »weg-trainiert« werden können. Das macht die Bewegungsbehandlungen aber nicht überflüssig. Sie erhöhen die Lebensqualität betroffener Kinder deutlich und tragen sowohl zu ihrer Gesundheit bei (z. B. durch Unterstützung der Atmung, der Nahrungsaufnahme, der Verdauung, des Schlafrhythmus) als auch zu ihren Möglichkeiten sozialer Teilhabe (z. B. durch Erleichterung der Kommunikation und damit der Kontaktgestaltung, des eigenen Erkundens, des Gebrauchs von Hilfsmitteln etc.).

Eltern wehrten sich zunehmend gegen die Funktion als Ko-Therapeuten. Sie erlebten sich im Rollenkonflikt ihrem Kind gegenüber, vor allem wenn sie fremdbestimmte Übungen nur unter dem Protest des Kindes durchführen konnten. Dazu mussten sie mit Schuldzuweisungen bei ausbleibenden Fortschritten des Kindes rechnen.

Manche Fachkräfte erwarteten, dass die Eltern möglichst früh die Behinderung ihres Kindes akzeptierten und leiteten sie gleichzeitig an, gegen die Bewegungsbeeinträchtigung »zu kämpfen« und die vermeintlichen Defizite auszugleichen. Es wurde erst allmählich gesehen, welche Spannungen damit ausgelöst und verstärkt wurden.

Sind Therapie und Förderung an der Behinderung, an dem vermeintlichen »Defizit« orientiert, besteht die Gefahr, dass das Kind auf die Behinderung reduziert wird. Ständige Korrekturen am Bewegungs- und Ausdrucksverhalten verstärken die Bewusstheit der Behinderung und die Schwierigkeiten, den eigenen Körper wertzuschätzen. Es kann der Eindruck entstehen, der eigene Körper gehöre einem selbst nicht. Das Kind erlebt: »Du sollst anders werden, als du bist, dich anders verhalten, als du es jetzt kannst. Erst dann bist du in ›Ordnung‹ und kannst akzeptiert werden.« Selbstwertbewusstsein, kreativer Umgang mit den vorhandenen Möglichkeiten, die das Kind so nötig braucht, entstehen so nicht.

Ein Leben, das durch eine Behinderung und Fördermaßnahmen definiert wird, ist ein behindertes Leben. Therapien und Förderung dürfen die Entwicklung von Ich-Autonomie, Akzeptanz der eigenen Person, des eigenen Körpers, Teilhabe am Leben in der Familie und im erweiterten sozialen Kontext nicht zusätzlich beeinträchtigen oder behindern.

Wissenschaftliche Untersuchungen und Erkenntnisse zeigten immer deutlicher, wie die frühe kindliche Entwicklung verstanden und unterstützt werden kann (vgl. Schlack 2007, 2009; Largo 2004; Kühl 2002, 2009; Papousek 2010; Klein 2010; Ahnert 2007; Scheich und Braun 2009; Weiß 2003; Haupt 2006). Die Sicht auf das Kind im Vergleich zur statistisch ermittelten normalen Entwicklung wurde weitgehend aufgegeben zugunsten der dynamischen Sicht einer komplexen, individuell unterschiedlich verlaufenden Entwicklung von Kindern in ihrem Lebenskontext.

Immer wieder wird betont, wie wichtig für das Kind das Erleben zugewandter Bezugspersonen ist, die Signale und Initiativen des Kindes abwarten, wahrnehmen und zuverlässig beantworten (Feinfühligkeit, Responsivität). Hohe Bedeutung werden auch der Beachtung der emotionalen Befindlichkeit und der sprachlichen Kommunikation mit dem Kind beigemessen. Weiterhin ist nachgewiesen, dass das Angebot geeigneten Spielmaterials in diesem Kontext die Eigenaktivität des Kindes fördert (vgl. Schlack 2007, 40). Sie ist ein wesentlicher Entwicklungsmotor. Alles grundlegende Lernen ist an eigene Erfahrung, an eigenes Erleben, Erkunden und eigene Auseinandersetzung mit Menschen und Welt gebunden. Das frühe Lernen braucht dazu die Feinfühligkeit der Bezugspersonen, die dem Kind emotionale Sicherheit geben. Schlack (2007, 39) betont den Zusammenhang von emotionaler Sicherheit in einer positiven Bindung des Kindes an seine Bezugsperson und seinem Erkundungsverhalten.

Ahnert (2007, 59) beschreibt, dass Wissensstrukturen beim Kind ohne das Erleben positiver Bezogenheit und Resonanz nur unpräzise entwickelt werden. Bei sicherer Bindung sind die Kinder sozial zugänglich, haben Lust an Erkundungen und sind offen für Erfahrungen.

Indem das Kind eigene Erfahrungen macht, nutzt es die Möglichkeiten seiner Gehirnentwicklung und trägt zur Weiterentwicklung und Ausdifferenzierung der Strukturen bei. Dabei ist es bedeutsam, dass es die Entwicklungsanreize auswählen kann, aktiv sein kann und nicht nur auf fremdbestimmte Angebote reagieren kann, die vielleicht an seinen aktuellen Bedürfnissen vorbeigehen. Eigenaktiv und in der Sicherheit positiver Beziehungen erlebt das Kind Selbstwirksamkeit und Selbstwertbewusstsein. Bleiben die nötigen Außeninformationen oder Anreize aus, oder sind sie nicht reichhaltig genug, sind negative Auswirkungen auf spätere Hirnleistungen möglich. Scheich und Braun (2009, 963) weisen darauf hin, dass Schwierigkeiten dann unter Umständen erst später in einer Zeit höherer Anforderungen an die Leistung auftreten. Auch können sich »frühe Webfehler« (a. a. O.) im Verlauf der Entwicklung verstärken. Ihre Forderung ist daher, dass die frühe Förderung die notwendigen Entwicklungsanreize sicherstellt, damit das individuelle genetische Angebot voll genutzt werden kann. Plastizität und Kompensationsfähigkeit nehmen im reiferen Gehirn deutlich ab (a. a. O. 963).

Durch die Befunde von Largo (2004) und Schlack (2007, 2009) bestätigte sich, dass Entwicklungen bei Kindern mit und ohne Beeinträchtigungen nach gleichen Gesetzmäßigkeiten verlaufen. Entwicklung besteht bei Kindern in der Ausreifung »von Strukturen und Funktionen, die in der aktiven Auseinandersetzung mit der Umwelt Fertigkeiten und Wissen ermöglichen« (Largo 2004, 68). Organische und psychosoziale Entwicklungserschwerungen können Verzögerungen des Zeitplans, geringere Leistungen (z. B. in der Motorik), qualitative Veränderungen eines Verhaltens (z. B. eine Gangauffälligkeit) und Dissoziationen zwischen Entwicklungsbereichen bewirken (z. B. wenn die Entwicklung der Fortbewegung langsamer verläuft als die Entwicklung verbaler Kommunikation).

Die Analogien und Gesetzmäßigkeiten der Entwicklung von behinderten und nicht behinderten Kindern zeigen, dass auch Kinder mit körperlichen Beeinträchtigungen kompetente Kinder in Entwicklung sind. Das ist für manche Fachleute für körperbehinderte Kinder noch kein selbstverständlich angewendetes Wissen. Kinder mit organisch bedingten Entwicklungsauffälligkeiten werden häufig immer noch für weniger kompetent für ihre eigene Entwicklung gehalten als Kinder ohne Entwicklungserschwerungen. Das hat nicht selten ein erhöhtes Maß an Fremdbestimmung zur Folge, Anleitungen, Belehrungen, »Hilfestellungen«, die sie eher behindern als fördern (vgl. Gopnik 2010, 80). Die Kinder brauchen nicht das hindernde Bemühen von Fachkräften, mit ihnen Entwicklung einzuüben, sondern die Bereitstellung von Entwicklungsbedingungen und Erfahrungsräumen, die ihnen helfen, ihre eigene Entwicklung in Bezogenheit und Interaktion mit vertrauten Menschen tun zu können.

Largo hat in systematischen Studien eine große Vielfalt in den Entwicklungsverläufen von Kindern festgestellt. Nach seinen Befunden sind Vorstellungen von Normen in der Entwicklung irreführend. Bedeutsam ist, dass die Kinder Erfahrungen machen können, die ihrer momentanen Entwicklung dienlich sind. Alle Kinder haben einen Entwicklungsplan, der sich nicht beschleunigen lässt; das heißt: Entwicklungsziele können nicht fremdbestimmt eingeübt werden.

Schlack (2009, 75) betont, dass Kompetenz nicht bedeutet, das Gleiche zu können wie die Altersgenossen, sondern dass selbst gesteckte Ziele mit eigenen

Mitteln erreicht werden können. Kinder mit Bewegungsstörungen brauchen dazu unter Umständen motorische Assistenz, wenn ihre eigenen Bewegungsmöglichkeiten nicht ausreichen um bestimmte Erfahrungen machen zu können, die ihnen aktuell wichtig sind.

Auch dafür sei ein Beispiel berichtet.

Eine Mutter kam mit ihrem dreijährigen Jungen zur Beratung, da er keine Entwicklungsfortschritte zeigte und sich heftig gegen alle bisher versuchten Behandlungsformen wehrte. Man hatte der Mutter gesagt, bei ihrem Jungen läge eine schwere Mehrfachbehinderung vor mit Hirnschädigung, zerebraler Bewegungsstörung, geistiger Behinderung, Autismus, Gehörlosigkeit. Vermutlich sei er auch blind. Er sprach noch nicht. Er konnte seine Hände gut einsetzen und für kurze Zeit ohne Unterstützung auf dem Boden sitzen. Auf keine Aufgabe aus einem Entwicklungstest habe er reagiert. Die Versuche, ihn bewegungstherapeutisch zu behandeln, seien daran gescheitert, dass er sich nicht anfassen lassen wollte, sondern jedes Mal schrie. Man wisse nun nicht weiter und habe sie deshalb mit dem Jungen zur Psychologin geschickt.

Die Mutter war durch das Verhalten des Kindes und die Fülle sehr schwer wiegender Diagnosen nachhaltig irritiert, zumal eine Infektion der Mutter in der Schwangerschaft als Ursache für die Mehrfachbehinderung angenommen wurde.

Es war klar, dass in dieser Situation weitere Versuche mit Testaufgaben oder Formen von Bewegungsbehandlungen keinen Sinn machten. Es blieb die Möglichkeit, dem Kind ein Angebot mit Spielmaterial zu machen und möglicherweise sichtbar werdende Impulse vorsichtig zu unterstützen.

An Lochbausteinen, die in seiner Nähe auf dem Boden lagen, hatte der Junge Interesse. Er konnte sie gut greifen und ertasten. Es sah so aus, als schaue er sie beim Fühlen genau an. Als sein Sitzen unsicher wurde, und er umzufallen drohte, akzeptierte er eine stützende Berührung am Becken. So konnte er weiter hantieren und auch Bausteine erreichen, die etwas weiter weg lagen.

Das war der Beginn einer Entwicklungsunterstützung, die ihm half, eigenen Impulsen nachzugehen, Neues zu erfahren und dabei auch länger zu verweilen.

Ein neuer großer Schritt für ihn war bei weiteren Begegnungen die Entdeckung eines Schranks im Beratungszimmer, in dessen unterem Teil Spielmaterialien aufbewahrt wurden. Durch eigene Versuche mit geringer motorischer Unterstützung fand er heraus, dass er im Schrank sitzen konnte. Das interessierte ihn sehr. Er mochte es, wenn eine der beiden Türen geschlossen war und er im Halbdunkel saß. Geräusche an der Schranktür wie leichtes Klopfen oder Reiben beschäftigten ihn. Manchmal lachte er dann.

So begann seine Erkundung und Auseinandersetzung mit einem Raum, den er nicht kannte, mit bezogener und unterstützender Hilfe, die er gut annehmen konnte.

Die Mutter berichtete nach einiger Zeit, dass sie froh sei, durch das Miterleben der vorsichtigen Entwicklungserleichterung einen neuen Zugang zu ihrem Kind zu finden.

Empirische Studien (s. Kühl 2002, 2009; Schlack 2007, 2009) belegen, dass frühe Förderung und Therapie die Entwicklungsmöglichkeiten der behandelten Kinder verbessern. Die Wirksamkeit ist aber daran gebunden, dass die Förderung in ihren Interaktionen und in ihrem Lebensalltag bedeutsam werden. Daher sind die Einbeziehung der Bezugspersonen und die Berücksichtigung des sozialen Umfeldes für die kindliche Entwicklung von entscheidender Bedeutung.

Nach Schlack (2009, 71) hat jede Übungsbehandlung die Aufgabe, das Kind darin zu unterstützen, »verbliebene Fähigkeiten über weitgehend eigen motivierte Aktivität bestmöglich zu entfalten«.

Die kindliche Entwicklung ist zunächst ganzheitlich und vernetzt. Unterscheidbare Funktionen entstehen im Verlauf der Entwicklung durch Reifung und Ausdifferenzierung in der Interaktion mit Menschen und Welt. Auch wenn das Denken in Funktionen (Motorik, Wahrnehmung, Sprache, Emotionen, Kognition usw.) in Diagnostik und Therapie noch verbreitet ist, hat heute isoliertes funktionelles Training, z. B. des Sehens, Hörens, Fühlens, der Artikulation, der Kopfkontrolle, der Aufrichtung etc., als Fördermaßnahme keine Berechtigung mehr (Kühl 2009, 35).

Untersuchungen geben Hinweise darauf, dass die Unterstützung der kindlichen Entwicklungsimpulse und die vom Kind erlebte Qualität der therapeutischen Beziehung von größerer Wirksamkeit für seine Fortschritte sind als die therapeutische Methode.

6.1.3 Konzepte und Institutionen

Grundzüge der Frühförderung sind nach Schlack (2007, 44)
- die Sorge für die psychischen Grundbedürfnisse der Kinder;
- dazu gehören das Bedürfnis nach einer sicheren Bindung mit Zuwendung, Schutz, Pflege und Unterstützung durch die Eltern, entwicklungsangemessene Selbstbestimmung in der Auseinandersetzung mit der Lebenswelt. Die Akzeptanz der Behinderung ist für die Eltern meist ein jahrelanger Prozess, der auch von den Fachleuten selbst geleistet werden muss. »Die Vorstellung, durch intensive Übungsbehandlung eine normale Entwicklung zu erzwingen oder weitestgehend nachvollziehen zu wollen, ist das Gegenteil von Akzep-

tanz« (a. a. O.). Die Achtung vor der Autonomie der Eltern und ihrer seelischen Prozesse ist Basis für die Zusammenarbeit mit ihnen.
– die Stärkung des kindlichen Selbstwerterlebens durch Wertschätzung des Kindes als Person und durch die Erfahrung eigener Kompetenz;
– die Beachtung der therapeutischen Beziehung als bedeutsamen Wirkfaktor in Behandlung und Förderung;
– Entwicklungsimpulse und Initiativen des Kindes erfahren in der Therapie angemessenen Raum und Unterstützung. Das bedarf besonderer Aufmerksamkeit und Achtsamkeit, da verminderte motorische Aktivität von Kindern mit Bewegungsstörungen sonst der Anlass wird, Kinder verstärkt anzuregen. Damit würden aber die Schwierigkeiten der Kinder verstärkt.

Schlack sieht die Bedeutung der Bewegungsbehandlung darin, Kinder bei der Ausführung entwicklungsadäquater Aufgaben zu unterstützen und ihnen so zu Erfolgserlebnissen zu verhelfen. Dazu gehört auch der rechtzeitige Einsatz guter Hilfsmittel für die Motorik. Die Rolle der Bewegungstherapeuten beschreibt Schlack nicht als führende sondern als dienende (2007, 49). Dafür brauchen sie ebenso wie die anderen Fachkräfte in der Frühförderung ein großes Maß an Wissen – vor allem über die frühe Entwicklung in ihrer Verflechtung und in ihrem Bedingungsgefüge – und an Einfühlungsvermögen für das individuelle Kind in seinem sozialen Umfeld.

Largo (2002, 65) sieht das Ziel der Frühförderung in der Hilfe für beeinträchtigte Kinder, ihre »Stärken zu entwickeln, ihre Schwächen anzunehmen und ein gutes Selbstwertgefühl zu entwickeln«. Er nennt dafür drei Grundbedingungen:
– Geborgenheit, die dadurch erlebt wird, dass die physischen und psychischen Grundbedürfnisse der Kinder befriedigt werden und dass die Bezugspersonen Kontinuität und Verlässlichkeit geben;
– Zuwendung und soziale Akzeptanz in der Familie und im weiteren sozialen Raum;
– Entwicklungsmöglichkeiten in einem sozialen Umfeld, das Entwicklungen des Kindes seinen Möglichkeiten entsprechend erleichtert und in dem es die Erfahrung machen kann, etwas zu bewirken, eigenständig zu lernen und Probleme zu lösen.

Die kindliche Entwicklung geschieht im sozialen Kontext. Daher bezieht die Frühförderung ihn notwendigerweise mit ein. In der Zusammenarbeit mit den Eltern geht es einmal darum, ihre elterliche Kompetenz und Sicherheit im Umgang mit dem Kind zu stärken. Es können aber auch andere Bedürfnisse von

Eltern eine Rolle spielen, z. B. das Bedürfnis nach Entlastung oder das Bedürfnis nach Kontakten (vgl. Sarimski 2009, 979 und 2009b, 148; Abb. 25). Hier gemeinsam mit den Eltern Möglichkeiten zu erarbeiten, die ihr Kohärenzgefühl stärken (Antonovsky 1997), ist heute ebenfalls wichtiges Anliegen der Frühförderung.

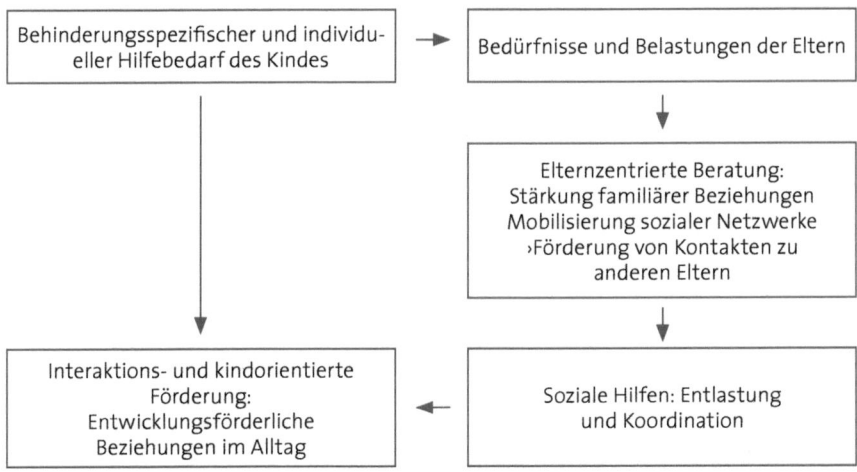

Abb. 25: Familienorientierte Frühförderung

Klein (2010, 49) betont, dass vor allem bei psychosozialen Entwicklungsrisiken die Lebenswelten der Kinder so gestaltet werden müssen, dass sie die kindlichen Grundbedürfnisse befriedigen. Statt bei solchen Gegebenheiten die Kinder zu diagnostizieren und zu fördern, ist es nach seinen Erfahrungen ungleich wichtiger, die Lebenswelt zu stützen, um dauerhaften Beeinträchtigungen vorzubeugen. Die Gewährung von entsprechenden Hilfen ist gesetzlich gesichert, aber noch fehlen die notwendigen Mittel dafür.

Auf der Basis der Befunde aus den Entwicklungswissenschaften besteht weitgehend Konsens darüber, wie die Entwicklung sehr junger Kinder verstanden, begleitet und unterstützt werden kann, die durch Bewegungsstörungen oder Krankheiten dauerhaft beeinträchtigt sind. Und doch ist »die Umsetzung dieser konzeptionellen Vorstellungen auf der Ebene der Praxis weder einfach noch insgesamt hinreichend vollzogen« (Weiß 2005b, 85). So kann es heute noch vorkommen, dass Kinder durch die Frühförderung – auch bei ausgeprägtem Bemühen aller Beteiligten – eher behindert als gefördert werden. Risiken für die Entwicklung entstehen bei einer defizitorientierten Funktionsförderung von Kleinstkindern. Häufige korrigierende Eingriffe in Bewegungsabläufe erschweren die Entwicklung des Selbstwertbewusstseins. Sie schränken die Selbstregulation und die eigenen Erfahrungsmöglichkeiten ein (Weiß 2010, 44).

Die heutige Sicht von Entwicklung und Förderung verlangt eine Neuorientierung in der Arbeit gerade auch von Fachkräften, die in längerer Erfahrung ihre Handlungssicherheit gefunden haben, auch in Bezug auf ihr Wissen, was für die Kinder gut ist und wie man sie gezielt fördern kann – so wie viele Eltern und Träger von Einrichtungen es wünschen. Es erfordert dann einiges an innerer Arbeit, um ein Vertrauen in die Entwicklungsimpulse der Kinder mit ihren organisch bedingten Behinderungen zu gewinnen. Denn es geht ja darum, ihre eigene Entwicklungsdynamik zu unterstützen, auch wenn man nicht gleich sieht, wohin sie führt. Nach dem heutigen Verständnis gibt es die geglaubte Eindeutigkeit des »richtigen« Weges nicht mehr. Ein systematischer Übungsaufbau mit vielen vorgegebenen Schritten passt nicht mehr. Die Sicherheit, die er in schwierigen Situationen vielleicht geben konnte, besteht nicht mehr. Entwicklungsbegleitung kennt Phasen von Unsicherheit. Außer guten Kenntnissen ist dann manchmal auch Intuition gefragt. Sie wird durch gute Beziehungen zu den Kindern und ihren Eltern erleichtert.

Die heutigen Konzepte für die Frühförderung geben mehr Freiheit. Aber der Wunsch nach der Eindeutigkeit des »Richtig« oder »Falsch« kann bei Fachkräften, Eltern, aber auch Trägern von Einrichtungen stark werden und Spannungen erzeugen. Wege, die man findet und in Begleitung gehen kann, sind von vielen Faktoren abhängig: vom Kind, von den Eltern, von den Rahmenbedingungen, aber auch von der eigenen Persönlichkeit, der eigenen Biografie.

Und so besteht die Notwendigkeit des fachlichen Austauschs, von eigener Weiterbildung und von Supervision. Dann bleibt leichter klar, dass es nicht darum geht, gegen Defizite anzugehen – und damit auch gegen das Kind in seinem Sosein. Dann würden Akzeptanz, Zuneigung und soziale Teilhabe erschwert. Es geht letztlich um Akzeptanz des Lebens, wie es wirklich ist, und um Entwicklungsmöglichkeiten für alle: die Kinder, die Eltern, die Gesellschaft, für uns selbst.

Frühförderung ist ein Angebot an Kinder mit Entwicklungsschwierigkeiten in den ersten Lebensjahren bis zur Einschulung.

Im vorliegenden Abschnitt liegt der Schwerpunkt der Darstellung und

Reflexion bei Kindern in den ersten drei Lebensjahren. Die Zeit bis zur Einschulung wird im Zusammenhang mit der Förderung in Kindertagesstätten thematisiert – auch wenn dort zunehmend jüngere Kinder mit einbezogen werden.
Frühförderung findet in unterschiedlichen Institutionen statt (vgl. Schlack 2009, 83; Tabelle 3).

Tabelle 3: Sozialpädagogische Zentren und Frühförderstellen

Sozialpädiatrische Zentren	Frühförderstellen
Ärztliche Leitung; Gewährleistung medizinischer Diagnostik	Pädagogische oder psychologische Leitung
Überregionales Versorgungsgebiet	Regionales oder örtliches Versorgungsgebiet
Spezialisierung und Differenzierung	Wohnortnahe Versorgung
Konsultative Behandlung bei besonderen Fragestellungen, u. U. in größeren Intervallen	Kontinuierliche Behandlung in kurzen (z. B. wöchentlichen) Abständen
Kindheitslange (Mit-)Behandlung bis ins Jugendalter	Behandlung im Alter von 0–6 Jahren

In Sozialpädiatrischen Zentren (SPZ) werden Kinder mit Entwicklungserschwerungen durch körperliche Ursachen und Kinder mit psychosozial bedingten Störungen nach ärztlicher Überweisung vorgestellt. Im überregionalen SPZ wird interdisziplinär gearbeitet: medizinisch, psychologisch, therapeutisch, psychotherapeutisch.

Regionale Frühförderstellen arbeiten unter pädagogischer oder psychologischer Leitung. Ihr Angebot umfasst pädagogische, psychologische und therapeutische Arbeitsweisen. In interdisziplinären Frühförderstellen arbeiten auch Ärzte mit. Die Arbeit ist kind- und familienorientiert. Sie wird als Komplexleistung finanziert (s. Frühförderungsverordnung – FrühV vom 24.6.2003; Sozialgesetzbuch IX).

Frühförderung kann auch in Form der häuslichen Frühförderung durchgeführt werden. Dann suchen Fachkräfte für die Arbeit mit dem Kind und seinen Eltern betroffene Familien zu Hause auf (vgl. Lanners 2009, 125f.). Familien mit körperbehinderten Kindern gehen eher zum SPZ oder der Frühförderstelle, da meist mehrere Fachkräfte mit unterschiedlichen therapeutischen Angeboten zum Team für Kind und Familie gehören.

Peterander (2002, 102) hat sich in einer Untersuchung genauer mit der Qualität der Arbeit in Frühfördereinrichtungen, die ja auch komplexe soziale Systeme sind, befasst. Als förderliche Bedingungen für die Arbeit nennt er u. a.: eine positive Führung durch die Leitung; häufige interne Fortbildungen; Team-Supervision; Möglichkeiten der Einflussnahme von Mitarbeitern auf konzeptionelle und personelle Entscheidungen, Wahlmöglichkeiten bei Fortbildungen, flexible Gestaltung der Arbeitszeit; klares Bild von Beruf und Aufgabe bei den Mitarbeitern; positive emotionale Befindlichkeit der Mitarbeiter; längere Berufserfahrung.

Die Qualität der Arbeit wird bei negativem Klima in der Einrichtung gehemmt, auch dann, wenn wenig Unterstützung möglich ist, wenn zu viele Teamsitzungen stattfinden, bei häufigem Mitarbeiterwechsel, Arbeitsstress und wenig Entscheidungsfreiheit.

Weiß sieht in der gegenwärtigen Situation die Gefahr von Qualitätseinbußen in Frühförderstellen (2005b, 86). Der Bedarf an Fördermaßnahmen steigt, da immer mehr Kinder durch Besonderheiten in verschiedenen Entwicklungsbereichen auffallen. Der Kostendruck ist erheblich. So sind Tendenzen zum Leistungsabbau zu beobachten wie längere Wartezeiten bis zum Förderbeginn, weniger häusliche Frühförderung, Kürzung von Angeboten für Eltern und für Supervision.

6.2 Bildung als Entwicklungsnotwendigkeit von Anfang an

Im vorigen Abschnitt ging es um die heutige Sicht der frühen kindlichen Entwicklung und um Konsequenzen für Förderung und Therapie sehr junger Kinder in ihrem sozialen Kontext, wenn ihre Entwicklung durch Bewegungsstörungen oder Krankheiten beeinträchtigt ist.

Das heutige Verständnis der frühen Entwicklung ist auch die Grundlage für die aktuellen Überlegungen bezüglich der Bildung von Geburt an (Schäfer 2005). Denn die frühe Bildung ist das Recht aller Kinder, gleich ob ihre Entwicklung problemlos verläuft oder ob Erschwerungen vorliegen. Das betont auch die UN-Konvention über die Rechte behinderter Menschen von 2006 (in Deutschland in Kraft seit 2009) in § 24. Da geht es um das Recht auf Bildung, die die Menschen befähigen soll zur wirklichen Teilhabe an einer freien Gesellschaft. Damit ist nach § 26 die volle Einbeziehung in alle Aspekte des Lebens und die volle Teilhabe an allen Aspekten des Lebens gemeint. Sie soll im frühest möglichen Stadium einsetzen.

Die Überlegungen zur Bildung gehen ebenso wie die Überlegungen zur Förderung davon aus, dass Kinder sich nur selbst entwickeln können, dass sie dafür aber hinreichend förderliche Bedingungen in Familien und im sozialem Umfeld brauchen.

Der Eigenaktivität der Kinder und der Notwendigkeit, ihre Entwicklungsimpulse zu unterstützen, wird in Förderung und Therapie mehr und mehr Rechnung getragen. Und doch gehört es mit dazu, dass für Kinder und Familien etwas geschieht, vielleicht auch mit ihnen. Es sind nach wie vor Diagnosen, detaillierte Förderpläne (vgl. Häußler 2007; Kraus de Camargo 2009) mit Angabe der Förderziele und der zeitlichen Perspektiven zu ihrer Umsetzung erforderlich, auch um die Finanzierung als Komplexleistung zu sichern. So besteht ein Spannungsfeld zwischen organisierter – notwendiger – Frühförderung und der eigenen Entwicklung der Kinder im sozialen Raum.

Auch wenn frühe Bildung dieselben entwicklungswissenschaftlichen Grundlagen hat, ist sie nicht identisch mit Förderung oder Therapie.

Nach Schäfer (2005, 30) bezeichnet Bildung »keinen spezifischen Förderbedarf; sie hängt nicht von bestimmten Inhalten ab [...]«. Sie ist nicht Kompetenzvermittlung. »Man kann sich letztlich nur selbst bilden. Bildungsprozesse sind mit sozialen Verständigungsprozessen verquickt. Lernen muss einen persönlichen Sinn ergeben – das gilt auch für Säuglinge. In Bildungsprozessen müssen Handeln, Empfinden, Fühlen, Denken, Werte, sozialer Austausch, subjektiver und objektiver Sinn miteinander in Einklang gebracht werden. Bildungsprozesse verknüpfen Selbst- und Weltbilder zu einem mehr oder weniger spannungsvollen Gesamtbild.«

Peterander (2009, 971) beschreibt Bildung als Prozess auf dem Weg zur selbstbestimmten Entwicklung des Individuums. Ziel ist die Befähigung zu eigenverantwortlicher Lebensführung in sozialer, politischer und kultureller Eingebundenheit und Verantwortung. Bildung beginnt mit den frühesten Eltern-Kind-Interaktionen und basiert auf Urvertrauen, Bindungsfähigkeit und der Entwicklung von Selbstregulation in vorfindbaren Lebenslagen. Warmes, unterstützendes aber auch angemessen forderndes und Grenzen setzendes Elternverhalten unterstützen dies.

Für Schäfer (2005, 57f.) ist das Kind mit seinen Selbstbildungsprozessen in sozialer Bezogenheit und Verständigung Grundlage seines Bildungsansatzes. Die Anerkennung der kindlichen Autonomie bedeutet den Verzicht auf Druck, Einschränkung und »didaktische Überlistung«. »Ausgangspunkt und Zentrum des kindlichen Lernens sind Beziehungen zwischen dem Kind, den Erwachsenen und der Gesellschaft sowie sein Eingebundensein in Zusammenhänge der Natur und Kultur. Diese Beziehungen sind zugleich allgemein und individuell« (a. a. O. 41). Es gibt daher keine einheitlichen Lernwege, keine allgemeinen Curricula, sondern nur individuelle Lernwege in ihrer Vielfalt.

Lernen durch Vermittlung nach gesellschaftlich vorgegebenen Zielen kommt erst später mit ins Spiel. Der Bildungsraum des anfänglichen grundlegenden Lernens ist durch Eigentätigkeit des Kindes, durch eigenes Erfahren, Erkunden, Bewerten in mitmenschlicher Bezogenheit geprägt. Grundlegendes Lernen umfasst etwa die Zeit der Lernanfänge bis zum eigenständigen Umgang mit Symbolen in Sprache, Geschichten, Spiel, Gestaltungen und Projekten (Haupt 2006, 75f.). Auf dieser Basis ist die allmähliche Orientierung an vereinbarten Themen möglich, die für das Leben in der Gesellschaft als bedeutsam angesehen werden. Aber auch in diesem Rahmen sind Interessen, Impulse, eigene Fragen und Problemlöseversuche des Kindes vorrangig bedeutsam.

Beim Erforschen ihrer sozialen Mitwelt, der Natur und der sächlichen Umwelt brauchen die Kinder die soziale Resonanz bezogener Menschen auf ihre Selbst- und Welterfahrung durch Begleitung, Mittun und miteinander Sprechen. Das bestärkt sie in ihrem eigenen Tun. Konkret handelnde sinnenhafte Erfahrungen und Erkundungen erleichtern es ihnen, herauszufinden, wie ihre Umgebung beschaffen ist und wie man mit ihr umgeht. So verändert und erweitert sich ihr Bild von sich selbst und der Welt. Sie müssen Hilfe in Anspruch nehmen können, wenn sie sich unsicher oder überfordert fühlen. Sie brauchen auch Schutz vor Gefahren. Im Erkunden und Erleben entstehen Gefühle und innere Bilder, die im Spiel ausgedrückt werden können. Der Einsatz von Sprache und Spiel ist der Zugang zur Welt der Symbole. Durch den sozialen Austausch mit den Bezugspersonen und mit anderen Kindern über das eigene Denken, Fühlen und Erleben werden Vorstellungen über mögliche Zusammenhänge weiterentwickelt und ausdifferenziert. Das Kind entwickelt dadurch auch Vorstellungen davon, »wie und was man in seinem Umfeld wahrnehmen, denken und aussprechen kann«(Schäfer 2005, 73).

Von großer Bedeutung ist es auch, für Unklarheiten, Spannungen oder Konflikte Lösungen zu finden und dabei kreativ zu sein. »Bildung ist Wissen und Können, mit dem wir tatsächlich denken und handeln.« Es »ergibt sich aus vertieften Lernerfahrungen. Bildung ist mehr als Lernen. Sie erfordert eine besondere Qualität des Lernens, eine Qualität, die es möglich macht, dass dieses Wissen und Können zum Werkzeug für die weitere Lebensgestaltung wird« (a. a. O. 74).

So ist Bildung von frühester Zeit an nicht abtrennbar von Entwicklung. Sie ist eine zentrale Entwicklungsnotwendigkeit.

6.3 Ausblick: die Frühförderstelle als Bildungshaus für kleine Kinder und ihre Familien

Es ist unbestritten, dass viele Kinder mit Bewegungsstörungen oder chronischen Erkrankungen bei auftretenden Entwicklungserschwerungen komplexe Förderung zur Unterstützung ihrer Entwicklung brauchen.

Es wird aber auch immer klarer, wie bedeutsam die frühen Bildungsprozesse für sie – wie für alle Kinder – sind.

Solange organische Beeinträchtigungen und ihre Folgen im Mittelpunkt der Überlegungen standen, ging es mehr um Fördermaßnahmen und Übungsbehandlungen für Kinder im Beziehungsgefüge ihrer Familie und der erweiterten sozialen Mitwelt.

Seitdem aber Kinder mit Behinderungen vor allem als Kinder gesehen werden und nicht in erster Linie als behindert oder krank, kommt der Frage nach der Bildung als Entwicklungsnotwendigkeit mehr und mehr Aufmerksamkeit zu.

Also geht es in den heutigen Überlegungen um Förderung einschließlich der Bewegungserleichterung und um Bildung, beides unter Berücksichtigung und Stärkung der kindlichen Autonomie in sozialer Bezogenheit.

So stellt sich die Frage, ob es möglich ist, die verwandten aber nicht identischen Anliegen von Förderung und Bildung in einem »Bildungshaus für kleine Kinder und ihre Familien« zusammenzuführen und beiden Anliegen zu entsprechen. Denn ein Nacheinander von Förderung und Bildung macht nicht Sinn. Und ein unbezogenes Nebeneinander entspricht nicht der Ganzheitlichkeit früher Entwicklung. Beides gehört zusammen. Beides sind Grundbedürfnisse und verbriefte Rechte betroffener Kinder. Beides ist notwendig für ihre Entwicklung. Grundanliegen ist in beiden Fällen die entwicklungsbezogene und familienorientierte Begleitung.

Oder anders beschrieben: Es geht darum, Kinder mit Bewegungsstörungen oder chronischen Krankheiten so in lebendiges Leben einzubeziehen, dass sie eigene Impulse entwickeln und ausdrücken, bedeutsame Erfahrungen machen und in die Lebenswelt hineinwachsen, an der sie teilhaben und die sie mitgestalten. Sie brauchen Herausforderungen durch Lebenssituationen und Aufgaben, die sie mit sich in Verbindung bringen und bewältigen können, Aufgaben und Herausforderungen, wie alltägliches Leben sie stellt.

In einem Bildungshaus für kleine Kinder und ihre Familien könnten gemeinsame Projekte eine zentrale Rolle spielen. In der Interaktion mit den Kindern finden Eltern und Mitarbeiter gemeinsam heraus, welchen Ausschnitt normalen Alltagslebens sie den Kindern jeweils als Erlebens- und Erkundungsraum anbieten. Das kann im Bildungshaus sein (z. B. mit Spielmaterial, in der

Küche, bei der Hausarbeit, im Waschraum, mit unterschiedlichen Fortbewegungsmöglichkeiten etc.) oder außerhalb (z. B. im Garten, auf dem Spielplatz, im Wald, an einem Bach, bei einem Besuch, einer Feier etc.). Es gibt ungezählte Möglichkeiten, Kindern Erkundungs- und Erfahrungsräume zu eröffnen (vgl. Haupt 2006, 165f.). Therapeutische, psychologische, pädagogische Fachkräfte und Eltern können die Kinder bei ihren individuell unterschiedlichen Erfahrungen begleiten, ihnen Sicherheit geben und bei Bedarf Assistenz, Explorationsunterstützung und Stressreduktion (vgl. Ahnert 2007, 62). Dabei geht die Auseinandersetzung mit dem gegebenen Erfahrungsfeld vom Kind aus. Es wird bezogen begleitet, aber nicht fremdbestimmt angeleitet.

Bewegungserleichterung, ggf. auch Hilfsmittel, unterstützen das Kind in seinem Tun, wenn motorische Schwierigkeiten sein selbstständiges Erkunden und Erforschen beeinträchtigen oder zu verhindern drohen.

Wahrnehmungsförderung ist in diesem Konzept nicht Funktionstraining sondern Welterschließung des Kindes in der jeweils konkreten Situation durch eigene Erfahrung und Bewertung. Dabei spielen die vielfältigen Möglichkeiten, Gegebenheiten mit allen Sinnen selbst zu erforschen, eine besondere Rolle.

Sprachheilbehandlung ist vorrangig feinfühlige Interaktion und Kommunikation mit dem Kind, die seine eigenen Erfahrungen begleitet.

Solche Lern- und Bildungserfahrungen lassen sich mit einzelnen Kindern und in kleinen Kindergruppen ermöglichen. Dabei sind komplexe reale Lebensausschnitte bildungswirksamer als didaktisch prägnant gemachte Details. Komplexe Situationen repräsentieren lebendige Wirklichkeit. Sie laden zu sehr unterschiedlichen Erfahrungen ein, aus denen auch sehr junge Kinder auswählen, was ihrem aktuellen Interessen entspricht. Prägnant gemachte Ausschnitte verlieren die Lebendigkeit eines natürlichen Zusammenhangs. Es braucht beim grundlegenden Lernen in den ersten Lebensjahren keine didaktische Aufbereitung, da die Impulse und Möglichkeiten des Kindes entscheiden, welche Erfahrung es macht, wie es sie bewertet. Systematische Vermittlung ist nicht die Aufgabe dieser Phase, sondern die eigene Welterkundung des Kindes mit sozialer Resonanz.

Die Einbeziehung der Eltern ist nicht nur bei Planung und Auswahl der Projekte bedeutsam. Sie erleben, wie ihre Kinder sich mit Begegnungen und Situationen auseinandersetzen und welche Unterstützung ihre Eigenaktivität steigert. Sie können sich untereinander und mit den Fachkräften darüber austauschen und gemeinsam herausfinden, wie ihre jungen Kinder auch in Alltagsaktivitäten der Familie einbezogen werden können.

Es ist sehr wünschenswert, dass auch Geschwister an den Projekten beteiligt sind und dabei ihre eigenen Erfahrungen machen und mitteilen. Das bereichert die Erlebnismöglichkeiten aller und unterstützt den Zusammenhalt in der Familie.

Selbstverständlich wird es im Bildungshaus auch Gesprächsangebote für Eltern und weitere Bezugspersonen geben. Der Austausch in Gruppen über alle anliegenden Fragen und Erfahrungen ist ebenso wichtig wie gemeinsame Unternehmungen. Gemeinsame Workshops für Eltern und Mitarbeiter zu Themen wie Entwicklung, Bildung, Hilfsmittel, Entlastungsmöglichkeiten, Entspannungstraining können Grundlagen der Arbeit klären und Weiterentwicklungen anstoßen.

Die therapeutischen Fachkräfte werden einen Arbeitsschwerpunkt in alltagsintegrierter Bewegungserleichterung haben. Dazu gehören auch Inhalte wie die Unterstützung der Atmung, der Pflege, des Essens und des Sprechens. Dies steigert die kindliche Lebensqualität und mindert die Belastung der Eltern. Alltagsintegrierte Bewegungserleichterung schließt auch spielintegrierte Bewegungsunterstützung mit ein. Dabei geht es darum, dem Kind bei Bedarf bei der Ausführung seiner eigenen Spielideen behilflich zu sein, ohne ihm Spielideen oder -verläufe vorzugeben und ohne Übungsaufgaben als Spiel zu »verpacken«.

Dem Bildungshaus würde etwas Wichtiges fehlen, wenn es nicht auch für Familien mit nicht behinderten Kleinkindern für gemeinsame Projekte offen stände. Eine Vielzahl von Begegnungen, Gesprächen, Spielsituationen, Aktionen und Bildungsprozessen von Familien mit beeinträchtigten und nicht behinderten Kindern machen die Lebendigkeit, Vielfalt und den Erfahrungsreichtum des Bildungshauses aus.

Noch fehlt es an ausgearbeiteten Konzepten mit Rahmenbedingungen, Stellenplänen, Finanzierungsmöglichkeiten, Implikationen für Ausbildung, Fort- und Weiterbildung, Supervision. Aber ohne eine Weiterentwicklung von Frühförderstellen zu Bildungseinrichtungen für kleine Kinder und ihre Familien, riskieren wir, dass grundlegenden Bildungsbedürfnissen von Kindern mit Behinderungen zu ihrem Schaden nicht entsprochen wird.

6.4 Die Kindertagesstätte als Entwicklungsraum und Bildungsstätte

6.4.1 Aktuelle Entwicklungen in der Arbeit der Kindertagesstätten

Das in Abschnitt 6.3 skizzierte Bildungshaus für kleine Kinder und ihre Familien braucht die Vernetzung mit einer kooperierenden Kindertagesstätte für Kinder aus dem Wohnbezirk mit und ohne Beeinträchtigungen oder Gefährdungen ihrer Entwicklung. Hier könnte die Arbeit des Bildungshauses weitergeführt werden bis zum Eintritt der Kinder in die Schule oder in Kooperation mit der Schule auch darüber hinaus.

Noch gibt es solche Bildungshäuser mit vernetzten Kindertagesstätten nicht. Es gibt aber Frühförderstellen, die mit einem Kindergarten verbunden sind und die sich zum Bildungshaus weiterentwickeln könnten.

Die heutige Sicht von früher Bildung als Entwicklungsnotwendigkeit für Kinder und die bildungspolitische Entscheidung, Bildungsprozesse für alle Kinder gemeinsam zu ermöglichen, sind mit weitreichenden Entwicklungen der Arbeit in den Kindertagesstätten verbunden.

Manche dieser Veränderungen stützen die Möglichkeit neuer Vernetzungen und Kooperationsformen, sodass auch das Bildungshaus mit verbundener Kindertagesstätte Realität werden kann. Umgekehrt spricht manches dafür, dass eine integrative Kindertagesstätte Aufgaben des Bildungshauses für Kinder mit Behinderungen aus dem Umfeld mit übernimmt, wenn dieses weiter entfernt und schwerer erreichbar ist. Auf diese Weise könnten auch alltagsintegrierte therapeutische Angebote für Kinder mit Behinderungen in der Kindertagesstätte sicher gestellt werden.

Derzeit können Kinder mit Beeinträchtigungen ihrer Entwicklung je nach Wunsch der Eltern und nach regionalen Gegebenheiten einen Förderkindergarten/Sonderkindergarten oder eine Kindertagesstätte am Wohnort besuchen. Von den Kindern mit diagnostizierten Entwicklungsauffälligkeiten im Vorschulalter, die eine Kindertagesstätte besuchen, gehen rund 20 Prozent in einen Förderkindergarten und rund 80 Prozent in eine Tagesstätte am Wohnort oder in Wohnortnähe. Um die Bildungsarbeit dieser Einrichtungen zu fördern, haben die Bundesländer Bildungspläne und Arbeitsvorschläge zusammengestellt. Sie gelten für alle entsprechenden Einrichtungen mit Ausnahme derjenigen heilpädagogischen Kindertagesstätten in Bayern, die ausschließlich Kindern mit Behinderungen aufnehmen (BayBP 2009, 37). Die Folgen für die Bildung betroffener Kinder sind dabei unklar.

Unabhängig davon haben Förderkindergärten für Kinder mit Behinderungen eine besondere Ausprägung durch individuelle behinderungsspezifische medizinisch-therapeutische Leistungen wie Physiotherapie, Ergotherapie, Logopädie und Fördermöglichkeiten wie Psychomotorik, Unterstützte Kommunikation etc. (vgl. Sohns 2009, 109; Kron und Papke 2006, 21). Entsprechend arbeiten dort pädagogische und therapeutische, manchmal auch pflegerische Fachkräfte. Die Zusammenarbeit mit den Eltern ist wichtiger Bestandteil der Förderung.

Die derzeitige Weiterentwicklung der Arbeit in den Förderkindergärten ist durch die stärkere Betonung der frühkindlichen Bildung und die Umwandlung zu Kindertagesstätten für behinderte und nicht behinderte Kinder bestimmt.

Es ist für alle Kindertagesstätten eine große Herausforderung, sich zunehmend als Bildungsstätte für kleine Kinder bis zum Schulalter oder darüber hinaus zu verstehen.

Von den Entwicklungswissenschaften her besteht weitgehend Konsens über die heutige Sicht des Kindes und seiner Entwicklung.
Im Mittelpunkt steht das Kind, das kompetent ist für seine Entwicklung und das sich entwickeln kann, wenn es förderliche Bedingungen dafür hat. Dazu gehören einfühlsame, zugewandte Bezugspersonen, die es in die gemeinsame Lebenswelt einbeziehen. Sie unterstützen es durch vielfältige sinnenhafte Erlebens- und reale, konkrete Erfahrungsmöglichkeiten. Im Schutz durch seine Bezugspersonen macht sich das Kind vertraut mit dem, was zum gemeinsamen Lebensraum gehört: Menschen, Natur, Dinge, Kultur, Religion, Kunst, Technik, Wirtschaft. Dabei spielt der Austausch von Erlebtem, Erfahrenem und Erkundetem eine wichtige Rolle für die Entstehung und Ausdifferenzierung seines Selbst-, Menschen- und Weltbildes. Im sozialen Bezug entwickelt es Selbstbewusstsein, Eigensteuerung und zunehmendes Verstehen menschlicher Befindlichkeiten, Interaktionen und sächlicher Zusammenhänge. Es lernt mit Spannungen, Enttäuschungen und Konflikten umzugehen und Werthaltungen zu übernehmen. Bildung ist sozialer Prozess in einem individuell-spezifischen Kontext und geschieht gleichzeitig in einem konkreten Kulturraum. Das forschende Kind nutzt in seinem Bildungsprozess die Möglichkeiten, die es in seinem sozialen und kulturellen Umfeld findet. Es braucht dabei die soziale Resonanz. So entsteht ein Prozess gemeinsamen Lernens. Indem es im Spiel, in Bildern, Geschichten, Gestaltungen, Bewegungen, Musik, Tanz darstellt, was es erfahren hat, entsteht die Verbindung von Denken und Ausdruck mit den Mitteln der Ästhetik. Sich bilden in sozialem Austausch ist gleichzeitig ein individueller und biografisch-kultureller Prozess (vgl. Schäfer 2009, 51f.).
Das sind wesentliche Perspektiven des situationsorientierten pädagogischen Ansatzes und der Reggio-Pädagogik (s. dazu Schäfer 2009, 55f.; Sohns 2009, 102f.; Knauf,T. 2006, 118f.; s. auch Tabelle 4).

Diese Sicht des Kindes und seiner Bildung in den frühen Jahren erfordert in der Kindertagesstätte eine Arbeit, die sich anders versteht als die Vermittlung von Bildungsinhalten durch Erwachsene (vgl. Abbott und Langston 2007, 70).
Es geht vielmehr um die Bereitstellung von Erfahrungs- und Erkundungsräumen die für das Kind von Bedeutung sind und um die Unterstützung durch soziale Resonanz.
Die Basis dafür ist eine bestimmte Beziehungsqualität in der Interaktion von Erziehern und Kindern. Ahnert beschreibt diese Qualität in fünf Komponen-

ten: Zuwendung, Sicherheit, Stressreduktion, Assistenz und Explorationsunterstützung (2007, 62).

Dem Spiel kommt im Bildungsprozess des Kindes besondere Bedeutung zu. Das Kind kann darin seine eigene, ganz individuelle Erfahrung von Wirklichkeit zum Ausdruck bringen. Es kann sich in symbolischer Form mit Menschen und Erlebnissen auseinandersetzen, kann Träume, Wünsche, Fantasien gestalten, konflikthafte Begegnungen ausdrücken und Lösungsmöglichkeiten spielend ausprobieren. Es geht mit Dingen um und lernt sie dabei genauer kennen. Sowohl im Alleinspiel als auch im Spiel mit anderen Kindern kann es erproben, konstruieren, Spielhandlungen erfinden. Unterschiedliche Spiel- und Naturmaterialien regen dazu an. Im darstellenden Spiel werden unterschiedliche Rollen gestaltet und soziale Erfahrungen gewonnen. Von den Erziehern bereitgestellte Materialien, Kleidungsstücke und andere Requisiten unterstützen diese Möglichkeiten. In den vielfältigen Spielsituationen »machen die Kinder ganz unterschiedliche und komplexe Lernerfahrungen. Sie bilden sich selbst in Interaktion mit anderen Personen. Deshalb sollten das Freispiel und das Rollenspiel weiterhin im Mittelpunkt der pädagogischen Arbeit in Kindertagesstätten stehen« (Textor 2009, 24).

Im Fokus der verstärkten Bemühungen um die frühe Bildung steht die Projektarbeit mit Themen, die aus der Lebenssituation der Kinder, ihren Interessen und Erkundungen erwachsen. Anlässe sind reale Alltagserfahrungen, die die Kinder zu weiteren Erforschungen anregen. Schäfer empfiehlt (2005, 204), die Kinder zu ermutigen, ihre eigene Sicht der Dinge mit bildnerischen Mitteln zu gestalten – als Vertiefung der Erforschung der Wirklichkeit. Die am Projekt beteiligten Kinder tragen ihre Bilder zusammen und tauschen sich darüber aus. So »wird ein Prozess in Gang gesetzt, in dem die Kinder wechselseitig ihr Bild von dieser Wirklichkeit fragend und forschend verändern (a. a. O.). […] Die Erzieherinnen beteiligen […] sich weniger durch eigene Wissensbeiträge […] als durch Fragen, Anregungen, […] Bereitstellung neuer Materialien und durch Dokumentationen an diesen kindlichen Weltbildkonstruktionen. […] Sie sind Garanten dafür, dass Kinder all das aussprechen können, was durch ein Thema in ihnen an Empfindungen, Gefühlen, Fantasien und Gedanken angerührt wird« (a. a. O. 205). Es ist nicht Aufgabe der Erzieherinnen, »das Denken der Kinder zu korrigieren, sondern erst einmal herauszufinden, welchen Sinn es für das Welt- und Sachbild der Kinder hat, wenn sie so denken, wie sie denken« (a. a. O.).

Die Erzieher sind also »Begleiter, (Mit-)Forscher und Krisenmanager. Sie beobachten die Kinder, stellen bei Bedarf Materialien und andere Ressourcen zur Verfügung oder geben Impulse« (Textor 2009, 28). Sie erstellen parallel zum Projektverlauf Wanddokumentationen, »die Kinderarbeiten, Kinderäußerungen, Fotos, Überschriften und kurze Kommentierungen umfassen. Diese Dokumentationen verleihen dem Projektprozess Struktur, da sie Vorstellungen, Entdeckungen und Erkenntnisse der Kinder festhalten« (a. a. O.).

Tabelle 4: Aspekte aktueller pädagogischer Ansätze für die Bildungsarbeit in Kindertagesstätten im Vergleich

Situationsansätze (Zimmer; Militzer)
Das Kind eignet sich aktiv seine Umwelt an, ist Akteur der eigenen Entwicklung und Bildung. Es kann bei zugewandter Begleitung in einer anregenden Umgebung Selbstbildungskräfte einsetzen und selbsttätig lernen. Soziale Resonanz und Austausch über Erlebtes und Erfahrenes spielen in Bildungsprozessen wichtige Rollen. Das Kind ist untrennbar mit Gegebenheiten des Lebensumfeldes verbunden. Sie sind Teile seiner Individualität. Lernen geschieht alltagsbezogen in Zusammenhängen, nicht nach »Fächern« oder Bereichen getrennt. Offene Lernsituationen im Lebensalltag der Kinder werden bevorzugt. Sie wecken Neugier und Interesse der Kinder und erleichtern Wahlmöglichkeiten.
Erzieher sind empathische Begleiter der kindlichen Lernprozesse. Sie unterstützen die Entwicklung von Autonomie, Sach- und Sozialkompetenz der Kinder.
Reggio-Pädagogik (Reggio-Children)
Bildung ist ein biografischer Prozess mit sozialer und kultureller Einbettung von Wissen und Können. Kinder sind aktive Konstrukteure ihres eigenen Lernens. Sie machen neugierig forschend Erfahrungen. Daraus entsteht ein Bild von der Welt und von sich selbst. Sie bedienen sich dabei der Möglichkeiten, die sie in ihrer konkreten Lebenswelt vorfinden. Projekte basieren auf dem authentischen Interesse und oft auf konkreten Erlebnissen der Kinder. Selbstbildung und soziale Prozesse gehören zusammen. In dieser Verbindung entsteht ein überindividuelles Weltbild mit vielfältigen individuellen Abwandlungen. Individuelle Vielfalt ist Reichtum. Denken, Fühlen und Ausdruck werden integriert.
Der Erzieher erkennt das je individuelle Anderssein an in einer Haltung des »Zuhörens mit allen Sinnen«, um die Kinder zu verstehen. Er begleitet sie in ihrem Bildungsprozess. Er unterstützt den Prozess des gemeinsamen Lernens, der im Austausch der Kinder über Erfahrenes entsteht. Projektverläufe werden dokumentiert mit Bildern, Fotos, Mitteilungen der Kinder zum Thema (vgl. Schäfer 2009, 53f.; vgl. Knauf in Textor o. J.)
Ko-Konstruktivismus (nach Fthenakis)
Bildung ist individuell verankert, aber sozial hergestellter Erkenntnisgewinn.
Die Auswahl von Themen für die Projektarbeit erfolgt auf der Grundlage eines Bildungsplans durch Kinder und Erzieher gemeinsam. Auch deren Interessen spielen dabei eine Rolle. Erzieher und Kinder ko-konstruieren Erforschungen, die Suche nach Informationen, die Bearbeitung der Inhalte und die Lernergebnisse. Lernwege werden gemeinsam reflektiert (Meta-Kognition).
Die Erzieher erstellen die Dokumentation der Ergebnisse der Projekte. Lernprozesse sind stärker strukturiert. Eigenaktives, selbsttätiges Lernen wird als aktive Beteiligung der Kinder am gemeinsamen Lernprozess verstanden.

Die skizzierte Sicht der frühen Bildungsprozesse und ihre Bedeutung insbesondere für die Projektarbeit in der Kindertagesstätte werden nicht von allen Bildungsplanern geteilt.

So versteht z. B. Fthenakis unter Bildung »einen zwar individuell verankerten, aber sozial hergestellten Erkenntnisgewinn« (2009b, 11). Lernen findet nach seiner Auffassung durch Zusammenarbeit statt, wird »also von pädagogischen Fachkräften und Kindern gemeinsam konstruiert« (Ko-Konstruktion; Fthenakis et al. 2009c, 427).

Für Projekte suchen die Erzieher aktiv (Fthenakis 2009, 165) und auf der Grundlage eines Bildungsplans gemeinsam mit den Kindern nach einem Thema. Die Auswahl ist abhängig von den Interessen der Kinder sowie von den Interessen und Möglichkeiten der Fachkräfte bzw. der Einrichtung.

Nach der gemeinsamen Themenfindung wird das Projekt in einem zweiten Schritt von den Fachkräften geplant und vorbereitet. Danach – in einem dritten Schritt – »wird mit den Kindern gemeinsam thematisiert, auf welche unterschiedliche Art und Weise die einzelnen Personen über das Projektthema denken. Die Kinder präzisieren ihre Fragen an das Thema« (a. a. O.). In der Hauptphase des Projekts wird gemeinsam überlegt, wie Informationen beschafft werden können. Informationen werden gesammelt, Hypothesen entwickelt und geprüft, Erkenntnisse dargestellt und offene Fragen bearbeitet. Dazwischen bearbeiten die Kinder in Reflexionsphasen Fragen, was, wie und warum sie gelernt haben. In einem letzten Schritt präsentieren die Kinder die Projektergebnisse. Auch dabei geht es um die Reflexion des Denkens und Lernens der Kinder (a. a. O.).

Projekte verlaufen nach einem vorgegebenen Raster. Lernwege sind vorgezeichnet. Durch die Anbindung an einen Bildungsplan und die Einbeziehung der Interessen der Fachkräfte ist eine stärkere Einflussnahme auf Themen, Inhalte und ihre Bearbeitung gegeben. Die Möglichkeiten eigenaktiven Erkundens und Forschens der Kinder sind dadurch deutlich eingeschränkt. Es ergibt sich die widersprüchliche Situation gelenkter oder angeleiteter Eigenaktivität. Zu den Leitzielen des Bayerischen Bildungs- und Erziehungsplans für Kinder in Kindertagesstätten bis zur Einschulung (BayBP; Fthenakis et al. 2009b, 26f.) gehören aber »eigenaktives, selbsttätiges Lernen«, »eigenaktive Lösungen entwickeln« und »Stärkung der kindlichen Autonomie und sozialer Mitverantwortung«. »Bildung soll dazu beitragen, dem Kind zu helfen, sich selbst zu organisieren [...]. Jedem Kind sind größtmögliche Freiräume für seine Entwicklung zu bieten« (a. a. O.).

Dass die kindliche Autonomie mit eigenaktivem, selbsttätigem Lernen im ko-konstruktivistischen Bildungsverstehen eine weniger bedeutsame Rolle spielt, wird auch bei der Durchsicht von Themenbeispielen und Arbeitsweisen

im BayBP (2009) deutlich. Eigenaktives, selbsttätiges Lernen von Kindern im Vorschulalter ist kaum vorstellbar bei Themen und Teilprojekten wie z. B.:
- eigene Lernprozesse reflektieren nach moderierten Lernaktivitäten (a. a. O. 69);
- die Einbindung des Regenwurms in das gesamte Ökosystem (a. a. O. 74);
- die Geschichte der Malerei – von der Höhlenmalerei zu den Blauen Reitern – für Kinder ab zwei Jahren (a. a. O. 223);
- Wertorientierung und Religiosität in der Antike – ausgehend von der Götterwelt des antiken Griechenlands bis zum christlichen Glauben (a. a. O. 227);
- gelebte Demokratie nach dem Vorbild des antiken Griechenlands: Wie funktioniert Demokratie (a. a. O. 228);
- Medienbotschaften und -tätigkeiten durchschauen und kritisch reflektieren (z. B. Trennen von Realität, Fiktion und Virtualität; Erkennen von Absichten in der Werbung, Reflektieren der Bedeutung von Rollenklischees; a. a. O. 234);
- Bau eines Monochords (a. a. O. 353);
- positiver und effizienter Umgang mit Stress (a. a. O. 373).

Diese Liste mit Beispielen aus dem BayBP könnte umfänglich ergänzt werden. Es fragt sich, was solche Themen mit erlebten Alltagserfahrungen der Kinder und mit Entwicklungsangemessenheit für Kinder etwa zwischen zwei bis sechs oder drei bis sechs Jahren zu tun haben. Solche Themen erwecken eher den Eindruck, es gehe um Kompetenzvermittlung als um eigenaktives Lernen der Kinder.

Es gibt in den Bundesländern Vorschläge für Projekte und Lerninhalte in Kindertagesstätten in einer Vielzahl von Lernbereichen.

So kennen z. B. die Bildungs- und Erziehungsempfehlungen für Kindertagesstätten in Rheinland-Pfalz (Ministerium für Bildung, Frauen und Jugend, 2009) ähnlich wie die Empfehlungen in anderen Bundesländern elf Bildungsbereiche: Wahrnehmung; Sprache; Bewegung; künstlerische Ausdrucksformen mit gestalterisch-kreativem Bereich, mit musikalischem Bereich, Theater, Mimik, Tanz; religiöse Bildung; Gestaltung von Gemeinschaft und Beziehungen; interkulturelles und interreligiöses Lernen; Mathematik – Naturwissenschaft – Technik; Naturerfahrung – Ökologie; Körper – Gesundheit – Sexualität; Medien.

Der Bayerische Plan empfiehlt zusätzlich die Beschäftigung mit einer Fremdsprache (z. B. Englisch, Französisch, Spanisch) im Umfang von ein bis zwei Wochenstunden. Es ist zu fragen, inwieweit das vor allem für die Kinder eine

Überforderung ist, für die schon Deutsch eine Fremdsprache ist und für Kinder mit Auffälligkeiten in ihrer sprachlichen Entwicklung.

Umfangreiche und anspruchsvolle Bildungspläne für die Arbeit in Kindertagesstätten ist mit der Gefahr verbunden, dass die Kindertagesstätte zur Schule für Kinder im Vorschulalter wird, verbunden mit einem hohen Anteil von Anleitung und Wissensvermittlung, bei der die Kinder bestenfalls aktiv mit eingebunden werden. Sie sind dann in diesem frühen Alter in einem höheren Ausmaß fremdbestimmt, als es der Eigendynamik ihrer individuellen Entwicklung und ihren eigenen Kompetenzen entspricht. Kindertagesstätten sollten nicht zu schulähnlichen Einrichtungen werden mit starker Betonung kognitiven Lernens, hohem Abstraktionsgrad, umfangreicher Wissensvermittlung und prüfbaren Ergebnissen.

Es ist nicht zu übersehen, dass ein solcher Trend den Wünschen mancher Eltern entspricht, die schon in den frühen Jahren in Sorge sind, ob ihr Kind später einmal die Schule mit einem guten Abitur verlassen kann und einen anspruchsvollen Platz in der Wirtschafts- und Arbeitswelt findet. Das Interesse der Wirtschaft an sehr gut geschulten Fachkräften ist groß – und damit an allen Bildungs- und Ausbildungsmöglichkeiten von früher Zeit an.

Doch kann man nach den Befunden der Entwicklungswissenschaften davon ausgehen, dass Entwicklungs- und Bildungsprozesse dann den besten Verlauf nehmen, wenn die Kinder gute Bedingungen haben, sich zu entwickeln mit Autonomie in sozialer Resonanz, mit Selbstwertbewusstsein in selbstständigem Tun und sozialem Austausch. So bleiben ihre Interessen und ihre Motivation an ihrer eigenen Bildung und Weiterentwicklung erhalten und differenzieren sich aus.

Wenn die eigene Entwicklungsdynamik und die Selbstbildungsmöglichkeiten der Kinder durch wertschätzende Beziehungen und anregende Umwelten gut unterstützt werden, sind Alltagserfahrungen in ihrer Lebenswelt Basis für ihre Erforschungen. Sie entwickeln sich soweit, wie ihre Interessen, die unterstützende Resonanz der begleitenden Bezugspersonen und der soziale Austausch erlauben.

Dann entsteht tatsächlich eine lernende Gemeinschaft mit Staunen, Freude, Überraschungen und Herausforderungen, wie z. B. Dokumentationen aus Kindertagesstätten in Reggio Emilia zeigen.

Der für frühe Bildungsprozesse notwendige Lebensweltbezug ist nur möglich, wenn Verbindung und Zusammenarbeit mit den Eltern Teil der Arbeit sind. Formalisierte Elternsprechzeiten, Elternabende und vielleicht gemeinsame Festlichkeiten reichen dafür nicht.

Manche Eltern können den Kinder vielleicht zeigen, was sie beruflich tun: in einer Autowerkstatt, in einer Pflegeeinrichtung, bei einer Sparkasse, bei der Polizei, in einer Bäckerei, Metzgerei, Schneiderei, in einem landwirtschaftlichen Betrieb, einem Reinigungsunternehmen, in einer Fabrik, auf dem Markt etc. Eltern mögen vielleicht von ihrer fernen Heimat erzählen oder kochen, wie man dort kocht oder auch in ihrer Muttersprache singen. Es gibt viele Möglichkeiten der Stärkung eines Gefühls von Zusammengehörigkeit, die Unterschiede kennt und Vielfalt schätzt.

In einigen Bundesländern werden die regionalen Vernetzungen der Kindertagesstätten systematisch gefördert.

So gibt es in Nordrhein-Westfalen seit August 2010 mehr als 2800 Kindertageseinrichtungen, die als Familienzentrum arbeiten. Mit einer zusätzlichen finanziellen Förderung von 12000 Euro pro Einrichtung stellen sie Angebote zur Förderung und Unterstützung von Familien und Kindern mit unterschiedlichen Bedürfnissen bereit. Sie kooperieren mit anderen Einrichtungen wie Familienberatungsstellen, Familienbildungsstätten und Kindertagespflege im Umkreis von maximal 1,5 Kilometern. Die Angebote sind sehr breit gefächert je nach den Bedürfnissen am Ort. Sie sollen z. B. die Vereinbarkeit von Beruf und Familie erleichtern, Erziehungskompetenz von Eltern unterstützen, Eltern-Kind-Gruppen anbieten, Sprach- und Lesekurse halten oder vermitteln. Individuelle Therapien und Fördermaßnahmen sind möglich etc. (vgl. Ministerium für Generationen, Familie, Frauen und Integration des Landes Nordrhein-Westfalen 2010a; Syassen 2009, 31f.).

Die sehr weit reichenden Entwicklungen in der Arbeit der Kindertagesstätten sind nicht möglich ohne entsprechende Ressourcen durch die Träger der Einrichtungen und Kommunen. Da geht es um Geld, um Räume und eine Ausstattung, die kindliche Bildungsprozesse in allen Bereichen erleichtert. Es geht aber auch um Planstellen, da die Vielfalt der Aufgabenstellungen nicht leistbar ist, wenn die Kindergruppen zu groß sind oder kein Raum bleibt für Unternehmungen mit den Kindern im Zusammenhang mit den Projekten, mit der Zusammenarbeit mit den Eltern, mit notwendigen Vernetzungen und gewünschten Angeboten im nahen Umfeld.

Vor allem aber geht es darum, in Ausbildung, Fort- und Weiterbildung und mit der Unterstützung von fachlichem Austausch und Supervision den pädagogischen Fachkräften die Auseinandersetzung mit den neuen Sichtweisen und Konzepten der Arbeit mit den Kindern und der Zusammenarbeit mit Eltern zu ermöglichen. Auch die Fachkräfte lernen auf der Basis ihrer biografischen Erfahrungen in einer bestimmten Lebenswelt. Die Einstellung auf die heutigen Sichtweisen und ihre Handlungsfolgen kann nicht nur kognitiv in vermittelnden Lernprozessen geschehen. Die Reflexion der eigenen Biografie, der eigenen Lebens- und Berufserfahrungen mit dem daraus erwachsenen Welt- und

Menschenbild ist unabdingbar, um sich auf die neue Zusammenarbeit mit den Kindern, den Kollegen, Eltern, Vertretern der Einrichtungsträger unter dem Aspekt der neuen Gestaltungsaufgaben einlassen zu können. Pädagogische Fachkräfte brauchen dafür Unterstützung, Herausforderung, Ermutigung, Begleitung. Neu formulierte Aufgabenkataloge ohne entsprechende Bildungsprozesse der beteiligten Erwachsenen, werden eher als Forderungen erlebt mit Irritierung, Verunsicherung und Verärgerung, als dass sie helfen könnten. Es ist nicht einfach, wahrnehmen zu lernen, wie sehr bisherige Annahmen und Erfahrungen Wahrnehmungs- und Interpretationsprozesse prägen und den Weg für Neues versperren können. Und dann den Mut aufzubringen, sich der Unsicherheit, die zunächst mit Neuem verbunden sein kann, zu stellen. Aber diese Verunsicherung wird bei guter Begleitung abgelöst von dem Staunen über neue, ganz andere und bereichernde Erfahrungen und Sichtweisen. Nicht selten entsteht auch ein anderes, reicheres Lebensgefühl. Die Arbeit kann zur kreativen Herausforderung mit gemeinsamem Lernen werden.

Der Prozess ist belohnend – aber einfach ist er nicht (vgl. Musiol 2002, 285f.). Er verdient jede erdenkliche Unterstützung, da in ihm Weichen für die Entwicklung und Bildung der Kinder gestellt werden, mit sehr lebendigen Entwicklungsmöglichkeiten auch für die Erwachsenen.

6.4.2 Erfahrungen mit der Integration behinderter Kinder in Kindertagesstätten

Ungleich mehr Kinder mit Entwicklungserschwerungen und Behinderungen besuchen Tagesstätten gemeinsam mit nicht behinderten Kindern (ca. 80 Prozent) als heilpädagogische Einrichtungen (ca. 20 Prozent).

Kron und Papke (2006) haben in Nordrhein-Westfalen im Einzugsbereich des Landschaftsverbandes Westfalen-Lippe eine Situationsanalyse zur Bildung und Förderung der Kinder mit Hilfe breit angelegter empirischer Forschungsmethoden erstellt. Einbezogen wurden 39 heilpädagogische Einrichtungen mit 1132 behinderten Kindern; 38 Einrichtungen mit additiven Gruppen behinderter und nicht behinderter Kinder mit insgesamt 983 Kindern mit Behinderungen; 52 Schwerpunkteinrichtungen mit 392 behinderten Kindern; 1363 Regeleinrichtungen mit 2958 behinderten Kindern (a. a. O. 23).

Im Forschungsbericht ist nicht ersichtlich, worin die Entwicklungserschwerungen und besonderen Förder- bzw. Pflegebedürfnisse der Kinder mit Behinderungen bestanden. Es kann analog zu den Entwicklungen in Frühförderstellen angenommen werden, dass bei der Mehrzahl der Kinder psychosozial bedingte Entwicklungsauffälligkeiten und Störungen der Sprachentwicklung vorlagen und bei deutlich weniger Kindern Diagnosen wie Körperbehinderungen, chronische Krankheiten, Mehrfachbehinderungen, geistige Behinderungen oder Beeinträchtigungen von Sinnesfunktionen (vgl. Leyendecker 2010, 19f.). So sind in dem Bericht mehr allgemeine Befunde repräsentiert. Sie lassen nur begrenzt Rückschlüsse auf die Situation körperbehinderter und kranker Kinder in Kindertagesstätten zu.

Zum Verständnis der Befunde von Kron und Papke sei erwähnt, dass in der untersuchten Region heilpädagogische Einrichtungen 8 bis 12 Kinder pro Gruppe aufnehmen, Schwerpunkteinrichtungen 15 nicht behinderte und 5 behinderte Kinder pro Gruppe. Regeleinrichtungen haben bis zu 3 Kinder mit Behinderungen in einer Gruppe. In sogenannten additiven Einrichtungen gibt es heilpädagogische Gruppen und Regelgruppen. Es findet dort auch gemeinsames Tun der Gruppen statt (a. a. O. 13).

Die heilpädagogischen Tagesstätten arbeiten nach eigenen Angaben etwa zu 80 Prozent mit kombinierten Konzepten (z. B. kind-, gruppen- und situationsorientiert bzw. ganzheitlich) unter Einbeziehung therapeutischer Fachkräfte und in Kooperation mit Fachdiensten. Die Zusammenarbeit mit Eltern und die Entlastung der Eltern spielen eine große Rolle. Etwa 68 Prozent der additiven und etwa 50 bis 60 Prozent der integrativen Einrichtungen bevorzugen eigene, erfahrungsgeleitete pädagogische Konzepte. Rund 30 Prozent dieser Kindertagesstätten orientieren sich am Situationsansatz. Einzelne (bis zu 8 Prozent) arbeiten nach Montessori oder Steiner (Waldorfpädagogik). In etwa 2 Prozent der Einrichtungen ist die Orientierung an der Reggio-Pädagogik bedeutsam (a. a. O. 90).

Schwerpunkte der pädagogischen Arbeit werden in der Mehrzahl aller Einrichtungen in der Förderung von Bewegung, Sprache und Spiel gesehen. Die Beziehungsgestaltung der Kinder untereinander wird unterstützt, die Selbstständigkeit gefördert. Die Auseinandersetzung mit der Umwelt sowie forschendes und entdeckendes Lernen werden mit mittlerer Häufigkeit benannt. Betont wird dabei, dass darin keine gezielte Schulvorbereitung gesehen wird.

Als spezifisch für die Arbeit mit den behinderten Kindern gelten in den heilpädagogischen und additiven Einrichtungen neben stark individualisiertem Vorgehen Förderprogramme wie Psychomotorik und Wahrnehmungsförderung. Auch über intensive Elternarbeit wird berichtet. Diese erstreckt sich aber nur selten auf die Mitwirkung bei der Konzeptarbeit der Einrichtung (a. a. O. 96).

Im Kontaktverhalten der Kinder außerhalb der Kindertagesstätte zeigen sich Unterschiede. Nicht behinderte Kinder haben deutlich mehr Kontakte und Freundschaften als Kinder mit Beeinträchtigungen. Freundschaften sind vor allem erschwert, wenn sich Behinderungen auf Aktivitäten und Kommunikationsmöglichkeiten auswirken (a. a. O. 17).

Die therapeutische Versorgung in den heilpädagogischen und additiven Einrichtungen wird als sehr gut beschrieben. Meist sind dort auch therapeutische Fachkräfte festangestellt. In den Schwerpunkteinrichtungen gehören Therapien mit zum Angebot. Die Einbettung der Therapien in den Tagesablauf und der gegenseitige Austausch von Therapeuten und Erziehern wird als besonders wichtig angesehen. Auch die Eltern wünschen, dass Therapien in der Kindertagesstätte möglich sind, damit der fachliche Austausch erleichtert und die Therapie besser in den Alltag integriert wird.

Die therapeutische Versorgung behinderter Kinder in Regeleinrichtungen findet kaum statt. Meist ist sie dort nicht vorgesehen (a. a. O. 110). Die eventuell notwendige therapeutische oder pflegerische Unterstützung ist sehr abhängig von der jeweiligen Einrichtung und von der Vernetzung mit einer Frühförderstelle.

Nachteile von heilpädagogischen Einrichtungen können weite Wege für Eltern und Kinder sein, dazu eine geringe Anbindung an das Wohnumfeld und das Fehlen von gemeinsamen Aktivitäten mit nicht behinderten Kindern.

Heimlich (1993) beobachtete eine deutlich verlängerte Eingewöhnungszeit bei Kindern mit Behinderungen in integrativen Gruppen. Das erste Jahr in der Kindertagesstätte ist für sie mit einer Reihe von Schwierigkeiten verbunden. Nicht wenige brauchen die Unterstützung durch die pädagogischen Fachkräfte bei der Gestaltung von Kontakten.

Das wurde auch schon von Kniel und Kniel (1984) beschrieben. Sie berichteten, dass Kinder mit Behinderungen häufiger als die nicht behinderten Kinder alleine oder mit einer Erzieherin spielten. Bei den Kindern mit stärkeren motorischen Beeinträchtigungen beobachteten Kniel und Kniel eine besonders starke Orientierung an Erwachsenen. Ablehnende Reaktionen und Kontaktwünsche erlebten behinderte und nicht behinderte Kinder etwa gleich oft.

Klein et al. (1987) beobachteten, dass Kinder mit Wahrnehmungs- und Bewegungsbeeinträchtigungen in integrativen Gruppen Wärme und Zärtlichkeit erfahren und auch versorgt werden. Sie stellten fest, dass in integrativen Gruppen oft mehr körperliche Kontakte stattfinden als in Regelgruppen.

Kron (1988) beschreibt verschiedenste Formen der Beziehungsgestaltung von engem Kontakt bis hin zu deutlicher Distanz.

Fichtner und Timmann (1995; in Kreuzer 2008, 29) weisen darauf hin, »dass nach Wegen gesucht werden muss, verstärkt Spiel- und Lernprozesse der Kinder untereinander anzuregen. Eine direkte Beteiligung der Fachkräfte an der Interaktion erfüllt diesen Anspruch nicht und kann sich sogar negativ auf die Selbsttätigkeit der Kinder auswirken. Die Gruppen mit einer deutlich unter dem Durchschnitt liegenden Beteiligung Erwachsener an den Interaktionsprozessen weisen eine bedeutend größere Anzahl Interaktionen der Kinder untereinander auf.«

Das wird auch durch die Untersuchung von Janson (2008, 239f.) bestätigt. In sechs Gruppen aus Kindertagesstätten, zu denen auch Kinder mit motorischen Beeinträchtigungen gehörten, wurden die pädagogischen Interventionsstile beobachtet und zu den Interaktionen der Kinder in Beziehung gesetzt. Dabei zeigte sich Folgendes: Verhalten sich Erzieher eher direktiv mit vielen Vorschlägen, Ideen und Hinweisen, um die Kinder mit Behinderungen mehr am Geschehen zu beteiligen, kommt es zu mehr konflikthaften und problematischen Interaktionen der Kinder.

Mehr partizipatives Erzieherverhalten mit Übernahme von Rollen im Spiel der Kinder und geringerer Beachtung der an sie gerichteten Wünsche nach Aufmerksamkeit und Hilfe, führt zur Abnahme der Interaktion der Kinder und zur Zunahme der Orientierung am Erwachsenen.

Gehen die Spielideen von den Kindern aus, und der Erzieher unterstützt durch Zusammenfassen von Handlungen und Hinweise auf Möglichkeiten, die sich aus Ideen der Kinder ergeben, nehmen die Initiativen der Kinder zu ebenso wie die Interaktionen zwischen den Kindern.

Hält der Erzieher sich sehr zurück, beobachten die Kinder mit Behinderungen mehr die anderen Kinder und gestalten ähnliche Aktionen wie sie.

Rothmayer berichtet 1989 von ihrer langjährigen Erfahrung mit der Integration schwerstbehinderter Kinder im Kindergarten der Evangelischen Französisch Reformierten Gemeinde in Frankfurt am Main. Dieser Kindergarten war der erste Integrationskindergarten in Hessen. Er entstand aus einem Projekt der Gemeinde. Basis war der Konsens, »dass Menschen nicht an ihrer Fähigkeit zur Anpassung an das Wertesystem, welches im Wesentlichen von Nichtbehinderten bestimmt wird, gemessen werden dürfen und darum derzeit bestehende Wertvorstellungen und Normen reformbedürftig und zu verändern sind« (a. a. O. 45).

Die pädagogische Arbeit orientiert sich am Situationsansatz und versucht, sowohl die Bedürfnisse des einzelnen Kindes als auch die der Gruppe miteinander in Verbindung zu bringen. Das Freispiel hat in der pädagogischen Arbeit eine zentrale Stellung. Angebote in den Bereichen Musik, Bewegung, Umwelterkundung, Gestaltung etc. kommen dazu. Austausch und Auseinandersetzung zwischen den unterschiedlichen Individualitäten sind wesentlich. Vereinheitlichung wird abgelehnt.

Nach mehreren Jahren der Erfahrung mit der Integration von Kindern mit unterschiedlichen Behinderungen wurden auch schwerstbehinderte Kinder mit ausgeprägten Erschwerungen ihrer gesamten Entwicklung aufgenommen, und zwar jeweils ein Kind in jede bestehende Gruppe. Für je 15 Kinder (davon 5 Kinder mit Behinderungen) gab es drei feste Bezugspersonen: eine Erzieherin, eine Erzieherin im Anerkennungsjahr und einen Zivildienstleistenden. Therapeutische Fachkräfte gehörten ebenfalls zu den Mitarbeitern des Kindergartens.

Die Eingewöhnungszeit des schwerstbehinderten Kindes wird in enger Kooperation von Erziehern und Eltern gestaltet. Die Erzieher lernen in Zusammenarbeit mit dem Kind und seinen Eltern die nonverbalen, mehr körperhaften, die lautlichen und verbalen Kommunikationsmöglichkeiten mit dem Kind kennen. Die Signale des Kindes für Wohlgefühl, Angst, Unwillen, Schmerz, Ermüdung etc. werden vom Erzieher aufgenommen und so gut wie möglich beantwortet. Ist eine Vertrautheit zwischen beiden entstanden, werden allmählich die Therapeuten in die Arbeit einbezogen. Die nicht behinderten Kinder orientieren sich im Umgang mit dem schwerstbehinderten Kind an den Erziehern.

Rothmayer hat unterschiedliche Interaktionen und Kommunikationsformen bei den Kindern beobachtet. Dazu gehören sowohl einseitige Kontaktaufnahmen als auch »komplexe Interaktionen in aller Vielfalt [...] Sie gehören zum Alltag einer integrativen Gruppe« (a. a. O. 112).

Da die schwerstbehinderten Kinder in ihren Äußerungsmöglichkeiten stark eingeschränkt sind, gehen Interaktionen oft von den nicht behinderten Kindern aus. Die schwerstbehinderten Kinder können andere Kinder kaum in ihre Vorstellungen einbeziehen. »Ihre eigenen Bedürfnisse, Gedanken und Vorstellungen unterliegen immer der Interpretation durch andere« (a. a. O. 107). Das mindert aber nicht das Interesse der nicht behinderten Kinder, Kontakte aufzunehmen. Sie werden mit der Zeit sicherer im Umgang mit den schwerstbehinderten Kindern. Manchmal unterstützen die nicht behinderten Kinder ihr Bemühen um Verstehen, indem sie Haltungen oder Bewegungsabläufe der behinderten Kinder selbst ausprobieren.

Schwierige Situationen entstehen im Kindergartenalltag, wenn die Bedürfnisse der Kinder zu weit auseinanderliegen. Rothmayer beschreibt dazu folgendes Beispiel. »Am Freitag [...] war Bianca im Garten und rutschte vorsichtig auf dem Po über eine sandige Fläche. Die anderen Kinder, die diese Fläche zum Rädchen- und Rollerfahren nutzten, fuhren halsbrecherisch um Bianca herum, die dies als Verunsicherung erfuhr und weinte. Ihre Bedürfnisse, den Garten auf ihre Weise zu erkunden, standen im Gegensatz zum Bewegungsdrang der anderen Kinder. Für Bianca befanden sich in diesem Moment einfach zu viele Kinder im Garten, die durch ihre Bewegungsfreude zur Desorientierung beitrugen. Die Situation war nur zu lösen, indem ein Mitarbeiter Bianca zu sich nahm und ein ruhigeres, abgegrenztes Stück Garten aufsuchte. Hier mussten Biancas Bedürfnisse hinter denen der anderen Kinder zurückstehen mit der Konsequenz, dass ihr in Zeiten, in denen weniger Kinder im Garten sind, zugestanden wird, dass immer ein Erwachsener sich darum kümmert, dass Bianca die Gelegenheit erhält, immer vom selben Ausgangspunkt aus Erkundungen vorzunehmen und in größtmöglicher Selbstbestimmtheit ihren Bewegungsradius festzusetzen« (a. a. O. 127).

Es kommt vor, dass Impulse und Ausdrucksformen von Kindern trotz intensivem Bemühen nicht verstanden werden. Es gibt manchmal Missverständnisse, wenn die Kinder mit schweren Behinderungen Dinge auf ihre Weise ausprobieren wollen und andere Kinder »helfen« und sie damit ungewollt in ihrer Eigenständigkeit stören. In einer solchen Situation ist die Vermittlung durch die Erzieher gefragt, damit das »helfende« Kind versteht und das erkundende Kind eigenständig sein kann.

Insgesamt überwiegen nach Rothmayers Beobachtungen die positiven, ermutigenden Erfahrungen, die als Gelingen der Integration schwerstbehinderter Kinder im Frankfurter Kindergarten interpretiert werden können.

Fritzsche (2005, 80f.) berichtet über vergleichbar gute Erfahrungen. Sie hat über längere Zeit die Interaktionen in einer integrativen Kindergruppe beobachtet, zu der auch ein dreijähriger Junge – Max – mit einer schweren zerebralen Bewegungsstörung gehört. Er kann nicht sprechen, verfügt aber über ein gutes Sprachverständnis. Er zeigt großes Interesse an allen Aktivitäten in der Gruppe. Auch Fritzsche schreibt von sehr unterschiedlichen, meist freundlichen Kontakten und der Orientierung der Kinder am Verhalten der Erzieher. Max teilt sich mimisch, gestisch und mit Körperbewegungen mit. Er drückt Freude und Anteilnahme aus. Durch Schreien teilt er in Situationen Missfallen mit. Die Kinder setzen sich auf ihre Weise mit der Behinderung von Max auseinander. Sie begreifen ihn als (besonderes) Baby und spüren gleichzeitig sehr genau, inwieweit Max kein Baby ist (a. a. O. 107). Seine Individualität ist den Kindern selbstverständlich. Die Kinder mögen, dass er ihnen durch sein Dabeisein Geborgenheit und Sicherheit geben kann. Sie schenken ihm zärtliche Berührungen. Sie grenzen sich auch ab, wenn sie sich von ihm gestört fühlen. Es kommt allerdings auch vor, dass seine Bedürfnisse wenig oder keine Beachtung finden (a. a. O. 112). »Die Erzieher fordern die Kinder manchmal zur Einbeziehung von Max auf. Schwierig dabei ist, dass sie einerseits integrierte Spielprozesse unterstützen wollen, andererseits in Gefahr geraten, von den Kindern sozial erwünschtes Verhalten abzurufen, ohne dass den Kindern eine wirkliche Auseinandersetzung mit ambivalenten Gefühlen gegenüber Max möglich ist« (a. a. O. 109).

Fritzsche fasst ihre Beobachtungen so zusammen: »Das Miteinander-Leben der Gruppe und ihrer Erzieher, ihr gemeinsamer Alltag im Kindergarten hinterlassen grundsätzlich den Eindruck solidarischen Umgangs miteinander« (a. a. O. 112).

Kobelt Neuhaus (2001) hat in einem umfangreichen Forschungsprojekt 216 Eltern von behinderten und nicht behinderten Kindern zu ihrer Sicht der Integration ihrer Kinder in der Kindertagesstätte befragt. Die Ergebnisse zeigen generell eine hohe Zufriedenheit der Eltern (a. a. O. 81). Sie berichten, dass sich ihre Kinder in Kindertagesstätten mit Integrationsplätzen wohlfühlen. Für die Eltern der Kinder mit Entwicklungserschwerungen sind bei der Wahl der Tagesstätte ausschlaggebend: Wohnortnähe, individuelle Förderung ihrer Kinder, soziale Teilhabe, Selbstbestimmung von Eltern und Kindern sowie freundliche, liebevolle Zuwendung der Erzieher zu den Kindern. Kritik üben die Eltern vor allem am mangelnden heilpädagogischen Grundwissen der Erzieher, und sie wünschen eine verbesserte Kooperation. In Gesprächen äußern Eltern auch Befürchtungen, dass die Kinder mit Beeinträchtigungen zu kurz kommen.

Kobelt Neuhaus beobachtete auch tiefsitzende Ängste und Unsicherheiten der Eltern der behinderten und der nicht behinderten Kinder im Umgang miteinander. Die Eltern der Kinder mit Entwicklungserschwerungen wünschen sich häufigere und bessere Kontakte zu den anderen Eltern. Kobelt Neuhaus folgert daraus, dass »Eltern nicht behinderter Kinder im Umgang mit dem behinderten Kind und seiner Familie Ermunterung durch modellhafte Erfahrungen, wie beispielsweise gemeinsame Aktionen brauchen, bei denen sie Erzieher oder andere Eltern im Umgehen mit dem behinderten Kind beobachten können« (a. a. O. 142).

Das sind neue, anspruchsvolle Formen der Kooperation. Sie erfordern von den Erziehern ein hochentwickeltes professionelles Handeln auf der Basis notwendiger Fachkenntnisse und eigener innerer Auseinandersetzungen mit Behinderungen, Stigmatisierungsprozessen und gesellschaftlichen Wertungen. Immer wieder stellt sich die Frage nach Ausbildung, Weiterbildung, fachlichem Austausch und Begleitung. Denn es geht gleichzeitig um die Basis komplexen eigenen pädagogischen Handelns und um die Zusammenarbeit mit den Kindern, den Eltern, mit Kollegen und ggf. auch mit therapeutischen Fachkräften.

6.4.3 Die wohnortnahe integrative Kindertagesstätte als Entwicklungsraum und Bildungsstätte auch für Kinder mit körperlichen Beeinträchtigungen

Die bisher mitgeteilten Erfahrungen mit dem gemeinsamen Besuch der Kindertagesstätte von Kindern mit und ohne Behinderungen bestätigen im wesentlichen die soziologischen Überlegungen, wie sie im Kapitel drei berichtet wurden. Der frühe Zeitpunkt vor der Verfestigung gesellschaftlich tradierter Werturteile begünstigt gemeinsames Spielen, Erkunden, Erleben der Kinder. Dazu bedarf es aber besonderer inhaltlicher, personeller, sächlicher und räumlicher Gegebenheiten.

Die Arbeit der Kindertagesstätten befindet sich in einem intensiven Prozess der Weiterentwicklung. Es geht dabei einmal um die Aufnahme immer jüngerer Kinder. Als Beispiel dafür sei der Rechtsanspruch zweijähriger Kinder auf einen Platz in der Kindertagesstätte in Rheinland-Pfalz erwähnt.

Eine herausragende Rolle spielen die Bemühungen um eine Intensivierung der frühkindlichen Bildung. Sie wird in der Fachliteratur unter den verschiedenen Aspekten thematisiert und findet in den Bildungsplänen der Bundesländer für Kinder in Kindertagesstätten ihren Niederschlag. Darin sind auch zentrale Themen wie individuelle Unterschiede und kulturelle Vielfalt bei den Kindern repräsentiert. Es besteht weitgehend Konsens über die Bedeutung der Einbeziehung von Kindern mit Entwicklungserschwerungen durch sozio-kulturelle oder emotional-soziale Benachteiligungen, mit sprachlichen Auffälligkeiten und verzögerten Entwicklungen.

Aber der Frage der Integration von Kindern mit manifesten Behinderungen wird meist nicht weiter nachgegangen.

In der Fachliteratur zur Integration wiederum spielt oft die Frage der frühen Bildung nur eine untergeordnete Rolle.

Es ist aber notwendig, dass beide Themenbereiche so miteinander verbunden werden, dass individuelle und gemeinsame Bildung und Förderung für Kinder in Kindertagesstätten erleichtert wird.

Auf diese Verbindung soll hier unter besonderer Berücksichtigung von Kindern mit Körperbehinderungen oder chronischen Krankheiten Bezug genommen werden.

Auch körperbehinderte Kinder verhalten sich in vielem wie andere Kinder: neugierig oder gelangweilt, zugewandt oder abwehrend, unternehmungslustig oder uninteressiert, scheu oder fordernd, verständnisvoll oder uneinsichtig, zufrieden oder unzufrieden, angepasst oder eigenwillig.

In ihren Entwicklungen weisen sie aber eine erheblich größere Vielfalt auf als andere Kinder. Bei gemeinsamen Aktivitäten mit anderen Kindern fallen grob- und feinmotorische Schwierigkeiten auf. Erschwertes Ausdrucksverhalten kann die Verständigung mühsam machen. Eigenaktives Tun, Erkunden und Ausprobieren kosten besondere Anstrengung. Mögliche Verlangsamungen erfordern Geduld – auch von den betroffenen Kindern. Nicht wenige Kinder brauchen bei anspruchsvollen Verrichtungen Assistenz. Körperliche Pflege kann notwendig werden; bei schwerer Behinderung oder Krankheit ist sie u. U. zeitintensiv. Solche Gegebenheiten sind bei betroffenen Kindern unterschiedlich, mitunter sogar in Situationen verschieden. In ihren Verhaltensweisen können sich Signale dafür finden, dass manche von ihnen im Zusammenhang mit ihrer Behinderung oder Krankheit sehr belastende Erfahrungen machen mussten: durch bedrohliche Verschlechterungen ihres Befindens, durch anhaltende oder häufig wiederkehrende Schmerzen, durch notwendige medizinische Maßnahmen mit Trennungen von den Eltern und unvermeidbaren Einschränkungen ihrer Interessen und Impulse z. B. bei stationären Behandlungen. So haben sie z. T. sehr unterschiedliche Lernvoraussetzungen, Lebenserfahrungen, Sozialerfahrungen und Bildungsbedürfnisse. Ihnen muss Rechnung getragen werden, da eine »Gleichschaltung« der Kinder und der Angebote in den Kindertagesstätten sie benachteiligt und damit zusätzlich behindert.

Nach Booth et al. (2006, 13, 34) ist es notwendig, bei gemeinsamem Besuch der Kindertagesstätte von Kindern mit unterschiedlichen Entwicklungen, Bedürfnissen und Fähigkeiten vorhandene Unterschiede wahrzunehmen, sie zu respektieren, zu schätzen und als Quelle des Fortschritts zu begrüßen. Auf dieser Basis sind gemeinsame Erfahrungen von Bedeutung und der Abbau von Barrieren für Spiel, Lernen, Teilhabe und Mitgestaltung.

Um den Bildungsbedürfnissen körperbehinderter und kranker Kinder in Gemeinschaft mit anderen Kindern zu entsprechen, sind ein situationsorientierter Ansatz und die Reggio-Pädagogik besonders geeignet.

Dollase (2006, 91f.) verweist auf wissenschaftliche Studien, wenn er die Vorteile situationsorientierten Lernens beschreibt. Die Initiative geht von den Kindern aus. Dem Freispiel kommt hohe Bedeutung zu. Es findet keine Vorverlagerung schulischen Arbeitens statt. Die Kinder erhalten nur wenige direkte Instruktionen.

Empirische Studien haben die Überlegenheit dieses Ansatzes gezeigt. Bei stärkerer Anleitung mit Vorgaben durch pädagogische Fachkräfte merken sich Kinder mit Erschwerungen des Lernens die vermittelten Inhalte kurzfristig zwar recht gut. Aber langfristig sind die Ergebnisse auch bei Kindern mit Entwicklungserschwerungen besser, wenn die Initiativen für Erkundungen und Lernen von den Kindern ausgehen.

Das ist für Kinder mit Körperbehinderungen von hoher Bedeutung. Bei vorliegenden motorischen Einschränkungen, Verlangsamungen und erschwerter Kommunikation erfordert es großes Geschick von den Erziehern, die Kinder so zu ermutigen, dass sie eigenaktiv forschen und probieren und nicht darauf warten, dass die Fachkräfte ihnen zeigen »wie es geht«. Sicher ist es für Kinder auch wichtig, an den Erfahrungen der anderen zu partizipieren, sich Dinge zeigen zu lassen. Aber es ist etwas ganz anderes, selbst Dinge »in die Hand zu nehmen«, sich Zeit zu lassen, um sich auf Situationen, und Dinge einzulassen, mit allen Sinnen auf eigene Weise Erfahrungen zu machen, sich eigene Fragen zu stellen, ihnen nachzugehen, sich darüber mit anderen Kindern auszutauschen und der Erzieherin davon zu erzählen – mit den Ausdrucksmitteln, die möglich sind – verbal, gestisch, mimisch, mit Zeichen, mit Hilfsmitteln, Zusammenhänge entdecken, Gefühle erleben, Sinn entdecken, Wertungen finden, Einordnungen prüfen. Das alles wird durch wiederholte und vielfältige Erfahrungen möglich. Das gehört dann in ganz anderer Weise zum Eigenbesitz an Bildungserfahrungen beim Kind als wenn es Anleitungen gefolgt ist bis zum vorgeplanten Ergebnis.

Wenn Kinder vor Eintritt in die Kindertagesstätte überwiegend nach vorgegebenen Übungsplänen trainiert wurden und durch starke Fremdbestimmung nur wenig Eigeninitiative entwickeln konnten, mag der Anfang mehr selbstbestimmten Spielens und Erkundens schwer sein. Manchen Kindern tut es dann gut, wenn sie Zeit haben, die Situation in der Kindergruppe erst zu beobachten, um sich auf diese Weise neu zu orientieren. Sicher ist es nötig, sie nach ihren Wünschen zu fragen und ihnen die Wahl zu lassen, ob und wann sie sich an laufenden Spielaktionen beteiligen möchten oder ob sie sich mit anderem beschäftigen wollen.

Als Ausgangspunkt für Erkundungen eignen sich vor allem offene Situationen in realen Lebensausschnitten wie z. B. ein Einkauf, ein Besuch im Streichelzoo, bei der Feuerwehr, bei einem Kind zu Hause, in einer Kirche, auf einem Acker während der Ernte etc. (s. Haupt 2006, 171f.). Gemeint sind Situationen, in denen vielfältige, reale, konkrete, sinnenhafte Erfahrungen möglich sind, die vorher nicht festgelegt werden. Im Erleben der offenen Situation wird deutlich, was ein Kind von all den gegebenen Möglichkeiten wirklich interessiert, und wo sich weitere Erkundungen oder Fragen ergeben. Innerhalb der Kindergruppe können das sehr unterschiedliche Dinge sein. Jede Erfahrung, jede Frage ist gültig. Der Austausch darüber bereichert die eigene Erfahrung. Aber ein gemeinsames Ziel, eine gemeinsame Zusammenfassung ist nicht Sinn der Erkundung. Eine Dokumentation der Prozesse kann die Erfahrungen vertiefen. Solche offenen Projektsituationen sind besonders reich in altersgemischten Gruppen, mit Kindern mit unterschiedlichen Interessen und Kompetenzen. Auch in der Kindertagesstätte selbst sind entsprechende Situationen möglich: in der Küche, im Garten, auf dem Spielhof, bei Gestaltungen etc.

Für Kinder mit Körperbehinderungen sind offene Erfahrungsmöglichkeiten von besonders großer Bedeutung, in denen sie zu Eigeninitiativen durch bezogene Begleitung ermutigt werden. Meist tun sie sich durch die behinderungsbedingten Einschränkungen schwer, sich selbst vielfältige Erfahrungen zu verschaffen und sich so eine hinreichende Grundlegung für ihre Bildung in Austausch mit anderen zu erarbeiten. Darin besteht das Risiko, dass mögliche Entwicklungen verzögert oder behindert werden. Im Schulalter heißt es dann u. U., dass die Kinder Schwierigkeiten mit Abstraktionsleistungen haben. Dafür sind aber konkrete Erfahrungen in einer Vielzahl von Lebensbereichen erforderlich, in denen die Kinder selbst suchend, spielend, forschend tätig werden können in der Begleitung und erforderlichenfalls mit Assistenz durch zugewandte Menschen.

Auch die Gestaltung und Ausstattung von Räumen in der Kindertagesstätte spielt eine wichtige Rolle bei der Frage, ob Kinder mit Körperbehinderungen weitgehend eigenständig sein können. Es hat Bedeutung für ihre Entwicklung, ob sie alle Räume möglichst selbstständig erreichen können, ob sie an Schubladen, Schränke, Regale herankönnen und sich von dort Dinge holen und sie wieder zurückbringen können. Rollstuhl fahrende Kinder sollten bei den anderen Kindern so sitzen können, dass alle Sitzgelegenheiten gleich hoch sind. Auch ein sichtgeschützter Pflegeplatz in einem geeigneten Nassraum ist erforderlich, sodass kein Kind auf einem Spieltisch oder auf dem Fußboden gewickelt werden muss – so wie es manche Mütter von körperbehinderten Kindern in der Kindertagestätte erleben.

Viele Kinder sind in der Kindertagesstätte oder in ihrer Gruppe das jeweils einzige Kind mit einer Behinderung. Diese Form der Integration hat ihre eigenen Schwierigkeiten. Einzelintegration ist oft mit der Erwartung verbunden, dass sich das Kind und seine Eltern den Gegebenheiten anpassen. Es geschieht eher selten, dass die Arbeit der pädagogischen Fachkräfte so konzipiert und gestaltet wird, dass sie der dann noch größeren Heterogenität bei den Kindern entspricht. Häufig wird ein Integrationshelfer als ständiger Begleiter des Kindes erbeten, der dann für dieses Kind immer wieder die Verbindung mit der Kindergruppe und den Erziehern gestaltet, damit es möglichst viel »mitmachen« kann. Integrationshelfer haben meist keine fachliche Ausbildung für diese Arbeit. Das trifft bei Einzelintegration oft auch auf die Erzieher zu. Die tun sich dann nicht leicht, den Integrationshelfer anzuleiten und ihn stärker in die Gesamtgruppe mit einzubeziehen. Dann kann es zu desintegrierenden Situationen kommen. Eigenheiten und Auffälligkeiten des Kindes können durch einen persönlichen Integrationshelfer, der sich nur um dieses eine Kind bemüht, besonders betont werden. So stellt sich in Situationen die Frage, wer durch eine solche »Integration« gewinnt. Darauf bezieht sich auch Sarimski (2011, 4), wenn er schreibt: »Mit der Zunahme der integrativen Betreuungsformen ist allerdings nicht in jedem Fall eine optimale pädagogische Qualität verbunden. Es genügt nicht, Kinder mit Behinderungen in eine Gruppe aufzunehmen und auf das Gelingen der sozialen Integration durch die spontane Entwicklung von sozialen Kontakten zu vertrauen (Kreuzer/Ytterhus 2008). Nicht selten werden behinderte Kinder aufgenommen, ohne konzeptionelle Überlegungen damit zu verbinden, welche pädagogischen Maßnahmen in heterogenen Gruppen nötig sind, um den Bedürfnissen des behinderten Kindes im Gruppengeschehen gerecht zu werden; oder es findet eine systematische Förderung des Kindes lediglich außerhalb seiner Gruppe und losgelöst vom Gruppenalltag statt (Kron 2006). Die Gruppenzusammensetzung, Räumlichkeiten und Materialien sowie die pädagogische Unterstützung in Alltagssituationen und im Spiel müssen vielmehr so gestaltet sein, dass eine uneingeschränkte Teilnahme behinderter Kinder möglich ist.«

Für ein Kind mit einer Behinderung kann das Zusammensein mit einer Gruppe nicht behinderter Kinder zur stärkeren Konfrontation mit den Folgen seiner Behinderung mit schmerzlichen Erfahrungen seiner Einschränkungen führen. Es erlebt, dass es nicht alles mitmachen kann oder dass alle anderen schneller sind als es oder dass es Hilfe beim Essen braucht, während alle anderen Kinde selbstständig essen können. Solche Erfahrungen brauchen sensible Hilfen durch die Eltern und Erzieher.

Für Kinder mit Behinderungen ist es unerlässlich, dass sie von klein an auch Kinder mit gleichen oder ähnlichen Behinderungen erleben und sich mit ihnen austauschen können. Sie brauchen das für die Entwicklung ihrer Identität und Selbstakzeptanz. Es ist daher wesentlich günstiger, wenn mehrere Kinder mit Behinderungen in einer Kindertagesstätte sind. Es ist auch für die Erzieher ungleich leichter, sich dann mit den Kompetenzen der Kinder und mit ihren besonderen Bedürfnissen und Interessen auseinanderzusetzen. Auch dem Wunsch der Eltern nach Kontakten zu gleich oder ähnlich betroffenen Eltern kann eher entsprochen werden, wenn mehrere Kinder mit Behinderungen dieselbe Kindertagesstätte besuchen.

Bei der Einzelintegration körperbehinderter oder kranker Kinder sind notwendige Therapien und Pflege zumeist ungelöste Probleme.

Es ist gerade in den frühen Jahren sehr wichtig, dass Bewegungstherapien Alltagshandlungen der Kinder unterstützen bzw. ermöglichen. Bei Einzelintegration gehören therapeutische Fachkräfte nicht zu den Mitabeitern der Tagesstätte. Kommt eine Therapeutin stundenweise, ist es kaum möglich, Alltagshandlungen der Kinder zu begleiten und die Erzieher so zu beraten, dass sie Aspekte der Bewegungserleichterung in ihre Arbeit integrieren können. Gehen die Eltern nach der Zeit die das Kind in der Kindertagesstätte verbringt, zur Krankengymnastik oder Ergotherapie, ist eine Kooperation mit der Einrichtung kaum möglich. Außerdem bleibt dann kaum noch Zeit für entspannte Eltern-Kind-Interaktionen zu Hause.

Manche Kinder brauchen tagsüber Pflege, sei es wegen Harn- und Stuhlinkontinenz, Schwierigkeiten bei der Blasenentleerung, Druckstellen (z. B. bei Kindern mit Spina bifida), sei es weil sie infolge einer schweren zerebralen Bewegungsstörung gefüttert werden, sei es weil sie Hilfe für das Abhusten brauchen (z. B. bei Zystischer Fibrose). Dauerbeatmete Kinder werden fast immer von einer geschulten Pflegerin begleitet, da Gefahrensituationen durch Komplikationen beim Kind oder mit dem Beatmungsgerät auftreten können. Bei anderen notwendigen Pflegeverrichtungen werden bei Einzelintegration unterschiedliche Möglichkeiten gewählt: Mithilfe von Vater oder Mutter, Pflege durch einen Integrationshelfer, Pflege durch den örtlichen Pflegedienst oder eine frei praktizierende Fachkraft. Notwendige Pflege muss mit großer Sorgfalt ausgeführt werden. Sie sichert Wohlbefinden und ist ein wichtiger Beitrag zur Gesundheit der Kinder und ihren Möglichkeiten der Teilhabe und Mitgestaltung in der Kindergruppe. Wünschenswert ist es, dass die Pflege von den Bezugspersonen der Kinder – dazu gehören in der Kindertagesstätte auch die Erzieher – ausgeführt wird. Eltern sollten zwar eingeladen sein, am Alltag der Kindertagesstätte teilzunehmen. Sie sollten aber nicht regelmäßig mitarbeiten müssen. Werden Fachkräfte von außerhalb mit hinzugezogen, stellt sich die Frage, inwieweit sich das Kind mit der Behinderung als Ganzes erleben kann bzw. was es für das junge Kind bedeutet, wenn für verschiedene Funktionen oder Körperbereiche unterschiedliche Personen »zuständig« sind.

Es war schon mehrfach von den hohen Anforderungen an die Professionalität und Mitmenschlichkeit der Erzieher die Rede. Kobelt Neuhaus (2001, 190) betont, dass Kompetenzen für Integrationsmaßnahmen deutlich über das hinaus gehen, was in Ausbildung und Status von Erziehern angelegt ist. Integration bedeutet intensives Lernen für alle. Dieses Lernen braucht Zeit, Beratung, Fortbildung und Kooperation mit unterschiedlichen Fachkräften.

Es kann auch notwendig sein, den Prozess der Integration in der Kindertagesstätte dadurch zu unterstützen, dass die Erzieher »die Auseinandersetzung mit Behinderung und mit dem Anderssein in der Elternschaft in Gang setzen und begleiten« (a. a. O.194). Diese besonders schwierige Aufgabe gelingt eher, wenn auch die Eltern der nicht behinderten Kinder von Anfang an in die Konzeptarbeit der integrativen Tagesstätte einbezogen werden (vgl. auch Booth et al. 2006).

Es ergibt sich insgesamt eine so komplexe und anspruchsvolle Aufgabenstellung für die Kindertagesstätte und ihre Mitarbeiter, dass eine weitgehende Realisierung unter den gegebenen Bedingungen einer ambivalenten Gesellschaft nicht gesichert erscheint.

Es ist eine offene Frage, in wieweit es gelingen kann, allen Kindern individuelle und gemeinsame Entwicklungsbedingungen und Bildungsmöglichkeiten zu ermöglichen.

Oder anders gefragt, ob die Vielzahl von Bemühungen um die Verwirklichung von Integration zu einem gesellschaftlichen Wertewandel entscheidend beitragen kann, der zu voller Teilhabe und Mitgestaltung führt. Allerdings sind Widerständigkeiten kein Gegenargument gegen diese Bemühungen. Manche Wege werden bereits mit guten Erfahrungen beschritten. Nur eine klare Sicht der auftretenden Schwierigkeiten kann zu notwendigen Weiterentwicklungen beitragen. Dazu gehört auch die Bewusstheit, dass lange Wege zu gehen sind, die nicht gradlinig verlaufen, weil Entwicklungen so nicht sind.

7. Lernen in sozialer und kultureller Teilhabe – der Weg durch die Schule

7.1 Anfänge und frühe Zielsetzungen der schulischen Förderung

Erst seit rund 40 Jahren haben in Deutschland alle Kinder mit Körperbehinderungen und schweren chronischen Krankheiten die Möglichkeit, eine Schule zu besuchen. Trotz bestehender Schulpflicht wurden vorher Gruppen von ihnen vom Schulbesuch und damit von wichtigen Bildungs- und Partizipationsprozessen ausgeschlossen.

Der Beginn der schulischen Förderung körperbehinderter Kinder lässt sich etwa bis ins 18. Jahrhundert zurückverfolgen (vgl. Stadler 2000, 88f.). Es gibt Hinweise darauf, dass schon damals Kinder mit leichteren Körperbehinderungen und chronischen Krankheiten am Unterricht der allgemeinen Schulen teilnahmen (vgl. Bergeest 2000, 62). So gab es von Anfang an den gemeinsamen Schulbesuch von körperbehinderten, kranken und nicht behinderten Kindern, wenn auch auf diejenigen beschränkt, die unter den gegebenen Rahmenbedingungen mithalten konnten: Klassen mit bis zu 100 Schülern; Lehrer, die zum Teil nur wenig Ausbildung hatten; fehlende Hilfen und Hilfsmittel.

Aber viele Kinder blieben vom Schulbesuch ausgeschlossen (vgl. Sander 2004, 243).

Die meisten körperbehinderten Kinder und Jugendlichen lebten damals sehr isoliert und in großer Armut. Oft blieb ihnen nur die Möglichkeit, um ihren Lebensunterhalt auf der Straße zu betteln. Sie waren erheblichen sozialen Abwertungen und Vorurteilen ausgesetzt. Um ihre Lebenssituation zu verbessern und ihnen durch orthopädische Behandlung, durch Unterricht und Ausbildung neue Lebensperspektiven zu eröffnen, wurden sogenannte »Krüppelanstalten« gegründet. Ein Beispiel dafür ist das von Markgraf Carl Friedrich von Baden in Pforzheim umgestaltete Siechenheim (Bergeest 2000, 67).

Ziele dieser Bemühungen waren die Erwerbstätigkeit und die soziale Teilhabe körperbehinderter Menschen. Entsprechend wurden nur die Kinder und Jugendlichen aufgenommen, die diese Ziele voraussichtlich auch erreichen würden. Bildungsmöglichkeiten für sehr schwer und mehrfach behinderte Kinder und Jugendliche wurden zum Teil erst im Lauf des 20. Jahrhunderts geschaffen. Betroffene Kinder wurden lange Zeit für bildungsunfähig gehalten.

Eine Erfassung körperbehinderter Menschen, die Biesalski 1906 in Deutschland durchführte, zeigt sehr deutlich den damaligen Bildungsnotstand körperbehinderter Kinder und Jugendlicher. Biesalski zählte 98263 körperbehinderte Kinder im Alter bis zu 15 Jahren. 56320 von ihnen bezeichnete er als heimbedürftig. Für sie standen jedoch nur 3300 Heim- und Schulplätze zur Verfügung (Bergeest 2000, 67).

Ende der 20er-Jahre gab es in Deutschland 49 Heimschulen und dazu Tagesschulen für körperbehinderte Schüler. Aber eine höhere Schulbildung oder ein Studium blieben zunächst die Ausnahme (vgl. Bergeest a. a. O.).

Weiterhin hatten viele körperbehinderte Kinder keine schulische Förderung. Allgemeine Schulen nahmen sie nur auf, wenn sie mit gleichen Lernzielen und in gleicher Zeit mit den nicht behinderten Kindern gemeinsam unterrichtet werden konnten.

In der Zeit des Nationalsozialismus wurden viele Bemühungen um Kinder mit Behinderungen unmöglich gemacht. Schwerbehinderte Kinder galten als bildungsunfähig und durften keine Schule besuchen. Viele wurden der Euthanasie überantwortet.

Nach dem Zweiten Weltkrieg wurde der Unterricht in den allgemeinen Schulen unter sehr schwierigen Rahmenbedingungen wieder aufgenommen: Klassen mit 50 und mehr Kindern; sehr wenige Unterrichtsstunden; erheblicher Lehrermangel; fehlende materielle Ressourcen. Für Kinder mit Behinderungen wurden nach und nach spezielle Schulen eingerichtet, um auch für schwerer behinderte Kinder schulische Bildung zu ermöglichen. Es entstanden vorwiegend Tagesschulen. So konnten die Kinder in ihren Familien bleiben.

Es dauerte aber noch bis in die Mitte der 60er-Jahre, ehe Kinder mit ausgeprägten kognitiven Entwicklungsschwierigkeiten regelmäßig in Schulen aufgenommen wurden (Speck 1990, 15). Für schwerst mehrfachbehinderte Kinder wurden Bildungsfähigkeit und Bildungsanspruch sogar erst in den 70er-Jahren nachgewiesen und anerkannt. Immer wieder bestätigte sich die Erfahrung, dass Kinder, die als bildungsunfähig galten, sich sehr wohl entwickelten und lernen konnten, wenn sie eine geeignete Förderung erhielten. Der Nachweis von Bildungsfähigkeit erwies sich als notwendige Voraussetzung für die Sicherung schulischer Bildung.

Die individuelle und behinderungsspezifische Förderung war Schwerpunkt der Bemühungen in dieser Phase des Ausbaus und der Weiterentwicklung der Förderung in Sonderschulen. Feyerer (2003, 40) betont, dass die Arbeit der Sonderschulen »schließlich dazu führte, dass heute das Recht behinderter Kinder auf Bildung und Erziehung nicht mehr in Frage gestellt wird«.

Auch in dieser ganzen Zeit besuchten leichter behinderte und kranke Kinder zumeist allgemeine Schulen, ohne dass die Frage ihrer schulischen und gesellschaftlichen Integration intensiv thematisiert wurde. Diese Diskussion setzte verstärkt in den späten 60er- und den 70er-Jahren ein. Dazu trugen Elterninitiativen, bildungspolitische Überlegungen, Erfahrungen in den Schulen und nicht zuletzt Forschungsergebnisse zum gemeinsamen Unterricht bei.

7.2. Körperbehinderte Kinder in allgemeinen Schulen

Zu den frühen Untersuchungen der Situation körperbehinderter Kinder in allgemeinen Schulen gehören die Arbeiten von Kunert und Schmidt (1971) und Haupt (1974).

Kunert und Schmidt untersuchten ab 1964 insgesamt 132 körperbehinderte Schüler im Vergleich zu 132 nicht behinderten Schülern, parallelisiert nach Alter, Geschlecht und sozialem Status der Eltern. Die behinderten Schüler wurden lernziel- und zeitgleich mit ihrem Mitschülern unterrichtet. Sie erhielten keine besonderen Hilfen wie Förderunterricht, persönliche oder technische Hilfen. Nachteilsausgleich wurde damals noch nicht gewährt. Obschon bei den untersuchten Schülern keine schwerwiegenden organischen Beeinträchtigungen vorlagen, zeigten sich Schwierigkeiten und Benachteiligungen in Zusammenhang mit ihrer Körperbehinderung und mit sozialen Gegebenheiten. Im Vergleich zu den nicht behinderten Mitschülern kamen statistisch signifikant häufiger Problemlagen vor wie:
– verlangsamtes Arbeitstempo, das sich bei schriftlichen Arbeiten wie Diktat, Aufsatz etc. und damit auf die Schulnoten besonders ungünstig auswirkte,
– Fehlen von intensiveren persönlichen Kontakten zu Mitschülern,
– Verhaltensauffälligkeiten,
– Schwächen bei Schulleistungen in Abhängigkeit von der motorischen Entwicklungsbeeinträchtigung und deren psychosozialen Folgen (vgl. auch Leyendecker 1987, 172).

Haupt (1974) führte eine Vergleichsuntersuchung durch mit 91 Kindern, deren Körperbehinderung Folge einer Thalidomidembryopathie (Schädigung in der Frühschwangerschaft durch das Medikament Contergan) war und einer parallelisierten gleich großen Gruppe nicht behinderter Kinder. Alle befanden sich am Ende der Grundschulzeit.

Auch in dieser Untersuchung zeigten sich in statistisch signifikantem Ausmaß Problemlagen und Benachteiligungen bei den körperbehinderten Schülern. Sie hatten häufiger Schwierigkeiten mit dem Arbeitstempo. Sie wiesen niedrigere Durchschnittszensuren auf als die Kinder der Kontrollgruppe bei vergleichbarer Intelligenz. Etwa die Hälfte der Eltern der Kinder mit Gliedmaßenfehlbildungen berichteten von ausgeprägten Störungen der Interaktion zwischen ihren behinderten und den nicht behinderten Kindern in der Schule. Dabei spielten sicher auch Einstellungen und Ängste der nicht behinderten Mitschüler eine Rolle, so wie Esser (1975) sie in seiner großen Untersuchung beschreibt. Dazu kamen Erschwerungen durch die mitgeteilten Störungen des Selbstwertgefühls bei den körperbehinderten Kindern.

In neueren Untersuchungen bestätigte sich ebenfalls, dass der gemeinsame Unterricht für Kinder mit Körperbehinderungen mit spezifischen Schwierigkeiten verbunden sein kann.

Haupt befragte 1995 die Eltern von 172 Schülern mit Spina bifida und Hydrozephalus und 1996 die Eltern von 87 Jungen mit Duchenne-Muskeldystrophie (Haupt 1997) zur schulischen Situation ihrer Kinder (Alter 6–11 Jahre). Vor Eintritt in die Schule hatten die meisten Schüler aus beiden Gruppen den Kindergarten gemeinsam mit nicht behinderten Kindern besucht. 65 Prozent der Kinder mit Querschnittslähmungen und 63 Prozent der Jungen mit Muskeldystrophie gingen anschließend in eine allgemeine Schule, zumeist mit lernziel- und zeitgleicher Förderung. Der Besuch der allgemeinen Schule forderte von etwa 50 Prozent der Eltern einen hohen Einsatz. Als Belastungen wurden besonders häufig genannt: die Fahrten von und zur Schule; Pflegeverrichtungen für ihr Kind während der Schulzeit in der Schule; Betreuung des Kindes in Pausen und Freistunden. Manche Schulen erwarteten Rufbereitschaft von Mutter oder Vater während der Unterrichtszeit. Zusätzliches Üben und Nachhilfe zu Hause belasteten die Eltern sehr. Dazu kamen finanzielle Anforderungen, wenn die Eltern einen Integrationshelfer oder Schulbegleiter selbst bezahlen mussten. Obschon die Eltern die gemeinsame Beschulung wünschten, fühlten sie sich auf Dauer mit solchen Belastungen überfordert, vor allem wenn weitere Kinder zur Familie gehörten und wenn die integrierte Beschulung nicht einmal mit einer Teilzeit-Berufstätigkeit der Mütter vereinbar war.

Etwa 60 Prozent der Kinder mit Spina bifida oder mit Muskelschwund brauchen in der Schule mehr Zeit zum Arbeiten als andere Schüler. Allgemeine Schulen verfügen oft nicht über erleichternde Hilfsmittel. Verlangsamungen wirken sich im Deutsch- und Mathematikunterricht besonders ungünstig aus. Dazu ist der Verlauf der progredienten Muskeldystrophie oft mit erheblichen Erschwerungen schulischen Lernens in der Zeit verbunden, in der die Betroffenen ihre Gehfähigkeit verlieren. Psychisch ist das eine sehr schwierige Zeit für die Jungen und ihre Familien. Gleichzeitig steigen in dieser Zeit, in der die Jungen zunehmend Hilfe benötigen (3./4. Schuljahr) die Leistungsanforderungen in der Schule deutlich an. Wenn in diesem Zusammenhang vorübergehend die Schulleistungen schlechter werden, wird das in allgemeinen Schulen oft nicht verstanden und kann zu Klassenwiederholungen führen. Meist fehlt eine fachkundige Begleitung betroffener Schüler. Abstufungen und Klassenwiederholungen sind in einer solchen Situation keine Hilfen. Sie werden als Nichtakzeptanz, Nichtverstehen und Benachteiligung erlebt. Als besonders schlimm wird das von Betroffenen empfunden, wenn auch noch der Verlust der bisherigen Klassengemeinschaft damit verbunden ist.

Die Eltern berichten auch über behindernde architektonische Barrieren in den allgemeinen Schulen: fehlende Rampen für Rollstuhlfahrer, fehlende Aufzüge, Toiletten, die für Rollstuhlfahrer ungeeignet sind, Fehlen eines Pflegeplatzes zum Katheterisieren oder Wechseln von Inkontinenzeinlagen. Diese Barrieren führen zu unzumutbaren Belastungen wie: Kinder im Schulhaus tragen, Kinder von Aktivitäten ausschließen; gesundheitliche Risiken bei nicht möglichen, aber notwendigen Pflegeverrichtungen.

Weitere Erschwerungen liegen vor, wenn bewegungstherapeutische Hilfen für die körperbehinderten Kinder im Schulalltag ebenso fehlen wie Förderstunden und die Mitarbeit von Sonderpädagogen. Eltern klagen auch darüber, dass Lehrern der allgemeinen Schulen häufig Fachkenntnisse über Behinderungen und besondere Förderbedürfnisse der Kinder fehlen.

Die Eltern wünschen sich bessere Voraussetzungen für die gemeinsame Beschulung. Ein Teil der Eltern wünscht sich aber auch spezielle Schulen für ihre körperbehinderten Kinder als Ganztagsschulen mit individuellen Bildungs-, Förder- und Therapieangeboten.

Inzwischen wurden die Möglichkeiten gemeinsamer schulischer Förderung weiterentwickelt. Es gibt auch deutlich mehr personelle und sächliche Hilfen.

Dennoch beschreiben auch in jüngster Zeit Eltern Nachteile ihrer körperbehinderten oder kranken Kinder in allgemeinen Schulen. In einer Befragung von 121 Eltern, bei deren Kindern ein Hydrozephalus vorliegt (Haupt 2007) zeigte sich, dass in dieser Gruppe rund 70 Prozent der leichter beeinträchtigten Kinder allgemeine Schulen besuchen gegenüber rund 40 Prozent der Kinder, die mehr Hilfe im Alltag brauchen und bei denen auch Bewegungsstörungen auftreten. Die schwer und mehrfach behinderten Kinder besuchen ausnahmslos Förder- oder Sonderschulen. Die Zufriedenheit der Eltern mit der Förderschule ist in der letztgenannten Gruppe besonders hoch. Mehr als die Hälfte der leichter beeinträchtigten Schüler hat Schwierigkeiten in bestimmten Unterrichtsfächern. Sehr viele arbeiten verlangsamt und tun sich schwer mit der Konzentration.

Die Eltern der Kinder, die allgemeine Schulen besuchen, fühlen sich durch die Schule sehr belastet. Das Aufarbeiten dessen, was das Kind in der Schule nicht verstanden hat und die Dauer der Hausaufgabenbetreuung kosten viel

Kraft. Sorgen entstehen, wenn Grundbedürfnisse der Kinder im Schulalltag nicht adäquat beachtet werden. Dazu gehören die notwendige, zeitgebundene Medikamenteneinnahme, die ärztlich angeordnete Trinkmenge, auftretende Grenzen der Belastbarkeit, zusätzliche Pausen, körperliche Beschwerden.

Vor allem in den allgemeinen Schulen sind Verbesserungen der Rahmenbedingungen erforderlich wie zum Beispiel: mehr Personal, kleinere Klassen, passende Arbeitsplätze für die Kinder, Ruhemöglichkeiten. Die Kinder brauchen individuellere Förderung, faire Benotung, Berücksichtigung von Nachteilsausgleichen.

Nicht wenige Eltern wünschen sich vertrauensvollere Kontakte und Gespräche mit den Lehrern, die eher möglich sind, wenn die Lehrkräfte bessere Kenntnisse über Besonderheiten der Kinder haben oder erwerben.

Bei insgesamt hoher Schulzufriedenheit berichten die Eltern über unterschiedliche Erfahrungen mit der Schule ihres Kindes. Äußerungen wie: »Wir sind froh über den Regelschulbesuch« mit Anerkennung des Engagements der Lehrkräfte stehen neben Problembeispielen wie: »Statt Unterstützung zu erhalten, wurde unser Junge in der allgemeinen Schule für Sachen, die er nicht konnte, vor die Tür geschickt. Hilfe ist in der Schule leider nicht zu erwarten.« »Konzentrationsschwächen werden auf schlechte Erziehung geschoben, sein Kopfweh als Ausrede abgetan.«

Andere Eltern sind von der Arbeit der Förderschule sehr angetan: »Unsere Körperbehindertenschule ist eine tolle Schule.«

Der hohe Einsatz von Eltern, Lehrkräften und betroffenen Kindern führt unter anderem dazu, dass die Hälfte der über 10-jährigen Kinder mit Hydrozephalus, die leichter beeinträchtigt sind, eine Realschule oder ein Gymnasium besuchen.

Strotmann und Tietig (2002) setzen sich in ihrer qualitativen Studie mit den Gegebenheiten auseinander, die zur Umschulung von fünf körperbehinderten Schülern aus der Grundschule in eine Schule für Körperbehinderte geführt haben. Sie kommen zu dem Ergebnis, dass die gemeinsame Beschulung zu scheitern droht, wenn Probleme mit Leistungsunterschieden zwischen Schülern mit sonderpädagogischem Förderbedarf und den andere Schülern nicht gemeistert werden. Folgenschwer wirkt sich fehlende soziale Akzeptanz innerhalb der Grundschulklasse aus. Gemeinsame Beschulung gelingt nicht, wenn sie von der Schule nicht wirklich gewollt ist.

7.3 Die Schule für körperbehinderte Kinder als lernende Schule

Der Auf- und Ausbau spezieller Schulen für körperbehinderte und schwer chronisch kranke Kinder von den 50er-Jahren an war eine Antwort auf Bildungsnöte betroffener Kinder, die nicht in allgemeine Schulen aufgenommen wurden. Bei Kindern, die durch Hirnschädigungen schwere Behinderungen erlitten hatten, wusste man zunächst nicht, ob sie im Sinne einer Schule überhaupt lernen können. Manche Kinder hielt man für zu krank, zu pflegebedürftig, zu verstört für den Schulbesuch. Manche erfüllten wegen des Schweregrades der Behinderung nicht die damals geltenden Mindestanforderungen für die Aufnahme in eine Schule – auch in eine Sonderschule. Dazu gehörten: Selbstständigkeit in alltäglichen Verrichtungen wie Aus- und Anziehen, Toilettengang, Essen, Malen, Schreiben. Weiter wurden sprachliche Ausdrucksmöglichkeiten für die Teilnahme am Unterricht gefordert und die Fähigkeit, fremdbestimmt lernen zu können. Förderkonzepte für schwer mehrfach behinderte Kinder waren nicht bekannt. Die allgemeinen Schulen sahen keine Möglichkeit, schwerer behinderte Kinder zu fördern. Sie hatten weder die personellen noch die sächliche Ressourcen.

Aber auch für manche Kinder mit leichteren motorischen Beeinträchtigungen kam es in den allgemeinen Schulen zu Schwierigkeiten. Wenn sie unter den gegebenen Bedingungen bestimmte Leistungen nicht erbringen konnten, kam es zu Schulversagen mit Klassenwiederholungen und zu Schulabgängen ohne Abschlüsse trotz normaler oder guter Begabung. Das führte zu erheblichen Erschwerungen in Hinblick auf Ausbildungsplätze und berufliche Möglichkeiten. Denn schon damals erwarteten Lehrherren und Arbeitgeber bei körperbehinderten Bewerbern für Ausbildungs- und Arbeitsplätze eher bessere Schulzeugnisse oder Abschlüsse als bei nicht behinderten Bewerbern. Die erfahrenen Benachteiligungen in der Schulzeit setzten sich so immer weiter fort und erschwerten nachhaltig Lebensgestaltung, Lebensqualität und soziale Teilhabe.

Es gründeten sich Elterninitiativen mit dem Ziel, angemessene Schulen und Schulbildung für ihre Kinder zu fordern oder selbst einzurichten. Kirchliche, kommunale und freie Schulträger gründeten und erweiterten spezielle Schulen für körperbehinderte Kinder mit Angeboten komplexer Fördermöglichkeiten durch die Zusammenarbeit von sonderpädagogischen, sozialpädagogischen, therapeutischen, pflegerischen und psychologischen Fachkräften. In dieser Gründungsphase arbeitete in manchen Schulen auch ein Facharzt für Kinderheilkunde oder Orthopädie mit.

Unterstützt wurde die Arbeit der Körperbehindertenschulen dadurch, dass sich von den 60er-Jahren an Körperbehindertenpädagogik als wissenschaftliche Disziplin der Heil- und Sonderpädagogik entwickelte. Damit wurde eine fundierte Weiterbildung, später dann auch Ausbildung von Lehrern als Sonderpädagogen für körperbehinderte Kinder und von Erziehern als pädagogische Fachkräfte oder Fachlehrer möglich. Auch die Bewegungstherapie erhielt eine neue – neurophysiologische – Ausrichtung durch die Arbeiten von Berta und Karel Bobath, Elsbeth Köng, später auch von Vaclav Vojta und anderen. In der praxisgestützten wissenschaftlichen Kooperation zwischen Sonderpädagogen, Psychologen und Medizinern wurden bisherige Annahmen über die Folgen von Hirnschädigungen und angeborenen Behinderungen für die kindliche Entwicklung hinterfragt und zum Teil widerlegt. Auf dieser Basis konnten neue Konzepte für die Förderung erarbeitet und erprobt werden. Es wurde gezeigt, dass es notwendig und möglich ist, die kindliche Entwicklung in ihrer Ganzheit zu unterstützen. Daraus entwickelte sich im Lauf der Jahre die fundierte Überzeugung, dass eine überwiegende Normorientierung mit Ausrichtung an den durchschnittlichen Entwicklungsdaten nicht behinderter Kinder in der Förderung körperbehinderter Kinder eine zusätzliche Einschränkung ihrer Entwicklungsmöglichkeiten, ihrer sozialen Teilhabe und Akzeptanz ist. Wesentlich war auch die wissenschaftliche Auseinandersetzung mit der Elternsituation. Sie bildete die Basis für eine partnerschaftliche Zusammenarbeit in Abkehr von Vorstellungen hierarchisch gedachter Kooperationsformen oder Ko-Therapie.

Die Förderbedürfnisse körperbehinderter Kinder wurden genauer untersucht als Basis für eine individuelle Förderung und deren Erprobung.

Die beginnende systematische Frühförderung in den 60er-Jahren eröffnete neue Förder- und Teilhabemöglichkeiten für körperbehinderte Kinder. Dabei entstanden auch Grundlagen für eine bessere schulische Förderung. Die Frühförderung erleichterte manchen Kindern die Aufnahme in die allgemeine Schule.

Es bestand nie die Absicht – auch nicht die Praxis – alle Kinder, bei denen eine Körperbehinderung vorlag, in Körperbehindertenschulen aufzunehmen. Zum Konzept dieser Schule gehört es seit den 50er-Jahren, spezielle Fördermöglichkeiten für die Kinder anzubieten, die in Zusammenhang mit ihrer körperlichen Beeinträchtigung und sozialen Gegebenheiten deutliche Schwierigkeiten in ihrer kognitiven, emotional-sozialen und/oder kommunikativen Entwicklung haben.

Daher wird die heutige amtliche Bezeichnung »Schule mit dem Förderschwerpunkt körperliche und motorische Entwicklung« dem Konzept und der Arbeitsweise dieser Schule nicht gerecht. Sie legt das Missverständnis einer Defizitorientierung nahe, so als werde das am meisten geübt, was den Kindern besonders schwer fällt.

Ein anderes mögliches Missverständnis ist die Annahme, dass Fortschritte im Bereich von Kognition, Kommunikation, emotionaler und sozialer Kompetenz von der Entwicklung der Motorik abhängig seien. Das aber ließe außer Acht, dass bei förderlichen Bedingungen Entwicklungen weiter gehen können, auch wenn der Schweregrad der Behinderung motorische Fortschritte verhindert. Progrediente Erkrankungen und Behinderungen wie zum Beispiel die Dystrophinerkrankungen führen auch bei bester Förderung zum Verlust motorischer Kompetenzen, ohne dass dadurch kognitive, emotionale oder soziale Kompetenzen stagnieren oder abnehmen. Es gibt allerdings auch Krankheiten, zu denen Abbauprozesse in allen Bereichen gehören wie zum Beispiel die Mukopolysaccharidose San Filippo. Bewegungstherapie und Bewegungserleichterung sind auch für Kinder mit sehr schweren Behinderungen oder progredienten Krankheiten von großer Bedeutung für die Unterstützung vitaler Vorgänge, für Schmerzreduktion und damit für Lebensqualität und soziale Teilhabe in Verbindung mit zugewandter Begleitung und komplexen Angeboten für alle relevanten Lebensbereiche.

Dies alles sind Gründe dafür, dass in dieser Schrift nicht die heutige amtliche Bezeichnung »Schule mit dem Förderschwerpunkt körperliche und motorische Entwicklung« verwendet wird, sondern der »alte« zutreffendere Name »Schule für körperbehinderte Kinder«.

In der Körperbehindertenschule wurden zunächst überwiegend Kinder gefördert, die mit den speziellen Möglichkeiten dieser Schule im Bildungsgang Grund- und Hauptschule unterrichtet werden konnten. Später besuchten anteilig mehr Schüler dieser Gruppe die allgemeinen Schulen.

Etwa von den 70er-Jahren an wurde die Zahl der mehrfach und schwerstbehinderten Kinder in dieser Schule größer. Die Zahlenrelationen sind in den Bundesländern unterschiedlich. Wehr-Herbst (1997) gibt in ihrer statistische Erhebung folgen Prozentzahlen für durchschnittlich und gut begabte Schüler in Schulen für Körperbehinderte in Deutschland an:
– bis 20 Prozent in Hessen, Nordrhein-Westfalen, Rheinland-Pfalz
– bis 30 Prozent in Bayern, Baden-Württemberg, Niedersachsen, Saarland, Hamburg, Bremen
– bis 60 Prozent in Brandenburg, Sachsen, Schleswig-Holstein
– bis 90 Prozent in Berlin, Sachsen-Anhalt, Mecklenburg-Vorpommern, Thüringen.

Analog fand sie erhebliche Unterschiede in den Bundesländern bezüglich des prozentualen Anteils schwerst und mehrfach behinderter Kinder in den Körperbehindertenschulen:
– bis 10 Prozent in Berlin, Bremen, Hamburg, Niedersachsen, Schleswig-Holstein
– bis etwa 20 Prozent in Bayern, Baden-Württemberg, Hessen, Nordrhein-Westfalen, Rheinland-Pfalz, Saarland, Sachsen.

Die Schule für körperbehinderte Kinder als lernende Schule

In einigen Bundesländern besuchen schwerstbehinderte Kinder eine Schule oder Einrichtung für Kinder mit erheblichen kognitiven Entwicklungserschwerungen (Schule oder Einrichtung mit dem Förderschwerpunkt geistige Entwicklung bzw. ganzheitliche Entwicklung).

Es ist charakteristisch für die Körperbehindertenschule, dass sie eine lernende Schule ist. Die Mitarbeiter lernen mit ihren Schülern und durch komplexe fachliche und gesellschaftliche Weiterentwicklungen. Auch die fortlaufende Zusammenarbeit mit den Eltern spielt dabei eine wichtige Rolle. Wechselnde Anforderungen durch unterschiedliche Förderbedürfnisse der sich immer wieder verändernden Schülerschaft kennzeichnen den Weg der Schule.

In den 50er-Jahren gehörten zur Schülerschaft Kinder, die durch eine Poliomyelitis (Spinale Kinderlähmung) schwer geschädigt waren und lange Rehabilitationszeiten brauchten – zum Teil nach lang anhaltender künstlicher Beatmung in der ›Eisernen Lunge‹ –, und anschließend spezielle Einrichtungen für körperbehinderte Kinder. Impfungen konnten später den Ausbruch weiterer Poliomyelitis-Epidemien verhindern.

Knochentuberkulose mit Behinderungsfolgen wurde durch die sich bessernde Ernährung und die Weiterentwicklung von Behandlungsmethoden selten.

Bei beiden Gruppen ging es vor allem um individuelle Hilfen und systematische Förderung mit schulischen Bildungsinhalten. Bewegungstherapie und Anpassung von geeigneten Hilfsmitteln für den schulischen und häuslichen Alltag und die soziale Teilhabe waren ebenso wichtig wie die zugewandte Begleitung als Hilfe für die selbstbewusste Akzeptanz der durch die Krankheit stark veränderten Lebenssituation. Nicht wenige dieser Schüler konnten später weiterführende Schulen mit Erfolg besuchen, oft gemeinsam mit nicht behinderten Schülern.

Hirngeschädigte Kinder mit zerebralen Bewegungsstörungen wurden im Lauf der Zeit zur größten Schülergruppe in den Schulen für körperbehinderte Kinder. Zu ihnen gehörten auch Kinder, die ihre Hirnschädigung mit dyskinetischer zerebraler Bewegungsstörung (Athetose) durch eine Blutgruppenunverträglichkeit (Rhesus-Inkompatibilität) zwischen Mutter und Kind in der Schwangerschaft erworben hatten. Oft gehörte auch Schwerhörigkeit zu diesem Syndrom. Als es möglich wurde, die Unverträglichkeit erfolgreich zu behandeln, wurde diese Gruppe der Kinder mit dyskinetischen zerebralen Bewegungsstörungen kleiner. Andere Ursachen für diese Störung bestanden aber fort.

Die Kinder mit zerebralen Bewegungsstörungen stellten die Körperbehindertenschulen vor neue Aufgaben. Häufig lagen bei ihnen motorische Ausdrucks- und Gestaltungsstörungen vor. Sprechen, Schreiben, Malen, Werken fielen ihnen sehr schwer oder gelangen gar nicht. Für viele alltägliche Verrichtungen brauchten sie Hilfen. So galt ihre Förderung zunächst als schwierig und fraglich erfolgreich. Oft fehlten Vorerfahrungen oder fachliche Weiterbildungen für diese Kinder. Manche Kinder hatten vor der Einschulung weder einen Kindergarten besucht, noch hatten sie eine kontinuierliche bewegungstherapeutische Förderung erhalten. So fehlten ihnen viele Erfahrungen, die man bei nicht behinderten Kindern gleichen Alters voraussetzen konnte.

So ging es für die Mitarbeiter darum, mit den Kindern zu lernen, wie mit ihnen Entwicklung und Lernen am besten unterstützt werden konnten. Eine der damaligen Kernfragen war: wie können wir Kinder, die wegen des Schweregrades ihrer Bewegungsbehinderung weder sprechen noch schreiben können, so unterstützen, dass sie sich mitteilen können? Computer oder Talker gab es zunächst noch nicht.

Als Hindernis erwies sich auch die damals häufig vertretene Annahme, dass Kinder, die nicht sprechen können, kognitiv sehr beeinträchtigt sind und daher nicht schul- oder lernfähig. Die Möglichkeiten der verbalen Kommunikation eines Kindes wurden in unmittelbarer Abhängigkeit von der Höhe der Intelligenz gesehen. Sprechen und Sprache wurden gleichgesetzt. Nicht sprechen können bedeutete dann, keine Sprache zu haben. Und Bildung ohne Sprache, das war undenkbar, und daher galt der Schulbesuch als sinnlos.

So war es eine »Pioniertat«, dass die Kölner Schule für körperbehinderte Kinder Anfang der 60er-Jahre zwölf motorisch schwerstbehinderte, nicht sprechende Kinder mit zerebralen Bewegungsstörungen in die Schule aufnahm. Interessierte Gäste, die den Unterricht mit diesen Kindern beobachteten, hegten nicht selten die Vermutung, dass die Lehrkräfte mit den Kindern für die Gäste »Theater spielten«. So wenig vorstellbar war es zuerst, dass eine sinnvolle pädagogische Arbeit mit diesen Kindern möglich war. Sie waren aber keineswegs kognitiv schwer beeinträchtigt. Dass sie nicht sprechen konnten hatte motorische Gründe. Es bedeutete nicht, dass ihr Sprachverständnis nicht gut entwickelt war. Die Kinder hatten eine ausgeprägte Lernmotivation. Sie halfen aktiv und engagiert mit, lernen zu lernen. Sie fanden auch heraus, wie sie trotz der sehr erheblichen motorischen Behinderung – ohne sprechen zu können – sich miteinander und mit den pädagogischen, therapeutischen und pflegerischen Fachkräften verständigen konnten. Verständlicherweise nahm das mitunter viel Zeit in Anspruch. Körpersprache wurde von den Kindern eingesetzt, so gut es ging: Kopfbewegungen, Arm- oder Beinbewegungen, Augenbewegungen, Mund- und Zungenbewegungen, mimische Reaktionen, alles, was den Kindern möglich war. Aber es bedurfte auch geeigneter Hilfsmittel, weil manche Inhalte nicht auf diese Weise mitteilbar waren. Bildtafeln, Symbolkarten und Buchstabentafeln für die Kinder dieser Gruppe, die lesen konnten, waren der Anfang der Entwicklung von individuell angepassten Hilfsmitteln für den Gebrauch in der Schule und außerhalb. Später kamen technische Hilfsmittel wie Computer und Talker dazu. Aber auch sie sind bei extrem motorischer Behinderung durch zerebrale Bewegungsstörungen schwer zu handhaben, wenn die Impulseingabe nicht präzise genug erfolgen kann. Technische Hilfsmittel – so wichtig sie sind – können die körpersprachliche Kommunikation nicht voll ersetzen. Wünsche, Fragen, Mitteilungen lassen sich damit gut übermitteln. Aber die emotionalen Schwingungen, die Gestimmtheit, die als subjektive Bedeutungen zu einer Aussage gehören, brauchen oft unmittelbaren, persönlichen, meist körpersprachlichen Ausdruck in Bewegungen, Gestik, Mimik. Die Empathie dessen, der die Mitteilung empfängt, ist nicht selten eine Brücke zur Entschlüsselung der Bedeutung, die die Botschaft für den Absender hat. Und so kann der Empfänger sinnvoll und bezogen reagieren oder antworten.

Auch mit den weniger extrem behinderten Kindern mit zerebralen Bewegungsstörungen mussten Lernwege gefunden und ausgearbeitet werden. Denn es galt ja, nicht Fehlendes oder angestrebte Ziele mit den Kindern einzuüben, sondern in gemeinsamer Arbeit herauszufinden, wie die Kinder selbst lernen konnten und welche Herausforderungen ihnen dabei helfen konnten. Das bezieht sich auf alle Wissensbereiche, wie sie in Lehrplänen vorgesehen sind, aber auch auf die Möglichkeiten eigener Fortbewegung, eigenen Hantierens und Erkundens, der Pflege, mit An- und Ausziehen, Essen, auf alltägliche Verrichtungen in der Schule, zu Hause und im erweiterten sozialen Raum.

Das war und ist nicht ohne Bewegungstherapie und Bewegungserleichterung möglich, oft auch nicht ohne den Einsatz persönlich angepasster Hilfsmittel. Die Motivation der Kinder, sich trotz bestehender motorischer Einschränkungen und Ausdrucksschwierigkeiten lernend auseinanderzusetzen und sozial zu partizipieren, erleichterte die Arbeit. Es ist keine Frage, dass die Zusammenarbeit der Mitarbeiter in der Schule mit ihren unterschiedlichen Ausbildungen und Erfahrungen als Lehrer, Sonderpädagogen, Erzieher, therapeutische und pflegerische Fachkräfte in der Konzeption und Durchführung der Förderung von zentraler Bedeutung bleibt. Das trifft auch auf die Unterstützung durch die Eltern zu, vor allem bei Kindern mit großen Schwierigkeiten mit ihrem Ausdrucksverhalten oder umfänglicher Pflegebedürftigkeit. Dann brauchen die Fachkräfte in der Schule Anleitung durch die Eltern, da diese in beiden Bereichen über besondere Erfahrungen mit ihren Kindern verfügen. Umgekehrt ist die Unterstützung der Eltern durch die Schulmitarbeiter seit jeher Teil des Grundangebots einer Körperbehindertenschule. Dazu gehören Gesprächs- und Beratungsangebote und die Möglichkeit, in der Bewegungstherapie Erleichterungen für die häusliche Pflege ihrer Kinder zu sehen und zu erproben.

Ab Mitte bis Ende der 6oer-Jahre kam eine neue Aufgabe auf die Schulen für körperbehinderte Kinder zu. Für manche Kinder, die durch Thalidomid in der Embryonalzeit schwer geschädigt waren, suchten die Eltern die pädagogische und therapeutische Unterstützung der Körperbehindertenschulen für die Grundschulzeit. Die Kinder wiesen schwere Fehlbildungen an Armen, Händen, Beinen, Füßen auf bis hin zum Fehlen mehrerer Gliedmaßen und Organschäden. Sie waren überwiegend aktive, durchschnittlich oder gut begabte Kinder mit differenzierten sprachlichen Ausdrucksmöglichkeiten. Das erleichterte den Unterricht sehr. Sie brauchten vor allem gute emotionale Unterstützung, um mit ihrer Lebenssituation, mit ihrer Abhängigkeit von Hilfe, mit den Einschränkungen, mit Angestarrt- werden im sozialen Raum wegen ihrer auffälligen Behinderungen umgehen zu können. Es ging um die Stärkung von Selbstwertbewusstsein, das nicht primär abhängig ist von Leistungen, um Identität. Versuche, ihnen mit Prothesen ein »normales Aussehen« und bessere Funktionsmöglichkeiten zu geben, schlugen immer wieder fehl. Die Prothesen waren für die jungen Kinder viel zu schwer. Ein wesentlicher Grund der Kinder, sie abzulehnen, war die Erfahrung, dass die Prothesen ihnen Erfahrungen nahmen, statt sie zu erleichtern. Mit Prothesen konnten die Kinder Textur, Oberfläche, Gewicht, Weichheit oder Härte von Dingen nicht fühlen. So fehlten ihnen wesentliche Informationen, die sie gebraucht hätten, um das was sie anfassen und erkunden wollten, auch zu erfassen. So erwiesen sich die Prothesen als Behinderung für wichtige kindgemäße Lernprozesse. Sie trugen auf diese Weise auch nicht zur Akzeptanz ihres eigenen Körpers in seinem Sosein und damit nicht zur Identitätsfindung bei. Es dauerte etliche Zeit, ehe den Fachkräften diese Zusammenhänge klar wurden, und die Kinder dann wieder verstärkt Angebote und Herausforderungen bekamen, ohne Prothesen zu erkunden und zu erfahren, was eine lebendige Welt ausmacht und eine technische Welt nicht vermitteln kann. Sie wurden ermutigt, sie selbst zu sein, ihre eigenen Möglichkeiten einzusetzen und auszudifferenzieren.

Bewegungstherapeutische Hilfen linderten oder beendeten Schmerzen und Verspannungen, die beim Lernen und Spielen auftraten. Die therapeutischen Fachkräfte halfen den Kindern auch, einfache Hilfsmittel zu entwickeln und einzusetzen, Anziehhilfen, angepasste Bestecke oder Stifte und Pinsel. Fachkräfte und Eltern erprobten gemeinsam Kleidungsveränderungen mit den Kindern, die ihr Bestreben nach mehr Selbstständigkeit erleichterten. Immer wieder halfen Hinweise oder Verhaltensweisen der Kinder den Mitarbeitern und

Eltern, miteinander Lösungen für Alltagsschwierigkeiten oder Lernerschwerungen zu finden.

Nach Ende der Grundschulzeit besuchten die meisten Kinder dieser Gruppe weiterführende Schulen.

Von den Eltern der Kinder mit Gliedmaßenfehlbildungen gingen starke Impulse aus, körperbehinderten Kindern den gemeinsamen Unterricht mit nicht behinderten Kindern zu ermöglichen und die dafür erforderlichen Mittel bereitzustellen.

Von den 60er-Jahren an wuchs zunächst die Zahl der Kinder mit Spina bifida in den Schulen für körperbehinderte Kinder. Fast alle waren für ihre Fortbewegung auf den Rollstuhl angewiesen, pflegebedürftig (z. B. wegen Inkontinenz, künstlichem Blasenausgang) und gefährdet (z. B. durch Druckstellen, Nierenkomplikationen, Schwierigkeiten mit der Drainage des Hydrozephalus, brüchige Knochen). Da die Kinder in den frühen Jahren für die notwendigen medizinischen Behandlungen meist lange Klinikaufenthalte ohne Begleitung durch Angehörige erlebt hatten, machten ihnen Deprivationsfolgen in ihrer emotionalen und sozialen Entwicklung viel zu schaffen. Etliche brauchten Hilfen dafür, ihr Interesse an Menschen, an Natur oder kulturellen Inhalten zu entdecken oder wiederzufinden und altersentsprechende Kenntnisse zu erwerben. Das war kein leichter Start in der Schule. Solche Gegebenheiten bei Kindern brauchen langfristige komplexe Hilfen in allen Lebensbereichen. Mit schultypischen Kategorien wie Lehrplan, Unterricht, Wissensvermittlung, Hausaufgaben, Noten, Zeugnissen wird man ihrer Lebenssituation, ihren Entwicklungs- und Bildungsbedürfnissen allein sicher nicht gerecht. Eine gemeinsame und bezogene Lebensgestaltung in der Schule ist als Basis der komplexen Förderung notwendig. Sie geht weit über das hinaus, was einen Schulalltag üblicherweise kennzeichnet.

Das Anwachsen dieser Kindergruppe wurde möglich durch Entwicklungen in der Medizin. Starben in der Zeit nach dem Krieg noch etwa 80 Prozent der Kinder, die mit Spina bifida geboren wurden, weil die Behinderung und ihre Folgen zunächst medizinisch nicht beherrschbar waren, wurde es im Lauf der Jahre möglich, dass etwa 80 Prozent von ihnen überlebten. Seitdem die pränatale Diagnostik überall möglich ist, geht die Zahl der Kinder, die mit Spina bifida geboren werden, stark zurück.

Heute besuchen etwa 60 bis 70 Prozent der Kinder mit Querschnittslähmungen allgemeine Schulen. Vor allem schwer betroffene Kinder mit ausgeprägten sonderpädagogischen, therapeutischen und Pflegebedürfnissen gehen weiterhin zur Schule für Körperbehinderte, da die allgemeinen Schulen nicht über die erforderlichen komplexen Hilfen verfügen.

In der Zusammenarbeit mit Kindern mit fortschreitenden Krankheiten wie Duchenne-Muskeldystrophie, Leukodystrophie und schweren Formen von Zystischer Fibrose, gilt es herauszufinden, welche Möglichkeiten sie individuell in der Begleitung in Phasen erlebter Kompetenzverluste als unterstützend und verstehend empfinden. Es gilt Signale wahrzunehmen und zu akzeptieren, wann es förderlich für sie ist, stärker sachbezogen angesprochen zu werden, und wann ihre Kraft dafür nicht reicht. Vielleicht tut es ihnen dann gut, wenn sie sich selbst Tätigkeiten und Inhalte aussuchen. Vielleicht hat aber dann ein persönliches Gespräch Vorrang, in dem sie alles aussprechen können, was ihnen wichtig ist. Es ist gut, wenn der erwachsene Gesprächspartner sich genau darauf bezieht, was das Kind sagt oder fragt. Wenn z. B. vom Kind kein Signal kommt, über den leidvollen Kompetenzverlust, über Ängste oder über Sterben und Tod sprechen zu wollen, ist es eine Frage der Achtung vor dem Selbstbestimmungsrecht des Kindes, solche Inhalte auch nicht ins Gespräch einzuführen. Das gilt auch dann, wenn der Erwachsene der Auffassung ist, es wäre gut, wenn das Kind entsprechende Themen bearbeiten würde. Schließlich ist es ein Grundrecht kranker Menschen, »nicht zu wissen«. Außerdem – was wissen wir denn wirklich? Erlebt das Kind Beziehungen, in denen es Vertrauen fassen und behalten kann, wird es belastendes Erleben ansprechen, und notvolle Fragen stellen, wenn es für es selbst anliegt.

Auch wenn Grundzüge von schweren oder progredienten Krankheiten bekannt sind, ist jeder Verlauf individuell. Manche Kinder sterben unerwartet früh, andere leben wesentlich länger, als es ihrer Lebenserwartung nach der Statistik entspricht. Nicht wenige betroffene Kinder haben selbst Fachkräften bestimmte Entwicklungen voraus. Sie brauchen eine bezogene, respektvolle Begleitung – aber nicht vermeintliches Besserwissen, nicht Belehrung über ihre Lebenssituation und ihre Krankheitsprozesse.

Selbstverständlich ist es erforderlich, dass sich auch die Fachkräfte mit der Endlichkeit ihres eigenen Lebens und des Lebens von Kindern mit fortschreitenden Krankheiten auseinandersetzen. Nur dann können sie Betroffenen die Bereitschaft zu entsprechende Gesprächen signalisieren, sei es mit den Schülern, sei es mit ihren Eltern – wenn es für diese anliegt.

Der Umgang mit Menschen, die um ihre begrenzte Lebenserwartung wissen oder sie erahnen, ist nicht immer einfach. Phasen von Protest, Verweigerung und Desinteresse können vorkommen. Im Unterricht sind didaktisch-methodisches Geschick gefragt, Methodenflexibilität und die Berücksichtigung von Zeiten mit interessierter Mitarbeit neben Phasen der Ermüdung mit notwendigen individuellen Pausen.

Manche Kinder empfinden es als Hilfe, wenn sie sich frei – das heißt ohne Themenvorgabe, Anleitung, Interpretation und Bewertung – ausdrücken können, sei es im Zeichnen, Malen, in Sprachgestaltungen, im freien oder im Rollenspiel. Der freie Ausdruck, der anfänglich vielleicht Ermutigung braucht, ist eine besonders wertvolle Möglichkeit, mit Erlebtem, Erfahrenem, mit Wünschen, Ängsten, Fantasien umzugehen und sich auf diese Weise authentisch und unzensiert auseinanderzusetzen, so oft eine Thematik in den Ausdruck drängt. Der Respekt vor diesem Vorgang ist eine Bedingung für sein Sichtbarwerden in der jeweils gewählten Gestaltung. Er ist Voraussetzung für das Vertrauen des Kindes in ein solches Angebot.

Werden Krankenhausaufenthalte nötig, können persönliche Kontakte, Briefe, Bilder etc. für das Kind die Verbindung mit seiner Schule, seinen Mitschülern, Lehrern und weiteren Bezugspersonen aufrecht halten.

Auch die Gestaltung eines Abschiedsrituals in der Schule nach dem Tod eines Kindes ist Teil der Begleitung.

Während der ganzen Schulzeit brauchen auch die Eltern Ansprechpartner in der Körperbehindertenschule, um über ihre Situation, ihr Erleben, ihren Umgang mit der Krankheit des Kindes sprechen zu können, wenn sie das möchten. Allerdings haben manche Eltern gerade der Kinder mit fortschreitenden Krankheiten große Scheu, über Persönliches in der Schule zu sprechen.

Zu den Erfahrungen der lernenden Schule für körperbehinderte und kranke Kinder gehört es, dass es die Zusammenarbeit erleichtert, wenn mit Eltern vor der Aufnahme eines Kindes das Schulkonzept mit seinen besonderen Angeboten und Möglichkeiten für Kinder und Eltern besprochen wird. Dadurch verringert sich die Hemmschwelle, um Gespräche zu bitten und Angebote anzunehmen, die z. B. auch noch für die Zeit nach dem Tod eines Kindes bestehen. Dabei erweist es sich als gute Möglichkeit, wenn ganz bestimmte Fachkräfte der Schule zu solchen Gesprächen bereit sind. Voraussetzungen dafür sind die Freiwilligkeit und besondere Fortbildungen für Gesprächsführung auch in schwierigen oder konflikthaltigen Situationen. Es ist für manche Mitarbeiter, die in der Schule für das Kind Verantwortung tragen, erleichternd, wenn sie nicht zusätzlich die persönlicheren Gespräche mit den Eltern führen.

Das wird in Körperbehindertenschulen seit jeher unterschiedlich gehandhabt. Aber es spricht vieles dafür, dass nicht jeder Mitarbeiter alle infrage kommenden Aufgaben übernimmt, sondern dass Schwerpunkte unabhängig von Klassen gebildet werden für Gespräche, Beratung, Diagnostik, je nach Ausbildung, Zusatzausbildungen und Kompetenzen.

Die pädagogische, therapeutische und pflegerische Förderung der schwerst mehrfach behinderten Kinder kam als neue Aufgabe der Körperbehindertenschulen in den 70er-Jahren dazu. Diesen Kindern traute man bis dahin wegen des extremen Schweregrades ihrer komplexen Behinderung keine Entwicklung, kein Lernen zu. Viele von ihnen hatten vor ihrer Einschulung keinerlei Förderung erhalten, oftmals nicht einmal bewegungstherapeutische Hilfe. Meist waren die Kinder vorher zu Hause. Vor allem die Mütter hatten die Verantwortung für die umfängliche Pflege übernommen. Ärzte und Psychologen hatten den Müttern kaum Hoffnung gemacht, dass die Kinder je lernen könnten. Oft ging man von einer stark verkürzten Lebenserwartung aus, bedingt durch die Häufigkeit epileptischer Anfälle bei manchen Kindern und ihre Anfälligkeit für Lungenentzündungen durch Schwierigkeiten mit der Atmung. Dazu bestanden oft schwere Gedeihstörungen durch Probleme mit der Nahrungsaufnahme und der Verdauung. Dies alles: der Schweregrad der Behinderung, extreme Bewegungseinschränkungen, völlige Angewiesenheit der Kinder auf Hilfe von Erwachsenen, fehlende Förderung und therapeutische Hilfen in den Jahren vor dem Schulbesuch, ungünstige Prognosen im Zusammenhang mit der Vielfalt der körperliche Probleme, fehlende Hilfen und Entlastungen der Mütter, hatte zur Folge, dass die Kinder bei Schuleintritt extreme Entwicklungsschwierigkeiten in allen Bereichen aufwiesen und auf Angebote kaum reagierten. Bei einigen lagen ausgeprägte Deprivationssyndrome vor.

In der Körperbehindertenschule in Landstuhl fanden Fröhlich und Mitarbeiter heraus, wie die Pflege und Bewegungsunterstützung mit den Kindern gestaltet werden kann, und wie ihr Interesse an Wahrnehmungen und Kontakten geweckt oder unterstützt werden kann.

Die Landstuhler Erfahrungen wurden von vielen anderen Schulen für körperbehinderte Kinder, dann auch von Frühförderstellen und Kindertagesstätten aufgegriffen und umgesetzt. So wurde deutlich, dass Lernen auch für diese Kinder möglich ist.

Es blieb aber nicht bei diesem Ansatz.

Vor allem durch die Befunde und Weiterentwicklungen der Entwicklungswissenschaften wurde klar, welche Voraussetzungen für bestimmte Entwicklungen bei Kindern bestehen und wie hoch der Vernetzungsgrad aller Entwicklungen ist. Gleichzeitig mehrten sich die Forschungsbefunde (s. Schlack; s. Largo), die die Individualität von Entwicklungsprozessen bei Kindern zeigen.

In Bezug auf die Evaluation von Förderkonzepten für schwerst mehrfach behinderte Kinder lag damit an, die Befunde von Piaget mit der Betonung der sensomotorischen Phase als Basis für die gesamte weitere kindliche Entwicklung zu hinterfragen. Die neuen Befunde der Entwicklungswissenschaften betonen die Bedeutung einer zugewandten Beziehung für die gesamte Entwicklung. Sie belegen die Notwendigkeit, in diesem Kontext komplexe Erfahrungen zu machen, die gleichzeitig mehrere Sinnesmodalitäten umfassen, damit sich die Wahrnehmung in sinnvollen Zusammenhängen entwickeln und ausdifferenzieren kann. Es geht also nicht darum, prägnante Einzelerfahrungen zu machen. Sondern es ist notwendig, immer wieder komplexe, lebendige Situationen mit dem Kind zu erleben und Signale von Interesse zu unterstützen. Oft wird darüber hinaus wegen der schweren motorischen Behinderung Hilfe beim Erkunden und Erfahren gebraucht. Die Kinder sind auch auf Schutz angewiesen, damit sie nicht in Situationen geraten, die sie so überfordern, dass sie Erfahrungen nur noch abwehren können.

Mit diesem Ansatz wird deutlicher, was Bildung für und mit diesen Kindern in der Anfangsphase bedeuten kann. Es ist ein grundlegendes Lernen in Verbindung mit zugewandten Menschen und realen, vielfältigen Lebensbereichen (vgl. Haupt 2006; Wieczorek 2006). Grundlegendes Lernen ist der Beginn von Situationsverständnis aufgrund eigener Erfahrungen und damit der unverzichtbare Zugang zu sich erweiternden Möglichkeiten sozialer und kultureller Partizipation.

Es ist keine Frage, dass sorgfältige, kompetente Pflege und Bewegungserleichterung zu den Gegebenheiten gehören, die solches Lernen erleichtern.

Dieser Ansatz hat sich noch nicht überall durchgesetzt. Ohne ein hinreichendes und längerfristiges Angebot grundlegenden Lernens im Kontext verlässlicher, zugewandter Beziehungen, Pflege und Bewegungserleichterung ist aber der Bildungsauftrag für schwerst mehrfach behinderte Kinder nach heutige Wissen nicht einlösbar.

Eine ganz andere Aufgabe der Körperbehindertenschulen ergab sich schon früh aus der Erfahrung, dass manche motorisch weniger schwerbehinderte Kinder mit guten kognitiven Lernvoraussetzungen in allgemeinen Schulen versagten. Meist wurde das als Ausdruck von Begabungsschwäche oder Desinteresse verstanden. Die betroffenen Schüler liefen Gefahr, Schulabschlüsse nicht zu erreichen oder aber den Übergang in Realschulen oder Gymnasien nicht zu schaffen. Sonderpädagogen und Psychologen der Körperbehindertenschulen berieten nicht nur betroffenen Schüler und ihre Eltern. Sie suchten auch das beratende Gespräch mit den Lehrern dieser Schüler in den allgemeinen Schulen in der Hoffnung, dass dem Förderbedarf der körperbehinderten Schüler dort besser entsprochen werden würde. Aber oftmals scheiterte die Beratung an fehlenden Ressourcen der Schulen oder an der Überforderung überlasteter Lehrer. Um aber die Benachteiligungen der Schüler und das drohende Scheitern in der Schule abzufangen, wurden sie in einigen Körperbehindertenschulen je nach Ausprägung des Förderbedarfs (emotional, sozial, Arbeitstempo, Schulleistungen) für durchschnittlich zwei bis drei Jahre aufgenommen. Meist war es gegen Ende dieser Zeit möglich, sie zunächst stundenweise und dann zunehmend länger am Unterricht der nächstliegenden allgemeinen Schule teilnehmen zu lassen, bis die Unterstützung durch die Schule für Körperbehinderte nicht mehr nötig war. In Köln entstand auf der Basis dieser Erfahrungen in unterrichtlicher Kooperation mit einer allgemeinen Schule eine Schule mit Sekundarstufe I und II für körperbehinderte Schüler. Das Erstaunliche war, dass etliche Schüler mit vorher drohendem bzw. eingetretenem Schulversagen in dieser Schule Realschulabschluss oder Abitur schafften – bei gleichen Leistungsanforderungen wie an die nicht behinderten Schüler.

Seit einigen Jahren konstellieren sich wieder neue Aufgaben der Schule für Kinder mit Körperbehinderungen.

Kinder mit zerebralen Bewegungsstörungen und komplexen Förderbedürfnissen sind nach wie vor die größte Gruppe bei den Schülern. Einige sind extrem behindert und sehr pflegebedürftig bis hin zur Dauerbeatmung und künstlichen Ernährung mittels PEG-Sonde (eine Sonde, die operativ von außen in den Magen implantiert wird, und nicht durch Nase und Speiseröhre eingeführt ist). Die Zahl der schwerst mehrfach behinderten Kinder in den Körperbehindertenschulen nimmt in einigen Regionen zu, in anderen besuchen weniger Kinder diese Schule als noch vor ein paar Jahren. Gründe für diese Entwicklung sind bisher nicht bekannt.

Die Fördermöglichkeiten für Kinder mit Spina bifida, erworbenen Querschnittslähmungen, fortschreitenden Krankheiten oder anderen motorischen Beeinträchtigungen werden mit den Kindern gemeinsam weiterentwickelt.

Besondere Hilfen sind für Kinder erforderlich, die nach einer Zeit in der allgemeinen Grundschule zur Schule für Körperbehinderte überwiesen werden, weil es in der allgemeinen Schule Schwierigkeiten gab, die dort nach Auffassung der Schule nicht lösbar waren.

Verstärkt finden sich neuerdings Kinder mit multiplen organischen Beeinträchtigungen in Schulen für Körperbehinderte, die den Kindern zu schaffen machen. Dazu gehören Stoffwechsel-Erkrankungen, Tumore, genetisch bedingte Syndrome, Unfallfolgen (Wieczorek 2009). Die organischen Schwierigkeiten der Kinder wirken sich sehr unterschiedlich auf ihre Befindlichkeit, Leistungsfähigkeit und Kompetenzentwicklung aus. Für ihre Bildungswege müssen sehr individuelle Lern- und Vermittlungsmöglichkeiten erarbeitet und immer wieder neu angepasst werden. Je nach Kind und den psychosozialen Gegebenheiten für seine Entwicklung gestaltet sich die Förderung mit unterschiedlichen Schwerpunkten.

In manchen Regionen haben die Schulen für körperbehinderte Kinder auch die Aufgabe übernommen, allgemeine Schulen zu beraten, in denen körperbehinderte Kinder integriert unterrichtet werden.

So ist die Körperbehindertenschule eine lernende Schule. Sie ist herausgefordert, auf die sehr unterschiedlichen Nöte und Bildungsbedürfnisse körperbehinderter oder chronisch kranker Kinder mit den Kindern und ihren Eltern in bezogenen Zusammenarbeit der Fachkräfte mit ihren unterschiedlichen Arbeitsschwerpunkten Antworten zu finden. Denn die Lehrpläne, die für diese Schule mit ihren unterschiedlichen Bildungsgängen gelten, geben keine Hinweise darauf, wie die Kinder sich in den einzelnen Bildungs- und Unterrichtsbereichen entwickeln können. Sie zeigen nur, was sie lernen oder können sollten. Dabei bleibt ungeklärt, ob die Leistungen, die die Pläne verlangen, auch für ein bestimmtes Kind möglich sind, bzw. wie es sie erbringen kann. Kinder mit so unterschiedlichen Kompetenzen, Sozialerfahrungen und Entwicklungsbedingungen wie körperbehinderte oder kranke Kinder mit unterschiedlichen Beeinträchtigungen, können nicht mit fertigen Konzepten, gleichen Unterrichtsmethoden oder Aufgaben gefördert werden. Es ist von größter Bedeutung, mit ihnen zu lernen, ihre persönlichen Lernwege kennenzulernen und diese mit didaktischem Geschick und Methodenflexibilität zu unterstützen. Basis ist das Vertrauen, dass auch geschädigte Kinder kompetent sind für ihre Entwicklung und dass sie lernen können, wenn individuell passende Lernangebote verbunden sind mit dem Erleben zugewandter Beziehungen. Diese Basis erlaubt eine gute Zusammenarbeit für die anliegenden Lern- und Entwicklungsprozesse in ihrer Verflechtung. Emotionale Unterstützung, Förderung der Identitätsentwicklung und des Selbstwertbewusstseins, Raum für Selbstbestimmung in sozialer Verantwortung, Ausdrucksgestaltung, Unterstützung von Kontaktaufnahme und mit Aufarbeitung von Konfliktlagen, soziale Teilhabe, Bewegungserleichterung und Hilfsmittel, Pflege sind ebenso wichtig wie die Unterstützung der kognitiven Entwicklung mit dem Hineinwachsen in die Kultur und der Aneignung von bedeutsamem Wissen für Lebensgestaltung, Teilhabe und berufliche Möglichkeiten.

Die Mitarbeiter der lernenden Schule brauchen zu ihrem umfangreichen Fachwissen in jedem Fall auch differenzierte Kenntnisse über Entwicklungs- und Lernprozesse mit ihren begünstigenden und erschwerenden Einflussfaktoren, um den Kindern für ihre eigenen Bemühungen zuarbeiten zu können. Eine kindzugewandte Wahrnehmungsfähigkeit hilft ihnen, auch die Kinder verstehen zu lernen, deren Ausdrucksverhalten durch schwere motorische Behinderungen oder emotional-soziale Problemlagen stärker verändert ist. Methodenflexibilität braucht gute Ressourcen, unterschiedliche Materialien und erleichterte Zugänge zu unterschiedlichen Lebensbereichen, in denen die Kinder innerhalb und außerhalb der Schule Erfahrungen mit Lebensrealitäten machen können. Die Zusammenarbeit der unterschiedlichen Fachkräfte einschließlich gegenseitiger Anleitungen und Hilfen ist unerlässlich für eine gute

Arbeit in einem so komplexen Feld. Sie ist kaum reibungslos möglich. Für die Aufarbeitung schwieriger Situationen ist das Angebot von Supervision notwendig.

Nicht alle Schulen für Kinder mit Körperbehinderungen verstehen sich als lernende Schule im oben skizzierten Sinn. Selbstverständlich gibt es in einem so breiten, vielschichtigen Arbeitsbereich unterschiedliche Auffassungen und kontroverse Meinungen.

Wie andere Förderschulen auch, steht die Schule für körperbehinderte Kinder in der Kritik. Dazu tragen verschiedene Gegebenheiten bei.

Schulen für Körperbehinderte wurden ursprünglich mit bestimmten Zielvorstellungen gegründet.

Sie sollten die medizinische Rehabilitation weiterführen und ergänzen. Die Erwartung war, dass durch den Besuch dieser Schule die selbstständige Lebensführung und die Integration in die Gesellschaft mit sozialer Anerkennung in der Berufstätigkeit erreicht würden. Diese Ziele hatten die Auswahl der Schüler für die Aufnahme in diese Schule zur Folge. Die Auswahlkriterien entfielen im Lauf der Zeit, um allen Kindern den Schulbesuch zu ermöglichen. Die ursprünglichen Zielvorstellungen wurden nie aufgegeben, denn sie entsprechen ja dem, was für jeden Betroffenen Wunschziele sind: selbstständige Lebensführung, Integration und soziale Anerkennung.

Es musste aber die Erfahrung gemacht werden, dass ein Großteil der Schüler mit Körperbehinderungen in speziellen Schulen die vorliegenden Behinderungen nicht überwinden konnten, auch nicht mit den therapeutischen Angeboten der Schulen. Die Hoffnung auf die Verhinderung zerebraler Bewegungsstörungen nach Hirnschädigungen oder zumindest die deutlich positive Beeinflussung der Bewegungsabläufe durch die neuen, neurophysiologischen Bewegungstherapien, die in den 60er-Jahren aufgekeimt war, konnte nicht eingelöst werden. Der dringende Wunsch der Eltern, dass ihr Kind eines Tages nicht mehr behindert sein würde, richtete sich zuerst an die Frühförderung, dann an die Schule für Körperbehinderte. Heute wird diese Hoffnung mit der allgemeinen Schule verbunden, wenn vom gemeinsamen Unterricht erwartet wird, dass Kinder mit Behinderungen dadurch mehr lernen, Wesentliches von den nicht behinderten Klassenkameraden übernehmen und so ihre Behinderung überwinden. Die Tendenz, Behinderungen nicht mehr zu benennen und nur noch ihre Normalität zu betonen, stärkt diese Erwartung. Nicht immer wird dabei klar gesehen, dass ein Ziel »nicht mehr behindert sein« auch die Gefahr von Fehlentwicklungen in sich trägt. Die ist dann gegeben, wenn Betroffene aufgrund von sozialem Druck versuchen, sich in allem den nicht behinderten Menschen anzupassen und dadurch zunehmend Schwierigkeiten bekommen, sich in ihrem Sosein selbstbewusst zu akzeptieren. Im ungünstigen Fall entsteht dann eine Als-ob-Identität, die unter Belastung und in sozialen Beziehungen nicht trägt. Denn die Akzeptanz der eigenen Person mit ihren Stärken und Einschränkungen – so mühsam sie in unserer Gesellschaft auch sein mag – ist die Basis für die Akzeptanz anderer Menschen, für die gelingende Interaktion mit ihnen, für soziale Teilhabe und Mitgestaltung.

Aber auch dann, wenn motorische Einschränkungen durch Bewegungserleichterung nicht überwunden werden können, verliert die Bewegungstherapie für die Kinder nicht an Wert, da sie die Lebensqualität fördert, Lernen unterstützt und soziale Teilhabe erleichtert.

Auch die zentrale Erwartung, durch den Besuch der Schule für körperbehinderte Kinder werde die Integration in die Gesellschaft erreicht, konnte so nicht eingelöst werden wie anfänglich gedacht. Immer wieder zeigte es sich, dass sich die Integration nicht schon dadurch einstellt, dass die Kinder in dieser Schule komplex und gut gefördert wurden. Es stellte sich aber gleichfalls heraus, dass der Besuch der allgemeinen Schule für ein körperbehindertes Kind nicht ohne weiteres Integration mit sozialer Akzeptanz und guten Beziehungen zu Gleichaltrigen bewirkt.

Die Erschwerung solcher Kontakte im Wohnbereich durch den Besuch eine Ganztagsschule für körperbehinderte Kinder wird oft als Gefahr der sozialen Isolation diskutiert. Allerdings erfordern außerschulische Kontakte zu gleichaltrigen Schülern in Wohnnähe bei Besuch einer allgemeinen Schule ebenfalls besondere Vorkehrungen und sind nicht selbstverständlich. Für die Hausaufgaben brauchen viele körperbehinderte Kinder deutlich mehr Zeit als nicht behinderte Schüler. Bei Besuch der allgemeinen Schule fallen zudem Arztbesuche und Therapietermine in den Nachmittag, da es nur in Ausnahmenfällen bewegungstherapeutische Hilfen für körperbehinderte Kinder in allgemeinen Schulen gibt.

Zur Erleichterung der Integration entstehen den Schulen spezifische Aufgaben.

Jansen (in Haupt, Jansen 1983, 83f.) hat schon Anfang der 80er-Jahre darauf hingewiesen, dass die Schule für Körperbehinderte ihre Schüler bei der Entwicklung von Kompetenzen für die Interaktion mit nicht behinderten Menschen nachhaltig unterstützen muss. Ein stabilisiertes Selbstkonzept und eine selbstbewusste Identitätsentwicklung sind wichtige Grundlagen dafür. Es ist für die Betroffenen zusätzlich notwendig, die Bewusstheit dafür zu entwickeln, Wesentliches zum Gelingen von entsprechenden Begegnungen und Beziehungen beitragen zu können und auch zu müssen. Es erleichtert Kontakte, wenn verstanden wird, dass mögliche unangemessene und abwertende Reaktionen von

Nichtbehinderten oft aus einer Verunsicherung resultieren. Durch geschicktes Verhalten des behinderten Menschen kann diese Barriere verringert werden. Als Ausgangspunkt für diese spezifischen Lernprozesse können einschlägige eigene Erfahrungen körperbehinderter Schüler in Gruppengesprächen diskutiert werden. In Rollenspielen lassen sich Verhaltensweisen durchspielen und erproben, die schwierige Begegnungen entschärfen. Selbstverständlich braucht es auch Erfahrungen in konkreten Begegnungen mit nicht Behinderten in Projekten und bei gemeinsamen Schullandheimaufenthalten. Beim Einkauf, in Gaststätten, bei der Benutzung öffentlicher Verkehrsmittel sind signifikante Erfahrungen möglich. Ein Mitarbeiter der Schule, der als Begleiter zugegen ist, sich aber Fremden gegenüber nicht als solcher zu erkennen gibt, wird anschließend die erlebten Situationen mit den Schülern besprechen und sie gegebenenfalls ermutigen, weitere Möglichkeiten zu erarbeiten und anzuwenden. Solche Unternehmungen lassen sich auch dem Fachunterricht in Politik/Gesellschaftswissenschaften/Sozialkunde zuordnen (Jansen a. a. O.). Es ist gut, wenn die erworbenen Kompetenzen darüber hinaus im Rahmen von Betriebspraktika gefestigt und weiterentwickelt werden.

Eine besondere Problemlage ist nach wie vor im Bereich der beruflichen Integration nach dem Schulabgang gegeben.

Eine Gruppe körperbehinderter Menschen erreicht schulische und berufliche Leistungen, die denen nicht Behinderter keineswegs nachstehen. Ihnen sind Hauptschulabschluss, Realschulabschluss, Abitur, Ausbildung und Studium möglich. Bei Ehemaligentreffen in Schulen für Körperbehinderte wird immer wieder deutlich, dass auch anspruchsvolle berufliche Aufgaben mit Selbstverständlichkeit bewältigt werden, z. B. die Tätigkeit als Jurist, als Sonderpädagoge, als Fotograf, als Regisseur, als Wissenschaftler, als Uhrmacher oder Informatiker, um nur einige zu nennen. Aber es gibt nicht wenige betroffene Jugendliche, die schulische Abschlüsse wegen schwerer oder schwerster Behinderungen nicht erreichen. Viele schwerbehinderte Menschen finden ihren Ausbildungs- und Arbeitsplatz in einer Werkstatt für behinderte Menschen, weil sie den derzeitigen Anforderungen eines Arbeitsplatzes in der freien Wirtschaft nicht gewachsen sind. Gerade in einer durch Wettbewerb und Leistungsdruck gekennzeichneten Wirtschaft ist die Integration behinderter Menschen sehr schwierig. Projekte, die seit einigen Jahren mit Erfolg erprobt werden, machen Hoffnung auf mehr Bewegung in Bezug auf die Integration im Beruf: Supermärkte und Hotels, die von Menschen mit und ohne Behinderung gemeinsam betrieben werden.

Schwerst mehrfach behinderte Schulabgänger der Schule für Körperbehinderte konfrontieren uns am intensivsten mit der Problematik der Ziele: soziale Anerkennung in einer Berufstätigkeit und selbstständige Lebensführung. Wenn irgend möglich finden sie einen Platz in einer Werkstatt für behinderte Menschen, sodass das ursprüngliche Konzept der Berufstätigkeit – wenn auch in minimalem Umfang – erhalten bleiben kann. Allerdings erhalten sie dann eine Entlohnung, die allenfalls einem Taschengeld entspricht und soziale Teilhabe außerhalb der Werkstatt nicht erleichtert.

Da eine produktive Tätigkeit wegen des Schweregrades einer komplexen Behinderung einer Reihe von Betroffenen nicht möglich ist, wurden der Werkstatt für behinderte Menschen Gruppen angegliedert, in denen es überwiegend um soziale Kontakte, Pflege und Beschäftigung geht.

Durch schwerst mehrfach behinderte Menschen wird das konzeptionelle Dilemma deutlich, das dadurch entstanden ist, dass Lebensphasen, die für nicht Behinderte typisch sind: Schule, Ausbildung, Erwerbstätigkeit, grundsätzlich auch auf Menschen mit Behinderungen aller Schwere- und Komplexitätsgrade übertragen wird. Der Thematik eines Lebens ohne Erwerbstätigkeit, ohne Beruf, wird dadurch ausgewichen. Die soziale Anerkennung Betroffener und ihrer durch Behinderungen oder Krankheiten bedingten Lebensweise bleibt meist aus. Das geht hin bis zu der Menschen verachtenden Redeweise vom »sozial verträglichen Frühableben«.

Anfängliche Hoffnungen, die mit Auf- und Ausbau von Schulen für Körperbehinderte verbunden wurden, konnten nicht in der Weise eingelöst werden, die erwartet wurde.

Ist diese Schule also als Institution gescheitert?

Kann auf sie damit verzichtet werden?

Als lernende Schule, die in der Zusammenarbeit mit wechselnden Schülergruppen und mit Mitarbeitern unterschiedlicher Arbeitsschwerpunkte immer neue Lernwege mit den Kindern herausfindet und ausdifferenziert, ist die Schule für körperbehinderte Kinder weder gescheitert noch überholt.

Die Auseinandersetzung mit überhöhten gesellschaftlichen Erwartungen ist immer wieder notwendig und trägt zur Akzeptanz der realen Möglichkeiten aller Beteiligten (der pädagogischen, therapeutischen, pflegerischen Fachkräfte, der Schüler und ihrer Eltern) und ihrer möglichen Entwicklungen bei.

Dabei stehen auch gesellschaftlich favorisierte Werte auf dem Prüfstand, die sich als Barrieren für die Entwicklung stabiler Identität und sozialer Teilhabe erweisen.

Die Schule für Körperbehinderte hat durch ihre Arbeit und Erfahrungen erheblich dazu beigetragen, dass heute für alle Kinder mit Körperbehinderungen in Deutschland Bildungsmöglichkeiten bestehen – gleich wie schwer und komplex die Behinderung ist. Sie konnte für schwerbehinderte Kinder den Nachweis ihrer Bildungsfähigkeit führen und damit den Zugang zu unterschiedlichen Bildungsmöglichkeiten erleichtern. Sie hat für nicht wenige Kinder Grundlagen geschaffen für den Besuch einer allgemeinen Schule.

Durch die forschungsgeleitete Arbeit einiger Körperbehindertenschulen stellte es sich heraus, wie bedeutsam komplexe Angebote in der Förderung sind, die alle Entwicklungsbereiche einbeziehen: Motorik, Emotionalität, Ausdrucksverhalten, soziale Interaktion, Kognition. Manche Kinder mit Körperbehinderungen oder chronischen Krankheiten können ihr Lernpotenzial erst einsetzen, wenn sie in bezogener Interaktion emotional gut unterstützt und begleitet werden. Alle brauchen Hilfe durch Bewegungserleichterung. Schlüssel zum Lernen können die eigenen Erfahrungen in realen Lebenssituationen sein. Viele sind darauf angewiesen, Ausdrucksmöglichkeiten zu entwickeln, um zeigen zu können, was sie interessiert, was sie wissen, welche Fragen sie haben.

Das bedeutet, dass sowohl individuelle als auch gemeinsame Wege gefunden werden müssen für ihre soziale Teilhabe, ihre Aneignung von Welt und lebensbedeutsamen Zusammenhängen bis hin zu möglichen Grundlagen für Ausbildung, berufliche Tätigkeit und selbstständige Lebensgestaltung mit oder ohne Assistenz. Wegen der individuellen Ausprägung der Kompetenzen und Schwierigkeiten körperbehinderter Kinder, ihrer sehr unterschiedlichen Sozialisationsbedingungen und Erfahrungen gibt es keine einfachen Konzepte, die für alle von ihnen anwendbar wären.

So ist und bleibt es eine wesentliche Aufgabe der Körperbehindertenschule, bei Schwierigkeiten im Lernen und der Entwicklung betroffener Kinder in Zusammenarbeit der Fachkräfte und Eltern herauszufinden, wie die Kinder lernen können, welche Hindernisse bestehen und wie sie überwunden werden können.

Das gilt für Kinder, die wegen des Ausprägungsgrades ihrer Behinderung die Körperbehindertenschule mit ihren speziellen Möglichkeiten vorübergehend oder auf Dauer brauchen. Das gilt in analoger Weise für körperbehinderte und chronisch kranke Kinder, die allgemeine Schulen besuchen, dabei aber zusätzliche Unterstützung brauchen.

Die Körperbehindertenschule wird als Kompetenzzentrum für körperbehinderte Kinder der Region gebraucht. Diese Aufgabe wird immer wichtiger. Denn wenn diese deutliche kommunikative, emotional-soziale oder kognitive Schwierigkeiten haben, reichen die Möglichkeiten der allgemeinen Schule nicht aus, um sie gut zu fördern. Dann ist eine langfristige Zusammenarbeit von den Mitarbeitern der Körperbehindertenschule und denen der allgemeinen Schule erforderlich, damit die Kinder mit Gewinn am gemeinsamen Unterricht teilnehmen können. Dazu gehört auch die Anleitung von Integrationshelfern oder Schulbegleitern, die Kindern bei der Pflege helfen und sie beim Lernen unterstützen. In einer langfristigen Zusammenarbeit von allgemeiner und spezieller Schule entsteht auch das Vertrauen, Beratungsmöglichkeiten anzubieten und zu nutzen wenn es z. B. um leichter motorisch behinderte Kinder geht, die vom Schulversagen bedroht sind. Durch individuelle, sorgfältige Diagnostik kann oft die Ursache für Lernschwierigkeiten gefunden werden. Psychologen oder Sonderpädagogen, die keine hinreichende Erfahrung mit körperbehinderten Kindern haben, tun sich allerdings mit einer solchen Abklärung ungleich schwerer als erfahrene Sonderpädagogen für körperbehinderte Kinder, wenn es beispielsweise darum geht, zwischen einer behinderungsbedingten Verlangsamung, einer Lustlosigkeit aufgrund von psychischen Problemlagen oder einer Begabungsschwäche zu unterscheiden. Eine unterstützende Förderung sieht aber jeweils anders aus. Es ist von größter Bedeutung für Verlauf und Ergebnis schulischer Förderung und für soziale Teilhabe, dass Kinder mit Behinderungen beim gemeinsamen Unterricht nicht benachteiligt oder sogar zusätzlich behindert werden durch die Folgen von Fehleinschätzungen, auch wenn sie unbeabsichtigt oder aus Mangel an Erfahrung erfolgen.

Die allgemeine Schule braucht die Unterstützung der Körperbehindertenschule, wenn es um die Frage der Bewegungserleichterung geht. Es reicht nicht, wenn für Kinder mit Bewegungseinschränkungen eine Therapeutin in die allgemeine Schule kommt und mit einem Kind in einem separaten Raum arbeitet. Bewegungstherapie, Bewegungserleichterung sind wirksam, wenn sie dem Kind helfen, mit seinen Möglichkeiten bzw. mit spezifischen Hilfen/Hilfsmitteln den Schulalltag zu meistern. Eine Therapeutin in freier Praxis wird große Schwierigkeiten haben, den Zeitaufwand für die notwendige Zusammenarbeit mit den Lehrkräften zu ermöglichen. Es ist auch ohne längere Erfahrung mit körperbehinderten Schulkindern für sie nicht einfach, die schulischen Abläufe und Erfordernisse zu berücksichtigen. Es würde ja nicht nur um Absprachen mit dem Klassenlehrer und um das Ausprobieren von Möglichkeiten im Unterricht gehen, sondern auch um die Zusammenarbeit mit den Fachlehrern (z. B. für die Bereiche Sport, Werken, Gestalten, Musik, Experimentieren, Schreiben etc.).

So sind die Hauptaufgaben der Körperbehindertenschule heute und in Zukunft
– Erarbeitung, Prüfung und Durchführung komplexer Fördermöglichkeiten für körperbehinderte Kinder je nach individueller Lebenssituation und psycho-sozialen Gegebenheiten auf der Basis sorgfältiger Diagnostik und längerfristiger Zusammenarbeit mit Kindern und Eltern in der Schule für Körperbehinderte;
– Zusammenarbeit mit den allgemeinen Schulen, in denen körperbehinderte Kinder beschult werden mit gemeinsamer Erarbeitung der pädagogischen und therapeutischen Möglichkeiten bei besonderem Förderbedarf der

Kinder, fachlicher Austausch mit den Lehrkräften, mit Fachkräften, mit Schulbegleitern der Kinder;
- Unterstützung der allgemeinen Schulen beim Abbau von Barrieren für gemeinsames Lernen und soziale Teilhabe, auch bei der Gewinnung zusätzlich notwendiger Ressourcen für den gemeinsamen Unterricht;
- Verstärkte Bemühungen um die Integration der Schüler, die die Schule für Körperbehinderte besuchen z. B. durch regelmäßige gemeinsame Projekte mit Schülern und Lehrern allgemeiner Schulen, durch fortlaufende stundenweise Teilnahme von körperbehinderten Schülern der Förderschule am Unterricht der allgemeinen Schule, durch gemeinsame Projekte mit den Eltern von Kindern in der allgemeinen und der speziellen Schule;
- Gemeinsame Bemühungen mit den Eltern, mit Arbeitsagenturen, Ämtern für soziale Integration, Selbsthilfegruppen, Einrichtungsträgern und anderen Institutionen um die Gestaltung eines integrativen Lebensraums im Jugendlichen- und Erwachsenenalter;
- Engagement im sozialen und politischen Raum für Werte und Ziele in unserer Gesellschaft, die die Akzeptanz, Wertschätzung und Integration von Menschen mit Behinderungen erleichtern und weiterentwickeln.

Die Schulstatistik gibt ihre eigenen Antworten auf die Frage, ob sich die Schule für körperbehinderte Kinder überholt hat.

Die amtliche Schulstatistik für die Bundesrepublik zeigt, dass die Schülerzahlen in allgemeinbildenden Schule rückläufig sind.

Die amtliche Schulstatistik für Rheinland-Pfalz weist z. B. für das Schuljahr 2005/06–41253 und für das Schuljahr 2009/10–36048 Schulanfänger auf.

Die Schülerzahlen in den Körperbehindertenschulen in Rheinland-Pfalz nehmen aber zu.

1980 besuchten 928 Schüler Körperbehindertenschulen (Haupt 1982)
1995 besuchten 1121 Schüler diese Schulen (Haupt 1999)
2009 besuchten 1381 Schüler diese Schulen (amtl. Schulstatistik)

Dazu kommen in Rheinland – Pfalz 2009 noch 225 Schüler in Abteilungen für Körperbehinderte an anderen Förderschulen.

Die Schülerzahlen an Schulen für körperbehinderte Schüler steigen, obschon es in Rheinland-Pfalz inzwischen 199 Schwerpunktschulen (Primarschulen und Schulen mit Sekundarstufe I) mit Hilfen für die Integration gibt.

Diese Zahlen zeigen die Bedeutung der Körperbehindertenschulen und die positive Einschätzung dieser Schulen aus Elternsicht. Sie zeigen aber auch, dass es noch viele ungelöste Schwierigkeiten bei der Integration körperbehinderter Schüler in allgemeinen Schulen gibt.

7.4 Verstärktes Bemühen um Integration und gesellschaftliche Teilhabe

Von den 70er-Jahren an verstärkten sich die Bemühungen um den gemeinsamen Schulbesuch von Kindern mit und ohne Behinderungen. Initiativen von Eltern behinderter Kinder und von Selbsthilfegruppen spielten dabei wichtige Rollen. Die Arbeit der Frühförderstellen und der Schulen für körperbehinderte Kinder hatten Kompetenzentwicklung, Selbstwertbewusstsein und Durchsetzungsfähigkeit der Kinder und ihrer Eltern unterstützt. Auf diese Weise trugen sie zu Voraussetzungen für erweiterte Bildungsmöglichkeiten bei. Auf Seiten der allgemeinen Schulen kam begünstigend ein Absinken der Schülerzahlen dazu, so dass Möglichkeiten für neue Entwicklungen entstanden.

In der Bildungspolitik wurde das Anliegen der Integration 1973 in den Empfehlungen der Bildungskommission des Deutschen Bildungsrates aufgenommen und in den Empfehlungen der Kultusministerkonferenz zur sonderpädagogischen Förderung 1994 weitergeführt (mit Empfehlungen zu den Förderschwerpunkten 1995–2009).

Für die Bemühungen um die Integration in den 70er- und 80er-Jahren sind Schulversuche mit wissenschaftlicher Begleitung charakteristisch. Bestimmte Schulen, die dazu bereit waren, erhielten zusätzliche Ressourcen, um Kinder mit Behinderungen integrieren zu können. Zunächst ging es dabei meist um die Förderung mit gleichen Lernzielen. Das bedeutete, dass nur mindest durchschnittlich begabte Kinder mit Behinderungen am gemeinsamen Unterricht teilnehmen konnten. Manchmal wurden weitere Voraussetzungen verlangt wie z. B. Selbstständigkeit im Schulalltag, sprachliche und sozial-kommunikative Kompetenzen, Lernmotivation. Die Schulversuche sollten zeigen, wie gemeinsamer Unterricht möglich ist, wie Bildungsziele unter diesen Gegebenheiten erreicht und soziale Teilhabe erleichtert werden konnte.

Die Versuche mit gemeinsamem Unterricht, in die körperbehinderte Schüler einbezogen waren, erwiesen sich überwiegend erfolgreich, wenngleich auch Problemlagen thematisiert wurden (vgl. Haupt, Jansen 1983, 83f.; Haupt, Gärtner-Hessdörfer 1986).

Zu den positiven Ergebnissen gehörten in der Primarstufe (nach Hellbrügge, 1977):
– viele Kinder erreichen die Lernziele der Grundschule und können zu weiterführenden Schulen übergehen;

- Voraussetzung für die Integration ist die Frühförderung;
- integrierte Förderung muss die Erfahrungen der Sonderpädagogik miteinbeziehen;
- bei schulischer Integration müssen notwendige Behandlungen weitergeführt werden;
- größter Erfolg ist die soziale Haltung der Eltern und Kinder.

Als Schwierigkeiten wurden mitgeteilt (nach Prell und Link, 1974):
- zunehmender Abstand zwischen schwerbehinderten und besonders befähigten Kindern;
- desintegrierende Wirkung der Heterogenität der Schülerschaft;
- Kommunikationsprobleme in der Klasse;
- Grund- und Hauptschullehrer brauchen mehr Ausbildung für Integrationsklassen hinsichtlich der Behinderungen der Kinder und des notwendigen sozial integrativen Führungsstils in der Klasse.

Im Sekundarbereich wurde beim gemeinsamen Unterricht ebenfalls auf die guten Lernerfolge und Schulabschlüsse verwiesen. Als schwierig für die Unterrichtsgestaltung empfanden die Lehrer das oft verlangsamte Arbeitstempo und die Stressempfindlichkeit von Schülern mit zerebralen Bewegungsstörungen, ebenso die abnehmende Leistungsfähigkeit bei Schülern mit fortschreitenden Krankheiten.

Soziale Beziehungen und Freundschaften waren besonders erschwert, wenn die körperbehinderten Schüler als Gruppe im Internat wohnten. Ihre nicht behinderten Mitschüler nahmen kaum an den Freizeitangeboten im Internat teil. Die Lehrkräfte fühlten sich besonders beansprucht durch notwendige Hilfen und Gespräche mit Schülern bei der Begleitung in Krisen.

In der Sekundarstufe II traten Interaktionsschwierigkeiten bei den Schülern auf durch Zunahme von Konkurrenz und Isolation (vgl. Becher u. a. 1978; Heckel 1976; Heitmann, Prüssner 1976).

Zu den mitgeteilten positiven sozialen Erfahrungen gehören gemeinsame Ferienaufenthalte von nicht behinderten Oberstufenschülern mit ihren körperbehinderten, z. T. sehr pflegebedürftigen Mitschülern und Berichte über gute Kontakte der behinderten Schüler innerhalb der Klasse. Ihre Toleranz, Offenheit und Hilfsbereitschaft werden betont (Haupt, Gärtner-Hessdörfer 1986).

Die Erfahrungen der 70er- und 80er-Jahre zeigen Faktoren, die soziale Teilhabe, Selbstwertbewusstsein und Schulleistungen, die der persönlichen Begabung entsprechen, erschweren und solche, die Integration erleichtern.

Allgemein wurde ein Curriculum für die soziale Integration vermisst. Als erschwerend wird bewertet, wenn:

- die körperbehinderten Schüler als Gruppe im Internat wohnen;
- die Heterogenität einer Integrationsklasse durch starke Mehrfachbehinderungen zu groß wird;
- eine Schule stark leistungs- und lernzielorientiert arbeitet und damit Konkurrenzverhalten begünstigt.

Integration ist eher möglich bei folgenden Gegebenheiten:
- engagierte Lehrkräfte und Eltern;
- individualisierender Unterricht mit entsprechenden Lehr- und Lernmaterialien;
- gute Unterstützung kommunikativer und sozialer Prozesse im Unterricht und außerhalb;
- zusätzliche Fördermaßnahmen und Hilfen für die körperbehinderten Schüler, je nach Bedarf Physiotherapie, Ergotherapie, Logopädie, Pflege
- Hilfe für die Integration im häuslichen Umfeld;
- zusätzliche Mitarbeiter in der Schule, um die Individualisierung, die Unterstützung soziale Prozesse und die Therapie zu ermöglichen;
- Zusammenarbeit mit Körperbehindertenpädagogen;
- Fortbildung der Lehrkräfte.

Uhrlau hat 2006 eine qualitative Studie vorgelegt zu den Erfahrungen von zwölf jungen Erwachsenen, die überwiegend in den 80er- und 90er-Jahren allgemeine Schulen besucht haben. In diesen Schulen waren sie zumeist die einzigen Schüler mit einer Körperbehinderung. Diese Art der Integration gilt als besonders schwierig. Betroffene Schüler erleben sich oft unter Anpassungsdruck. Sie versuchen alles so zu tun wie ihre nicht behinderten Mitschüler. Je schwerer die Beeinträchtigungen und ihre Folgen sind, desto anstrengender ist diese Anpassung. Sie kann zu einer weiteren Behinderung werden. Für Lehrkräfte ist es schwer, sich im Unterricht auf einen einzelnen körperbehinderten Schüler einzustellen, der vielleicht besondere Bedürfnisse hat oder Hilfen braucht – auch bei guter Schulleistungsfähigkeit.

Uhrlau berichtet (2006, 104), dass keiner ihrer zwölf Interviewpartner in der allgemeinen Schule bewegungstherapeutische Hilfen erhielt. Auch wurde nicht nach einem besonderen Förderbedarf gefragt. Es gab keine unterrichtsbezogenen Hilfen.

In den Gesprächen stellte sich deutlich heraus, welche Handlungsweisen der Mitschüler, der Lehrer und der Schulleitung positive oder negative Wirkungen auf die behinderten Schüler hatten.

Als positiv wurden folgende Haltungen und Handlungsweisen der Mitschüler erlebt (Uhrlau 2006, 256): offen, tolerant sein; das Gespräch suchen; sich in die Situation des anderen hineinversetzen; Hilfe anbieten und leisten; sich offen solidarisieren; Teilhabe ermöglichen.

Negativ wirkten: anstarren; sich distanzieren; Betroffene ausgrenzen; Hilfe verweigern; Neid auf Nachteilsausgleiche bekunden; hänseln, verspotten, handgreiflich werden.

Positiv bewertete Handlungsweisen der Lehrer sind: Empathie und pädagogische Kompetenz zeigen; sich informieren (auch über die Behinderung); Initiative ergreifen; akzeptieren; Kind unterstützen (auch bei Mitschülern und Kollegen); ansprechbar sein; Mittelding finden zwischen Anforderungen stellen und Rücksicht nehmen; Hilfe leisten; für Nachteilsausgleich sorgen.

Negativ wurde bei Lehrern bewertet: sich nicht einfühlen können; sich nicht über Behinderung informieren; abwerten; bloßstellen; hart sein; Kind schonen oder überfordern; benachteiligen; Hilfe verweigern; ausgrenzen; Nachteilsausgleich verweigern.

Positiv wirken diese Handlungsweisen der Schulleitung (a. a. O. 264): Kind trotz Bedenken in die Schule aufnehmen, architektonische Barrieren verringern; sich für das Kind und sein individuelle Förderung einsetzen.

Negativ wirken: Kind unbegründet oder mit Ausreden abweisen; auf Eingaben der Schüler nicht reagieren; Kind zur Imagepflege benutzen.

Heute gibt es gemeinsamen Unterricht (GU) in vielen unterschiedlichen Formen: mit lernzielgleichem oder zieldifferentem Unterricht, mit Schülern, bei denen sehr unterschiedliche Behinderungen vorliegen, mit sonderpädagogischer Begleitung oder ohne; als Einzelintegration oder mit mehreren behinderten Schülern in einer Gruppe (Integrationsschule, Schwerpunktschule), mit Schulbegleitern für Kinder mit Assistenz- oder Pflegebedarf oder ohne Helfer (vgl. auch Lelgemann 2010a, 34). Heterogenität bei den behinderten und den nicht behinderten Schülern wird stärker gesehen und zunehmend als pädagogisch wertvoll eingeschätzt (vgl. Klippert 2010).

Die Regelungen für den GU sind in den Bundesländern unterschiedlich (s. Beauftragte der Bundesregierung 2009). In Baden-Württemberg und Bayern ist GU nur möglich in Verbindung mit lernzielgleichem Unterricht. In den anderen Bundesländern wird auch zieldifferent gearbeitet. In Ländern wie Berlin und Mecklenburg-Vorpommern können Eltern den Förderort für ihr behindertes Kind wählen. Grenzen für den GU gibt es da, wo die verfügbaren Haushaltsmittel nicht reichen, um die erforderlichen Ressourcen bereitzustellen (Lehrerstunden; Assistenz; Lehrmittel; bauliche Maßnahmen, um Barrierefreiheit zu erreichen oder einen Pflegeplatz zu schaffen).

Eine wichtige Rolle für eine faire Leistungs- und Benotungssituation für die Schüler mit Behinderungen im GU spielen Nachteilsausgleiche. Auf Antrag können den Schülern in allen Bundesländern beispielsweise genehmigt werden: Zeitverlängerungen bei Arbeiten; spezielle Arbeitsmittel; besonders ausgestattete Arbeitsplätze; unterschiedliche Aufgaben bei Klassenarbeiten; mündliche statt schriftliche Leistungsnachweise oder umgekehrt; Arbeiten mit Assistenz; Leistungsbeschreibungen statt Noten in Ziffern; individuelle Regelungen im Sportunterricht (s. Beauftragte der Bundesregierung 2009).

Als Beispiel sei aus einer schriftlichen Vereinbarung zu einem Nachteilsausgleich zitiert. Er wurde von einer allgemeinen Grundschule für einen 10jährigen Jungen mit Hydrozephalus mit den Eltern, die sie beantragt hatten, vereinbart (der Name des Jungen wurde verändert).

»Jan darf sich während des Unterrichts auf seinen Campingstuhl legen, wenn er Kopfschmerzen hat. Jan darf (muss) während der Stunde trinken. Jan muss nicht alle Hausaufgaben erledigen, falls er sich am Nachmittag nicht wohl fühlt. Jan kann je nach seiner Verfassung im Unterricht weniger Aufgaben bearbeiten. Falls er längere Zeit fehlt und den Lernstoff nicht alleine zu Hause bearbeiten kann, werden die Lernzielkontrollen nicht benotet. Da Jan Schwierigkeiten mit seiner Feinmotorik hat, wird jetzt ausprobiert, ob das Schreiben auf einem Laptop Jan das Schreiben erleichtert. Im Kunst- und Werkunterricht werden seine Werke unter Berücksichtigung seiner feinmotorischen Fähigkeiten bewertet. Im Sportunterricht wird er unter Berücksichtigung seiner Fähigkeiten benotet. Er kann selber gut einschätzen, welche Übungen er mitmachen kann und bei welchen er aussetzen muss. Auch sind mehrere Pausen während des Unterrichts erlaubt« (in: Haupt 2008, 26).

So wird heute die schulische Integration von Kindern mit Behinderungen auf vielfältige Weise unterstützt. Integration ist ein unverzichtbares Ziel für die gesellschaftliche Weiterentwicklung.

Cloerkes (2007, 360) spricht von einem Menschenbild, das von grundlegender Bedeutung für die Erreichung dieses Zieles ist. Er nennt folgende Merkmale:
- »Achtung der Würde und Gleichheit aller Menschen
- Anerkennung einer egalitären Gleichwertigkeit, auch bei extremer individueller Verschiedenheit
- Unverletzbarkeit der Würde eines jeden Menschen, unabhängig von Art und Schweregrad der Behinderung
- Beachtung des Grundrechts auf eine umfassende Teilhabe am Leben der Gesellschaft
- Beachtung des Grundrechts auf lebenslange Bildung, Erziehung, Förderung und Entwicklung der Persönlichkeit; Beachtung und Förderung von Kompetenzen

- Anerkennung von Menschen mit Behinderungen als gleichwertige Subjekte; Überwindung der objektivierenden, defektorientierten Sichtweise
- Abkehr von einer Mitleidsethik zu einer Ethik des solidarischen Handelns in einer gemeinsamen Lebenswelt
- Leitbegriffe: Selbstbestimmung, Autonomie, Emanzipation, Normalisierung, Gleichstellung, Demokratie, Humanität.«

Bestehende Wertorientierungen in der Gesellschaft erweisen sich z. T. als Barrieren für größere Fortschritte in der Integration – auch der schulischen. Besonders problematisch sind in diesem Zusammenhang Überschätzungen messbarer Leistungen, bestehende Abhängigkeiten des Selbstkonzepts von der persönlichen Leistungsfähigkeit, Bedeutungen, die dem äußeren Erscheinungsbild eines Menschen zugemessen werden – um nur einiges zu nennen.

So ist Integration keineswegs nur eine Frage der Schulorganisation. Sie ist ein komplexer Entwicklungs- und Lernprozess. Er findet unabdingbar gleichzeitig in den betroffenen Menschen statt, in seinen Bezugspersonen, Interaktionspartnern und Bezugsgruppen. Alle Mitglieder der Gesellschaft nehmen daran teil, da sie durch die allgemeinen Lebensbedingungen, Lebensprozesse und Werthaltungen mit einbezogen sind. Innere und äußere Prozesse wirken zusammen.

Zu den notwendigen inneren Prozessen der Kinder gehören die Entwicklung von Selbstakzeptanz, Akzeptanz der eigenen Person einschließlich des eigenen Körpers so wie er ist. Das bedeutet, die eigenen Möglichkeiten zu nutzen, mit Schwierigkeiten verantwortlich umzugehen, um erforderliche Hilfen zu bitten. Der Kampf gegen Beeinträchtigungen und Behinderungen kann dann aufgegeben werden. Er ist ohnehin nicht zu gewinnen. Die Bereitschaft zu lernen, die eigenen Möglichkeiten zu erweitern ohne sich selbst zu schaden, wächst.

Die Selbstakzeptanz erleichtert die Akzeptanz anderer Menschen, so wie sie sind, ohne Notwendigkeit, so zu sein oder zu werden wie sie. Die Entwicklung von Akzeptanz erfordert die Erfahrung von Zuneigung, Verständnis und Annahme durch andere. Ein Kind kann seinen Wert erleben, wenn nahe Menschen Vertrauen haben in seine Fähigkeiten und seine Kompetenz für seine eigene Entwicklung. Selbstwertschätzung und Akzeptanz anderer Menschen brauchen positive Erfahrungen mit nahen und weniger nahen Menschen. Sie brauchen Begegnungen, gemeinsames Tun in gegenseitiger Wertschätzung und Orientierung. Wenn aber einem Kind von frühester Zeit an nahegelegt wird, gegen seinen Körper und seine Behinderung zu kämpfen, festigt sich der Eindruck, dass es so sein soll, wie es nicht sein kann: nicht behindert. Wenn jeder ihm sagt, was es tun soll und wie, kann es die Erfahrung nicht machen, dass es tüchtig ist, dass es vieles entdecken und herausfinden kann. Durch zu viel Fremdbestimmung verliert das Kind das Gefühl dafür, wer es ist, dass es unverbrüchlichen Wert hat, dass es sein darf wie es ist, und dass es gut ist zu sein wie es ist.

Auch Prengel (1990, 229f., 257f.) setzt sich damit auseinander, dass integrative Prozesse nicht »wie von selbst« geschehen, sondern dass sich auch die Menschen im Umfeld von Menschen mit Behinderungen und letztlich alle Mitglieder der Gesellschaft mit den impliziten Lebensfragen bewusst auseinandersetzen müssen, damit die Entwicklung weitergehen kann. Erforderlich ist die Auseinandersetzung damit, dass die Möglichkeiten, die ein Mensch hat durch Sehen, Hören, Fühlen, Erleben, Sprache, Kommunikation Bewegung, Verstehen, Gestalten, Wohlbefinden, Selbständigkeit u. a. nicht unverletzlich, nicht garantiert sind. Sie können ganz oder teilweise verloren gehen. Jeder kann behindert, krank, hilfsbedürftig werden. Jeder wird sterben. Das ist zum Leben zugehörig. »Dieses bewusste Verarbeiten [...] aktualisiert Angst und Schmerz bei allen Beteiligten. Aber erst solche Trauerarbeit ermöglicht das vertraut werden und die Annäherung an das vormals Bedrohliche, Fremde« (Prengel 1990, 229). Im Prozess dieser Auseinandersetzung, der Annahme der Möglichkeit eigener Veränderung, Beeinträchtigung, Behinderung bis hin zur Annahme der eigenen Sterblichkeit, verliert die Begegnung mit behinderten oder kranken Menschen die Beängstigung und Verunsicherung, gegen die man sich durch Abwehr schützt.

So ist Integration eine Aufgabe, die auch für Selbstkonzept, Identität und Lebensqualität der nicht Behinderten von zentraler Bedeutung ist.

Deutlich ist, dass es sich hierbei um eine länger dauernde Entwicklung handelt, die intensiv unterstützt werden muss.

Prengel (a. a. O. 256f.) beschreibt die positiven Auswirkungen der Integration für die Kinder so: Das Zusammensein und »die Konfrontation mit den nicht behinderten Kindern löst bei Kindern mit Behinderungen Entwicklungsfortschritte aus. Die Konfrontation mit den behinderten Kindern bewirkt bei nicht behinderten Kindern die Akzeptanz des individuell Besonderen, fördert also die Selbstakzeptanz und damit eine zentrale Bedingung der Entwicklung der Leistungsfähigkeit«. Die Integration wirkt sich positiv auf die psychosoziale Entwicklung aller Kinder aus aufgrund der wechselseitigen Impulse. Dennoch sind nach Prengel Interaktionskonflikte unvermeidbar. So ist auch die Entwicklung von Konfliktfähigkeit Teil der Integration.

Integration entsteht immer in einem lebendigen Gefüge. Sie ist ein Prozess, der den Beteiligten mal besser gelingt, mal schlechter. Man kann ihn im Rahmen der Schule durch gute Organisationsformen unterstützen. Da Integration auf Entwicklungsprozessen der einzelnen Menschen im Miteinander beruht, kann man ihn aber nicht erzwingen. Die Ergebnisse möglicher und sehr wichtiger Entwicklungen kann man nicht vorab organisieren. Wege der Integration müssen gegangen werden und brauchen manchmal auch Mut. Denn es ist kein leichter Weg. Das wird allein daran schon deutlich, wie schwer es Menschen fällt, den Kampf gegen sich selbst wirklich zu beenden und sich selbst zu akzeptieren. Menschen in unserer Gesellschaft sind so sehr daran gewöhnt, in Normen, Normabweichungen und Defiziten zu denken. Anpassungsdruck, Wettbewerb, Konkurrenz sind uns ebenso vertraut wie Bereiche eigener Desorganisation. Das alles macht Integration schwer.

Unter Berufung auf Köbberling und Schley schreibt Cloerkes (2007, 255f.):
»Integration ist kein Spaziergang in einem angenehmen Klima auf überschaubarem Gelände, sondern ein schwerer Weg, auf dem Schüler/-innen mit Behinderungen viel zugemutet wird.

Auf diesem Weg werden vom Behinderten Fähigkeiten und Haltungen herausgefordert, die eine Integration in die Gesellschaft bereits vorwegnehmen: Selbstbewusstsein, Auseinandersetzung mit Andersartigkeit, Finden eigener Wege.

Integration kann nicht von einer grundsätzlich positiven Einstellung und durchgängig förderlichen Haltung der nicht behinderten Jugendlichen ausgehen, da diese selbst um ihre eigene Identität ringen und andere dabei zeitweise völlig aus den Blick verlieren.

Integration schafft keinen Schonraum, sondern bewältigbare und verkraftbare Realitäten. Integration stärkt die personalen Ressourcen und Kompetenzen aller Beteiligten. Im System der integrativen Klasse bzw. Schule lernen sich die Interaktionspartner/-innen in ihren komplementären Stärken kennen und sie lernen auch, sich in ihren Schwächen zu unterstützen.

Integration ist insofern ein Entwicklungsweg mit Kurven, Steigungen und Gefällen, in dem Individuen und soziale Beziehungen belastet und in Frage gestellt werden. Im Ringen miteinander reifen die Menschen und wächst die Identität!«

7.5 Inklusion als Menschenrecht – die UN-Konvention und der Wunsch nach Umgestaltung von Schule und Gesellschaft

Der Begriff der Inklusion wurde durch die Konferenz von Salamanca 1994 verbreitet, die die volle gesellschaftliche Teilhabe aller als Ziel für die Schulentwicklung in Europa vereinbarte. Der Weg dahin soll die Schaffung von Bildungsmöglichkeiten für alle Kinder mit Behinderungen im allgemeinen Schulsystem sein.

Dieses Ziel wurde schon vorher von Eberwein (1988, 45) mit dem engagierten Bemühen um Integration verbunden: »Als Ziel verfolgt die Integrationspädagogik die Überwindung von aussondernden Einrichtungen sowie deren pädagogische Konzeptionen zugunsten gemeinsamen Lernens und Lebens.«

Heute wird Integration oft gesehen als »Anpassung des Kindes an das vorgefundene Bildungssystem, während Inklusion mit der Anpassung des Bildungssystems an die Fähigkeiten und Bedürfnisse der einzelnen Kinder assoziiert wird« (Degener 2009, 165; vgl. Tabelle 5).

Nach Booth et al. (2006, 5) meint Inklusion das vollzogene Recht aller Kinder auf gemeinsame Erziehung und Bildung. Es erfordert einen umfassenden Reformprozess des gesamten Bildungssystems.

Unterstützt wird eine solche Zielperspektive durch die zunehmende Bewusstheit von der Heterogenität der Schüler in den Klassen der allgemeinen Schulen. Sie ist zu beobachten in Lernprozessen, Denkweisen, Begabungen, Beziehungs- und Bindungsdynamiken, in Familien-, Sozial- und Kulturgeschichte mit ihren vielfältigen kulturellen, geografischen und sprachlichen Hintergründen (Ianes 2009, 23). Heterogenität ist eine wesentliche Herausforderung für die Arbeit aller Pädagogen (vgl. Klippert 2010).

Sander (2004, 243; 2008, 356) beschreibt Inklusion als optimierte Integration. Sie ist dann erreicht, wenn alle Kinder mit besonderen pädagogischen Bedürfnissen allgemeine Schulen besuchen, welche die Heterogenität ihrer Schüler schätzen und im Unterricht fruchtbar machen. Dann wird Vielfalt zum Normalfall und die Inklusion zur Selbstverständlichkeit. In ferner Zukunft kann dann auch der Begriff der Inklusion vergessen werden. Die inklusive Klasse lernt nach Sander nicht im Gleichschritt. Das Curriculum der Klasse wird individualisiert. Heterogenität bleibt erhalten. Es ist in anderer Unterricht erforderlich als heute meist üblich mit Wechsel aus Einzelarbeit, Kleingruppen, Projektarbeit und Plenum. Die Leistungsbeurteilungen erfolgen individuell. Der Lehrerberuf ändert sich entsprechend. Schulische Inklusion wird gesehen als aussichtsreichster Weg zur Veränderung der Gesellschaft in Hinblick auf Akzeptanz von Verschiedenheit und voller Teilhabe an den gesellschaftlichen Möglichkeiten und Prozessen.

Tab. 5: Gemeinsame schulische Förderung von Kindern mit und ohne Behinderungen

Integration verstanden als Anpassung	Integration/Inklusion verstanden als Bejahung von Verschiedenheit
Erfüllung von Standards ist wichtig Leistungsfähigkeit spielt eine große Rolle	Heterogenität als Lernchance Erweiterung der Lebens- und Lernperspektiven aller in kooperativen Prozessen
Realisierungsmöglichkeiten	
Lernzielorientierung Vergleichbarkeit Konkurrenz besondere Förderbedürfnisse oft in äußerer Differenzierung Schüler mit Behinderungen sollen Verhaltens- und Handlungsweisen von den nicht behinderten Schülern lernen persönliche Integrationshelfer	zieldifferenter, wegdifferenter, zeitdifferenter Unterricht möglich individuelle Förderung aller Schüler weitgehender Verzicht auf Konkurrenz gemeinsames Lernen aller in Projekten Pädagogen lernen mit Kindern gemeinsam unterschiedliche Leistungen tragen in Kooperation zum Ergebnis bei; gegenseitige Akzeptanz und Unterstützung wird gefördert; Kommunikation, Austausch, das Bemühen um gegenseitiges Verstehen sind wichtig; persönliche und sächliche Hilfen werden zur Verfügung gestellt;
Schwierigkeiten	
Probleme bei Defizitorientierungen und Normalitätsbewertungen Spannungen Kinder entwickeln sich auseinander Integration oft auf bestimmte Kindergruppen begrenzt bei großer Anpassung entwickeln Kinder mit Behinderungen Schwierigkeiten in der Entwicklung von Identität und Selbstwertbewusstsein	Aufgabe der Defizitorientierung individuelle Hilfen für alle Kinder nach Bedarf Entwicklungsprozess, der auch Verunsicherung bewirkt bisheriges Schulsystem wird infrage gestellt Erarbeitung neuer Werthaltungen Akzeptanz von Behinderung, Schwäche, Anderssein Integration abhängig von Einstellungen und Personen, aber nicht auf bestimmte Kindergruppen begrenzt
Lehrerrolle	
Lehrerrolle wenig verändert, trägt aber durch Bewertungen zur Desintegration bei Sonderpädagogen sind eher für Hilfen in äußerer Differenzierung zuständig Therapieangebote sehr selten Lehrer haben u. U. Schwierigkeiten, sich auf die individuelle Lern- und Lebenssituation der Schüler einzustellen	neue Lehrerrolle ist schwer zu erarbeiten Sonderpädagogen und Lehrer der allgemeinen Schulen kooperieren in einer Vielzahl von Angeboten im gemeinsamen Unterricht, in innerer und äußerer Differenzierung Anforderungen an die Kooperation sind hoch
Elternmitarbeit	
Eltern der Kinder mit besonderen Förderbedürfnissen sind hochbelastet durch Mithilfe, damit die Lernziele erreicht werden.	Eltern sind herausgefordert, die notwendigen Entwicklungen und Umstellungen mitzuvollziehen; das kann für Eltern der nicht behinderten Kinder schwierig sein

Lindmeier (2008, 367f.) betont den Prozesscharakter der angestrebten Inklusion. »Dabei geht es darum zu lernen, wie man mit Unterschieden lebt und von ihnen und durch sie lernt.« Notwendig ist die Identifizierung und Beseitigung von Teilhabebarrieren. Teilhabe bezieht sich nach Lindmeier auf die Qualität der Erfahrungen, die alle Kinder und Jugendlichen in der allgemeinen Schule machen können und die Einlösung ihres »Rechts auf erfolgreiches Lernen« (Wieczorek 2010, 31).

Lindmeier (a. a. O.) betont die Bedeutung von Inklusion für »Gruppen von Lernenden, die von gesellschaftlicher Marginalisierung, sozialem Ausschluss und Schulversagen bedroht sind. Es gibt eine moralische Verantwortung für diese Kinder und Jugendlichen. [...] Es muss gewährleistet werden, dass für diese Gruppen – wann immer nötig – Schritte eingeleitet werden, die ihre Präsenz und Teilhabe sowie ihren Erfolg im allgemeinen Bildungssystem sicherstellen.«

Hollenweger merkt kritisch an, dass in der Auseinandersetzung um die Inklusion zum Teil Sichtweisen favorisiert werden, die Behinderung als soziale Zuschreibung verstehen bzw. als »institutionelle Tatsache« (2009, 183). Organisch bedingte Behinderungen wie z. B. der Verlust der Gehfähigkeit durch Verletzung des Rückenmarks bestehen aber unabhängig vom Verständnis des Wissenschaftlers oder der Einstellung der Gesellschaft. Individuelle Erfahrungen und spezifische Eigenschaften in diesem Zusammenhang können nicht »als Folgeerscheinungen sozialer Exklusionsprozesse interpretiert« werden.

Dies ist eine Schwierigkeit im theoretischen Verständnis von Inklusion. Sie wirkt sich z. B. im Zusammenhang mit der offenen Hypothese aus, dass die angestrebte »eine Schule für alle« tatsächlich für alle Kinder und Jugendlichen die bestmöglichen Bildungs- und Entwicklungschancen bieten kann (vgl. Speck 2010, 60, 124). Die Interpretation von Behinderung als sozialer Zuschreibung verbaut den Zugang zu einer empirischen Untersuchung der Hypothesen zur Inklusion (Hollenweger 2009, 184). Ohne Möglichkeit einer solchen Überprüfung spielt bei dem Bemühen um Inklusion »die Sehnsucht nach der Veränderung der Praxis und der gesellschaftlichen Realitäten« eine Rolle (a. a. O.). Die wissenschaftliche Klärung von Konzepten wie Bedürfnissen, Rechten, Individualität, Partizipation, Chancengleichheit ist dann nicht leistbar. Hollenweger lässt aber keinen Zweifel daran, dass Schule »die individuellen Bedürfnisse und Eigenheiten der Kinder zu berücksichtigen und abzusichern hat, dass alle Kinder – soweit organische bedingte Behinderungen sie nicht daran hindern – die grundlegenden Partizipationsziele erreichen, die ihnen den Zugang zu höherer Bildung, Arbeit und sozial bedeutungsvollen Beziehungen im Erwachsenenalter sichern« (a. a. O.).

Durch die UN-Konvention über die Rechte behinderter Menschen (UN-BRK) von 2006, in Deutschland gültig seit 2009, wurde die Inklusion als Menschenrecht festgelegt.

Die BRK geht aus von der Achtung der dem Menschen innewohnenden Würde, seiner individuellen Autonomie einschließlich der Freiheit, eigene Entscheidungen zu treffen und seiner Unabhängigkeit (Art. 3a). Sie bezieht sich auf die Achtung vor den sich entwickelnden Fähigkeiten von Kindern mit Behinderungen und die Achtung ihres Rechts auf Wahrung ihrer Identität (Art. 3h). Ihr Ziel ist die volle und wirksame Teilhabe an der Gesellschaft (Art. 3c). Die zugesicherte Habilitation und Rehabilitation von Menschen mit Behinderungen soll die volle Einbeziehung in alle Aspekte des Lebens und die volle Teilhabe an allen Aspekten des Lebens erreichen und bewahren (Art. 26, 1). Die BRK fordert für Menschen mit Behinderungen den gleichberechtigten Zugang zum allgemeinen Bildungssystem, zum allgemeinen Arbeitsmarkt und die Möglichkeiten der Teilhabe am kulturellen Leben sowie die gleichberechtigte Mitwirkung in der Politik (vgl. Lindmeier 2009).

Im Artikel 24 geht es um das Recht auf Bildung in einem integrativen Bildungssystem, das Menschen mit Behinderungen die notwendige Unterstützung für ihre erfolgreiche Bildung gewährt. Die Vertragsstaaten verpflichten sich, »Kinder wegen ihrer Behinderung nicht vom allgemeinen und öffentlichen Schulsystem (Primar- und Sekundarstufe) auszuschließen, sondern ein Schulsystem zu schaffen, das behinderte Kinder auf der Basis gleicher Chancen einschließt, ihnen die für eine effektive Bildung nötige Lernunterstützung gewährt und ihnen ermöglicht, zusammen mit anderen Kindern ihrer Wohn- und Lebenswelt zu lernen und so die eigene Persönlichkeit zu entwickeln« (Speck 2010, 85).

Inklusive Bildung ist damit auch in Deutschland als Menschenrecht ausgewiesen. Die Bundesländer sind kraft ihrer Bildungshoheit verpflichtet, eigene Gesetze dazu zu erlassen. Kinder und Eltern, die einen Besuch der allgemeinen Schule wünschen, haben dann einen Rechtsanspruch auf die Aufnahme des Kindes in eine allgemeine Schule. Kinder mit Behinderungen sind aber nicht verpflichtet, eine allgemeine Schule zu besuchen, auch wenn dem Besuch der allgemeinen Schule der Vorrang gegeben werden soll und der Besuch einer sonderpädagogischen Einrichtung im Sinne einer Ausnahme einer besonderen Begründung bedarf. So kann aus der UN-BRK nicht die Abschaffung des Förderschulwesens abgeleitet werden (Aichele 2010, 17; Speck 2010, 87). In dem Maß, in dem sich allgemeine zu inklusiven Schulen entwickeln, kann sich die Notwendigkeit spezieller Schulen verringern (Speck 2010, 133). Dies ist ein abhängiger Prozess. Für Kinder, die nur in sonderpädagogischen Einrichtungen eine angemessene Förderung erhalten können, sind Förderschulen keine benachteiligenden Einrichtungen (Urteil des BVG von 1997).

»Auch diejenigen Kinder und Jugendlichen, die Sonder- oder Förderschulen besuchen, haben ein Recht auf integrative Lernchancen. Auch sie gehören zur Gemeinschaft der Verschiedenen. Nach der Salamanca-Erklärung von 1994 darf ihre schulische Bildung nicht vollkommen ausgesondert stattfinden. Sie haben ein Recht auf Gleichstellung ihrer humanen Wertigkeit, in welcher konkreten Form auch immer« (Speck 2010, 91).

Da sich die allgemeinen Schulen zu inklusiven Schulen weiterentwickeln sollen, sind sie die eigentliche Adressaten des Artikels 24 der BRK über das Bildungssystem. Bislang gingen Initiativen für den gemeinsamen Unterricht von behinderten und nicht behinderten Schülern mehr von Eltern und Sonderpädagogen aus. Neue Formen der Kooperation und der Integration sonderpädagogischen Fachwissens in den allgemeinen Schulen müssen gefunden werden.

Inklusion ist ein tiefgreifender gesellschaftlicher Prozess, der nicht auf die Schnelle organisiert werden kann. Sander bezeichnet die schulische Inklusion als »langen Weg zu einem humanen Bildungswesen« (2008, 342). Boban und Hinz (2003) verbinden die Inklusion in Erziehung und Bildung mit der Erwartung der vollen Inklusion in die Gesellschaft. Sie streben nicht nur die Neuordnung des gesamten Schulsystems an sondern auch die Umgestaltung der Gesellschaft. Hinz bezeichnet die Inklusion als Vision, die orientiert, die aber nie ganz verwirklicht werden kann (2010, 65). Stein (2006, 11) sieht sie als umfassende gesellschaftliche Utopie – »als Gegenentwurf zum bestehenden Gesellschaftssystem«.

Diese Aussagen zeigen die innere Spannung, Widerständigkeit und Widersprüchlichkeit dieser Erwartungen.

Schule ist Ausdruck der bestehenden Gesellschaft mit ihren Werthaltungen, Maßstäben und Zielen. Wie kann sie da die Gesellschaft grundlegend verändern? Wie kann sie neue Werthaltungen, Maßstäbe und Ziele begründen und verankern? Wie kann sie einen Gegenentwurf zu ihrem eigenen gesellschaftlichen Fundament entwickeln und umsetzen?

Eine Veränderung der Gesellschaft von innen heraus wäre notwendig. Und dafür »gibt es bislang wenig Anzeichen« (Speck 2010, 81).

Teilhabe und Mitgestaltung gesellschaftlicher Vorgänge und Lebensbereiche sollen durch die Festlegung der Inklusion als Menschenrecht für Menschen mit Behinderungen ohne Grenze ermöglicht werden. Grenzen gibt es dennoch durch subjektive Gegebenheiten bei den Betroffenen (z. B. Interessen, Selbstbestimmung, Kompetenzen), selbst wenn die bestehenden gesellschaftlichen Barrieren überwunden werden können. Kein Mensch ist in gleicher Weise in alle gesellschaftlichen Vorgänge, in allen Lebensbereichen voll inkludiert. Es findet vielmehr ein fortlaufender Wechsel von Inklusion und Exklusion statt (in Familie, Kindergarten, Schule, Arbeitsstätten, Vereinen, kultureller Teilhabe etc.). Teilhabe und Mitgestaltung ist auch in besonderen Einrichtungen wie Förderschule oder Werkstatt für behinderte Menschen möglich, auch wenn sie heute von außen oft als Einrichtungen der Exklusion bewertet werden.

So sind auch Äußerungen behinderter Jugendlicher bei der Konferenz in Lissabon 2007 (Sander 2008) zu verstehen. Sie teilten bei einer großen Anhörung persönliche Erfahrungen mit Integration und Inklusion in allgemeinen Schulen mit. Sie betonten folgende Punkte (Sander 2008, 343f.):
- »Wir finden es sehr wichtig, dass jeder frei entscheiden kann, welche Schule er besuchen möchte.
- Die inklusive Bildung ist am besten, wenn die Bedingungen für uns richtig sind. Das bedeutet, dass die notwendige Unterstützung, Ressourcen und entsprechende Lehrkräfte vorhanden sein sollen. Die Lehrkräfte müssen motiviert und gut über unsere Bedürfnisse informiert sein und diese verstehen. Sie müssen gut ausgebildet sein, uns nach unseren Bedürfnissen fragen und sich in jedem Schuljahr untereinander gut abstimmen.
- Wir sehen viele Vorteile in der inklusiven Bildung. Wir erwerben mehr soziale Kompetenzen, wir haben ein breiteres Erfahrungsspektrum; wir lernen in der normalen Welt zurecht zu kommen; wir müssen Freundinnen und Freunde mit und ohne sonderpädagogischen Förderbedarf finden und mit ihnen interagieren.
- Inklusive Bildung mit individualisierter, spezialisierter Unterstützung ist die beste Vorbereitung auf ein Hochschulstudium. Spezialisierte Förderzentren wären hilfreich, um uns zu unterstützen und die Hochschulen angemessen zu informieren, welche Hilfen wir benötigen.
- Von der inklusiven Bildung profitieren nicht nur wir, sondern auch alle anderen.«

Es besteht weitgehend Konsens über erforderliche Rahmenbedingungen für inklusives schulisches Arbeiten (vgl. Speck 2010, 46f.; Ianes 2009, 45f.; Werning 2010, 288f.). Dazu gehören:
- Lehrkräfte mit entsprechender Ausbildung, die die Heterogenität ihrer Schüler als Bereicherung bejahen können
- neue Formen der Zusammenarbeit mit den Eltern der behinderten und der nicht behinderten Schüler, um die Förderung dem individuellen Kind und seiner Lebenssituation anpassen zu können
- Eltern, die den gemeinsamen Unterricht ihrer Kinder bejahen und unterstützen

- Schüler, die bereit sind, die für den gemeinsamen Unterricht erforderliche gegenseitige Akzeptanz und Unterstützung zu entwickeln bzw. weiter zu entwickeln
- kleinere Klassen
- zusätzliche Lehrkräfte (Doppelbesetzung, Mitarbeit von Sonderpädagogen und sozialpädagogischen Fachkräften, Schulbegleiter)
- bei Bedarf Assistenten für Mobilität, Körperpflege, Ernährung, Hilfe bei Dauerbeatmung etc.
- Verfügbarkeit von therapeutischer Unterstützung wie Physiotherapie, Ergotherapie, Logopädie, Musiktherapie für Kinder mit entsprechendem Förderbedarf
- didaktische Umorientierung des Unterrichts, um gemeinsames Lernen ebenso zu ermöglichen wie individuelle Förderung
- Formen von Leistungsnachweisen und -bewertungen, die der individuellen Förderung entsprechen (z. B. lernzielgleich oder -different; zeitgleich oder -different; Berücksichtigung von Nachteilsausgleichen)
- gute Kooperation der Lehrkräfte
- unkomplizierte Verfügbarkeit der erforderlichen behindertenspezifischen Lehr- und Lernmittel
- Kooperation mit Kompetenzzentren für Kinder mit Behinderungen (für Beratung, psychologisch-sonderpädagogische Diagnostik; Auswahl von Hilfsmitteln; gemeinsame Projekte)
- barrierefreier Zugang zu allen Räumlichkeiten
- integrationsstarke Schulleitungen
- Schulträger, die bereit und in der Lage sind, die erforderlichen Ressourcen bereitzustellen.

Die Anforderungen an die Lehrkräfte und die weiteren Fachkräfte in der inklusiven schulischen Arbeit sind hoch. »Heterogene Lerngruppen verlangen vom Lehrer ein Höchstmaß an Einsatzbereitschaft, Flexibilität, Einfühlungsvermögen, Frustrationstoleranz, Organisationsgeschick und Moderationkompetenz« (Klippert 2010, 27).

»Alle Lehrkräfte müssen in der Lage sein, einen Unterricht mit der ganzen Klasse so zu gestalten, dass alle Kinder daran teilhaben können. Gleichzeitig muss in die gemeinsame Gestaltung der Bildungsangebote für die Kinder unterschiedliche Kompetenz einfließen, um die individuellen Bedingungen jeden Kindes berücksichtigen zu können. Es kann erforderlich sein, unterschiedliche sprachliche und kulturelle Hintergründe zu beachten, mit sehr gut hörenden und sehenden wie auch mit sinnesbeeinträchtigten Kindern zu kommunizieren und adäquate Unterrichtsmedien für sie zu gestalten, Orientierungs- und Wahrnehmungsprobleme autistischer Kinder zu kennen und zu berücksichtigen, Schüler(innen) mit motorischen Beeinträchtigungen durch Hilfsmittel und physiotherapeutisches Know-how die Teilhabe am Unterricht zu ermöglichen, Kinder für die Bildung zu gewinnen, die bisher vor allem die Sprache der Gewalt angeeignet haben. [...] Unterschiedliche kognitive Lernvoraussetzungen machen es erforderlich, Bildungsinhalte über verschiedene Aneignungsmöglichkeiten zugänglich zu machen, beispielsweise durch wahrnehmendes Begreifen, durch handelndes Experimentieren, gestalterische Darstellung und mit begrifflich-abstrakten Mitteln. Ein sehr individueller Blick auf die Kompetenzen und den Förderbedarf jeden Kindes [...] muss [...] verbunden werden mit der Kompetenz, kooperative Prozesse wahrzunehmen, zu unterstützen und zu initiieren [...]« (Klauß 2010, 290).

Nach der UN-BRK liegt die Hauptverantwortung für die Entwicklung zur inklusiven Schule bei den allgemeinen Schulen. Daher ist es unabdingbar, dass alle Lehramtsstudiengänge für allgemeine Schulen Qualifikationsanteile erhalten, die bisher der Sonderpädagogik zugeordnet werden. Nach Lindmeier (2009, 424) sind das vor allem Kompetenzen für die Förderung von Schülern mit Lernschwächen, sprachlichen Auffälligkeiten und Schwierigkeiten in der emotional-sozialen Entwicklung. Aber auch die sonderpädagogischen Studiengänge müssen neu gestaltet werden. Lindmeier (a. a. O.) greift die diesbezüglichen Vorschläge Reisers auf und beschreibt Schwerpunkte und Kompetenzen im Studium der angehenden Sonderpädagogen. Dazu gehören: Förderung von Kindern und Jugendlichen mit manifesten Behinderungen; Erstellung von sonderpädagogischen Diagnosen bei unterschiedlichen Behinderungen; Beratungs- und Teamkompetenz; Theorien und Konzepte der Förderung; Beratung und Supervision. Dazu werden auch spezifische Kompetenzen »für institutionelle Settings benötigt, die an die Stelle von Förderschulen treten werden, aber gleichwohl sehr komplexen Problemlagen gerecht werden müssen« (a. a. O. 425). Gedacht ist hier an etwa 10 bis 20 Prozent der Kinder und Jugendlichen, »von denen die UN annehmen, dass sie in inklusiven Settings noch nicht angemessen erzogen und unterrichtet werden können. [...] Zu ihnen zählt ein Teil der sehr schwer und mehrfach behinderten Kinder mit einem erhöhten Ruhebedürfnis und ein Teil der chronisch und progredient erkrankten Kinder – letztere vor allem während lang anhaltender Klinik- und Kuraufenthalte. Wenn wir über Behinderungen hinaus denken, müssen wir sicherlich auch einen Teil der sehr stark verhaltensauffälligen und schulabsenten und einen Teil der Kinder und Jugendlichen mit autistischen Verhaltensweisen zu dieser Gruppe zählen« (a. a. O.).

In Bielefeld und Bremen gibt es bereits Studiengänge, in denen gleichzeitig die Befähigungen für ein Lehramt an einer allgemeinen Schule und das Lehramt für Sonderpädagogik erworben werden können. Die Absolventen sind durch den Studienschwerpunkt Heterogenität besonders auf gemeinsamen Unterricht bzw. die schulische Inklusion vorbereitet (vgl. Speck 2010, 131; Klauß 2010, 292).

Stein (2006, 5f.) berichtet über die Ausbildung inklusiv denkender und handelnder Heil- und Behindertenpädagogen an der Evangelischen Fachhochschule Darmstadt. Mit der Ausbildung soll »bestehenden gesellschaftlichen Tendenzen entgegen gewirkt werden, die zunehmend immer mehr Menschen aus der gesellschaftlichen Mitte herausdefinieren«. Dabei geht es »um die Beseitigung institutioneller, bildungspolitischer, baulicher, sozialer und wirtschaftlicher Behinderungen, die einer uneingeschränkten Partizipation entgegenstehen.« Stein ist sich des Widerspruchs von Anspruch auf Teilhabe und faktischer Lebensrealität vieler Betroffener sehr bewusst. So schreibt sie (a. a. O. 11): »Dieser Studiengang ist auf die Realisierung einer Utopie ausgerichtet [...] als (Noch-)Nicht-Ort, der in kritischer Distanz zu den konkreten Lebensverhältnissen der Zeit zu schaffen ist.«

Klauß (2010, 294) schlägt für die Fortbildung von bereits tätigen Lehrkräften folgende Themenbereiche vor: Heterogenität und Vielfalt als Chance; individuelle Sicht auf jedes Kind; Unterricht als Kooperation von Schülern mit unterschiedlichsten Lernmöglichkeiten; Teamarbeit und Kompetenztransfer; Kooperation in und außerhalb der Schule.

Die Frage der erforderlichen finanziellen Ressourcen für ein inklusives Schulsystem wird kontrovers diskutiert.

Einige Fachleute vertreten die Meinung, dass ein inklusives Schulsystem nicht teurer wird als das heutige System mit allgemeinen Schulen und Förderschulen. Vergleicht man die dazu mitgeteilten Argumente und Daten, fällt auf, dass dabei vor allem an die Inklusion von Schülern mit Lernschwächen, Sprachauffälligkeiten und Schwierigkeiten in der emotional-sozialen Entwicklung gedacht ist. Aber selbst in der Untersuchung von Preuss-Lausitz (2000, 95), dem es um den Nachweis der Kostenneutralität in einem inklusiven Schulsystem geht, wird deutlich, dass z. B. die Inklusion körperbehinderter Schüler deutliche Mehrkosten erfordert (a. a. O. 98, 99). Denn es müssen beispielsweise auch die Kosten für die Beseitigung architektonischer Barrieren (Einbau von Aufzügen, Umbau von Toiletten für Rollstuhlfahrer, Umbau von Experimental- und Werkräumen etc.), für die bewegungstherapeutische Unterstützung, für Pflegemöglichkeiten, für angepasstes Mobiliar und technische Hilfsmittel mitgerechnet werden (vgl. Aichele 2010, 18).

Klippert (2010, 276) bezeichnet heterogene Lerngruppen als »nicht ganz billige Herausforderung«, z. B. durch die Notwendigkeit, kleinere Klassen zu bilden, mehr Lehrkräfte einzusetzen, mehr Sachmittel zu brauchen, bessere Fortbildungen anzubieten.

Speck (2010, 49f.) berichtet über eine Untersuchung der Kosten für ein ausgebautes inklusives Schulsystem durch das Forschungsinstitut für Bildungs- und Sozialökonomie, Berlin, von 2009. Da ist von Kosten im Jahr 2020 in zweistelliger Milliardenhöhe die Rede trotz des Wegfalls der Kosten für Sonderschulen. Klemm kommt nach Speck (a. a. O.) in einer Studie der Bertelsmann-Stiftung 2009, die sich vor allem auf die Inklusion von Schülern mit Lernschwierigkeiten bezieht, auf zusätzliche Kosten in einstelliger Milliardenhöhe.

Auch in der Frage der finanziellen Mittel wird sich entscheiden, inwieweit unsere Gesellschaft bereit ist, Menschen mit Behinderungen als gleich-berechtigt anzuerkennen und sich auf den erforderlichen Wertewandel einzulassen. Der Wunsch, das sei ohne erheblichen zusätzlichen Einsatz möglich, ist zwar verständlich, behindert aber die Entwicklung.

7.6 Auf dem Weg zur inklusiven Schule

Booth und Ainscow legten 2002 einen Index für Inklusion vor. Er wurde 2003 von Boban und Hinz bearbeitet. Der Index zeigt einen idealtypischen Prozess zur Entwicklung inklusiver Schulen. Fünf Phasen des Vorgehens werden vorgeschlagen. Zunächst wird ein Team gebildet aus Vertretern aller relevanten Gruppen. Es setzt sich mit der Inklusion und ihrer Vorbereitung auseinander. In Absprache mit den verschiedenen Gruppen in der Schule werden dann Prioritäten für die gewünschte Entwicklung festgelegt. Ein Schulprogramm entsteht. Es wird erprobt und dokumentiert. Der Reflexion des Prozesses folgen weitere Schritte.

Nach Hinz (2010, 66) und Hinz und Boban (2003) geht es inhaltlich um die Schaffung inklusiver Kulturen durch die Bildung von Gemeinschaft. Dazu gehört z. B.: jeder ist willkommen; gegenseitige Hilfe der Schüler; Kooperation der Mitarbeiter; respektvoller Umgang miteinander; partnerschaftliche Elternarbeit; Einbeziehung lokaler Gruppierungen.

Mit Hilfe inklusiver Strukturen kann eine Schule für alle entwickelt werden, charakterisiert durch Unterstützung von Vielfalt. Dazu gehören z. B.: hohe Erwartungen an alle Schüler; ein gemeinsames Konzept der Inklusion; Wertschätzung aller Beteiligten; Beseitigung der Hindernisse für Lernen und Teilhabe in allen Bereichen; gerechter Umgang mit den Schulmitarbeitern; Hilfen bei der Einarbeitung; Barrierefreiheit im Schulhaus; Fortbildungsangebote zum Umgang mit Vielfalt; Integration sonderpädagogischer Strukturen.

Bei der Entwicklung inklusiver Arbeitsweisen werden Lernformen ermöglicht und Ressourcen erschlossen. Dazu gehören z. B.: Teilhabe aller Schüler am Unterricht, der auf Vielfalt hin geplant wird; Vielfalt als Chance bewerten; Schüler lernen miteinander; Bewertungen in leistungsförderlicher Form; Teamarbeit der Lehrkräfte in Planung, Durchführung und Reflexion des Unterrichts; Beteiligung aller Schüler an Aktivitäten außerhalb der Klasse; Ressourcen werden gerecht verteilt.

Hinz (2010, 659) betont die weltweite Verbreitung des Index und seine internationale Erprobung.

Von besonderer Bedeutung ist die Einbeziehung aller Beteiligten in die Planung und Gestaltung der Entwicklung. Inklusion ist ein hochkomplexer Prozess, der nicht »von oben« verordnet werden kann. Sie kann nur in intensivem Miteinander in der jeweils gegebenen Situation erarbeitet werden.

Ein Beispiel dafür ist die Integrative Schule Frankfurt, eine öffentliche Schule in freier Trägerschaft, die seit 1985 besteht und aus der Arbeit des Integrativen Kindergartens (seit 1977) der Evangelischen Französisch-Reformierten Gemeinde erwachsen ist. Die Schule hat ein gemeinsam entwickeltes Konzept (Integrative Schule 2007, 8f.) mit fünf Kernaussagen:
– Alle Kinder werden aufgenommen, auch Kinder mit »umfassenden« und mehrfachen Behinderungen.
– Der Unterricht jeder Klasse erfolgt im Team von drei Lehrkräften unterschiedlicher Ausbildung (Grundschul- und Förderpädagogik, Sozialpädagogik). Im Unterricht werden kognitive, emotional-soziale und psychomotorische Lernprozesse miteinander verbunden. Die Kinder können so in sozialer Eingebundenheit ihre individuellen Begabungsmöglichkeiten ausschöpfen. Zu einer Klasse gehören 20 Kinder, davon vier mit sonderpädagogischem Förderbedarf.
– Der verbindliche Unterricht und das gemeinsame Mittagessen liegen in der Zeit von 8.30 bis 14.15 Uhr. Bereits eine Stunde vor Unterrichtsbeginn können die Kinder betreut werden. Freiwillige, jahrgangsübergreifende Arbeitsgemeinschaften finden bis 15.30 Uhr statt. Danach ist noch eine Betreuung für 30 Minuten möglich.
– Es bestehen Therapiemöglichkeiten. Sie sollen dem Kind bei der Verwirklichung seines Lebenskonzepts beistehen, ihm Wege zu einem möglichst selbständigen Leben bahnen, es gesundheitlich und psychisch stabilisieren und seine Integration unterstützen.
– Die Integrative Schule Frankfurt steht als kirchlich-diakonische Schule zu

der Aufgabe, neue Wege des Miteinanders von Menschen zu erproben. Sie möchte deutlich machen, dass Grenzen, die wir ziehen, veränderbar sind. Die Schule steht allen Kindern offen, unabhängig davon, welcher Konfession oder Religion sie angehören (a. a. O. 99).
- Die Schule fördert die intensive Zusammenarbeit zwischen Eltern, Lehrkräften und Schulträger. »Dazu gehört, dass Eltern behinderter und nicht behinderter Kinder miteinander in Kontakt kommen und versuchen, trotz ihrer unterschiedlichen Lebenswirklichkeiten füreinander Verständnis zu entwickeln, sich gegenseitig anzunehmen und unterschiedliche Meinungen offen und fair zu diskutieren«(a. a. O.23).
- Die Schule gestaltet ein reiches Schulleben mit Theaterprojekten, Schulfesten, Klassenfahrten, außerschulischen Lernorten, Ausflügen, Kinderkonferenzen, Mediation bei Konflikten.
- Nach Ende der Schulzeit besteht die Möglichkeit des Übergangs zu einer der vier weiterführenden Schulen mit gemeinsamem Unterricht in Frankfurt.

Ein Beispiel für eine Schule mit Sekundarstufe I und II auf dem Weg zur Inklusion ist die Gesamtschule Köln-Holweide, an der seit 1985 gemeinsamer Unterricht praktiziert wird (Schwager und Brokamp 2007; Schwager und Pilger 2010). Die Schule umfasst neun Züge in der Sekundarstufe I und fünf bis sechs Züge in der Sekundarstufe II. Schwager und Pilger (a. a. O. 269) sprechen von insgesamt 1800 Schülern, davon in der Sekundarstufe I 180 mit sonderpädagogischem Förderbedarf und 180 Lehrkräften, darunter 24 Sonderpädagogen. In der Sekundarstufe II ist einer kleinere Gruppe von leistungsstarken Schülern mit Körperbehinderungen oder besonderem Förderbedarf in der emotionalsozialen Entwicklung. Die Lehrkräfte von je drei Parallelklassen bilden feste Teams, die die Schüler von Klasse 5 bis 10 unterrichten. Gemeinsamer Unterricht (GU) findet nicht in allen Klassen statt, da die Schulaufsicht nur eine bestimmte Zahl von Schülern mit besonderen Förderbedürfnissen erlaubt. Innere Differenzierung hat im Unterricht Vorrang vor äußerer Differenzierung. Einzel- Partner- und Gruppenarbeit spielen wichtige Rollen. Am allgemeinen Unterrichtsgespräch sind alle beteiligt.

Das Miteinander in den Klassen bedarf besonderer Unterstützung. Denn auch bei GU gibt es »Diskriminierungen und wechselseitige Unsicherheiten bei Schülern und Lehrkräften, auch wenn sie in den letzten 20 Jahren ihr gesamtes Schul- oder Berufsleben im GU verbracht haben. Erfahrungen zeigen zudem, dass insbesondere bei sogenannten geistig- und körperbehinderten Schüler(inne)n gerade in der 8. und 9. Klasse relativ häufig eine soziale Isolation im Klassenverband zu beobachten ist, die nicht nur auf die steigenden Leistungsanforderungen, sondern auch auf die Orientierung der Schüler(innen) auf primär außerschulisch geprägte Gruppen zurückzuführen ist, an denen sie häufig nicht in gleichem Maß partizipieren können. Dieser Isolation lässt sich nur begrenzt begegnen. Hinzu kommt, dass für die Jugendlichen mit Behinderungen häufig für ihre nachschulischen Perspektiven nach Wegen gesucht werden muss, die nur sehr eingeschränkt als integrativ bezeichnet werden können. Dies gilt insbesondere für Jugendliche mit schweren Beeinträchtigungen. [...] Immer wieder machen wir in Holweide auch die Erfahrung, dass diese Isolation mit dem Näherrücken des Schulendes in der 10. Klasse wieder aufbricht, und dass das Ende der gemeinsamen Schulzeit in den allermeisten Fällen sehr versöhnlich ist« (Schwager und Brokamp 2007, 214).

Schwager und Brokamp betonen auch die Erfahrung, dass viele Schüler mit besonderem Förderbedarf von ihren Mitschülern »in erster Linie nicht als behindert [...] wahrgenommen werden. Gerade in den oberen Klassen wissen die Mitschüler(innen) meistens, dass diese Schüler(innen) beispielsweise andere Tests schreiben, dass sie stundenweise aus dem Klassenunterricht gehen, dass sie gezielt von Lehrkräften angesprochen werden und dass sie als behindert gelten. Wichtig scheint aber in erster Linie zu sein, ob sie nett sind, ob sie fleißig sind und ob sie tatsächlich Mitglied des Klassenverbandes sind und im Klassenverband unterrichtet werden« (a. a. O. 215).

7.7 Und die Kinder mit schwersten Behinderungen?

Die Frage nach Inklusionsmöglichkeiten sehr schwer oder schwerstbehinderter Kinder stößt auf zwei grundlegende Schwierigkeiten.
Die eine ist die Unklarheit der relativierenden Begriffe.
Was bedeutet sehr schwer oder schwerstbehindert?
Ist ein betroffenes Kind sehr schwer motorisch beeinträchtigt und verfügt gleichzeitig über gut entwickelte emotional-soziale, kommunikative und kognitive Kompetenzen?
Oder liegt eine erhebliche kognitive Entwicklungserschwerung vor bei einem Kind mit guten motorischen Möglichkeiten? Und wie steht es bei ihm mit den Kompetenzen in der kommunikativen und der emotionalen Entwicklung?
Oder ist die gesamte Entwicklung sehr stark beeinträchtigt?
Die Unklarheit der Begriffe: sehr schwerbehindert, mehrfach behindert oder schwerstbehindert macht erhebliche Schwierigkeiten beim Lesen und Verstehen von Konzepten und Erfahrungsberichten zur Integration/Inklusion. Meist bleibt offen, von welchen Kindern die Rede ist. Das ist aber entscheidend wichtig zum Verständnis der Förderbedürfnisse und Lernmöglichkeiten in einem gemeinsamen Unterricht.

Die zweite Schwierigkeit besteht darin, dass es weder in der Fachliteratur noch in der Praxis einen Konsens darüber gibt, was Bildung für Kinder mit extremen und komplexen Behinderungen sein kann oder ist. Übereinstimmung besteht bezüglich der erforderlichen Qualität des Beziehungsangebots und der Kommunikation in der Interaktion mit betroffenen Kindern, auch über die Qualität der Pflege und Bewegungstherapie, die die Kinder brauchen. Das sind notwendige Grundbausteine für ihre Bildung.

Aber das allein macht Bildung noch nicht aus – auch wenn es oft den Schulalltag dieser Kinder bestimmt.

Es ist notwendig, den Bildungsauftrag der Schule für diese Kinder inhaltlich zu bestimmen – über die genannten Grundbausteine hinaus. Dann kann überlegt werden, wie die schulische Förderung mit ihnen gestaltet werden kann, die ihnen Teilhabe an möglichst vielen Lebensbereichen und -prozessen erleichtert.

Der Förderschule, insbesondere der Schule für körperbehinderte Kinder obliegt es, die Bildungsinhalte für die extrem und mehrfach behinderten Kinder zu beschreiben und zu erproben, da sie in der Mehrzahl der Bundesländer langjährige Erfahrungen in der Zusammenarbeit mit ihnen hat.

Bedeutsam ist, dass der Anspruch dieser Kinder auf Teilhabe am allgemeinen Leben, an Bildung, Zusammensein und Aktivitäten gemeinsam mit nicht behinderten Kindern auch in einer Förderschule verwirklicht wird. Der Weg zu möglichen Formen der Integration/Inklusion darf ihnen nicht vorenthalten oder versperrt werden. Die Forderung nach voller Inklusion in eine allgemeine Schule ohne klare Beschreibung geeigneter Bildungsinhalte lässt aber den Bildungsauftrag der Schule für diese Kinder zu ihrem Nachteil offen.

Legt man die heutigen Kenntnisse über extrem und schwerstbehinderte Kinder und über Entwicklungsprozesse zugrunde, ergibt sich für diese Kinder zunächst als Bildungsauftrag, grundlegendes Lernen in konkreten, sinnenhaft erfahrbaren und realen Lebensausschnitten zu erleichtern (Haupt 2006). Auf diese Weise können durch eigene Erfahrungen der Kinder Grundlagen zum Kennen und Verstehen relevanter Lebenssituationen und Zusammenhänge entstehen. Nicht behinderte Kinder erwerben sie meist früh im familialen Kontext und im gemeinsamen Lebensvollzug. Schwerstbehinderte Kinder brauchen dafür geeignete Zugangsweisen in bezogener Begleitung, Kommunikation und Assistenz. Ohne eine Vielzahl von Angeboten zum grundlegenden, erfahrungsgeleiteten Lernen ist es für diese Kinder kaum möglich, ihr Situations- und Sprachverständnis weiterzuentwickeln und damit Zugänge zum Geschehen in der Schulklasse und zur kulturellen Partizipation zu finden. Teilhabe ist ohne grundlegendes Lernen extrem eingeschränkt. Dazu besteht die Gefahr, dass ihnen nur fragmentierte Teilerfahrungen ohne Sinnzusammenhang angeboten werden. Das geschieht z. B., wenn in einer Klasse über das Thema Wald gearbeitet wird, und das schwerstbehinderte Kind erhält im Klassenraum die Möglichkeit, Blätter anzufassen oder auch kleine Äste. Vielleicht zeigt man ihm auch auf dem Schulhof einen Baum. Wald kann aber in der Phase des grundlegenden Lernens nur durch eine Reihe von erkundenden Aktivitäten im Wald erfahren werden. Blätter und Äste im Klassenraum sind Fragmente aus einem komplexen Zusammenhang, der vor den Einzelteilen, die zum Wald gehören, erlebt und erfahren werden muss, um bildungswirksam werden zu können. Auch das Sehen oder Berühren eines Baumes auf dem Hof hat nichts mit der Grunderfahrung Wald zu tun. Ebenso können Bilder und Fotos Grunderfahrungen nicht ersetzen. Sie sind Abstraktionen, die ihren Sinn haben, wenn die Grunderfahrung in realen Situationen oft genug gemacht wurde. In einer anderen Schulstunde – unter Umständen am selben Tag – kann es um das Rechnen mit Gewichten gehen. Vielleicht lässt man dann das schwerstbehinderte Kind unterschiedlich schwere Dinge spüren. Das wäre wie das Fühlen von Blättern und Ästen eine basale Anregung in einem sozialen Kontext. Das Kind kann aber in den verschiednen Anregungen keinen Sinnzusammenhang erleben. Basale Anregungen für integriert beschulte schwerstbehinderte Kinder werden bisher fast immer aus Inhalten der Lehrpläne für die nicht behinderten Kinder abgeleitet und als »Lernen am gemeinsamen Gegenstand« (Feuser) interpretiert. Tatsächlich sind es für die schwerstbehinderten Kinder aber einzelne Fragmente, Mosaiksteine von Wahrnehmungen und Spüreindrücken, die zusammen kein Bild ergeben. Sie erlauben kein Verstehen von Situationen und Zusammenhängen. Sie sind kein Zugang zu Teilhabe und Mitgestaltung, zur Einbeziehung in die gemeinsame Lebenswelt.

Bei der Konzeption von komplexen Lern- und Bildungsangeboten für Kinder mit schwersten Behinderungen sollten auch die Erfahrungen berücksichtigt werden, die bei der Integration betroffener Kinder in allgemeinen Schulen gemacht werden konnten – auch wenn schwerstbehinderte Kinder im gemeinsamen Unterricht bislang eher die Ausnahme sind. Sie lösen aus den beschriebenen Gründen eher Unsicherheiten bei Lehrkräften allgemeiner Schulen aus. Es wird auch die Frage nach dem Sinn ihrer Integration gestellt (vgl. Schwager 2003, 210). Das ist gut nachvollziehbar, solange die Frage geeigneter Bildungsinhalte und ihrer Einbeziehung in den gemeinsamen Unterricht nicht geklärt ist.
Schwager (2003, 204) sieht als Bedingung für eine Integration oder Inklusion schwerbehinderter Schüler in der Sekundarstufe I der Gesamtschule an, dass sie sich tatsächlich am allgemeinbildenden Unterricht beteiligen können. Damit sind Grenzen beschrieben. Schwager sieht sie aber nicht als bindend an. Denn es liegt auch die Erfahrung vor, dass manche Schüler sich im gemein-

samen Unterricht in einer Weise entwickeln, die vor Aufnahme in die Schule nicht prognostiziert werden konnte. Er weist darauf hin, dass für schwerstbehinderte Schüler auch praktische Aufgaben im Unterricht vorgesehen werden. Er sieht allerdings die Schwierigkeit, dass diese »nur schwer in den Unterricht einbezogen werden können« (a. a. O. 209).

Aus dieser Beschreibung geht hervor, dass er von schwerbehinderten Schülern spricht, die die Kompetenz haben, praktische Aufgaben lösen zu können. Das ist aber vielen schwerstbehinderten Kindern auch mit Assistenz nicht möglich.

Hömberg (2007) berichtet über Erfahrungen mit der Integration von Kindern mit schweren Mehrfachbehinderungen in einem Berliner Schulversuch im Grundschulbereich (Klasse 1 bis 6) aus den Jahren 1990 bis 2000. Die Kinder wurden von den nicht behinderten Kindern meist problemlos akzeptiert. Schwierigkeiten in der Interaktion kamen vor, wenn die nonverbalen Signale der sehr schwerbehinderten Kinder »die unerwünschte Zuwendung zurückweisen sollten, von den Mitschülern ignoriert wurden« (a. a. O. 62). In den höheren Klassen wurde vor allem »die Hilfsbereitschaft der Mädchen eingefordert und gewährt. Auffällig war aber die Bereitschaft von Jungen mit teilweise aggressiven Verhaltensweisen, liebevoll, einfühlsam, hilfsbereit und geduldig auf Mitschüler mit geistiger und schwerer Mehrfachbehinderung einzugehen (nach Podlesch und Schmitt in Hömberg a. a. O.). Die Unterschiedlichkeit der Kinder wurde im Lauf der integrativen Prozesse schließlich als Gewinn erlebt (Hömberg a. a. O.). Für die Pflege und Versorgung der Kinder gab es kompetente Anleitung. Aufkommende Gefühle persönlicher Abwehr wurden in der Supervision aufgearbeitet (Hömberg a. a. O. nach Maikowski).

»Eine Herausforderung blieb die Frage des richtigen Lernangebots. Auch wenn die meisten Pädagog(inn)en bereit waren, bei den unterschiedlichen Lernbereichen von möglichst sinnlichen, körpernahen Erfahrungen auszugehen, um die Schüler(innen) mit schwerer Mehrfachbehinderung einbeziehen zu können, blieb die Unsicherheit in der Zielsetzung oder doch zumindest einer verbindlichen Praxis in diesem Bereich« (Hömberg a. a. O. 64).

Hömberg spricht von sehr großer Zufriedenheit der Eltern mit dem gemeinsamen Unterricht. Und doch wurde in schwierigen Situationen die Überweisung der Kinder an die Sonderschule überlegt (a. a. O. 65). Es wird vermutet, dass Unsicherheiten bei den Lernzielen dazu beitrugen. »Wahrscheinlicher ist, dass Kinder mit schweren Mehrfachbehinderungen von solchen Abspaltungstendenzen jeweils zuerst betroffen sind, weil nach wie vor innerpsychische Prozesse der Abwehr und eine Gefährdung der beruflichen Identität [...] die Einstellungen an Integrationsschulen beeinträchtigen« (a. a. O. 66).

Therapeutische Hilfen wurden im Schulversuch in die Unterrichtsprojekte und Aktivitäten aller Kinder einbezogen. Räumliche und sächliche Rahmenbedingungen erleichterten den gemeinsamen und stark individualisierten Unterricht.

Als besonders förderlich für gemeinsames Lernen von sehr schwerbehinderten und nicht behinderten Kindern werden von Hömberg angesehen:
– das lebendige Umfeld von Gleichaltrigen, das viele Anregungen und Möglichkeiten gemeinsamer Aktivitäten bietet;
– die Förderung der Sprachentwicklung und kulturellen Teilhabe insbesondere für Kinder mit Beeinträchtigungen des Sprechens und der Kommunikation;
– individuelle und gemeinsame Lernangebote, die in Kooperation von Lehrkräften mit Eltern und therapeutischen Fachkräften entwickelt werden und über eine basale Förderung hinaus zielen (a. a. O.).

Hömberg betont die Bedeutung spezifischer Fortbildungsmöglichkeiten. Dazu gehören:
– Kenntnisse der Förderbedingungen von schwer mehrfach behinderten Kindern;
– Möglichkeiten der Auseinandersetzung mit der Situation bei schwerster Behinderung einschließlich der eigenen Gefühle und Einstellungen;
– Handlungskompetenzen für den Unterricht heterogener Gruppen.

Gute Fortbildungen erleichtern nach den bisherigen Erfahrungen die Entscheidung für den gemeinsamen Unterricht, der sehr schwerbehinderte Kinder mit einbezieht, und die Bewältigung der dadurch entstehenden Herausforderungen im Schulalltag (a. a. O. 70).

8. Entwicklung und Förderung körperbehinderter Kinder im Spannungsfeld gegenläufiger gesellschaftlicher Tendenzen

8.1 Identität, Eigensein und Fremdbestimmung

Kinder, Jugendliche und Erwachsene mit Körperbehinderungen oder chronischen Krankheiten sind immer wieder Spannungen und gegenläufiger Tendenzen in unserer Gesellschaft ausgesetzt. Die wesentliche Auseinandersetzung spielt sich ab zwischen den Polen: behindert und nicht behindert, zwischen Selbstwahrnehmung, dem Erleben der eigenen Identität und bewertenden Sichtweisen anderer Menschen.

Der Dozent und Künstler P. Radtke teilt in einem Interview (2004, 116) mit, wie er sich seiner Körperbehinderung bewusst wurde: »Eigentlich erst durch die Reaktion der Umwelt. Ich durfte nicht in die Schule gehen, weil die Direktoren Angst hatten, es könnten Knochenbrüche auftreten, für die man sie verantwortlich machen würde. Also haben sie gesagt: Nein, wir nehmen das Kind nicht. Das war ein schwerer Schlag. Ich bin praktisch erst mit 14 Jahren in eine Klassengemeinschaft gekommen. Die zweite Erfahrung war, dass ich Schwierigkeiten hatte, eine Freundin zu finden. Das dritte Problem tauchte auf, als ich eine Arbeit suchte.«

J. Knop (1998, 92f.) beschreibt die unterschiedlichen Sichtweisen so:

»Gedanken eines geschädigten Fetus.
 Die Menschen nennen mich behindert, und sie haben recht, das bin ich auch.
 Die Menschen nennen mein Leben kostspielig, und sie haben recht, das ist es auch.
 Die Menschen nennen mich unproduktiv, und sie haben recht, das bin ich auch.
 Die Menschen nennen mein Aussehen abstoßend, und sie haben recht, das ist es auch.
 Nur Gott nennt mich seine gute Schöpfung, und er hat recht, das bin ich auch. [...]

Ich finde mein Leben nicht grausam. Für mich ist ja dieser körperliche Zustand normal. Was mir das Leben schwer macht, ist nicht so sehr meine Behinderung, sondern die Barrieren die Nichtbehinderte, meist gedankenlos, uns immer wieder in den Weg stellen [...]. Oft werde ich gefragt, wie man eigentlich mit solch einer spastischen Lähmung leben kann, ohne ständig klagen zu müssen. Solche Fragen erstaunen mich, so berechtigt sie auch vom Fragesteller her gesehen sein mögen. Ich bin mit dieser Behinderung geboren worden, sie ist für mich normal. Ich ahne es nur, wie es wäre, Füße zu haben, die laufen können, einen Mund, der mühelos spricht, Hände, mit denen ich mich waschen und ankleiden könnte. Doch das alles übersteigt meine Vorstellungskraft.«

Der Schriftsteller F. Saal hat sich in seinen Arbeiten immer wieder mit den Fragen nach dem Erleben eigener Identität behinderter Menschen und der »Sicht der anderen« auseinander gesetzt (z. B. 2000 und 2010). Er schreibt (2010, 1f.):

»Zwischen meinem Anspruch auf unangetastete Identität und der enttäuschten Erwartung der anderen liegt eine schwer überwindbare Spannung. Während ich in der Behinderung etwas Selbstverständliches erlebe, bedeutet sie für fast alle anderen ein schlimmes Unglück. Ich selbst empfinde mich ursprünglich als ›richtig‹ in meinem gelähmten Körper. Er ist die Bedingung meiner Teilnahme am Dasein, das ich nicht weniger lustvoll empfinde als andere. [...]

Jedes Elternpaar hegt den natürlichen Wunsch, Kinder zu bekommen, auf die es auch in den Augen der Umwelt stolz sein darf. Andererseits kann jeder Behinderte wie jeder Mensch erwarten, so akzeptiert zu werden, wie er am Horizont des Daseins auftaucht. Die Diskrepanz zwischen diesen grundverschiedenen Ansprüchen ist unübersehbar. [...]

Jeder Behinderung wird von vornherein die Aussicht auf ein Leben voller Leiden unterstellt. Unausgesprochen wird damit ein mangelhafter Daseinswert vorausgesetzt. Der Gedanke, dass der ›so Geborene‹ gar nicht anders kann als in der Behinderung das Selbstverständliche, nur ihm Gehörende zu erleben, liegt diesen Ansichten ziemlich fern. Dabei ist es doch offensichtlich, dass ich gar nicht anders sein kann, als wie ich mich tatsächlich bei meinem Eintritt in das irdische Dasein vorfinde. Wollte ich dies verleugnen, müsste ich mir mein graues Auge herausreißen, weil mir ein blaues besser gefällt. [...]

Wenn es beim Behinderten zum Leid kommt, dann fast ausschließlich über das Leid der anderen, die sich mit seinem Eigensein in einer behinderten psychophysischen Leiblichkeit nicht abfinden können. Sein existenzieller Schmerz entspringt daraus, dass er niemals selbst gemeint ist, sondern als ein abstrakter anderer, der mit ihm nichts zu tun hat. Sich mit der Behinderung seines Mitmenschen nicht abzufinden, heißt eigentlich, den ganzen Menschen nicht zu wollen, weil das eine ohne das andere nicht zu haben ist. Eine Behinderung ist ohne Einschränkung die Bedingung der Möglichkeit meiner individuellen Existenz, die in keiner anderen Weise auch nur denkbar ist.«

Menschen, die selbst betroffen sind, erleben die Behinderung als Bestandteil ihrer Identität. Dagegen ist die Sicht der anderen, der nicht Behinderten, auf Menschen mit Behinderungen meist durch das Erleben von Fremdheit mitbestimmt.

Radtke drückt es so aus (2010, 38): »Die Ablehnung gegenüber behinderten Gliedern in unserer Gesellschaft beruht auf der Angst vor allem Fremdartigen und dies von Geburt an.«

Auch Bürli reflektiert diesen Zusammenhang in seiner Arbeit über Behinderung als Fremdheit (2011, 28f.). Er zeigt unterschiedliche Perspektiven der Begründung auf und Möglichkeiten der Überwindung des Befremdens. Er weist darauf hin, dass das Erleben von Fremdheit im Zusammenhang mit Behinderungen »stets mit dem eigenen Nichtbehindertsein verflochten« ist. Er beschreibt das Fremde nicht »als das ganz Andere, sondern als das uns (noch) Unzugängliche, Unbekannte, Unbegreifliche. Ferner ist das Fremde nicht völlig abgegrenzt und losgelöst, sondern immer, wenn auch in unterschiedlichem Maße, mit Eigenem verflochten« (a. a. O. 33). Und doch »geht von der Behinderung eine Beunruhigung aus. [...] Behinderung als Fremdheit kann in seiner Unheimlichkeit [...] zur feindlichen Bedrohung werden. Verbunden mit der Negierung der fremden Existenz kann sie zur existenziellen Bedrohung und Bekämpfung führen« (a. a. O. 29).

Radtke kennzeichnet diesen Zusammenhang sehr pointiert (2010, 38): »[...] Der sogenannte Nichtbehinderte betrachtet den behinderten Mitmenschen als eine Art Fehlmuster der Natur. Wie sonst ließe sich das Bemühen erklären, eben diese Natur zu überlisten, indem man gewissermaßen vor dem Produktionsausstoß die defekten Stücke analysiert, sie aussondert und auf diese Weise gar nicht erst in den Handel kommen lässt. [...] Mit unserem Ansatz, Leben verfügbar zu machen, haben wir den Menschen zu einem Produkt degradiert. Doch wir vergessen dabei, dass wir uns damit gleichzeitig den Warencharakter anheften.«

Bürli skizziert den Prozess der möglichen Annäherung und Überwindung der Fremdheit so (2011, 29f.): »In der Begegnung mit dem Fremden lernen wir in einem langwierigen Lernprozess, uns vom liebgewordenen Eigenen zu verabschieden, mit dem wir vernetzt waren. [...] Durch Fremdheit werden Auseinandersetzungen und Grenzziehungen, Abschiede und Verlusterfahrungen unseres individuellen Lebenslaufs deutlich. Als verborgene Seite unserer Identität erinnert uns das Fremde an die Schmerzen der Selbstwerdung.«

Bürli siedelt die Behinderung »im Grenzbereich von Eigenem und Fremdem« an. »Alte Gegensätze wie: Nähe – Ferne, Selbst – Fremd, Behindert – Nichtbehindert werden gelockert und überwunden [...] ohne die Kluft ganz zu schließen. [...] Wer die Pluralität und Heterogenität akzeptiert und sich möglichst angstfrei und vorbehaltlos auf das Fremde einzulassen vermag, kommt in den Genuss der eigenen Erweiterung und Bereicherung« (a. a. O.).

Solange aber Fremdheit und Abwehr stark sind, besteht die fortwährende Versuchung, das Fremde, Unangenehme durch Fremdbestimmung abzuwenden, umzuformen, kontrollierbar und handhabbar zu machen und auf diese Weise eigene Ängste zu bannen.

»Behinderte Menschen haben so zu sein, wie sie sich die nichtbehinderte Umwelt vorstellt. Nur dann haben sie eine Chance, im Leben einigermaßen unbeschadet davonzukommen« (Radtke 2010, 37).

Körperbehinderte Kinder erleben ein sehr hohes Maß an Fremdbestimmung in allen Lebensbereichen von der Erstdiagnose an. Das ist eine schwerwiegende Problemseite der vielen heute möglichen Therapie- und Fördermaßnahmen, solange sie zum Ziel haben, Behinderungen zu beseitigen, statt betroffene Kinder in den ihnen möglichen Entwicklungen zu unterstützen.

Solange der Fokus pädagogischer und therapeutischer Förderung auf dem Kampf gegen die Behinderung liegt, verlangt man von den Kindern Unmögliches: Sie sollen anders sein als sie sind – »normal«. Mit einem solchen Ziel werden dann auch die Eltern fremdbestimmt in die Förderung einbezogen. Ihre Fremdbestimmung entfremdet Eltern und Kinder eher, als dass sie Annäherung und Verstehen fördert. Das unmittelbare Erleben des Kindes so, wie es ist, wird verfremdet und verstellt durch die Zielvorstellung eines nicht mehr behinderten, aber real nicht vorhandenen Kindes.

Starke Fremdbestimmung bedeutet im Erleben des Kindes, dass man ihm nichts zutraut, dass man Zweifel hat an seinen Kompetenzen, vielleicht sogar an seinem Wert. Treten solche Erfahrungen gehäuft auf, hat ein Kind größte Mühe, sich selbst in seinen Kompetenzen wertzuschätzen, auszudrücken, was es bewegt und seine Interessen wahrzunehmen. Das kann Eltern und Fachkräfte dazu verleiten, das Kind noch stärker fremdzubestimmen. Sie nehmen dann an, sein Verhalten sei Ausdruck von Nichtkönnen und Anleitungsbedürfnis. Verstärkt sich aber die Fremdbestimmung, wird es für das Kind immer schwieriger, sich auszudrücken.

Alle Menschen in unserer Gesellschaft stehen in einem Spannungsfeld aus eigenen Autonomiebestrebungen und gesellschaftlichem Anpassungsdruck. Autonomie kann sich nur entwickeln in der erlebten Verbindung mit dem eigenen Körper, den eigenen Gefühlen und Wahrnehmungen. Ein Zwang zur Anpassung macht Autonomie kaum möglich. Da wo es in unserer Gesellschaft um Können, Stärke und Macht geht und um Abwehr von allem, was unerwünscht ist, wie z. B. Krankheit und Behinderung, ist der Normalitätsdruck auf die Menschen am größten, die gesellschaftlichen Normen oder »normalem Funktionieren« wenig oder gar nicht entsprechen können. Wenn Eltern und Fachkräfte den Weg der Anpassung gehen, behindern sie Kinder mit Behinderungen zusätzlich. Das geschieht auch dann, wenn sie annehmen, sie würden den Kindern so den Weg ins Leben erleichtern. Sie schädigen aber auch sich selbst. Denn ihre eigene Lebendigkeit leidet dabei zunehmend.

Es ist nicht zu verkennen, dass auf Eltern und Fachkräften der Erwartungsdruck der Gesellschaft schwer lastet, sie sollten die Behinderung mit vereinten Kräften ungeschehen machen, weg-erziehen, weg-behandeln, ab-trainieren. Aber das ist ein Irrweg, der sich im Kern gegen das Leben selbst richtet.

Gruen hat herausgearbeitet (1986), dass zu große Anpassung mit der Abspaltung der Gefühle und dem Zug zu Abstraktion und Distanz alle Formen von Feindseligkeit und Destruktivität zur Folge haben kann. Auch das ist ein Problem, das erst allmählich in der Arbeit mit Behinderten zur Bewusstheit und zur Sprache kommt. Solange es für Eltern und Fachkräfte so schwierig ist, autonomer und bezogener zu leben und zu handeln, ist es ebenso schwierig, Kinder mit Behinderungen Entwicklungen zur selbstbewussten Annahme ihres Soseins und zu lebendigem Selbst-Ausdruck zu erleichtern.

Es ist keine Frage, dass Selbstwertbewusstsein und Selbstbestimmung in sozialer Kooperation grundsätzliche Ziele für alle Menschen in unserer Gesellschaft sind.

Radtke ist sich aber beispielsweise keineswegs sicher, ob ihre Realisierung tatsächlich auch für Menschen mit Behinderungen gewollt ist: »Der mündige, ichbewusste behinderte Bürger ist, trotz entgegenlautender Beteuerungen, für die meisten Mitmenschen nicht der Idealfall. Vielmehr wird er zum Stein des Anstoßes. In seiner relativen Selbstsicherheit stellt er die eigene Daseinsform auf eine Stufe mit derjenigen des sogenannten Nichtbehinderten. Dies wiederum bedeutet eine Infragestellung der Normen und Werte unserer heutigen Gesellschaft, die ja fast ausschließlich von nichtbehinderten Menschen geprägt werden. Wer aber will schon die eigenen Grundsätze hinterfragt sehen?« (Radtke 2010, 37).

Anpassungsdruck und durchgehende Fremdbestimmung werden für Menschen mit Behinderungen zur ernstzunehmenden Gefahr. Denn sie sind in besonderer Weise darauf angewiesen, eigene Lösungen für ihr Alltags- und Lebensgestaltung zu finden und nicht Lösungen von nicht Behinderten zu übernehmen. Das ist z. B. sehr deutlich bei Menschen mit zerebralen Bewegungsstörungen. Sie haben andere Bewegungsabläufe und damit ein entsprechend anderes Bewegungsempfinden. Vorschläge für Lösungen motorischer Schwierigkeiten können daher nicht sinnvoll von nicht Behinderten gemacht werden. Lösungen können entweder von den Betroffenen selbst kreativ gefunden werden oder in Zusammenarbeit unter starker Berücksichtigung der Impulse und Erfahrungen Betroffener. Das gilt analog auch für Menschen mit anderen Behinderungen und in anderen Lebensbereichen.

Fremdbestimmung und Anpassungsdruck nehmen den Menschen ihr Eigenes und werden zur weiteren Behinderung.

Der Versuch, Menschen mit Behinderungen durch Fremdbestimmung Entwicklungen abzuverlangen, die sie zusätzlich behindern, darf kein Ersatz für die Entwicklungen sein, die Menschen ohne Behinderungen selbst für die gemeinsame Lebensgestaltung mit ihnen leisten müssen.

8.2 Norm- und Leistungsorientierung und die Notwendigkeit umfassender Neuausrichtung

Es kennzeichnet die gegenwärtige Situation, dass einerseits viel gut begründetes Wissen mit entsprechenden Erfahrungen über die Förderung und Integrationsmöglichkeiten körperbehinderter Kinder vom Kleinkindalter an vorhanden ist, das Grundlage weiterer Entwicklungen sein kann. Gleichzeitig bestehen z. T. erhebliche Widerstände gegen diese Entwicklungen.

Welchen Spannungen das verstärkte Bemühen um Förderung von Kindern und Akzeptanz ihrer Verschiedenheit ausgesetzt ist, wird daran besonders deutlich, dass im gleichen Zeitraum die Bereitschaft wächst, eine Schwangerschaft vorzeitig zu beenden, wenn die vorgeburtliche Diagnostik die Behinderung eines Kindes ergibt. Betroffene Eltern berichten, dass sie gesellschaftlichem Druck ausgesetzt sind, wenn sie sich für ihr Kind entscheiden. Nicht selten werden sie auch mit Kostenfragen konfrontiert. So steht das Bemühen um Annahme, Förderung und Integration/Inklusion von Kindern mit Schädigungen und Behinderungen neben Tendenzen, ihnen das Lebensrecht abzusprechen.

Akzeptanz, Bereitstellung von persönlichen und sächlichen Hilfen, umfängliche Teilhabe und Mitgestaltung gesellschaftlicher Vorgänge sind keineswegs selbstverständlich, solange Normorientierung, Stärke, Leistung, Vergleichbarkeit und Konkurrenz das Zusammenleben prägen. Das was anders ist, befremdet, stört, wird vielleicht als bedrohlich erlebt. Distanzierung ist die Folge, oft verbunden mit Abwertung als Selbstschutz. Anpassung wird gefordert, denn sie vermindert die vermeintliche Gefahr. So erfordert Integration eine intensive Auseinandersetzung mit eigenen und gesellschaftlichen Wertsystemen, ihren Erscheinungsformen und Auswirkungen.

Den überwiegenden gesellschaftlichen Bestrebungen entsprechen die Veränderungen, die in Schulen zu beobachten sind. Einerseits wird zunehmend die Individualisierung der Förderung für alle Schüler gefordert. Andererseits sollen Standards für die Unterrichtsfächer gelten mit normierten Anforderungen und überregionalen Leistungsprüfungen Es werden Leistungssteigerungen erwartet, Verkürzungen der Schulzeit praktiziert. Eliteschulen sind im Gespräch und Exzellenzinitiativen. Gleichzeitig sollen mehr Schüler eine Klasse besuchen und Lehrer mehr Unterrichtsstunden halten.

Das Streben nach immer mehr Leistung steht in einem Spannungsverhältnis zu mehr Kooperation der Schüler untereinander und zur Stärkung der sozialen Interaktion mit Akzeptanz von Verschiedenheit.

Dem Bestreben um mehr Individualisierung der Förderung stehen mancherorts strenge Regeln für die vergleichende Notengebung gegenüber.

Czerny macht nachdrücklich darauf aufmerksam (2010), wie sich eine fortlaufende Leistungsbeurteilung auf Kinder vom Eintritt in die Schule an auswirkt, so wie sie auch heute noch in manchen Regionen amtlich gefordert wird.

Strenge, fortlaufende Leistungsbeurteilungen mit der gesamten Notenskala von der ersten Klasse an machen die Schule zur Prüf- und Selektionsschule. Kinder und Eltern sind in den »Run auf bessere Noten« (a. a. O. 58) einbezogen. Eine vertrauensvolle Zusammenarbeit mit den Eltern wird so untergraben. Abfragbare Begriffe werden wichtiger als erlebte Erfahrungen. Der Blick auf Leistungsschwächen, die abgestellt werden sollen einerseits und auf die Kriterien für den Übergang zu weiterführenden Schulen andererseits, prägt als permanenter Leistungsdruck das Lernverhalten der Kinder. Czerny betont, dass ein solches Schulsystem Kindern schadet. Es verhindert individuelles Lernen anhand eigener Erfahrungen, weil es auf gleichförmige Ergebnisse ausgerichtet ist. Es fördert Konkurrenz und erschwert soziale Akzeptanz.

Dagegen setzt z. B. Largo (2010, 78) die Notwendigkeit der Unterstützung für ein Kind, damit es lernt, mit Schwächen umzugehen und seine vorhandenen Kompetenzen möglichst gut zu nutzen.

Norm- und Leistungsorientierung in der Schule behindert die umfassende Neuausrichtung, die erforderlich ist, um der Heterogenität der Kinder gerecht zu werden und gemeinsames Lernen von Kindern mit und ohne Behinderungen weiterzuentwickeln und auszubauen.

Pädagogen stehen in besonderer Weise in diesem Spannungsfeld. Sie sind mit immer höheren Anforderungen konfrontiert. Migrantenkinder aus einer Vielzahl von Ländern mit sehr unterschiedlichen Sprachen und kulturellen Hintergründen sind zu integrieren. Sehr unruhige Kinder mit der Diagnose ADS/ADHS-Syndrom erfordern besondere Berücksichtigung. Erziehungsunsicherheiten mancher Eltern wirken sich aus. Gleichzeitig sind die Ansprüche der Eltern an die Lehrkräfte gestiegen. Sie sollen dazu beitragen, dass die Kinder möglichst anspruchsvolle Bildungsabschlüsse erreichen, um später einen entsprechenden Platz in der Arbeits- und Lebenswelt zu finden. Weitgehend wird von Eltern die Vergleichbarkeit der Leistungen innerhalb der Klasse erwartet. Lehrer berichten von der Skepsis der Eltern nicht behinderter Kinder in Bezug auf den gemeinsamen Unterricht und die Notengerechtigkeit bei unterschiedlichen Bildungsplänen von Kindern einer Klasse oder bei Veränderungen der Aufgaben durch Nachteilsausgleiche.

Dagegen sind die Hoffnungen vieler Eltern von Kindern mit besonderen Förderbedürfnissen bei gemeinsamem Unterricht groß.

Um gute Ergebnisse in internationalen Vergleichsuntersuchungen (z. B. PISA) zu erzielen, geht auch von der Bildungspolitik beträchtlicher Druck auf die Pädagogen aus. Geben sie ihn an die Schüler weiter, führt das nicht selten zu Demotivation und Protest und damit zu weiterer Belastung. So haben Erkrankungen durch Resignation und Erschöpfung bei Lehrern stark zugenommen. Nach Speck (2010, 75) deutet das darauf hin, »dass die Aufgaben und Probleme, die Lehrern heute gemeinhin aufgebürdet werden, also auch die Vielfalt der Schülerschaft, nur begrenzt zu bewältigen sind – von Ausnahmen unter besonders günstigen Bedingungen abgesehen«.

Auch die Aufgaben der Kooperation der Lehrkräfte wachsen. Die Förderung von Kindern mit sehr unterschiedlichen Bildungsbedürfnissen stellt Lehrer der allgemeinen Schulen vor immer neue Herausforderungen. Eine Zusammenarbeit mit Sonderpädagogen ist für viele Lehrer Neuland. Formen und Inhalte der Zusammenarbeit müssen erarbeitet werden. Das Rollenverständnis ändert sich zum Teil. Auch Sonderpädagogen stehen immer wieder vor neuen Aufgaben, wenn Kinder sehr unterschiedliche Förderbedürfnisse haben. Kein Sonderpädagoge kann in gleicher Weise qualifiziert sein für die Arbeit mit blinden, hörgeschädigten, körperbehinderten, nicht sprechenden, verhaltensauffälligen oder in der kognitiven Entwicklung behinderten Kindern. Keine Ausbildung kann leisten, dass für alle Kinder zugleich hinreichende praxisrelevante Kenntnisse vermittelt werden. Eine mehr generalisierte Ausbildung von Sonderpädagogen, wie sie heute oft gefordert und auch praktiziert wird, ist notwendigerweise mehr theorieorientiert. Aber nur hinreichend spezialisierte Ausbildungen sind praxisnah (vgl. Luhmann 1996, 22). So ergibt sich je nach vorliegenden Förderbedürfnissen der Kinder die Notwendigkeit der Kooperation mit verschiedenen Fachkräften. Die Anforderungen wachsen immer weiter. Das ist in den bisherigen Debatten, die sich überwiegend auf Kinder mit Lern-, Sprach- und Verhaltensauffälligkeiten beziehen, nicht berücksichtigt. Auch nicht die Notwendigkeit, ggf. pflegerische und therapeutische Fachkräfte einzubeziehen.

Für Kinder mit Körperbehinderungen und chronischen Krankheiten wurden viele Fördermöglichkeiten erarbeitet und weiterentwickelt. Das Angebot für betroffene Kinder in Frühförderung, Kindertagesstätten und Schulen ist heute ungleich größer als es noch in den 70er- oder 80er-Jahren vorstellbar war.

Und doch werden die Kinder nicht nur gefördert, sondern auch immer noch behindert. Unter Umständen werden sie sogar – ohne jede ungute Absicht – durch Förderung behindert. Es braucht ein waches Bewusstsein für eine solche mögliche Implikation und die Verantwortung dafür, dass sie da wo sie vorliegt, nicht bestehen bleibt. Auch an dieser Stelle ist eine grundlegende Reflexion und Neuorientierung in der pädagogischen und therapeutischen Arbeit unumgänglich.

Die Aufgabe der Pädagogen und Fachkräfte ist ohne Mitwirkung aller gesellschaftlichen Kräfte nicht zu leisten.

Einerseits sollen sie gesellschaftliche Werte tradieren, zu denen ja auch Leistungsorientierung, Wettbewerb und Normen gehören. Gleichzeitig sollen sie die umfassende Neuorientierung für sich vollziehen und den gesellschaftlichen Prozess begleiten mit Wertschätzung von Heterogenität, Individualisierung von Lernwegen und Lerninhalten, Berücksichtigung entwicklungsspezifischen Lernens, Akzeptanz von Verschiedenheit, von Leben mit Behinderungen. Das widerspricht aber ausgeprägten Tendenzen in unserer Gesellschaft.

Die Pädagogen und Fachkräfte sollen Vorreiter und Mitgestalter dieses grundlegenden und notwendigen Prozesses einer Neuorientierung sein, weitgehend ohne selbst dafür Vorbilder und Modelle erlebt zu haben.

Es geht bei den Pädagogen in Schulen nicht anders als bei den Pädagogen in Kindertagesstätten um nicht weniger als die Veränderung des beruflichen Selbstverständnisses. Sie verlangt oft »einen Bruch mit dem in der Ausbildung und im beruflichen Alltag aufgebauten Wert- und Normsystem und mit den im Berufsleben eingeschliffenen Routinen. Und sie geht selten ohne Konflikte mit eigenen Erwartungen sowie den Erwartungen von Kolleginnen, der Leitung, der Eltern und oft auch der Kinder vonstatten« (Knauf in Textor, o. J., 13; vgl. Musiol 2002).

Eine große Schwierigkeit ist beim Bemühen um eine Neuausrichtung der Bildungsarbeit in Kindertagesstätte und Schule, dass die Wertschätzung von Heterogenität, von Akzeptanz und gemeinsamem Lernen von Kindern mit und ohne Behinderung auf die Bedeutung der sozialen Gemeinschaft aufbaut. Das Leben außerhalb von Kindertagesstätte und Schule »ist aber überwiegend von Individuen geprägt und von den eigenen Voraussetzungen der Individuen, erfolgreich zu sein. Ein wesentliches Motiv dieser Individualisierung ist die Konkurrenz sowie das Recht des Stärkeren« (Haug 2008, 48). Haug fragt: »Ist es denkbar, dass die Institution« [...] die Neuausrichtung weiterentwickeln kann, »während mächtige Einflussgruppen rundherum den entgegengesetzten Weg gehen? Ist es möglich, dass Kindergarten und Schule als gesellschaftliche Anker wirken und die genannten Entwicklungen aufhalten und kompensieren können?« (a. a. O. 49)

Diese Fragen sind berechtigt. Dafür, dass die Entwicklungen in der Richtung der neuen, wichtigen Perspektiven weitergehen, spricht vor allem, dass sie seit den 70er-Jahren vorbereitet werden und seitdem immer weiter an Kraft gewonnen haben.

Wie weit sie gehen können, ist allerdings derzeit nicht absehbar.

Wir können uns heute noch nicht vorstellen, inwieweit sich auch die Wirtschafts- und Arbeitswelt auf die zunehmende gleich berechtigte Mitarbeit von Menschen mit sehr heterogenen Kompetenzen und individuellem Bedarf an Assistenz und Hilfen einstellen wird und sich dadurch verändert.

Speck (2010, 75) spricht von der Herausforderung für Wirtschaft, Management, Politik und Verbände, sich auf Vielfalt einzustellen: »Aus diesem Grunde ist von der Beauftragten der Bundesregierung für Migration, Flüchtlinge und Integration 2006 eine ›Charta der Vielfalt‹ initiiert worden. Sie bezieht sich auf die Wirtschaft und ist inzwischen von mehr als 600 Unternehmen in Deutschland unterzeichnet worden. Diese verpflichten sich, für ein Arbeitsumfeld zu sorgen, das frei von Vorurteilen ist und in dem alle Mitarbeiter Wertschätzung erfahren, unabhängig von Geschlecht, Rasse, Nationalität, ethnischer Herkunft, Religion oder Weltanschauung, Behinderung, Alter, sexueller Orientierung und Identität.«

Gerade in Bereichen, in denen Effizienz, Tempo, Mobilität, Flexibilität und Wettbewerb so bedeutsam sind, setzen die o. a. Unternehmer ermutigende Zeichen.

Sie finden sich auch in Integrationsbetrieben, ausgelagerten Abteilungen der Werkstatt für behinderte Menschen, bei unterstützter Beschäftigung. Hervorzuheben sind auch Betriebe für Menschen mit und ohne Behinderungen wie Kopiergeschäfte, Hotels oder CAP-Märkte (CAP steht für Handicap).

Damit zeichnen sich aber noch keine Modelle für Menschen mit schwereren Körperbehinderungen ab.

Im Bereich des Wohnens hoffen Menschen mit Behinderungen u. a. darauf (Faßbender 2010, 146),
- »dass behinderte Menschen jederzeit unter den Wohn- und Pflegeformen frei wählen können;
- dass behinderte Menschen selbst in Einrichtungen soviel Assistenz erhalten, dass sie wirkliche Lebensqualität erfahren und nicht als am Leben zu erhaltender Ballast behandelt werden;
- dass sie am Ort ihrer Wahl leben können und
- dass eine barrierefreie Umwelt gepaart mit der nötigen Mobilität ihnen den Zugang zu sozialen Aktivitäten gewährt.«

Insgesamt besteht bei Menschen mit Behinderungen der dringende Wunsch, ihr Leben nach eigenen Vorstellungen zu gestalten (vgl. Lelgemann 2006, 204).

Auch der Bereich der kulturellen und politischen Teilhabe wird sich um neue Gestaltungsformen erweitern. Um welche – das werden die Entwicklungen zeigen.

Noch ist unklar, was wir alle für Neuorientierung und Neugestaltung einsetzen müssen, was wir gewinnen, was wir aufgeben müssen.

Bisherige Erfahrungen zeigen, dass vieles möglich ist, wenn die Rahmenbedingungen den jeweils anliegenden Aufgaben angemessen sind.

Keine gesellschaftliche Gruppe kann neue Wege gemeinsamer Bildung und Lebensgestaltung allein ermöglichen: weder Pädagogen noch Sonderpädagogen, Eltern, Kinder, Träger von Frühförderstellen, Kindertagesstätten, Schulen; weder Kirchen noch Politik, Wirtschaft oder Wissenschaft. Neue Wege dürfen nicht zu Lasten von Menschen mit Behinderungen und Krankheiten gehen mit Verweigerung notwendiger Hilfen oder Schließung erforderlicher Einrichtungen. Das wäre ein eklatanter Missbrauch von Bemühungen um Integration/Inklusion.

Zum Prozess der Neuorientierung gehören viele unterschiedliche Wege. Es macht nicht Sinn, die Anerkennung von Verschiedenheit anzustreben und nur einen Weg – z. B. den einer Schule für alle Kinder – für gültig zu erklären.

Es bedarf vieler individueller und gemeinsamer Anstrengungen, um die Lebensperspektiven und Erfahrungen von Menschen mit Behinderungen zunehmend zu verstehen und sich ihnen akzeptierend anzunähern. Dazu gehört auch die Akzeptanz der eigenen Grenzen und der Grenzen der anderen.

Aus dem Verstehenlernen und der Annäherung erwächst das Erleben der

Zusammengehörigkeit aller und der sich daraus ergebenden Verantwortung. Behinderung ist ja nicht nur ein persönliches Schicksal. Behinderung steht immer im gesamtgesellschaftlichen Kontext. Das heißt: sie betrifft jeden in der Gesellschaft.

So ist jeder herausgefordert, auf seine Weise, in seinem Lebensbereich zu neuen Wegen gemeinsamer Lebensgestaltung beizutragen.

Derzeit werden körperbehinderte oder chronisch kranke Kinder in unserer Gesellschaft in ihrer Entwicklung und sozialen Teilhabe sowohl behindert als auch gefördert.

Kinder mit körperlichen Beeinträchtigungen werden behindert,
- wenn ihr Lebensrecht infrage gestellt wird;
- wenn die Unerwünschtheit von Behinderung und Krankheit auf betroffene Menschen übertragen wird;
- wenn Behandlungen ihrer Lebenssituation und ihren Entwicklungsimpulsen nicht gerecht werden;
- wenn an Vorurteilen festgehalten wird;
- wenn die Kinder angehalten werden, gegen ihre Behinderung, die Teil ihrer Identität ist, zu kämpfen;
- wenn ihre Lebenserschwerungen geleugnet werden;
- wenn sie so werden sollen, wie sie nicht sein können: nicht behindert;
- wenn erwartet wird, dass sie alles genau so tun wie Kinder ohne Beeinträchtigungen;
- wenn sie sich anpassen sollen und damit ihr Sosein, ihre Bedürfnisse und Handlungsweisen verleugnen müssen;
- wenn sie nicht für das, was sie sind, anerkannt und unterstützt werden, sondern nur für das, was sie werden sollen;
- wenn ihnen keine Kontakte zu ähnlich behinderten und zu nicht behinderten Kindern ermöglicht werden;
- wenn ihre Eltern wegen der Behinderung angefeindet werden und ihnen Schuld an der Schädigung zugeschoben wird;
- wenn den Eltern oder den Kindern notwendige Hilfen verweigert werden;
- wenn die Kinder in der pädagogisch-psychologischen Diagnostik durch Testauswahl, Aufgabenstellungen und Zeitvorgaben benachteiligt werden;
- wenn ihnen Funktionen antrainiert werden, aber ihre Gesamtentwicklung außer Acht bleibt;
- wenn vorschnelle Annahmen über Schwächen ihnen Bildungswege verstellen;
- wenn ihr Recht auf Bildung dem Recht auf Teilhabe geopfert wird;

- wenn die Förderung, die sie erhalten, ihrer Lebenssituation und ihren Förderbedürfnissen nicht entspricht;
- wenn Nachteilsausgleiche nicht gewährt werden und Hilfsmittel fehlen;
- wenn die Zusammenarbeit von Pädagogen, Sonderpädagogen und therapeutischen Fachkräften nicht stattfindet;
- wenn der Heterogenität der Kinder nicht auch eine Vielzahl unterschiedlicher Fördermöglichkeiten und Förderorte entspricht;
- wenn die Rahmenbedingungen in Frühförderung, Kindertagesstätte und Schule nicht den Förderbedürfnissen der Kinder entsprechen;
- wenn die Fachkräfte so hoch belastet sind, dass Bezogenheit und Individualisierung in der Förderung nicht möglich sind;
- wenn Fachkräfte keine Fortbildungen für die Arbeit mit körperbehinderten und chronisch kranken Kindern erhalten.

Kinder mit körperlichen Beeinträchtigungen werden gefördert,
- wenn sie mit ihrer Behinderung oder Krankheit willkommen und akzeptiert sind;
- wenn ihre Eltern soziale Anerkennung erfahren und mit Selbstverständlichkeit dazu gehören, wenn sie ggf. Unterstützung und Hilfe finden ohne Demütigung und Vertröstung;
- wenn die Kinder in früher Kindheit zugewandte und zuverlässige Bedürfnisbefriedigung erleben und dann lernen, selbst dazu beizutragen;
- wenn ihnen – wie anderen Kindern – Kompetenz für ihre Entwicklung zugetraut wird, und wenn sie förderliche Bedingungen für ihre eigene Entwicklung haben;
- wenn sie bei Untersuchungen, Krankenhausaufenthalten, Operationen, eine vertraute Bezugsperson bei sich haben können;
- wenn sie erleben, dass Behandlungen ihnen helfen, ihre eigenen Entwicklungsimpulse zu verwirklichen;
- wenn die Eltern-Kind-Beziehung, die Pflege, und die Therapien so gestaltet werden, dass die Kinder Zuneigung und achtsamen Umgang auch mit ihrem Körper erleben und damit Hilfen für die Akzeptanz ihres behinderten Körpers;
- wenn die Menschen in ihrer Umgebung ihnen so begegnen, dass sie immer wieder gute Sozialerfahrungen machen können;
- wenn sie in Kindergruppen selbstverständlich dazugehören, ohne sich in allem anpassen zu müssen;
- wenn ihr Alltag ihnen genügend Raum und Zeit für selbstbestimmtes Tun und Spiel lässt, und wenn sie dabei bei Bedarf persönliche oder sächliche Hilfen erhalten;

- wenn ihre Entdeckerfreude unterstützt wird;
- wenn sie an der familialen Lebensgestaltung und ihrem sozialen Umfeld aktiv beteiligt sind;
- wenn sie in vertrauten Beziehungen ihre Fragen nach Maßnahmen, Behinderung, Krankheit und Tod zugewandt und entwicklungsentsprechend beantwortet bekommen;
- wenn sie zu Hause und in Bildungseinrichtungen auch physische, emotionale und soziale Nöte ansprechen und besprechen können;
- wenn Kontakte zu anderen körperbehinderten und zu nicht behinderten Kindern erleichtert und gefördert werden;
- wenn ihre Förderung nicht von Schwächen sondern von ihren Entwicklungsmöglichkeiten und Kompetenzen ausgeht;
- wenn sie beim schulischen Lernen in der Kindergemeinschaft auch individuell gefördert werden, und wenn das für alle Kinder in der Gruppe gilt;
- wenn ihnen in Kindertagesstätte und Schule notwendige Hilfen und Hilfsmittel mit Selbstverständlichkeit gegeben werden – einschließlich bewegungstherapeutischer Unterstützung und Pflege;
- wenn die Förderung nicht mit Stress, Druck, starker Konkurrenz und ständiger Bewertung verbunden wird;
- wenn die Fachkräfte in der Förderung sich auf die individuellen Kompetenzen und Bedürfnisse der Kinder einstellen und mit ihnen gemeinsam Erfahrungs- und Lernwege erarbeiten.

Wird es möglich sein, das zu überwinden, was die Kinder durch gesellschaftliche Einstellungen und deren Handlungsfolgen in ihrer Entwicklung und sozialen Teilhabe behindert?

Wie weit wird es gelingen, das zu tun und weiterzuentwickeln, was sie unterstützt und was ihre gleichberechtigte Teilhabe am gemeinsamen Leben in unserer Gesellschaft erleichtert?

Literatur

Abbot, L.; Langston, A. (2007): Die wichtigen Jahre 0–3. In: Frühförderung interdisziplinär 26, 66–77.
Achilles, I. (2007): Die Situation der Geschwister behinderter Kinder. In: Behinderte Menschen 1, 68–77.
Ahnert, L. (2007): Herausforderungen und Risiken in der frühen Bildungsvermittlung. In: Frühförderung interdisziplinär 26, 58–65.
Aichele, V. (2010): Das Recht auf inklusive Bildung gemäß Artikel 24 der UN-BRK. In: Hinz et al. (Hrsg.): Auf dem Weg zur Schule für alle. Marburg, 11–25.
Aly, M. (2002): Neues Selbstverständnis der Physiotherapie bei Kindern mit MMC. In: ASBH (Hrsg.): Physiotherapie und Orthesenversorgung bei Spina bifida. Dortmund, 26–32.
Amt für Statistik Deutschland (2009): Fachserie 12, Reihe 3; www.destatis.de
Antonovsky, A. (1997): Salutogenese. Tübingen.
AOK (o. J.): Infantile Zerebralparese, Little-Krankheit, Morbus Little, Hirnschädigung im Mutterleib, ICP. http://www.aok.de/bund/tools/medicity/diagnose.php?icd=3136
ASBH (Hrsg.) (2002): Mobilität bei Spina bifida und Hydrocephalus. Dortmund.
ASBH (Hrsg.) (2008): Hydrocephalus bei Schülern. Dortmund.
ASBH (Hrsg.) (2009): Leben mit Spina bifida und Hydrocephalus. Dortmund.
Asper, K. (1987): Verlassenheit und Selbstentfremdung. Olten.
AWMF (Arbeitsgemeinschaft der Wissenschaftlichen Medizinischen Gesellschaften) (2008): Frühgeburt an der Grenze der Lebensfähigkeit des Kindes. www.uni-duesseldorf.de/AWMF/II/024-019.htm
Baranowski, M.; Schilmoeller, G. (1999): Grandparents in the Lives of Grandchildren with Disabilities. In: Education and Treatment of Children. 22, 427–446.
Bauby, J. D. (1997): Schmetterling und Taucherglocke. Wien.
Bauer, J. (2002): Das Gedächtnis des Körpers. Frankfurt.
Bauer, J. (2005): Warum ich fühle was Du fühlst. Hamburg.
Bauer, J. (2008): Das kooperative Gen. Hamburg.
BayBP – siehe Bayerisches Staatsministerium
Bayerisches Staatsministerium für Arbeit und Sozialordnung, Familie und Frauen (Hrsg.) (2009): Der Bayerische Erziehungs- und Bildungsplan für Kinder in Tageseinrichtungen bis zur Einschulung. Berlin, 3. Auflage.
Beauftragte der Bundesregierung für die Belange behinderter Menschen (Hrsg.) (2009): Wegweiser für Eltern zum Gemeinsamen Unterricht. Berlin.
Becher, W. et al. (1978): Integration Körperbehinderter in eine Regelschule. In: Rehabilitation 17, 95–101 und 140–144.
Berens, G. (1994): In Wahrheit ist es Liebe ... Halle.
Bergeest, H. (2000): Körperbehindertenpädagogik. Bad Heilbrunn.
Bienstein, Chr. (2007): Die Versorgung von Menschen im Wachkoma. In: Höfling, W. (Hrsg.): Das sogenannte Wachkoma. Berlin, 2. Auflage, 133–150.
Bleck, E.; Nagel, D. (1975): Physically Handicapped Children. New York.
Boban, I.; Hinz, A. (Hrsg.) (2003): Index für Inklusion. Halle.

Bobath, K.; Bobath, B. (1964): Grundgedanken zur Behandlung der zerebralen Kinderlähmung. In: Beiträge zur Orthopädie und Traumatologie 3, Sonderdruck.
Booth, T. et al. (2006): Index für Inklusion (Tageseinrichtungen für Kinder). GEW Frankfurt.
Brisch, K. et al. (2003): Early Preventive Attachment-oriented Psychotherapeutic Intervention Program with Parents of a very Low Birthweight Premature Infant. Result of attachment and neurological development. In: Attach. Hum. Dev. 5, 120–135.
Brown, Chr. (1982): Mein linker Fuß. Berlin, 12. Auflage.
Büchter, E.; Götz, Cl. (2000): Nachsorge für Hochrisiko-Frühgeborene und ihre Familien. In: Leyendecker, Chr.; Horstmann, T. (Hrsg.): Große Pläne für kleine Leute. München, 127–131.
Bundesärztekammer (2003): Richtlinien zur pränatalen Diagnostik von Krankheiten und Krankheitsdispositionen. www.bundesärztekammer.de
Bundesärztekammer (2004): Grundsätze der Bundesärztekammer zur ärztlichen Sterbebegleitung. www.arzt.de/page.asp?his=0.6.5048.5049
Bürli, A. (2011): Behinderung als Fremdheit. In: Z. Heilpädagogik 1, 27–36.
Bürli, A. et al. (Hrsg.) (2009): Integration/Inklusion aus internationaler Sicht. Bad Heilbrunn.
Chamberlain, D. (1990): Woran Babys sich erinnern. München.
Chamberlain. D. (1997): Neue Forschungsergebnisse aus der Beobachtung vorgeburtlichen Verhaltens. In: Janus, L.; Haibach,S. (Hrsg.): Seelisches Erleben vor und während der Geburt. Neu-Isenburg, 23–36.
Cloerkes, G. (1997, 2007): Soziologie der Behinderten. Heidelberg; 2007: 3. neu bearbeitete Auflage.
Cloerkes, G. (2009): Stigma/Vorurteil. In: Dederich, M.; Jantzen, W. (Hrsg.): Behinderung und Anerkennung. Stuttgart, 208–212.
Crossley, R.; Mc Donald, A. (1990): Annie – Licht hinter Mauern. München.
Czerny, S. (2010): Was wir unseren Kindern in der Schule antun ... München.
Dallas, E. et al. (1993): Cerebral-palsied Childrens Interactions with Siblings. In: J. Child Psychol. Psychiatr. 34, 621–647.
Daut, V. (2005): Leben mit Duchenne Muskeldystrophie. Bad Heilbrunn.
Daut, V. (2010): Bedeutsame Veränderungen der Lebensperspektiven bei Menschen mit Duchenne-Muskeldystrophie. In: Z. Heilpädagogik 6, 230–233.
Davies, L. (1993): Comparison of Dependent-Care Activities for Well Siblings of Children with Cystic Fibrosis and Well Siblings in Families without Children with Chronic Illness. In: Issues in Comprehensive Pediatric Nursing. 16, 91–98.
Dechesne, B.; Pons, C.; Schellen, T. (Hrsg.) (1981): ... aber nicht aus Stein. Weinheim.
Dederich, M. (2000): Behinderung, Medizin, Ethik. Bad Heilbrunn.
Dederich, M. (2003): Kritische Anmerkungen zur Präimplantationsdiagnostik. In: Z. Heilpädagogik 9, 356–362.
Degener, Th. (2009): Menschenrecht und Behinderung. In: Dederich, M.; Jantzen, W. (Hrsg.): Behinderung und Anerkennung. Stuttgart, 160–169.
Deppe-Wolfinger, H.; Prengel, A.; Reiser, H. (1990): Integrative Pädagogik in der Grundschule. München.
Derouin,D.; Jessee, P. (1996): Impact of a Chronic Illness in Childhood: Siblings Perceptions. In: Issues in Comprehensive Pediatric Nursing 19, 135–147.

Dickinson, H. et al. (2007): Self-reported Quality of Life of 8-12-year-old Children with Cerebral Palsy: a cross-sectional European study. In: The Lancet, Vol. 369, 2171–2178.
Dollase, R. (2006): Möglichkeiten und Grenzen der Früherziehung aus entwicklungspsychologischer Sicht. In: Fried, L.; Roux, S. (Hrsg.): Pädagogik der frühen Kindheit. Weinheim 85–94.
Dornes, M. (2001): Die emotionale Welt des Kindes. Frankfurt, 2. Auflage.
Drave, W.; Rumpler, F.; Wachtel, P. (Hrsg.) (2000): Empfehlungen zur sonderpädagogischen Förderung. Würzburg.
Dreyer, P. (1995): Reichte es, einfach nur Mutter zu sein? In: Das Band 1, 5–6.
Ebert, D. (1998): Begegnung mit schwer mehrfach behinderten Kindern und deren Eltern in der Krankengymnastik. In: ASBH (Hrsg.): Üben, fördern, beraten. Dortmund, 78–83.
Eberwein, H. (Hrsg.) (1988): Behinderte und Nichtbehinderte lernen gemeinsam. Weinheim.
Eckert, A. (2006): Kooperation mit den Eltern. In: Hansen, G.; Stein, R. (Hrsg.): Kompendium Sonderpädagogik. Bad Heilbrunn, 276–290.
Eckert, A. (2008): Mütter und Väter in der Frühförderung – Ressourcen, Stresserleben und Bedürfnisse aus der Perspektive der Eltern. In: Frühförderung interdisziplinär, 3–10.
Ehrenstein, M. (2007): Ein Schulort für Matthias und Sebastian – körperbehinderte Kinder mit besonderen Förderbedürfnissen in der Grundschule. In: Haupt, U.; Wieczorek, M. (Hrsg.): Brennpunkte der Körperbehindertenpädagogik. Stuttgart, 150–179.
Eltern (2008): Pränataldiagnostik. www.eltern.de/schwangerschaft/praenataldiagnostik/operation-ungeborenes.htm
Engelbert, A. (1989): Behindertes Kind – »gefährdete« Familie? – Eine kritische Analyse des Forschungsstandes. In: Heilpädagogische Forschung 2, 104–111.
Engelbert, A. (2003): Behinderung im Hilfesystem: Zur Situation von Familien mit behinderten Kindern. In: Cloerkes, G. (Hrsg.): Wie man behindert wird. Heidelberg, 209–221.
Ermert, J. A. (1996): Spina bifida und Hydrocephalus. In: Schmitt, G. et al. (Hrsg.): Kindheit und Jugend mit chronischer Erkrankung. Göttingen, 502–513.
Ermert, J. A. (2009): Handbuch Spina bifida. www.handbuch.arque.de
Esser, F. O. (1975): Soziale Einstellungen von Schulkindern zu körperbehinderten Mitschülern. Neuburgweier.
Everschor, M. (2001): Probleme der Neugeboreneneuthanasie und der Behandlungsgrenzen bei schwerstgeschädigten und ultrakleinen Frühgeborenen aus rechtlicher und ethischer Sicht. Frankfurt.
Fassbender, K. J. (2010): Wohnen, Pflege und Arbeit – ein Erfahrungsbericht. In: Jennessen et al. (Hrsg.): Leben mit Körperbehinderung. Stuttgart, 141–146.
Felisari, G. et al. (2000): Loss of Dp 140 Dystrophin Isoform and Intellectual Impairment in Duchenne Dystrophy. In: Neurology 55, 559–564.
Ferrari, A.; Cioni, G. (Hrsg.) (1998): Infantile Zerebralparese. Berlin.
Feyerer, E. (2003): Pädagogik und Didaktik integrativer bzw. inklusiver Bildungsprozesse. In: Behinderte, 1, 40–52.

Findler, L.; Ellger-Rüttgardt, S.; Wachtel, G. (2006): Großeltern als Quelle der Unterstützung in Familien mit behinderten Kindern. In: Sonderpädagogische Förderung 51, 298–320.
Finnie, N. (1976): Hilfe für das cerebral gelähmte Kind. Ravensburg, 2. Auflage.
Fischer, M. (2007): Erfahrungen mit der sonderpädagogischen Begleitung körperbehinderter Kinder in der Regelschule. In: Haupt, U.; Wieczorek, M. (Hrsg.): Brennpunkte der Körperbehindertenpädagogik. Stuttgart, 137–149.
Florian, V.; Findler, L. (2001): Mental Health and Marital Adaption Among Mothers of Children with Cerebral Palsy. In: American Journal of Orthopsychiatry, 358–367.
Foster, C.; Byron, M.; Eiser, C. (1998): Correlates of Well-being in Mothers of Children and Adolescents with Cystic Fibrosis. In: Child: Care, Health, and Development 24, 31–56.
Friedrich, H. (1996): Psycho- und sozialdynamische Aspekte bei Hydrozephalus und Spina bifida. In: Schmitt, G. et al. (Hrsg.): Kindheit und Jugend mit chronischer Erkrankung. Göttingen, 514–527.
Fritsch, U.; Mühlhaus, K. (1998): Schwangerschaft unter Vorbehalt? In: Swientek, Chr.: Was bringt die Pränatale Diagnostik? Freiburg, 21–38.
Fritzsche, R. (2005): Beobachtungen im Alltag einer Integrationsgruppe. In: Schöler, J. (Hrsg.): Ein Kindergarten für alle. Berlin, 80–116.
Fröhlich, A. (1986): Die Mütter schwerstbehinderter Kinder. Heidelberg.
Fröhlich, A. (1998): Basale Stimulation. Düsseldorf.
Fthenakis, W. (2009): Allgemeine Prinzipien der Bildung im Elementarbereich. In: Fthenakis, W. et al.: Natur – Wissen schaffen. Bd. 3, Troisdorf, 16–38.
Fthenakis, W. (2009): Vorwort. In Bayerisches Staatsministerium (s. dort), München, 3. Auflage, 11.
Fthenakis, W. (2009): Leitziele von Bildung. In: Bayerisches Staatsministerium ... (s. dort), München, 3. Auflage, 29f.
Gamble, W.; Mc Hale, S. (1989): Coping with Stress in Sibling Relationships: A Comparison of Children with Disabled an Nondisabled Siblings. In: J. of Applied Developmental Psychology 10, 353–373.
Gardner, J. E. et al. (1994): Grandparents Beliefs Regarding their Role and Relationship with Special Needs Grandchildren. In: Education and Treatment of Children. 17, 192–196.
Gellrich, M. (1997): Musikalitätsförderung im vorgeburtlichen Stadium und im Kleinkindalter. In: Janus, L.; Haibach, S. (Hrsg.): Seelisches Erleben vor und während der Geburt. Neu-Isenburg, 241–255.
Geremek, A. (2009): Wachkoma. Köln.
Gerlach, J.; Jensen, H. (1969): Handbuch der Neurochirurgie, Bd. 7.
Gopnik, A. (2010): How Babies Think. In: Scientific American 303, 1, 76–81.
Grafmüller-Hell, Chr. (2008): Das Konzept heute. In: Viebrock, H.; Forst, B. (Hrsg.): Bobath. Stuttgart, 24–53.
Graumann, S. (2008): Leben um jeden Preis? Münster, Vortrag.
Graumann, S. (2009): Bioethik/Biomedizin. In: Dederich, M.; Jantzen, W. (Hrsg.): Behinderung und Anerkennung. Stuttgart, 278–284.
Graumann, S. (2009): Behindertenpolitik, Biomedizin, Bioethik und die gesellschaft-

liche Stellung behinderter Menschen. In: ASBH (Hrsg.): Leben mit Spina bifida und Hydrocephalus. Dortmund, 11–14.
Green, S. E. (2001): Grandmas Hands. In: International J. of Aging and Human Development, 53, 11–33.
Grewel, H. (1991): Recht auf Leben – drängende Fragen politischer Ethik. In: ASBH-Brief 4, 15–20.
Grewel, H. (2002): Lizenz zum Töten. Stuttgart.
Grimm, T.; Kress, W. (1997): Molekulargenetische Diagnostik der progressiven Muskeldystrophie Typ Duchenne und Becker. http://dgm.org/files/managementletters/letter5/mond
Grof, St. (1985): Geburt, Tod und Transzendenz. München.
Gruen, A. (1986): Der Verrat am Selbst.
Grundgesetz der Bundesrepublik Deutschland (2007), München, 41. Auflage.
Hackenberg, W. (1992): Geschwister behinderter Kinder im Jugendalter – Probleme und Verarbeitungsformen. Berlin.
Hackenberg, W. (2008): Geschwister von Menschen mit Behinderung. München.
Haeberlin, U. et al. (1990): Die Integration von Lernbehinderten. Stuttgart.
Hahn, M. (1999): Großeltern – die wichtigen Rädchen im Familiensystem. In: Zusammen 6, 4–7.
Hannich, H. J. (1993): Bewusstlosigkeit und Körpersprache. In: Psychotherapie und Psychosomatik, 219–226.
Hansen, G. (2007): Beeinträchtigungen der körperlichen und motorischen Entwicklung. In: Hansen, G.; Stein, R.: Kompendium Sonderpädagogik. Bad Heilbrunn, 68–81.
von Hardenberg, I. (2001): Erlebnisraum Mutterleib. In: Geo 7, 18–42
Harder, L.; Bowditch, B. (1982): Siblings of Children with Cystic Fibrosis: Perception of the Impact of the Disease. In: Childrens health care: J. of the Association for the Care of Childrens Health 10, 116–120.
Hau, Th. F.; Schindler, S. (1982): Pränatale und Perinatale Psychosomatik. Stuttgart.
Hauf, D. (1991): Überlegungen zur Behandlung von Kindern und Jugendlichen mit apallischem Syndrom – aus der Sicht des Arztes. In: Behinderte 6, 39–47.
Haug, P. (2008): Inklusion als Herausforderung der Politik im internationalen Kontext. In: Kreuzer, M.; Ytterhus, B. (Hrsg.): Dabeisein ist nicht alles. München, 36–51.
Haupt, U. (1974): Dysmeliekinder am Ende der Grundschulzeit. Neuburgweier
Haupt, U. (1982): Veränderungen der Schülerschaft in Körperbehindertenschulen – Notwendigkeit der Entwicklung von neuen Konzepten. In: Sonderpädagogik 3, 97–102 und 174–180.
Haupt, U. (1984): Sonderpädagogische Aufgaben bei verletzten Kindern. In: Sauer, H. (Hrsg.): Lehrbuch der Kindertraumatologie. Stuttgart, 58–70
Haupt, U. (1985): Die schulische Integration von Behinderten. In: Bleidick, U. (Hrsg.): Theorie der Behindertenpädagogik. Berlin, 152–197.
Haupt, U. (1990): Ausdrucksverhalten bei Kindern mit Duchenne-Muskeldystrophie. In: Frühförderung interdisziplinär 9, 126–128.
Haupt, U. (1991): Entwicklung und Lernmöglichkeiten bei Kindern und Jugendlichen mit schwerster Behinderung. In: Fröhlich, A. (Hrsg.): Pädagogik bei schwerster Behinderung. Berlin, 15–37.

Haupt, U. (1997): Eltern berichten über Erfahrungen mit der Schule ihrer körperbehinderten Kinder. In: Z. Heilpädagogik 4, 152–156.
Haupt, U. (1999): Sportunterricht mit körperbehinderten Schülern. In: Blaumeiser, G. (Hrsg.): Herausforderung Behindertensport. Balingen, 68–75.
Haupt, U. (2001): Schwerstbehinderten Kindern die eigene Entwicklung erleichtern. In: Fröhlich, A. et al. (Hrsg.): Schwere Behinderung in Praxis und Theorie. Düsseldorf, 161–172.
Haupt, U. (2003a): Körperbehinderte Kinder verstehen lernen. Düsseldorf, 3. überarbeitete Auflage.
Haupt, U. (2003b): Schatten in Förderung und Therapie behinderter Kinder. – Eine kritische Reflexion zur gegenwärtigen Situation. In: Sonderpädagogische Förderung, 47.
Haupt, U. (2003c): Kind und Familie im neuen Verständnis von Entwicklung und Förderung. In: Bundesverband – bvkm (Hrsg.): Kinder mit cerebralen Bewegungsstörungen. Düsseldorf, 2–12.
Haupt, U. (2006): Wie Lernen beginnt. Stuttgart.
Haupt, U. (2008): Zur Entstehung und Behandlung des Hydrocephalus. In: ASBH (Hrsg.): Hydrocephalus bei Schülern. Dortmund, 7–13.
Haupt, U. (2008): Lernerschwerungen und Lernerleichterungen bei Schülern mit Hydrocephalus. In: ASBH (Hrsg.): Hydrocephalus bei Schülern. Dortmund, 13–27.
Haupt, U. (2008): Spiritualität in der Begleitung von Kindern mit begrenzter Lebenserwartung. In: Dt. Kinderhospizverein (Hrsg.): Begleiten – Abschied nehmen – Trauern. Düsseldorf, 39–55.
Haupt, U. (2010): Körperbehindertenpädagogik als Entwicklungsweg. In: Daut, V. et al. (Hrsg.): Teilhabe und Partizipation verwirklichen. Oberhausen, 45–59.
Haupt, U.; Jansen, G. W. (1983): Modelle der integrativen Erziehung und Unterrichtung von körperbehinderten Kindern und Jugendlichen. In: Haupt, U.; Jansen, G. W. (Hrsg.): Pädagogik der Körperbehinderten. Berlin, 83–102.
Haupt, U.; Gärtner-Heßdörfer, U. (1986): Integration körperbehinderter Schüler in das Gymnasium. Mainz.
Haupt, U.; Wieczorek, M. (Hrsg.) (2007): Brennpunkte der Körperbehindertenpädagogik. Stuttgart.
Häußler, M. (2007): Die Rolle der ICF-CY in Sozialpädiatrischen Zentren. In: Frühförderung interdisziplinär 26, 13–180.
Heckel, H. (1976): Körperbehinderte im Leibniz-Gymnasium Altorf. In: Muth, J. et al.: Schulversuche zur Integration behinderter Kinder in den allgemeinen Unterricht. Braunschweig.
Heimlich, U. (1993): Projekt »Gemeinsam spielen«. Zur Gestaltung integrativer Spielsituationen. In: Gemeinsam Leben 1, 14–19.
Heitmann, M.; Prüssner, G. (1976): Körperbehinderte in der Gesamtschule Hessisch-Lichtenau. In: Muth, J. et al.: Schulversuche zur Integration behinderter Kinder in den allgemeinen Unterricht. Braunschweig.
Hellbrügge, Th. (1977): Unser Montessori-Modell. München.
Hinsberger, G. (2007): Weil es dich gibt. Freiburg.
Hintermaier, M. (2001): Welche Erkenntnisse die Frühförderung aus den Erfahrungen von Eltern mit älteren behinderten Kindern gewinnen kann. In: Frühförderung interdisziplinär, 49–61.

Hinton, V. (1998): Cognitive Skills in Boys with DMD and BMD. Pittsburg, Vortrag.
Hinton, V. et al. (2001): Selective Deficits in Verbal Working Memory Associated with a Known Genetic Etiology: The neuropsychological profile of Duchenne Muscular Dystrophy. In: J. of the International Neuropsychological Society 7, 45–56.
Hinz, A.; Körner, I.; Niehoff, U. (2010): Auf dem Weg zur Schule für alle. Marburg.
Hinze, D. (1993): Väter behinderter Kinder – ihre besonderen Schwierigkeiten und Chancen. In: Behinderte 2, 51–56.
Höfling, W. (Hrsg.) (2007): Das sogenannte Wachkoma. Berlin, 2. Auflage.
Hollenweger, J. (2009): Konzeptionen von Behinderungen und ihre Wirkungen im Kontext Schule. In: Bürli, A. et al. (Hrsg.): Integration/Inklusion aus internationaler Sicht. Bad Heilbrunn, 177–187.
Holtz, R. (1997): Therapie- und Alltagshilfen für zerebralparetische Kinder. München.
Hömberg, N. (2007): Ergebnisse aus dem Berliner Landesschulversuch. In: Hinz, A. (Hrsg.): Schwere Mehrfachbehinderung und Integration – Herausforderungen, Erfahrungen, Perspektiven. Oberhausen, 57–74.
Hornby, G.; Ashworth,T. (1994): Grandparents Support for Families who Have Children with Disabilities. In: J. of Child and Family Studies 3, 403–412.
Huffmann, G. (1968): Das neurologische und psychische Defektsyndrom bei frühkindlichem Hirnschaden. Stuttgart.
Ianes, D. (2009): Die besondere Normalität. München.
Integrative Schule Frankfurt (2007): Schulkonzept. Frankfurt.
Jaenicke, F. (2009): Mein Sohn und der Drachen. In: Bundesverband bvkm: Glück kann man teilen. Sorgen auch. Düsseldorf.
Jahn, Th. (2008): Patient an der Nabelschnur. www.dradio.de/dfl/sendungen/wib/716777
Jansen, G. W. (1972): Die Einstellung der Gesellschaft zu Körperbehinderten. Neuburgweier.
Jansen, G. W. (1981): Einander verstehen – mit Nichtbehinderten leben. In: Muskelreport 3, 3–11.
Janson, U. (2008): Förderung von Inklusion und Horizontalität – Pädagogische Interventionsstile. In: Kreuzer, M.; Ytterhus, B. (Hrsg.): Dabeisein ist nicht alles. München, 239–246.
Janus, M.; Goldberg, S. (1995): Sibling Empathy and Behavioral Adjustment of Children with Chronic Illness (CHD – Congenital Heart Disease). In: Child: Care, Health, and Development 21, 321–331.
Jeltsch-Schudel, B. (2009): Zusammenarbeit mit Eltern. In: Stein, R.; Orthmann Bless, D. (Hrsg.): Frühe Hilfen bei Behinderungen und Benachteiligungen. Hohengehren, 151–181.
Jennessen, S. (2010): Spezifik in einer Pädagogik der Vielfalt – Schulische Inklusion körperbehinderter Kinder und Jugendlicher. In: Jennessen, S. et al. (Hrsg.): Leben mit Körperbehinderung. Stuttgart, 120–132.
Jonas, H. (1987): Technik, Medizin und Ethik. Frankfurt.
Jonas, M. (1990): Trauer und Autonomie bei Müttern schwerstbehinderter Kinder. Mainz.
Kamphaus, F. (2000): Impulsreferat aus theologischer Sicht. In: Dörr, G. et al.: Aneignung und Enteignung. Düsseldorf, 29–34.
Kamphaus, F. (2009): Die Würde behinderter Menschen. In: Leben 2010. Freiburg, 165–167.

Kast, V. (1990): Der schöpferische Sprung. Olten, 5. Auflage.
Kasten, H. (2003): Geschwister. München, 5. Auflage.
Kautter, H.; Klein, G.: Laupheimer, W.; Wiegand, H. (1992): Das Kind als Akteur seiner Entwicklung. Heidelberg, 2. Auflage.
Kiburz, J. (1994): Perceptions and Concerns of the School-Age Siblings of Children with Myelomeningocele. In: Issues in Comprehensive Pediatric Nursing 17, 223–231.
KIKK-Studie (2008): Epidemiologische Studie zu Kinderkrebs in der Umgebung von Kernkraftwerken. www.kinderkrebsregister.de
Klauß, Th. (2010): Qualifizierung von Lehrerinnen und Lehrern für eine Schule für Alle. In: Hinz, A. et al. (Hrsg.): Auf dem Weg zur Schule für alle. Marburg, 281–295.
Klein, G. (2010): Frühförderung für Kinder mit psychosozialen Risiken. In: Leyendecker, Chr. (Hrsg.): Gefährdete Kindheit. Stuttgart, 48–53.
Klinikum Oldenburg (2009): Fluoreszenz-in-situ-Hybridisierung (FISH-Test). www.klinikum-oldenburg.de
Klinkhammer, G. (2008): Neonatologie: Eine Handvoll Mensch. In: Dtsch. Ärzteblatt 37, 105.
Klippert, H. (2010): Heterogenität im Klassenzimmer. Weinheim.
Knauf, T. (2006): Moderne Ansätze der Pädagogik der frühen Kindheit. In: Fried, L.; Roux, S. (Hrsg.): Pädagogik der frühen Kindheit. Weinheim, 118–129.
Knauf, T. (o. J.): Reggio-Pädagogik: kind- und bildungsorientiert. In: Textor, M. (Hrsg.): Kindergarten-Online Handbuch. www.kindergartenpaedagogik.de/1138.html
Kniel, A. und Ch. (1984): Behinderte Kinder in Regelkindergärten. DJI München
Knop, J. (1998): Die Starken übernehmen, was die Schwachen nicht leisten können. In: Swientek, Chr.: Was bringt die Pränatale Diagnostik? Freiburg, 92–100.
Kobelt Neuhaus, D. (Hrsg.) (2001): Qualität aus Elternsicht. Gemeinsame Erziehung von Kindern mit und ohne Behinderung. Seelze.
Kohler-Weiß, Chr. (2008): Das perfekte Kind. Freiburg.
Kohler-Weiß. Chr. (2010): Ein perfektes Kind – wer wünscht sich das nicht? In: Leben 2010. Freiburg, 55–61.
Korinthenberg, R.; Reitter, B. (2009): Muskeldystrophie Duchenne und Muskeldystrophie Becker (Dystrophin-Erkrankungen). Freiburg, Deutsche Gesellschaft für Muskelkranke.
Köster, H.; Malenke, Th. (2002): Unser Kind hat Mukoviszidose. Ludwigshafen, 2. Auflage.
Kraus de Camargo, O. (2007): Die ICF-CY als Checkliste und Dokumentationsraster in der Praxis der Frühförderung. In: Frühförderung interdisziplinär 26, 158–166.
Kraus de Camargo, O. (2009): Einführung in die ICF und die Version für Kinder und Jugendliche (ICF-CY). In: Praxis Ergotherapie, Themenheft Kinder-Reha. 64–67.
Krauß, J. (2003): Neurochirurgische Aspekte bei Spina bifida und Hydrozephalus. In: ASBH – Brief 4.
Kreuzer, M. (2008): Beteiligung von Kindern mit einer Behinderung in integrativen Gruppen. In: Kreuzer, M.; Ytterhus,B. (Hrsg.): Dabeisein ist nicht alles. München, 169–188.
Kreuzer, M.; Ytterhus, B. (Hrsg.) (2008): Dabeisein ist nicht alles. München
Krohn, D. (1998): Vom Umtausch ausgeschlossen. In: Swientek, Chr.: Was bringt die Pränatale Diagnostik? Freiburg, 48–65.

Kron, M. (1988): Kindliche Entwicklung und die Erfahrung von Behinderung. Frankfurt.
Kron, M.; Papke, B. (2006): Frühe Erziehung, Bildung und Betreuung von Kindern mit Behinderung. Bad Heilbrunn.
Krüger, A. (2007): Erste Hilfe für traumatisierte Kinder. Paderborn.
Kühl, J. (2002): Was bewirkt Frühförderung? In: Frühförderung interdisziplinär 21, 1–10.
Kühl, J. (2009): Wie »komplex« ist Entwicklung? In: Viebrock, H. (Hrsg.): Kinder mit cerebralen Bewegungsstörungen 1. bvkm Düsseldorf, 31–37.
Kunert, S.; Schmidt, M. (1971): Die psychische Situation körperbehinderter Kinder. Düsseldorf.
Kurmann, M.; Wegener, H. (1999): Sichtwechsel – Schwangerschaft und pränatale Diagnostik. bvkm Düsseldorf.
Laewen, H.; Andres, B. (Hrsg.) (2002): Bildung und Erziehung in der frühen Kindheit. Weinheim.
Langanki, Cl. (2005): Pränatale Diagnose: Behinderung – sensible Schnittstelle zwischen Leben und Tod. In: ASBH-Brief 3, 23–25.
Lanners, R. (2009): Häusliche Frühförderung für Kinder im Vorschulalter. In: Stein, R.; Orthmann Bless, D. (Hrsg.): Frühe Hilfen bei Behinderungen und Benachteiligungen. Hohengehren, 125–145.
Largo, R. (1995): Kindliche Entwicklung und psychosoziale Umwelt. In: Schlack, H. G. (Hrsg.): Sozialpädiatrie. Stuttgart.
Largo, R. (1999): Kinderjahre. München.
Largo, R. (2002): Die Frühförderung aus der Sicht des Zürcher Fit-Konzeptes. In: Frühförderung interdisziplinär 21, 65–73.
Largo, R. (2004): Babyjahre. München, 8. Auflage.
Largo, R. (2010): Lernen geht anders. Hamburg.
Largo, R.; Beglinger, M. (2009): Schülerjahre. München.
Lelgemann, G. (2003): Elternberatung in der Schule für Körperbehinderte – ein widersprüchlicher Auftrag. In: vds NRW (Hrsg.): Körperbehindertenpädagogik – Praxis und Perspektiven. Meckenheim, 210–217.
Lelgemann, R. (2006): Das eigene Leben gestalten. In: Ortland, B.: Die eigene Behinderung im Fokus. Bad Heilbrunn, 202–227.
Lelgemann, R. (2010): Körperbehindertenpädagogik. Stuttgart.
Lelgemann, R. (2010): In einer inklusiven Gesellschaft leben – Perspektiven und Anfragen. In: Jennessen et al. (Hrsg.): Leben mit einer Körperbehinderung. Stuttgart, 147–157.
Lemler, K.; Gemmel, St. (2005): Kathrin spricht mit den Augen. Neureichenau.
Leutzinger-Bohleber, M. et al. (eds.) (2008): The Janus Face of Prenatal Diagnosis. London.
Leyendecker, Chr. (1987): Psychologie der Körperbehinderten. In: Fengler, J.; Jansen, G. W. (Hrsg.): Handbuch der Heilpädagogischen Psychologie. Stuttgart, 153–183.
Leyendecker, Chr. (2005): Motorische Behinderungen. Stuttgart.
Leyendecker, Chr. (2006): »Normalerweise bin ich nicht behindert?!« Entwicklung des Selbstkonzepts und Coping-Prozesse im Leben mit einer körperlichen Schädigung. In: Ortland, B. (Hrsg.): Die eigene Behinderung im Fokus. Bad Heilbrunn, 12–29.

Leyendecker, Chr. (2010): Veränderter Alltag, riskante Umbrüche, hemmende Risiken und förderliche Chancen. In: Ebd. (Hrsg.): Gefährdete Kindheit. Stuttgart, 15–29.
Linderkamp, O. (2006): Das Frühgeborene – der Fetus in der Intensivstation. In: Krens I. und H. (Hrsg.): Grundlagen einer vorgeburtlichen Psychologie. Göttingen, 106–122.
Lindmeier, Chr. (2008): Inklusive Bildung als Menschenrecht. In: Sonderpädagogische Förderung 53, 354–374.
Lindmeier, Chr. (2009): Sonderpädagogische Lehrerbildung für ein inklusives Schulsystem? In: Z. Heilpädagogik 10, 416–427.
Lindmeier, Chr. (2009): Teilhabe und Inklusion. In: Wissenschaft und Forschung 1, 48, 4–9.
Linke, D. (2002): Das Gehirn. München, 3. Auflage.
Luhmann, N. (1996): Das Erziehungssystem und die Systeme seiner Umwelt. In: Luhmann et al. (Hrsg.): Zwischen System und Umwelt. Frankfurt, 14–52.
von Lutterotti (2008): Wenn Kinder schon im Mutterleib operiert werden. www.wireltern.eu/news
Marcovich, M.; de Jong, Th. (1999): Frühgeborene – Zu klein zum Leben? Frankfurt.
Markowetz, R. (2001): Soziale Integration von Menschen mit Behinderungen. In: Cloerkes, G.: Soziologie der Behinderten. Heidelberg, 3. Auflage, 171–231.
Mattner, D. (2000): Behinderte Menschen in der Gesellschaft. Zwischen Ausgrenzung und Integration. Köln.
Mattner, D. (2001): Die Erfindung der Normalität. In: Stiftung Deutsches Hygiene Museum et al. (Hrsg.): Der imperfekte Mensch. Ostfildern, 13–35.
Maturana, H.; Varela, F. (1990): Der Baum der Erkenntnis. München.
McCarthy, D. (1946): Language development in children. In: Manual of Child Psychology, New York.
Michael, Th. et al. (Hrsg.) (1998): Spina bifida. Berlin.
Michaelis, R. et al. (1994): Die sogenannten Zerebralparesen. In: Schlack, H. G. et al.: Praktische Entwicklungsneurologie. München, 161–168.
Mieth, D. (2002): Was wollen wir können? Freiburg.
Mieth, D. (2007): Behindertes Menschenbild? In: ASBH-Brief 1, 23–27.
Mieth, D. (2009): Heiligkeit des Lebens. In: Dederich, M.; Jantzen, W. (Hrsg.): Behinderung und Anerkennung. Stuttgart, 307–310.
Militzer, R. et al. (1999): Tausend Situationen und mehr. Münster.
Mindell, A. (1989): Schlüssel zum Erwachen. Olten.
Ministerium für Bildung, Frauen und Jugend (2009): Bildungs- und Erziehungsempfehlungen für Kindertagesstätten in Rheinland-Pfalz. Berlin.
Ministerium für Generationen, Familie, Frauen und Integration des Landes NRW (2010): Gütesiegel Familienzentrum. Düsseldorf.
Ministerium für Schule und Weiterbildung des Landes NRW (2010): Mehr Chancen von Anfang an – Entwurf – Grundsätze zur Bildungsförderung für Kinder von 0–10 Jahren. Düsseldorf.
Möller, A. und K. (2010): Victoria. In: ASBH-Brief 1, 15.
Moore, K.; Persaud, T. (1996): Embryologie. Stuttgart, 4. Auflage.
Mortier, W. (1980): Duchenne-Muskeldystrophie – mögliche Maßnahmen. In: Mschr. Kinderheilkunde 128, 673–676.
Müller-Fehling, N. (2000): Wer will schon ein behindertes Kind? – Vorgeburtliche

Diagnostik und ihre gesellschaftlichen Folgen. In: Dörr, G. et al. (Hrsg.): Aneignung und Enteignung. Düsseldorf, 67f.
Musiol, M. (2002): Lebensgeschichte und Identität im Erzieherinnenberuf. In: Laewen, H.J.; Andres, B. (Hrsg.): Bildung und Erziehung in der frühen Kindheit. Weinheim, 285–299.
Mütterwerkstatt im bvkm (2009): Manifest Mütter behinderter Kinder. Düsseldorf
Nacimiento, W. (2007): Apallisches Syndrom, Wachkoma, Persistent Vegetative State: Wovon redet und was weiß die Medizin? In: Höfling, W. (Hrsg.): Das sogenannte Wachkoma. Berlin, 2. Auflage.
Neuhäuser, G. (2003): Diagnose von Entwicklungsstörungen und Coping-Prozesse in der Familie als ärztliche Aufgabe. In: Wilken, U.; Jeltsch-Schudel, B. (Hrsg.): Eltern behinderter Kinder. Stuttgart, 73–89.
Nolan, Chr. (1989): Unter dem Auge der Uhr. Köln.
Oe, K. (1991): Eine persönliche Erfahrung. Frankfurt.
Onmeda (2008): Baclofen. http://medikamente.onmeda.de/Wirkstoffe/Baclofen/nebenwirkungen-medikament
Papousek, M. (2010): Psychologische Grundlagen der kindlichen Entwicklung im systemischen Kontext der frühen Eltern-Kind-Beziehungen. In: Leyendecker, Chr. (Hrsg.): Gefährdete Kindheit. Stuttgart, 30–37.
Parlament der Weltreligionen (1993): Erklärung zum Weltethos. Chicago.
Perry, B.; Szalavitz, M. (2008): Der Junge, der wie ein Hund gehalten wurde. München.
Peterander, F. (1992): Erfassung entwicklungsförderlichen Elternverhaltens. In: Frühförderung interdisziplinär, 18–23.
Peterander, F. (2002): Qualität und Wirksamkeit der Frühförderung. In: Frühförderung interdisziplinär 21, 96–106.
Peterander, F. (2009): Bildung und Erziehung in der frühen Kindheit. In: Monatsschrift Kinderheilkunde 157, 971–976.
Petermann, F. et al. (2000): Risiken in der frühkindlichen Entwicklung. Göttingen.
Petermann, F. et al. (2004): Entwicklungswissenschaft. Berlin.
Philps, A.; Lahutsky, J. (2010): Wolkengänger. Berlin.
Piontelli, A. (1996): Vom Fetus zum Kind. Stuttgart.
Praschak, W. (2003): Das schwerstbehinderte Kind in seiner Familie. In: Wilken, U.; Jeltsch-Schudel, B. (Hrsg.): Eltern behinderter Kinder. Stuttgart, 31–40.
Prell, S.; Link, P. (1974): Das Münchener Modell einer schulischen Integration behinderter und nicht behinderter Kinder. In: Z. Heilpädagogik 10.
Prengel, A. (1990): Subjektive Erfahrungen mit Integration. In: Deppe-Wolfinger et al.: Integrative Pädagogik in der Grundschule. München, 147–258.
Prengel, A. (2007): Pädagogik der Vielfalt. Grundlagen und Handlungsperspektiven in der Kita. In: Theorie und Praxis der Sozialpädagogik 2, 6–9.
Preuss-Lausitz, U. (2000): Gesamtbetrachtung sonderpädagogischer Kosten im Gemeinsamen Unterricht und im Sonderschulsystem. In: Z. Heilpädagogik 3, 95–101.
Prosper, A. (o. J.): Was wäre, wenn … In: Stommel-Hesseler, D.: In mir ist Freude. Overath, 105–107.
Pschyrembel (2007): Klinisches Wörterbuch. Berlin, 261. Auflage.

Qual-Klemm, M.; Kersting-Wilmsmeyer, A.; Klemm, M. (Hrsg.) (1994): Lebenskandidaten – Wir lassen uns nicht begraben, ehe wir tot sind. Tübingen, 3. Auflage.
Qualitätskommission Bayern (2007): Behandlung infantiler Cerebralparesen und ähnlicher Bewegungsstörungen unter besonderer Berücksichtigung der die Spastizität reduzierenden Therapien mit Botulinumtoxin und intrathekalem Baclofen. www.dgspj.de/llspastischecp.php
Quittner, A.; Opipari, L. (1994): Differential Treatment of Siblings: Interview and Diary Analyses Comparing Two Family Contexts. In: Child Development 65, 800–814.
Radtke, P. (1994): Karriere mit 99 Brüchen. Freiburg.
Radtke, P. (1997): Wehret den Fortschritten. In: Kleinert, St. (Hrsg.): Ethische Fragen zwischen Minderung und Linderung. Würzburg, 69.
Radtke, P. (2001): »Seht her, ich bin's.« Theaterarbeit und Behinderung. In: Stiftung Deutsches Hygiene-Museum et al. (Hrsg.): der imperfekte Mensch. Ostfildern, 137–142.
Radtke, P. (2004): Geistige Beweglichkeit ist das A und O. In: Geo, 2, 116.
Radtke, P. (2010): Warum unsere Gesellschaft behinderte Menschen braucht. In: bvkm aktuell 5, 36–41.
Rauh, H. (2002): Vorgeburtliche Entwicklung und frühe Kindheit. In: Oerter, R.; Montada, L. (Hrsg.): Entwicklungspsychologie. Weinheim, 5. Auflage, 131–208.
Raupach, M. Lebenswelten von Jugendlichen und jungen Erwachsenen mit Muskeldystrophie Duchenne und ihren Familien. In: Z. Heilpädagogik 6, 232–238.
Reggio Children (2001): Making learning visible – children as individual and group learners. Reggio Emilia, 38–46.
Reichert, J. (2004): Körperbehinderte Kinder und Jugendliche – Facetten und Hinweise für ihre pädagogische Begleitung. In: Sonderpädagogik 2, 63–78.
Reiser, H. (1990): Überlegungen zur Bedeutung des Integrationsgedankens für die Zukunft der Sonderpädagogik. In: Deppe-Wolfinger et al.: Integrative Pädagogik in der Grundschule, München 291–310.
Rinaldi, C. (2001): Infant-toddler Centers and Preschools as Places of Culture. In: Reggio Children: Making Learning Visible – Children as Individual and Group Learners. Reggio Emilia 38–46.
Rogers, C. (1973): Die klient-bezogene Gesprächstherapie. München.
Rothmayer, A. (1989): Schwerstmehrfachbehinderte Kinder im integrativen Kindergarten. Bonn.
Saal, F. (1992): »Euthanasie« – eine schleichende Infizierung der Gesellschaft mit dem Selbstmordbazillus. In: Behinderte 3, 51–55.
Saal, F. (2000): Ohne Furcht seinen Weg gehen können. In: Dörr, G. et al. (Hrsg.): Aneignung und Enteignung. Düsseldorf, 35–40.
Saal, F. (2010): Warum die Frage falsch ist, warum unsere Gesellschaft Behinderte braucht. In: bvkm aktuell 5, 1–6.
Salamanca-Erklärung (1994): The Salamanca Statement. UNESCO, Paris.
Saling, E.; Schreiber, M. (2003): Allgemeines zu Fehl- und Frühgeburten. www.saling-institut.de/german/04infoph/01allg.html
Sander, A. (2004): Konzepte einer Inklusiven Pädagogik. In: Z. Heilpädagogik 5, 240–244.
Sander, A. (2008): Inklusion macht Schule. In: Sonderpädagogische Förderung heute 53, 342–353.

Sandler, A. et al. (1995): Grandparents as a Source of Support for Parents of Children with Disabilities. In: Mental Retardation 33, 248–250.
Sarimski, Kl. (1993): Belastung von Müttern behinderter Kleinkinder. In: Frühförderung interdisziplinär, 156–164.
Sarimski, Kl. (2009a): Einfluss der Frühförderung auf die Familiendynamik. In: Monatsschrift Kinderheilkunde 10, 977–981.
Sarimski, Kl. (2009b): Frühförderung behinderter Kleinkinder. Göttingen
Sarimski, Kl. (2011): Soziale Kontakte behinderter Kinder in integrativen Gruppen. In: Z. Heilpädagogik 1, 4–10.
Sauer, M.; Emmerich, S. (2002): Das Bewusstsein nach Koma-Integrierter-Neuro-Psycho(trauma)-Therapie. In: v. Uexküll, Th. et al. (Hrsg.): Integrierte Medizin. Stuttgart, 78–99.
Schäfer, G. (Hrsg.) (2005): Bildung beginnt mit der Geburt. Weinheim, 2. Auflage
Schäfer, G. (2009): Die Reggio-Pädagogik in der frühen Bildungstradition. In: Knauf, H. (Hrsg.): Frühe Kindheit gestalten. Stuttgart, 47–59.
Scheich, H.; Braun, A. (2009): Bedeutung der Hirnforschung für die Frühförderung. In: Monatsschrift Kinderheilkunde 953–964.
Scherman, A. et al. (1995): Grandparents Adjustment to Grandchildren with Disabilities. In: Educational Gerontology 21, 261–273.
Scheuerbrandt, G. (2009): Exon-Skipping. www.dgm.org
Schilmoeller, G.; Baranowski, M. (1998): Intergenerational Support in Families with Disabilities. In: Families in Society: The Journal of Contemporary Human Services 79, 465–476.
Schindler, S. (1982): Der träumende Fetus. In: Hau, Th.; Schindler, S. (Hrsg.): Pränatale und perinatale Psychosomatik. Stuttgart.
Schlack, H. G. (1991): Partnerschaft zwischen Eltern behinderter Kinder und Fachleuten – Utopie oder realistisches Ziel? In: Geistige Behinderung 3, 219–223.
Schlack, H. G. (1994): Therapiekonzepte zur Behandlung von Kindern mit Zerebralparese. In: Schlack H. G. et al.: Praktische Entwicklungsneurologie. München, 185–192.
Schlack, H. G. (2003): Therapiemethoden für behinderte Kinder zwischen Helferauftrag, wissenschaftlicher Therapie und Ökonomie. In: Bundesverband bvkm (Hrsg.): Kinder mit cerebralen Bewegungsstörungen – neue Wege in Förderung und Therapie. Düsseldorf, 39–42.
Schlack, H. G. (2007): Brennpunkt Frühförderung: Notwendige Korrekturen überkommener Konzepte. In: Haupt, U.; Wieczorek, M.: Brennpunkte der Körperbehindertenpädagogik. Stuttgart, 32–50.
Schlack, H. G. (2009): Konzepte und Strukturen früher Hilfen im ärztlichen und medizinisch-therapeutischen Bereich. In: Stein, R.; Orthmann Bless, D. (Hrsg.): Frühe Hilfen bei Behinderungen und Benachteiligungen. Hohengehren, 69 –93.
Schlack, H. G. et al. (1994): Praktische Entwicklungsneurologie. München.
Schmidbauer, W. (1977): Die hilflosen Helfer. Reinbek.
Schockenhoff, E. (2009): Ethik des Lebens. Freiburg.
Schöler, J. (Hrsg.) (2005): Ein Kindergarten für alle – Kinder mit und ohne Behinderungen spielen und lernen gemeinsam. Berlin, 2. Auflage.
Schöne-Seifert, B. (2008): Therapieverzicht bei extrem frühgeborenen Kindern. Münster, Vortrag.

Schroeder-Kurth, T. (1998): Voraussetzungen für die vorgeburtliche Kindstötung aus der Sicht der Humangenetikerin. In: Schmid-Tannwald, I. (Hrsg.): Gestern »lebensunwert« – heute »unzumutbar.« München, 106–125.
Schuchardt, E. (1987): Schritte aufeinander zu. Bad Heilbrunn.
Schuchardt, E. (1996): Warum gerade ich? Göttingen, 9. Auflage.
Schulte-Kellinghaus, A. (1998): Die psychosoziale Situation von Geschwistern behinderter Kinder mit dem Krankheitsbild Osteogenesis imperfecta. Bielefeld.
Schütt, G. und H. (1999): Wenn der Opa mit dem Enkel ... In: Zusammen 6, 12–14.
Schwab, St. (2009): Der Fall Rom Houben – kein systematisches Problem. www.dgn.org/pressemitteilungen 7.12.09.
Schwager, M. (2003): Schülerinnen und Schüler mit schwerer und mehrfacher Behinderung im Gemeinsamen Unterricht der Sekundarstufe I. In: Lamers, W.; Klauß, Th. (Hrsg.): ... alle Kinder alles lehren! Aber wie? Düsseldorf, 203–211.
Schwager, M. (2005): Eine Schule auf dem Weg zur Inklusion? In: Z. Heilpädagogik 7, 261–268.
Schwager, M.; Brokamp, B. (2007): Perspektiven des Gemeinsamen Unterrichts in der Sekundarstufe I. In: Hinz, A. (Hrsg.): Schwere Mehrfachbehinderung und Integration – Herausforderungen, Erfahrungen, Perspektiven. Oberhausen, 213–224.
Schwager, M.; Pilger, D. (2010): Die IGS Köln-Holweide – eine Schule in Teamstrukturen auf dem Weg zur inklusiven Schule. In: Hinz, A. et al. (Hrsg.): Auf dem Weg zur Schule für alle. Marburg, 267–280.
Seifert, M. (2001): Zur Rolle der Familie. In: Geistige Behinderung, 247–257.
Seifert, M. (2003): Mütter und Väter von Kindern mit Behinderung. In: Wilken, U.; Jeltsch-Schudel, B. (Hrsg.): Eltern behinderter Kinder. Stuttgart, 43–59.
Seifert, M. (2003): Zusammenarbeit zwischen Schule und Elternhaus. In: Geistige Behinderung, 296–308.
Seligman, M. (1991): Grandparents of Disabled Grandchildren. In: Families in Society: The Journal of Contemporary Human Services, 147–152.
Seligman, M. et al. (1997): Grandparents of Children with Disabilities. In: Education and Training in Mental Retardation and Developmental Disabilities, 293–303.
Sevenig, H. (2000): Interaktion in Familien mit behinderten Kindern. In: Z. Heilpädagogik, 141–147.
Simon, A. (2007): Was ist der rechtlich und ethisch angemessene Umgang mit Wachkomapatienten? In: Höfling, W. (Hrsg.): Das sogenannte Wachkoma. Berlin, 2. Auflage.
Singer, P. (1994): Praktische Ethik. Stuttgart, 2. Auflage.
Singer, W. (2002): Der Beobachter im Gehirn. Frankfurt.
Smith, D. et al. (2009): Happily Hopeless. Adaption to a Permanent, But not a Temporary Disability. In: Health Psychology 28, 787–791.
Sohns, A. (2009): Pädagogische Konzepte in Kindertagesstätten. In: Stein, R.; Orthmann Bless, D.(Hrsg.): Frühe Hilfen bei Behinderungen und Benachteiligungen. Hohengehren, 94–124.
Sozialgesetzbuch IX (2008), München.
Speck, O. (1990): Menschen mit geistiger Behinderung und ihre Erziehung. München, 6. Auflage.
Speck, O. (2000): Autonomie und Lernen in der Entwicklung des kleinen Kindes. In: Frühförderung interdisziplinär 19, 49–62.

Speck, O. (2001): Kinder- und Elternprobleme in einer risikoreichen Lebenswelt. In: Frühförderung interdisziplinär 20, 145–156.
Speck, O. (2003): Frühförderung mit den Eltern unter ethischem Aspekt. In: Wilken, U.; Jeltsch-Schudel, B. (Hrsg.): Eltern behinderter Kinder. Stuttgart, 90–101.
Speck, O. (2006): Leben ohne Behinderungen? In: Z. Heilpädagogik 5, 186–191.
Speck, O. (2010): Schulische Inklusion aus heilpädagogischer Sicht. München.
Speck, O.; Peterander, F. (1994): Elternbildung, Autonomie und Kooperation in der Frühförderung. In: Frühförderung interdisziplinär, 108–120.
Stadler, H. (2000): Die schulische Förderung junger Menschen mit Körperbehinderung und chronischer Erkrankung zwischen Segregation und Integration. In: Sonderpädagogik 30, 88–101.
Stein, A. (2006): Inkludierende Lern- und Lebensbedingungen herstellen. In: Gemeinsam Leben 1, 4–11.
Stein, A. (2009): Integration wirklich für Alle? In: Bürli, A. et al. (Hrsg.): Integration, Inklusion aus internationaler Sicht. Bad Heilbrunn, 196–207.
Storsberg-Christ, H. (1999): Die Suche nach der richtigen Therapie. In: ASBH-Brief 2, 16f.
Strassburg, H. (2004): Behandlungskonzept bei Kindern mit infantiler Zerebralparese. www.dgspj.de/llspastischecp.php
Strotmann, M.; Tietig, M. (2002): Gemeinsamer Unterricht zwischen Anspruch und Wirklichkeit. In: Z. Heilpädagogik 53, 69–74.
Syassen, H. (2009): Vom Kindergarten zum Familienzentrum – Wandel des gesellschaftlichen Auftrags und seine konkrete Umsetzung. In: Knauf, H. (Hrsg.): Frühe Kindheit gestalten. Stuttgart, 31–44.
Tausch, R. (2001): Wirkungsvorgänge in Patienten/Klienten bei der Minderung seelischer Beeinträchtigungen durch Gesprächspsychotherapie. In: Langer, I. (Hrsg.): Menschlichkeit und Wissenschaft. Köln, 521–548.
Tausch, R. und A. (1983): Wege zu uns. Reinbek.
Textor, M. (2009): Freispiel, Beschäftigung, Projekt – drei Wege zur Umsetzung der Bildungspläne der Bundesländer. In: Knauf, H. (Hrsg.): Frühe Kindheit gestalten. Stuttgart.
Textor, M. (Hrsg.) (o. J.): Kindergartenpädagogik – Online-Handbuch. www.Kindergartenpaedagogik.de
Theile, U.; Schneider-Rätzke, B. (1994 und 2009): Genetik und vorgeburtliche Diagnostik. In: ASBH (Hrsg.): Leben mit Spina bifida und Hydrozephalus. Dortmund, 1994: 182–185; 2009 (mit Bartsch, O.): 27–30.
Thimm, W. (1977): Mit Behinderten leben. Freiburg.
Thimm, W. (1994): Leben in Nachbarschaften. Freiburg.
Thurmair, M. (1990): Die Familie mit einem behinderten Kleinkind. In: Frühförderung interdisziplinär, 49–62.
Tröster, H. (2000): Die Belastung der Geschwister behinderter Kinder durch Betreuungsaufgaben und Hausarbeit. In: Heilpädagogische Forschung 26, 2, 80–92.
Tröster, H. (2000): Erhalten Geschwister behinderter oder chronisch kranker Kinder zu wenig elterliche Zuwendung? In: Heilpädagogische Forschung 26, 1, 26–35.
Tröster, H. (2001): Die Beziehung zwischen behinderten und nicht behinderten Geschwistern. In: Z. für Entwicklungspsychologie und Pädagogische Psychologie 33, 1, 2–19.

Tritt, S.; Esses, L. (1988): Psychological Adaption of Siblings of Children with Chronic Medical Illnesses. In: American J. of Orthopsychiatry 58, 211–220.
Trute, B. (2003): Grandparents of Children with Developmental Disabilities: Intergenerational Support and Family Well-Being. In: Families in Society: The Journal of Contemporary Human Services 84, 119–126.
Uhrlau. K. (2006): Es war eine harte Schule. Oldenburg.
Ullrich, G. (2001): Mukoviszidose. Frankfurt, 2. Auflage.
Universitätsklinik Mainz Neurologie (o. J.): Patienteninformation: Botulinumtoxin. www-klinik.uni-mainz.de/Neurologie/patienteninfo/botox.htm
UN-Konvention (2006): Übereinkommen über die Rechte von Menschen mit Behinderungen. In: Bundesgesetzblatt Jg. 2008, Teil II Nr. 35.
Vadasy, P. (1987): Childrens Health Care: Brief Report. In: Childrens Health Care 16, 21–23.
Vadasy, P. et al. (1986): Grandparents of Children with Special Needs. In: J. of the Division for Early Childhood 10, 36–44.
Verband Sonderpädagogik (2010): Inklusion braucht Professionalität. Würzburg.
Viebrock, H.; Forst, B. (Hrsg.) (2008): Bobath. Stuttgart.
Vigand, P. und St. (1999): Verdammte Stille. München.
Wehr-Herbst, E. (1997): Die heutige Schülerschaft in den Schulen für Körperbehinderte. In: Z. Heilpädagogik 8, 316–322.
Weilandt, Familie (2009): Vorfreude: Von Fest zu Fest. In. Bundesverband bvkm: Glück kann man teilen. Sorgen auch. Düsseldorf.
Weise, S. (1985): Die unerwartete Geburt eines Kindes mit Spina bifida. Diss. Mainz.
Weiß, H. (2002): Was wirkt in der Frühförderung? – Eine Analyse aus einem pädagogischen Blickwinkel. In: Frühförderung interdisziplinär 21, 74–87.
Weiß, H. (2005): Frühförderung: Woher und Wohin – Entwicklungslinien und Perspektiven. In: Sonderpädagogische Förderung 50, 81–90.
Weiß, H. (2007): Was brauchen kleine Kinder und ihre Familien? In: Frühförderung interdisziplinär, 78–86.
Weiß, H. (2007): Spannungsfelder und Konfliktpotentiale zwischen Eltern und Fachleuten. In: Haupt, U.; Wieczorek, M. (Hrsg.): Brennpunkte der Körperbehindertenpädagogik. Stuttgart, 202–219.
Weiß, H.(2010): Was schützt Kinder vor Risiken: Resilienz im Kleinkind- und Vorschulalter und ihre Bedeutung für die Frühförderung. In: Leyendecker, Chr. (Hrsg.): Gefährdete Kindheit. Stuttgart 39–47.
Werning, R. (2010): Inklusion zwischen Innovation und Überforderung. In: Z. Heilpädagogik 8, 284–291.
Wettreck, R. (Hrsg.) (2004): Lebenswert – zum aktuellen Stand der biomedizinischen Ethik. Münster.
Wieczorek, M. (2002): Individualität und schwerste Behinderung. Bad Heilbrunn.
Wieczorek, M. (2006): Lernen in sinnvollen Zusammenhängen – Alltagserfahrungen mit Kindern mit schwersten Behinderungen. In: Praxis Ergotherapie 1, 9–15.
Wieczorek, M. (2008): Fragen fairer Benotung. In: ASBH (Hrsg.): Hydrocephalus bei Schülern. Dortmund, 45–53.
Wieczorek, M. (2008): Lernwege für schwerstbehinderte Kinder. In: ASBH (Hrsg.): Hydrocephalus bei Schülern. Dortmund, 61–67.

Wieczorek, M. (2009): Zur Entwicklung der Schülerschaft an der Schule mit dem Förderschwerpunkt motorische Entwicklung in Rheinland-Pfalz über 30 Jahre. Manuskript.
Wieczorek, M. (2010): Jedes Kind hat das Recht auf erfolgreiches Lernen. In: ASBH-Brief 2, 31–33.
Winkelheide, M. (1999): Eindrücke von Enkeln, Großeltern und Eltern. In: Zusammen 6, 10–12.
Winkelheide, M. (2003): Geschwister melden sich zu Wort. In: ASBH-Brief 4, 20–23.
Winkelheide, M.; Knees, Ch. (2003): ... doch Geschwister sein dagegen sehr. Königsfurt.
Wocken, H. (1993): Bewältigung von Andersartigkeit. Untersuchungen zur sozialen Distanz in verschiedenen Schulen. In: Gehrmann, P.; Hüwe, B. (Hrsg.): Forschungsprofile der Integration von Behinderten. Essen, 86–106.
Wöhrlin, U. (1997): Bewältigungsprozesse von Eltern behinderter Kinder. In: Leyendecker, Chr.; Horstmann, T. (Hrsg.): Frühförderung und Frühbehandlung. Heidelberg, 53–60.
World Health Organisation (WHO) (2001): International Classification of Functioning, disabilitiy and health. Genf.
World Health Organisation (2006). ICF-CY. Genf.
Wunder, M. (2009): Eugenik. In: Dederich, M.; Jantzen, W. (Hrsg.): Behinderung und Anerkennung. Stuttgart, 284–288.
Zieger, A. (1997): Umgang mit Wachkomapatienten. In: Not 2, 24–27.
Zieger, A. (1997): Informationen und Hinweise für Angehörige von Schädel-Hirn-Verletzten und Menschen im Koma und apallischen Syndrom. Oldenburg, 3. Auflage.
Zieger, A. (2004): Zur Persönlichkeit des Wachkomapatienten. In: Not 1, 14–19.
Zieger, A. (2007): Beziehungsmedizinisches Wissen im Umgang mit sogenannten Wachkomapatienten. In: Höfling, W. (Hrsg.): Das sogenannte Wachkoma. Berlin, 2. Auflage, 49–83.
Ziemen, K. (2003): Kompetenzen von Eltern behinderter Kinder. In: Frühförderung interdisziplinär 28–37.
Zimmer, J. (1985): Der Situationsansatz als Bezugsrahmen der Kindergartenreform. In: Enzyklopädie Erziehungswissenschaft Bd. 6: Erziehung in früher Kindheit. Stuttgart 21–38.
Zurmöhle, U. et al. (1999): Psychosoziale Anpassung von Kindern mit Spina bifida. In: Deutsches Ärzteblatt, 37–40.